# Império de várias faces

## Relações de poder no mundo ibérico da Época Moderna

# Império de várias faces

## Relações de poder no mundo ibérico da Época Moderna

Ronaldo Vainfas & Rodrigo Bentes Monteiro
Organização

alameda

Edição: Joana Monteleone
Assistente editorial: Marília Chaves
Projeto gráfico e diagramação: Pedro Henrique de Oliveira
Revisão: Daniela Alarcon
Capa: Alain Tremont e Pedro Henrique de Oliveira

CIP-BRASIL. CATALOGAÇÃO-NA-FONTE
SINDICATO NACIONAL DOS EDITORES DE LIVROS, RJ
F394f

Rodrigo Bentes Monteiro e Ronaldo Vainfas
Império de várias faces: relações de poder no mundo ibérico da Época Moderna/ Rodrigo Bentes Monteiro e Ronaldo Vainfas. - São Paulo : Alameda, 2009.

Inclui bibliografia
ISBN 978-85-7939-000-5

1. História. 2. História ibérica. I. Título.

09-2087. CDD: 614.10981

[2009]

ALAMEDA CASA EDITORIAL
Rua Iperoig, 351 - Perdizes
CEP 05016-000 - São Paulo - SP
Tel. (11) 3862-0850
www.alamedaeditorial.com.br

# Sumário

# Prefácio

*Império de várias faces* é título que resume bem a principal característica do livro que nomeia: apresentar conjunto variado de pesquisas, temas e abordagens capazes de indicar o caráter múltiplo do império português. Dando seguimento ao trabalho desenvolvido pelo núcleo *Companhia das Índias*, da Universidade Federal Fluminense, este novo livro desdobra algumas das diversas questões propostas em *Retratos do império*, lançado em 2007. Se nesse foram as trajetórias individuais no mundo português entre os séculos XVI e XIX o foco privilegiado, este outro, igualmente resultante de um colóquio internacional, recorta temáticas mais amplas e descortina a multiplicidade de camadas, justaposições e rearranjos que teceram a obra *monumental* da conquista colonial que marcou a época.

Muito se tem escrito sobre os usos do termo *império* na historiografia ibérica e brasileira nas últimas décadas. A necessidade de precisar o uso do substantivo derivou, antes, do crescente desconforto com as formas de pensar e nomear o resultado político das profundas transformações que engendraram a chamada Época Moderna. As noções de absolutismo e Estado absoluto para indicar a rígida conformação política desse novo ente institucional e jurídico foram dando lugar à busca de novas tentativas de aproximação com a dinâmica complexa e em vários momentos fluida das monarquias modernas.

Esse processo de transição e a busca de outras formulações para novas e mesmo antigas questões foram parte de debate historiográfico mais amplo, do qual um dos desdobramentos foi o verdadeiro resgate da história política. A ressurreição da política – por muito tempo prisioneira da supremacia absoluta do viés econômico-social, este sim quase absoluto para *explicar a história* em qualquer tempo e lugar

– como campo privilegiado de pesquisa abriu um horizonte então insuspeitado de possibilidades e cruzamentos analíticos, para os quais foi de grande importância a aproximação com as ciências sociais, sobretudo com a antropologia.

Para os estudos sobre as monarquias ibéricas em suas múltiplas interseções com os vastos domínios que comandaram, a centralidade do campo da política, ou das formas como os reinos metropolitanos conduziram, ou tentaram conduzir, a gestão de suas conquistas, há muito se ultrapassou a simplista, e hoje talvez ingênua, dicotomia metrópole-colônia. A reunião de extensos e dispersos espaços territoriais, os tipos de dominação empreendidos ao longo de três séculos, os diversificados sistemas culturais e religiosos encontrados nos espaços conquistados, e a maior ou menor possibilidade de impor um modelo uniforme de governo a regiões tão heterogêneas vêm exigindo investigações cada vez mais voltadas para os estudos de caso e para as variadas conjunturas que, na longa duração, passaram a compor a história europeia, da expansão marítima à crise do regime monárquico moderno.

Questionar o que poderia ser um modelo fixo e absoluto de governo não significa, no entanto, eliminar a dinâmica necessariamente relacional entre *centro e periferia*, para retomar outro antigo binômio, mas pôr em cena uma multiplicidade de contornos dessa relação, sobretudo quando tomada no largo período compreendido entre os séculos XVI e XVIII.

*Império de várias faces*: relações de poder no mundo ibérico da Época Moderna é o resultado mais que fecundo do aprofundamento de boa parte dessas questões, tão amplas quanto complexas, recortadas a partir da noção de império, aqui tomado para informar mais a ideia de um corpo orgânico e compósito que para advogar a causa da uniformidade governativa, econômica, política, cultural ou mesmo religiosa. Que não se pense encontrar, portanto, explicações prontas e novos paradigmas analíticos, pois a riqueza desse *império* descortinado no livro é a diversidade de temas e de abordagens, a informar o quanto ainda há por conhecer da grandiosa arquitetura material e simbólica que a ideia de império evoca.

Império grandioso porque grande mas, sobretudo, porque múltiplo. Multifacetado. E face pode significar frente, lado, superfície, particularidade. Os trabalhos reunidos neste volume apresentam, qual um conjunto de camadas mais ou menos ajustadas, aspectos que nos fazem atentar ora para a força do centro, ora para a autonomia das partes, mas principalmente para a necessária interação e o permanente diálogo entre as componentes de um *corpo*. O tempo de intolerância religiosa que marcou o mundo ibérico moderno, as perseguições engendradas pela impossibilidade da diferença de credo e fé, as necessárias mediações culturais entre sociedades tão distintas, postas em contato na América e na Índia, são temas tratados ao lado das discussões sobre os mecanismos de reconhecimento dos serviços prestados ao rei e de análises de diferentes aspectos das guerras e rebeliões de um tempo em que a infidelidade política e religiosa aspectos das guerras e rebeliões de um tempo em que a infidelidade política e religiosa podia custar a vida e a honra. As lutas pela terra e pela produção de saberes no mundo colonial geraram disputas intelectuais e alimentaram, de micro a macro, conflitos de poder, em tensões que atravessaram os oceanos e os tempos de uma configuração *imperial* polimorfa e gigantesca, capaz de despertar admiração e assombro. O grupo de pesquisadores reunidos no núcleo *Companhia das Índias* enfrenta o desafio de decifrar alguns de seus contornos e das múltiplas faces que, a depender do ângulo, da luz e do olhar, podem indicar novas veredas temáticas e análíticas. Império marítimo, império territorial, império virtual, império imaginário. Espaços e poderes conectados, mantidos em permanente tensão e instabilidade, gestados na contradição da harmonia de tantas e diferentes facetas. Refletir sobre se, como e quando houve um império português é uma das muitas questões a que os textos aqui reunidos nos levam a pensar, a confirmar ou a duvidar, dependendo de como entendamos a composição híbrida que o configurou: as muitas faces produziram um corpo sem rosto ou deram a ele sua característica mais rica e original?

Jacqueline Hermann

# Introdução

Em recente biografia, Peter Russell analisa o mundo e o mito de Henrique de Avis (1394-1460) na história de Portugal e suas conquistas. Já no tempo do infante, sua personalidade assumiu contornos hiperbólicos nas crônicas de Gomes Eanes de Zurara, cronista e chanceler de D. Afonso V, que o pintou como cruzado dedicado e *savant* solitário. Graças a D. Henrique, Zurara foi comendador da Ordem de Cristo. Escreveu assim a *Crônica da Tomada de Ceuta* e a *Crônica da Guiné*, nas quais o infante figura como grande príncipe cristão[1].

No século XVI, o retrato do infante traçado por Zurara ganhou novas dimensões. Segundo João de Barros, ele estudou geografia e navegação; para Damião de Góis, conheceu astrologia, cosmografia, sabendo do caminho da Índia pelo Atlântico. Góis também sugeriu o embuste do príncipe isolado em Sagres a estudar cosmologia – gerando especulações sobre a escola ali organizada. Atento aos malefícios da colonização espanhola na América, Bartolomeu de Las Casas denunciou o infante luso por sua violência na África. Depois, autores ingleses destacaram sua ascendência materna britânica para justificar feitos marítimos dos dois países. No XIX, eruditos apresentaram documentos mostrando um D. Henrique pouco envolvido com oceanos – suas viagens marítimas resumiram-se à costa portuguesa e ao percurso Algarve-Ceuta em 1415. Sobretudo, o infante foi cultuado em Portugal entre 1926 e 1974. No salazarismo, o mais famoso entre os filhos de D. João I atingiu seu destino como ícone secular nacional, pioneiro da modernidade e mentor do império português –

1 Para essas informações, Peter Russell, *Henrique, o navegador*, Lisboa, Horizonte, 2004.

materializado à frente do *Padrão dos Descobrimentos*, no Tejo, em 1960, no quinto centenário da morte do herói.

Preocupado em desvendar o homem atrás do mito, Russell descobre uma personalidade enigmática que, qual camaleão, apresenta imagens de acordo com os pontos de vista. Terceiro filho de João I e Filipa de Lancaster, o príncipe parece ter sido influenciado pelo pouco patrimônio régio e o futuro incerto reservado aos filhos menores da realeza em sua busca por prosperidade material e fama. No entanto, seu horóscopo – profecia, ou memória – indicava um D. Henrique predestinado a grandes conquistas...

Conquista de Ceuta. Na empreitada que selou a opção lusa em detrimento do auxílio à Castela na tomada de Granada, Russell critica o excessivo peso econômico atribuído por historiadores do século XX à expedição, sublinhando o significado espiritual da tomada da cidade pelos portugueses, em especial para D. Henrique. Mas o infante também lucrava com corsários lusos entre o norte da África e Granada. Apesar das dúvidas na manutenção do território, nem D. Duarte em seu curto reinado, nem D. Pedro em sua regência desfizeram o projeto tão caro a D. Henrique. Neste livro que ora apresentamos, Stuart Schwartz ressalta o quanto a fé, revestida de intolerância religiosa, seria fundamental nos impérios ibéricos em contato com a alteridade *d'aquém e d'além mar*. Em contraponto, o balanço historiográfico feito por Luiz Carlos Soares fornece um panorama da amplitude das disputas comerciais entre as potências europeias no Seiscentos.

No topo da ordem. Em 1420, após regressar a Portugal, o infante foi nomeado administrador geral da Ordem de Cristo, que sucedeu nesse reino a do Templo. Nessa instituição de elite, seus membros recebiam comendas, de cujas terras obtinham rendimentos. D. Henrique exercia poderes temporais e espirituais antes associados ao mestre, mas não era obrigado a respeitar votos de castidade e pobreza tomados pelos outros membros. O historiador inglês considera improcedente atribuir os interesses do infante nesse cargo apenas à riqueza da instituição, embora observe as confusões entre o que era seu e o que pertencia à ordem. No Brasil colonial, as mercês relacionadas a hábitos de ordens militares lembram os capítulos de Fernanda Olival e Ronald Raminelli. Enquanto Olival enfatiza a atuação dos governadores nos séculos XVI e XVII no incentivo às descobertas minerais, Raminelli coteja os feitos guerreiros e a trajetória da família indígena Camarão em busca do reconhecimento monárquico pelos feitos nas guerras pernambucanas. Mas a dinâmica interna de uma ordem militar – ainda mais herdeira dos templários – evidencia aspectos de outras sociedades secretas, como a maçonaria setecentista estudada por Virgínia Valadares. Por sua vez, os conventos lusos do século XVII, repletos de freiras cristãs-novas e desvelados por Georgina Santos, vinculam-se à disciplina nesses ambientes de limites delicados entre o sagrado e o profano: castidade e fidelidade à religião escolhida. No fundo do quadro, as tensões entre o Santo Ofício e o poder episcopal.

Senhor das ilhas. D. Henrique interessou-se pelos arquipélagos próximos ao Marrocos e ao Saara – as Canárias e as ilhas em torno da Madeira. As Canárias foram uma obsessão para o infante, que desdenhava as reivindicações castelhanas sobre o território. Mas ali a expedição de 1424 enfrentou resistência dos nativos. Já na Madeira, a primeira fase da colonização foi uma empresa régia. Somente após a morte de D. João I, D. Henrique tornou-se senhor legal da primeira colônia atlântica, desenvolvida pelo sistema de sesmarias e pelas novas culturas e técnicas agrícolas. Nos mais distantes Açores, D. Henrique foi senhor legal após o fim da regência de D. Pedro, em 1448. A propriedade da terra e seu cultivo constituem o tema da pesquisa de Márcia Motta, abordando a maior territorialidade da monarquia portuguesa no Brasil em fins do século XVIII, com um movimento surpreendente nas relações de domínio.

Conquista fracassada. Em 1437, mesmo com a crise na corte lusa, uma grande expedição comandada pelo celebérrimo infante saiu de Lisboa com destino a Ceuta, envolta em fervor religioso e de cavalaria. O plano era conquistar Tânger. Com D. Henrique, iam o irmão mais novo D. Fernando, um exército de quatorze mil homens e vários adereços, entre eles um fragmento da cruz enviado pelo papa. A fragorosa derrota fez com que D. Henrique deixasse o irmão como refém. Os marroquinos exigiram a devolução de Ceuta para a libertação do jovem infante. Mas D. Henrique insistiu na conservação da cidade, defendendo nova cruzada para libertar o irmão. Com a morte de D. Duarte, em 1438, iniciava-se a regência de D. Pedro, ante a menoridade de Afonso V. D. Fernando foi então transferido de Asilah para Fez, onde morreu em 1443. Em suas cartas do cárcere, pedia que Ceuta fosse devolvida para que fosse solto. Apenas em 1471 Tânger cairia sob domínio luso. As ideias sobre governo do príncipe D. Pedro, suas divergências com D. Henrique na expansão, associam-se ao tempo em que os temas da secessão e da revolta ameaçavam a integridade das monarquias, seja a católica da Espanha, ou os domínios ultramarinos americanos de Portugal, aqui estudados por Luciano Figueiredo. Por outro lado, ao propor o debate historiográfico em torno do império de Charles Boxer, Andréa Doré aborda histórias de prisioneiros de guerra, entre eles D. Fernando, doravante *infante santo*.

No deserto. Apesar da *desaventura de Tânger*, a África oferecia boas perspectivas comerciais, com escravos negros da Guiné, ouro e mercadorias mui valiosas: peles de antílope órix, âmbar das praias, almíscar dos gatos de algália, goma arábica das acácias, resina para ferimentos, gordura de tartaruga para a lepra, óleo de foca e tâmaras da Mauritânia. Um escudeiro do infante foi deixado por uma caravela no rio do Ouro em 1444, vivendo com as gentes locais para obter informações. Ele fora prisioneiro dos mouros no norte da África e tinha experiência com islâmicos.

Conhecia um pouco de árabe e acreditava ser capaz de se comunicar. Passou sete meses explorando o Saara e interrogando sua gente. Em 1445, foi encontrado numa praia por uma caravela enviada pelo infante. O mundo das drogas medicinais e dos produtos exóticos – no Brasil – é desbravado neste livro por Daniela Calainho, mostrando novas dimensões da expansão lusa na interação com a natureza. Mas o caso do escudeiro bilíngue na África faz lembrar os capítulos de Rogério Ribas e de Ângela Domingues, que tangenciam as fronteiras culturais: o primeiro, traçando o perfil dos mouriscos no Portugal quinhentista, na maioria marroquinos; a segunda, dedicada à comunicação estabelecida entre europeus e indígenas na Amazônia do século XVIII.

Senhor da Guiné. Em 1455, uma bula estabeleceu o direito dos reis de Portugal de usarem o título. Mas foi D. Henrique quem primeiro o ostentou, lembrando que empregava rendimentos da Ordem de Cristo nas suas explorações. O infante não foi o primeiro europeu a aliar a descoberta ao espírito de cruzada na conquista e evangelização da Guiné; tampouco o projeto de aliança com o Preste João era ideia sua. As menções nos documentos às *Índias* e aos *indianos* já foram consideradas prova de que o principal objetivo do príncipe Avis era a rota do Atlântico para a Ásia pelo sul da África. Contudo, a *Índia* dos documentos henriquinos era o nordeste africano, com o lendário reino cristão do Preste João. D. Henrique estava longe de atingir o destino de Vasco da Gama e de Afonso de Albuquerque, mas a Índia acabaria se tornando, além de fonte de riquezas, refúgio de muitos perseguidos no reino. Antes de tudo os cristãos-novos, mas também os sodomitas de que trata Luiz Mott em seu capítulo. Na perspectiva da desconstrução de mitos, até mesmo o celibatário e intrépido infante, embora nunca tenha estado na Índia, poderia entrar nas conjecturas de Mott...

Patrono das letras. D. Henrique gozava desde 1431 do título de Governador e Protetor da Universidade de Lisboa, onde apoiou estudos teológicos. A seu pedido, o franciscano André do Prado escreveu um diálogo sobre o credo dos apóstolos, no qual D. Henrique era personagem fictícia. No prólogo, Prado elogiou sua sede de conquista e batalhas. Enalteceu a coragem do infante em "navegar" pelos mares, a determinação em explorar regiões desconhecidas, o conhecimento das estrelas, o discernimento, a erudição e a dedicação aos estudos teológicos. As concepções de história surgem neste livro, problematizadas por Célia Tavares, em um estudo do manuscrito de Sebastião Gonçalves sobre os jesuítas no Oriente no século XVII. Também no capítulo de Íris Kantor sobre os acadêmicos luso-americanos setecentistas em sua autonomia intelectual. O âmbito universitário aparece ainda nas peripécias de Luís de Santa Teresa, bispo em Olinda no período de reforma eclesiástica, analisado por José Pedro Paiva em relação às diferentes formações teológicas da sociedade portuguesa.

Captura de escravos. O regresso a Lagos no verão de 1444, de caravelas vindas da África foi relatado na *Crônica da Guiné*. Não era a primeira vez que escravos eram descarregados ali, mas o evento celebrava Portugal como reino dedicado ao tráfico. Por isso D. Henrique tornou público o desembarque. Os cativos foram encaminhados a uma porta da cidade, aguardados pela multidão. Antes do leilão, por ordens do infante, dois deles foram doados a igrejas, como dádivas a Deus pelo sucesso da empresa. Montado a cavalo, D. Henrique supervisionava, e tomou 46 escravos como quinto régio. Segundo Russell, o infante considerava sua ação de transformar Portugal em reino dedicado ao tráfico um feito evangelizador, aumentando sua fama como difusor do cristianismo entre infiéis e pagãos. Mas o paradoxo entre escravidão e evangelização também remete a outro dilema, proposto por Guilherme Neves em seu capítulo. Na trajetória e nas ações de Miguel Antônio de Melo, Neves destaca o reformista ilustrado, o devoto, o governador de Angola, entre várias faces do império na passagem do século XVIII ao XIX.

De Portugal ao Brasil, somos mais livres para brincar com seus mitos, fazendo analogias entre as palavras e as coisas, a vida de D. Henrique e os capítulos deste livro, como franjas de assuntos que se tocam pelas similitudes, sem afirmar que tratamos dos mesmos contextos[2]. Dessa forma o retrato pintado atribuído a D. Henrique, sério e envergando um turbante borgonhês, possui nesta introdução um valor de símbolo, aludindo também à primeira publicação deste grupo de pesquisa[3]. Tendo surgido como o de outra pessoa, a posteridade consagrou-o como a representação do infante. Resta explicar por que o retrato apresentado agora é o de um poder de várias faces.

Já vimos o quanto o *império* de Henrique de Avis foi reconstruído retrospectivamente. De modo geral, a historiografia portuguesa, marcada pela identificação dessa ideia ao autoritarismo, esquivou-se de explicitá-la desde as décadas finais do século XX, preferindo por vezes tratar o tema como expansão[4]. No Brasil, em se tratando de obras coletivas, vários trabalhos foram produzidos com

---

2 Foucault sublinhou este universo analógico para caracterizar o mundo no início da modernidade. Michel Foucault, *As palavras e as coisas*: uma arqueologia das ciências humanas, São Paulo, Martins Fontes, 2002, p. 23-61.

3 Ronaldo Vainfas, Georgina Silva dos Santos & Guilherme Pereira das Neves (orgs.), *Retratos do Império*: trajetórias individuais no mundo português nos séculos XVI a XIX, Niterói, EdUFF, 2006.

4 A título de exemplo, Luís Filipe F. R. Thomaz, *De Ceuta a Timor*, Algés, Difel, 1998; Francisco Bethencourt & Kirti Chaudhuri (orgs.), *História da expansão portuguesa*, Lisboa, Círculo de Leitores, 1998, 3 v; e Bethencourt & Diogo Ramada

o *império* em título, frutos de planos de livros estruturados ou como resultado de eventos significativos[5].

Discutir o conceito de império foge aos limites deste livro, e uma boa bibliografia com esse teor tem surgido ultimamente[6]. Entretanto, se a ideia foi cotejada em termos conceituais por historiadores, sobretudo para os casos espanhol e inglês entre os séculos XVI e XIX, e também para a França, o mesmo não se pode afirmar em relação ao mundo português na Época Moderna – não raro associado ao castelhano, ou simplesmente ignorado.

Em termos políticos, o termo *império* não era utilizado para definir o conjunto das possessões portuguesas nos séculos XV e XVI. Nos documentos, preferia-se antes a designação *reino e suas conquistas*. Como bem expressa o pomposo título evocativo da ventura de D. Manuel I, também usado pelos sucessores de modo tradicional, mesmo após outras descobertas e conquistas: "... pela Graça de Deus Rei de Portugal, e dos Algarves, d'aquém e d'além mar, em África, Senhor da Guiné, e da Conquista, Navegação e Comércio da Etiópia, Arábia, Pérsia e Índia".

No século XVII, verificamos maior incidência da expressão *monarquia portuguesa*, utilizada na conjuntura da Restauração – denotando uma nítida

---

Curto (orgs.), *Portuguese oceanic expansion, 1400-1800*, Cambridge, Cambridge University Press, 2006.

5 Júnia Ferreira Furtado (org.), *Diálogos oceânicos*: Minas Gerais e as novas abordagens para uma história do império ultramarino português, Belo Horizonte, Editora UFMG, 2001; João Fragoso, Maria Fernanda Bicalho & Maria de Fátima Gouvêa (orgs.), *O Antigo Regime nos trópicos*: a dinâmica imperial portuguesa (séculos XVI-XVIII), Rio de Janeiro, Civilização Brasileira, 2001; Bicalho & Vera Lúcia Amaral Ferlini (orgs.), *Modos de governar*: ideias e práticas no império português séculos XVI a XIX, São Paulo, Alameda, 2005; Fragoso, Manolo Florentino, Antônio Carlos Jucá & Adriana Campos (orgs.), *Nas rotas do império:* eixos mercantis, tráfico e relações sociais no mundo português, Vitória/ Lisboa, Edufes/IICT, 2006; e Vainfas, Santos & Neves, *op. cit.* E ainda o recente Andréa Doré, Luís Filipe Silvério Lima & Luiz Geraldo Silva (orgs.), *Facetas do império na História*: conceitos e métodos, São Paulo, Hucitec, 2008.

6 Xavier Gil, *Imperio, monarquía universal, equilibrio:* Europa y la política exterior en el pensamiento político español de los siglos XVI y XVII, Perugia, Dipartimento di Scienze Storiche, 1996; David Armitage (org.), *Theories of empire, 1450-1800*, Aldershot, Ashgate/ Variorum, 1998; Richard L. Kagan & Geoffrey Parker (orgs.), *España, Europa y el Mundo Atlántico:* homenaje a John H. Elliott, Madri, Marcial Pons, 2001; Anthony Pagden, *Lords of all the World:* ideologies of empire in Spain, Britain and France c.1500-c.1800, Yale, Yale University Press, 2006; John Elliott, *Impérios del mundo Atlántico, España y Gran Bretaña en América (1492-1830)*, Madri, Taurus, 2006.

influência do modelo da mais poderosa *monarquía católica*. Autores de tratados políticos, e também cerimonialistas, sugeriam aos adeptos da secessão ibérica, por meio de textos e figuras em nítido tom de propaganda, a validade da causa justa de Portugal, e a exaltação do poder do reino luso. Nessa conjuntura, os extremos interpretativos são perigosos. Deve-se assim atentar para a eficácia, mas também para os limites dessas imagens de propaganda produzidas no contexto restauracionista, como representativas das mentalidades político-culturais vigentes.

Mas o *Quinto Império* aparece com vigor na obra profética de Antonio Vieira. Antes de tudo, na *Carta ao bispo do Japão*, escrita em 1659, também conhecida como *Esperanças de Portugal*; depois, na *História do futuro*, somente publicada em 1718; finalmente, em *Clavis prophetarum*, escrita em latim, redigida a partir de 1669. O *Quinto império* de Vieira, sucessor dos impérios egípcio, assírio, persa e romano, seria um império português. Um império cristão, verdadeiro reino de Cristo "consumado na Terra". Um império mítico, portanto, em que a noção de história se confundia com a de profecia – e Vieira tinha plena consciência disso.

O império de que trata nosso livro possui, no entanto, contornos mais terrenos, mais próximos da história que do mito. Em 1712, nosso estimado dicionarista luso-francês Rafael Bluteau descreveu *império* como uma monarquia ou região muito ampla, dominada por um príncipe. Citou exemplos orientais, e um único caso de império no Ocidente: a Alemanha, com os estados do imperador. Prosseguiu então a narrar uma festividade do tempo da rainha santa Isabel. Por sua vez, *poder*, em Bluteau, associa-se a ter autoridade, prevalecer, faculdade para mandar, domínio, "império", em definição extensa.

A formulação da ideia de *império* em Portugal deu passo decisivo com D. Luís da Cunha, que alguns reconhecem como o mentor das futuras reformas pombalinas, no seu *Testamento político*. Mas é nas *Instruções inéditas a Marco António de Azevedo Coutinho* que ele revela sua proposta "visionária". Dizia, entre outras coisas, que por ser "florentíssimo e bem povoado aquele imenso continente do Brasil", deveria o rei de Portugal tomar o título de "imperador do Ocidente", indo ali se estabelecer. E disse mais que "o lugar mais próprio para sua residência seria a cidade do Rio de Janeiro que, em pouco tempo viria a ser mais opulenta que a de Lisboa". Ficando o rei próximo "das minas de ouro e diamantes seria mais fácil prevenir seus descaminhos e cresceriam seus descobrimentos... a que se ajuntaria a facilidade de tirar mais negros da costa da África para a cultura de todos os gêneros que o Brasil produz". Para conservar seu poder na metrópole, dizia D. Luís, El-Rei dependia inteiramente dos recursos do Brasil e não dos de Portugal, "de que se segue que é mais cômodo e mais seguro estar onde se tem o que sobeja que onde se espera o que se carece".

Chegamos assim ao império luso-brasileiro de D. Rodrigo de Souza Coutinho, já no final do século XVIII, com seu planejamento sistemático do território e suas riquezas, preludiando o processo que culminaria na transferência da corte e no império do Brasil. Dotado de uma capacidade de trabalho extraordinária, revelou uma aguda percepção da situação frágil em que se encontrava Portugal no final do século XVIII. Embora economicamente favorecido pela crise europeia, considerava que, após a independência dos Estados Unidos, o império português corria o risco de se fragmentar. Buscou assim racionalizar as práticas administrativas, de modo a aliviar o peso delas sobre os colonos, em particular do Brasil, em torno do qual compreendia que gravitavam os interesses portugueses. Suas iniciativas inseriam-se num plano mais ambicioso, exposto numa *Memória* de 1797. Recorrendo ao pensamento tanto dos fisiocratas, como de Adam Smith, pretendeu reforçar a unidade das *conquistas* como um todo, por meio da concepção de um império luso-brasileiro, ideia que, no seu juízo, deveria ser inculcada nos portugueses das quatro partes do mundo.

Nesse apanhado bastante geral, constata-se a historicidade e a polissemia do termo "império", e a sua possível inadequação, sobretudo para os primeiros tempos da expansão lusa. Fica também a sugestão de estudos conceituais densos, que situem melhor as conotações e os usos de um *império português* para a Época Moderna. Contudo, o relativo anacronismo pode ser atenuado se pensamos um pouco na acepção original do termo, no contexto que o gerou. Em meio ao principado de Augusto, desenvolvia-se a ideia de um poder pleno de virtudes – *imperium* – capaz de sanear a república romana dos males anteriores. Poder que também se afirmava em oposição aos bárbaros, marcando ainda diferenças entre os romanos e os provinciais. Como um domínio virtuoso que assumia uma configuração territorial extensa, posteriormente metamorfoseada em império cristão. Desse modo, o legado da Roma imperial significou um ícone de poder nos tempos medievais, que conjugava autoridade, força e princípios morais superiores: uma monarquia universal. Aspectos revividos no império de Carlos V, também rei da Espanha, senhor da cristandade e de vastas terras no mundo, de algum modo, ecoaram em outras instâncias de poder na Europa ocidental[7].

Contudo, se a conceituação de império carece de maior precisão em relação aos diferentes âmbitos abordados, valorizamos justamente essa dimensão multifacetada do seu poder. O livro *Império de várias faces* evidencia uma característica deste grupo de pesquisa voltado para os séculos XVI, XVII e XVIII: a pluralidade de temas inter-relacionados. Aspectos pertinentes aos âmbitos das monarquias ibéricas e dos movimentos sociais, das instituições e práticas religiosas, do mundo natural, da escravidão, da cultura escrita, da questão da terra, da alteridade cultural, em várias regiões entre o reino e suas conquistas.

---

7 Pagden, *op. cit.*, p. 11-62.

Essa aparente heterogeneidade de estudos deve ser pensada no contexto da especificidade da Época Moderna em relação ao nosso mundo contemporâneo. Um tempo em que profissões e temas políticos, sociais, religiosos ou econômicos não figuravam delimitados como no presente. Uma época em que a construção do conhecimento apresentava múltiplas relações, e as próprias histórias eram contadas e escritas de forma peculiar. Nessa pluralidade temática, espacial e cronológica, verificamos interfaces entre estudos que destacam relações de poder de indivíduos e grupos. Giacomo Marramao, ao restringir o papel da secularização nesses tempos modernos como algo distante de entendimentos apressados da sociologia weberiana, defende que o homem entende o poder segundo as suas concepções de tempo. Desse modo, cada época seria capaz de revelar uma íntima conexão entre o poder que a forma, e o ritmo e a direção de tempo que a permeiam[8]. Tratamos assim de um tempo anterior ao isolamento da política em relação a outros campos de atuação humana, ocorrido apenas no século XIX. Fenômeno mais amplo que o governo e inerente à humanidade, o poder também pode ser entendido em suas dimensões relacional e simbólica: na guerra, na revolta, na atuação de seus agentes, nos comportamentos, nas histórias escritas, na vivência religiosa, na questão da terra, em grupos sociais. Nesse império de várias faces.

Em sua biografia, Peter Russell reivindica D. Henrique como um fenômeno puramente medieval, justamente pelos aspectos plurais já demonstrados, em especial os evangelizadores e de cavalaria. Entretanto, a possibilidade de associação entre as várias faces do infante e os capítulos deste livro situa também o príncipe de Avis como personagem da Época Moderna, embora de modo bastante diferente do perfil secular outrora exaltado pela historiografia do império português. Portanto, no império, ou nas relações de poder destacadas no livro, não há aspectos prevalecentes, nem determinismos de qualquer tipo, exceto a convicção de que somente a pesquisa empírica permite alcançar a experiência histórica.

Ronaldo Vainfas & Rodrigo Bentes Monteiro
*Companhia das Índias*, junho de 2008.

8 Giacomo Marramao, *Poder e secularização*: as categorias do tempo, São Paulo, Editora Unesp, 1995.

PARTE I

# Fé e comportamento

# Impérios intolerantes: unidade religiosa e o perigo da tolerância nos impérios ibéricos da Época Moderna[1]

Stuart B. Schwartz

No dia 7 de maio de 1788, Manuel de Aguirre, um oficial da cavalaria e colaborador eventual da imprensa sob o pseudônimo de "Soldado ingênuo", denunciou no *Correo de Madrid* a existência do "terrível monstro da intolerância escondido sob o respeitável manto da religião". Criticando o estado da religião, Aguirre argumentou que a expulsão dos judeus e, posteriormente, dos mouros teria impedido o crescimento econômico da Espanha nas áreas da indústria e da energia, e beneficiado somente outras nações. Denunciando a superstição e a intolerância, ele argumentou:

> A tolerância civil, que faz tão felizes e populosas todas as possessões dos príncipes católicos, o clero e os protestantes da Alemanha; os estados hereditários do grande imperador católico que lá reina; a Inglaterra rica e poderosa, a França admirada, a industriosa Holanda; o invejável país dos suíços; a recém-nascida e já imponente República Americana; e outros reinos cuja população, ordem, paz, riqueza e costumes honestos e simples nos deixam admirados[2].

Horrorizados, seus oponentes alegaram que essas ideias somente conduziriam à "liberdade total de consciência e independência dos poderes supremos". Aguirre foi visto como um empenhado difusor do veneno de Voltaire. A gazeta foi proibida e a Inquisição prendeu o autor. A sentença dada pela Inquisição é reveladora, demonstrando tanto sua aversão a mudanças nesse sentido quanto o seu reconhecimento de que a política de exclusividade religiosa originou-se naqueles que estavam no poder: "A intolerância é uma lei fundamental da nação espanhola, não foi estabelecida pelos plebeus e não serão eles que poderão aboli-la"[3].

Os impérios desenvolvem diferentes estratégias de inclusão. O império otomano reconhecia a legitimidade de certas religiões minoritárias, a dinastia Ching, na China não impingia a exclusividade religiosa e mesmo o império romano permitia a multiplicidade de crenças, contanto que a lealdade política estivesse assegurada. Espanha e Portugal, entretanto, buscaram uma solução diferente. Apesar de Portugal e Espanha no início da Época Moderna terem incorporado povos de línguas e culturas diversas sob seus governos, os dois impérios empenharam-se, onde possível, em impor a uniformidade legal e religiosa. Os territórios do império eram considerados extensões dos domínios reais e eram vistos como *Reinos* (Espanha) ou *Estados* (Portugal) diretamente controlados pelo monarca. Ambos os impérios, nascidos no final da Idade Média e consolidados preliminarmente no período de confessionalização no início do século XVI, adotaram e impuseram políticas de intolerância religiosa como o caminho preferencial para assegurar a submissão de seus súditos e, supostamente, sua lealdade. Pertencer à comunidade cristã proporcionava um senso de participação e, supostamente, de identidade, e constituía um modo de silenciar ou sobrepujar as diferenças linguísticas e culturais. Os impérios precisavam projetar um senso de inclusão para que todos os súditos pudessem parecer ter acesso ao monarca e, apesar das óbvias diferenças culturais, raciais ou fenotípicas e linguísticas das diversas populações dentro dos territórios controlados pela Espanha e por Portugal, a política de promoção da unidade religiosa conduziu a sociedade nessa direção[4]. Assim, as heterodoxias e as dissidências, no que tange à religião, foram facilmente percebidas como política e teologicamente perigosas. Essa percepção do perigo se estendeu também aos apelos pela liberdade de consciência e de tolerância, ou até mesmo pelas expressões de relativismo religioso que estavam historicamente enraizadas na tradição ibérica e que, por volta do século XVIII, também foram vinculadas à expansão dos contatos comerciais com outros países e com as correntes políticas e filosóficas do período.

Desde os primeiros momentos da expansão ultramarina, tanto Espanha quanto Portugal fizeram das atividades missionárias seu princípio de justificação imperial, e usaram as concessões papais de domínio territorial, juntamente com as responsabilidades imputadas de "defender e expandir a Igreja de Deus", como base para suas reivindicações legais de soberania. Nos dois impérios, a unidade religiosa e de poder foi celebrada como uma linha de conduta para governar. O poeta espanhol Hernando de Acuña celebrou o reinado de Carlos V, no início do século XVI, com o mote "Um rebanho, um pastor na Terra... um monarca, um império, uma espada", como a melhor fórmula para um bom governo[5]. Essa era uma posição que havia nascido da convicção, tanto quanto da conveniência, ativamente encorajada pelos tronos dos dois impérios. Em ambos, o Santo Ofício da Inquisição – um sistema de tribunais religiosos – também se tornou uma extensão da autoridade política. Embora houvesse conflitos frequentes de jurisdição entre a Inquisição e outras instituições, e entre o poder civil e o eclesiástico – consequentemente desenvolveu-se uma separação entre os objetivos políticos e os religiosos do Estado e os do Santo Ofício –, a Inquisição buscou impor a ortodoxia e a exclusividade religiosa como assunto de política de Estado.

Não obstante, sempre houve também questões de ordem prática a serem consideradas. A despeito da impopularidade de Maquiavel no mundo ibérico e das muitas críticas ao pensamento *razón de estado* por parte dos moralistas e teólogos espanhóis e portugueses, as vantagens práticas e políticas nunca estiveram totalmente ausentes dos cálculos dos monarcas ibéricos, mesmo em questões religiosas, tanto nas metrópoles quanto nos impérios. A questão da heresia e da intolerância religiosa nunca foi inteiramente separada das considerações comerciais ou diplomáticas e do sistema político. Na Espanha, o tratado de 1604 com a Inglaterra permitiu que os representantes ingleses na Andaluzia gozassem de liberdade de consciência religiosa no culto privado. Em 1654, Felipe IV foi tão longe na tentativa de estreitar a aliança com os luteranos na Suécia que chegou a mencionar que Espanha e Suécia eram ambas partes de uma mesma nação devido ao fato de ambos os países terem sido estabelecidos pelos godos[6]. Portugal, em busca de aliados e parceiros comerciais, também fez concessões. Os tratados portugueses de 1654, de 1661 com os ingleses, e de 1640 com os holandeses, apesar das rígidas objeções da Inquisição, continham cláusulas similares, destinadas a estimular os laços comerciais, assim como acordos de cooperação diplomática e militar. A política de exclusividade e intolerância religiosa foi sempre temperada pela *real politik*[7]. Nos impérios ultramarinos, outras adaptações foram feitas à política de exclusividade religiosa. Aqui, talvez seja necessário delinear uma série de distinções geográficas na aplicação da política de exclusividade religiosa. A política de intolerância foi universalmente aplicada no mundo atlântico, mesmo que por vezes, na prática, tenha sido transgredida. Para além do cabo da Boa Esperança, entre uma miríade de populações e muitas religiões asiáticas, não foi possível a aplicação rigorosa da intolerância sobre as populações nativas, por razões práticas, porque a política de intolerância provocaria fuga ou sufocaria o comércio; dessa forma, a intolerância foi temperada pela realidade social. Como em algumas cidades europeias, a celebração pública de outras religiões era limitada, mas o culto privado era relativamente tolerado e uma distinção *de facto* se operava entre o culto público e o privado[8]. Conforme escreveu o viajante holandês Linschoten em 1595, Goa era um local com muitas religiões e diversos tipos de pessoas... cada homem com sua própria religião, sem forçar qualquer homem a agir contra sua própria consciência. Na Manila espanhola havia uma situação similar com a população nativa que falava tagalo e o grande número de chineses em Manila, muitos dos quais se converteram ao cristianismo apenas como formalidade, com fins meramente comerciais. Nas ilhas de Mindanao e Jolo, os príncipes muçulmanos rejeitaram a conversão, e o cristianismo não fez qualquer progresso. A política preferida por Portugal e Espanha estava teoricamente baseada na intolerância e havia uma grande quantidade de defensores da eliminação dos muçulmanos e da conversão dos seguidores de outras religiões, mas a necessidade e a realidade impuseram práticas diferentes[9].

Nas Américas, a população indígena era controlada pelas missões. Embora fosse permitido algum grau de sincretismo, esse variou no tempo e no espaço, conforme a ordem missionária ou segundo cada bispo. A tendência geral ao longo do tempo foi definir as crenças nativas e suas práticas como superstição, extirpando toda e qualquer forma alternativa de culto indígena que estivesse fora da tradição católica. Mesmo que os nativos americanos estivessem fora da jurisdição da Inquisição, a atuação dos tribunais episcopais e a criação de tribunais individuais no estilo da Inquisição, como o *Provisorato de indios e chinos*, na Nova Espanha, eram designados para zelar pela ortodoxia. Os africanos e seus descendentes não estavam isentos. Uma vez batizados, caíam na jurisdição do Santo Oficio, que vigorosamente suprimiu os rituais, as práticas e as crenças africanas, considerando-as superstição, feitiçaria, pacto ou possessão demoníaca. A Igreja buscou canalizar para as confrarias e irmandades a religiosidade africana e afro-hispânica por intermédio do estímulo ao culto de alguns santos particulares e outras crenças mais ortodoxas.

Esse modelo de unificação religiosa era, em grande parte, uma continuação das práticas vigentes na Espanha e em Portugal, onde a política de exclusividade religiosa havia se originado no processo de consolidação religiosa na própria Península Ibérica. Um processo marcado por eventos significativos como a criação da Inquisição, em 1478; a expulsão dos judeus de Castela e Aragão, em 1492; a queda da Granada muçulmana, em 1492; a conversão forçada dos judeus em Portugal, em 1498; e, em seguida, a crescente pressão sobre os habitantes conquistados de Granada para a conversão, provocando neles uma amarga resistência em 1499 e depois novamente em 1569-1570. Uma resistência que endureceu a política da coroa e, consequentemente, levou à expulsão de todos os convertidos, os mouriscos, em 1609[10].

Esse processo de unificação religiosa na Espanha e em Portugal ocorreu simultaneamente às viagens de expansão imperial. Endossados pela autoridade papal e justificados por um programa de inclusão de todas as populações no seio da Igreja, o contato, a conquista e a colonização foram acompanhados e justificados pela conversão e, consequentemente, pelas atividades missionárias[11]. Conforme a rainha Isabel informou ao governador de Hispañola, Nicolás de Ovando em 1505:

> Porque desejamos que os índios sejam convertidos à nossa santa fé católica e suas almas sejam salvas e porque esse é o maior benefício que podemos desejar-lhes, e para esse fim é necessário que recebam instrução sobre as coisas de nossa fé...[12].

Embora os teólogos debatessem o problema da conversão forçada, a resistência às atividades missionárias tornou-se motivo para declaração da "guerra justa". Os missionários, na verdade, muitas vezes desempenhavam a função de trazer os nativos à soberania europeia, ao converter pagãos em cristãos e, assim, em potenciais súditos. Por esse mesmo motivo, os *shoguns* reprimiram o cristianismo no Japão em 1587. Nas fronteiras do império, o tráfico, o comércio, as alianças, as negociações e os contatos diplomáticos com não-cristãos eram temporariamente possíveis e, até mesmo, praticamente necessários. Mas o objetivo dessa política era sempre "reduzir" os povos à fé cristã e, fazendo isso, aumentar a extensão ou a segurança do império.

A ortodoxia das populações nativas do império era sempre colocada como uma justificativa da política imperial mas, na realidade, havia pelo menos quatro categorias de habitantes do império que exigiam vigilância e preocupação por parte das autoridades imperiais em termos de ortodoxia religiosa: a maioria das populações ameríndias, os escravos africanos importados, os contrabandistas estrangeiros e os residentes, e a maioria dos imigrantes leigos.

No império espanhol, as políticas concernentes aos imigrantes estrangeiros eram inconsistentes. Fernando e Isabel proibiram os estrangeiros de fazer comércio ou passar para as Índias, mas Carlos V, no período de 1524 a 1526, afrouxou as restrições, provavelmente como uma política inevitável, dada a natureza multinacional e mista de seu império[13]. Mercadores espanhóis, temendo a competição, e bispos, temendo a contaminação protestante, faziam objeção à presença de estrangeiros na década de 1530 e, por volta de 1538, tal contato foi proibido em teoria, embora, na prática, tenha sido contornado por licenças especiais[14]. A Espanha desenvolveu um complexo sistema legal que permitia a naturalização dos estrangeiros na Espanha e nas Índias, onde o capital e as habilidades dos estrangeiros eram necessários, mas o contato e a residência ilegais também continuaram. Quando em 1591 a coroa espanhola pretendeu controlar a presença ilegal dos estrangeiros nas Índias através de um registro e da imposição de uma taxa, só no vice-reino do Peru havia umas quatro centenas de residentes estrangeiros: uma maioria de portugueses (117), seguidos pelos corsos (57), genoveses (40) e gregos (32)[15]. O caso dos portugueses no império espanhol era singular, já que de 1580 a 1640 eram súditos dos Habsburgos espanhóis e, por costume e vantagens comerciais, tinham permissão para circular e residir no império espanhol[16]. Ao mesmo tempo, contudo, eram sempre considerados como suspeitos de heterodoxia, já que muitos eram "cristãos-novos", descendentes diretos de judeus convertidos. No império espanhol, os termos "português" e "judeu" eram praticamente sinônimos, pelo menos em nível "popular". Após a rebelião dos Braganças pela independência, os portugueses residentes na América espanhola tornaram-se politicamente inconstantes e potencialmente perigosos[17]. De tempos em tempos, "fanáticos" argumentavam, como o *fiscal* da Inquisição de Lima, em 1784, que a presença de judeus atraídos pelo comércio no Peru poderia contaminar os indígenas com sua "seita", embora ninguém estivesse convencido disso[18].

Os estrangeiros oriundos das áreas tocadas pelo avanço das seitas protestantes eram temidos como uma ameaça ainda maior. A colaboração dos piratas com os quilombolas em ataques ao Panamá, dos contrabandistas holandeses ou ingleses com os índios araucanos do Chile, e a suposta colaboração entre holandeses e convertidos durante o ataque à Bahia em 1624, evidenciaram a ameaça. Mas o perigo era muitas vezes definido em termos de subversão religiosa em vez de perigo geopolítico ou militar, ou alocado sob a jurisdição da Inquisição[19]. Pedro Fernandez de Quiros, o explorador do Pacífico em nome da Espanha, em certa ocasião alertou sobre uma expedição inglesa que pretendia tomar o Chile, unir-se aos índios araucanos e, "a partir daí", pregar a liberdade de consciência, assim como a liberdade para todos os índios e os negros da América[20]. Os julgamentos, as duras punições e as execuções de corsários, contrabandistas e mercadores não-credenciados ingleses, franceses e holandeses nos tribunais da Inquisição, especialmente no século XVI, indicam a percepção que combinava ameaça militar e religiosa[21]. Da década de 1570 até a de 1630, a Inquisição de Lima, por exemplo, argumentava em diversas ocasiões que sua responsabilidade era não apenas suprimir a heresia, mas também assegurar a tranquilidade temporal, assim como controlar os estrangeiros no vice-reino[22]. Mas, em grande parte, esses medos refletiam um estilo paranóico. A Inquisição de Lima processou apenas vinte e cinco casos de protestantismo em todo o século XVIII, sendo todos eles estrangeiros, com uma exceção, e em sua maioria marinheiros que voluntariamente se apresentaram para se livrarem de acusações mais sérias. No Peru, nenhum deles foi culpado de protestantismo após 1761. De fato, a perseguição aos protestantes refletia a política internacional da Espanha, situação evidenciada com o início das hostilidades contra a Holanda e a Inglaterra na Guerra de Sucessão Espanhola (1703-1715). Nessas circunstâncias, a coroa foi compelida a ordenar que somente aos hereges dos "reinos e províncias amigas" seriam permitidos o comércio e a residência[23]. Após o Tratado de Utrecht (1713-1715), passou-se a exigir que os agentes inquisidores voltassem às suas antigas atribuições e que basicamente deixassem os ingleses em paz.

No império português, a coroa também impôs uma política de restrição da imigração estrangeira, mas as demandas e realidades demográficas e comerciais fizeram com que fosse praticamente impossível aplicar tais restrições. Assim, tendiam a receber bem os estrangeiros, contanto que fossem católicos. Até a união das coroas de Espanha e de Portugal (1580-1640), grande parte do comércio com o Brasil estava nas mãos dos navios estrangeiros com licença portuguesa, de modo que a exclusividade comercial não era realmente possível. Apesar disso, qualquer ameaça aparente à exclusividade religiosa ou à soberania portuguesa era tratada com vigor, conforme foi demonstrado com a eliminação da colônia de huguenotes franceses no Rio de Janeiro em 1567 e no Maranhão em 1614. A aplicação da pena de morte aos contrabandistas ou cortadores de pau-brasil demonstra a seriedade com que se praticava a política de exclusão.

A atenção às ameaças externas contra a ortodoxia e a soberania que representava a presença de estrangeiros equiparava-se à preocupação com o caráter e as ortodoxias da própria população ibérica imigrante. Devemos lembrar que a imigração oriunda da Espanha e de Portugal já tinha mais de meio século antes da conclusão do Concílio de Trento; assim, diversas crenças e práticas que foram transferidas para o império ultramarino passaram a ser posteriormente consideradas heterodoxas ou "supersticiosas" pelas autoridades da Igreja. Mais especificamente, havia também segmentos da população que eram definidos como potencialmente perigosos ou heréticos e, portanto, cuja lealdade estava sob suspeita. Em Castela, as regras que restringiam a emigração de conversos e mouros entraram em vigor já em 1510, e foram repetidas em 1518 e em 1522. Todo o aparato de controle com características como a limitação de partidas de Sevilha para as Índias e o registro e licenciamento de passageiros pela *Casa de Contratación* tinha como objetivo limitar e restringir o acesso às Índias[24]. Em 1506, entretanto, já havia reclamações de que chegavam conversos às Índias, e a composição das expedições iniciais e os autos de fé posteriores confirmam sua presença[25]. Da mesma forma, os mouros espanhóis eram proibidos, assim como os escravos africanos que pertenciam a grupos étnicos como os jolofs, sabidamente muçulmanos. Os imigrantes, entretanto, muitas vezes encontravam meios de contornar a legislação, e mesmo a coroa quebrava, às vezes, sua própria política. Tecelões mouriscos, por exemplo, foram enviados à Nova Espanha para iniciar a manufatura da seda a despeito das restrições contra a sua presença nas Índias. Apesar do desejo da coroa de impor o controle sobre as Índias, a combinação da escala geográfica, os limites do poderes reais e os imperativos dos desejos individuais conspiravam para tornar o império uma fonte potencial de dissidências. Restrições similares existiam no Brasil, mas o fato de a Inquisição portuguesa não ter funcionado até 1547 significou meio século de acesso aberto à imigração dos "cristãos novos", que passariam a constituir um importante segmento da elite colonial.

Os governantes ibéricos e seus defensores morais e teológicos temiam que a presença dos tradicionais grupos de suspeitos – convertidos, mouros e estrangeiros que pudessem ser protestantes, assim como o comportamento imoral e opiniões dissidentes de colonos – pudesse colocar em risco a ortodoxia nas colônias americanas. Essas questões levaram o padre Las Casas, em 1516, a pedir o estabelecimento da Inquisição na América hispânica. Os cleros português e espanhol, missionários e oficiais, queixavam-se de que a América era uma terra onde havia excessivas "liberdades"[26]. A *audiencia* de Santo Domingo ordenou em 1543, contudo, que muitas restrições aos colonos poderiam despovoar Hispañola, "uma vez que a liberdade é uma das principais coisas que povoam a ilha"[27]. Na década de 1620, Mateus de Sousa Coelho, um clérigo de São Luis do Maranhão, comentou sobre um caso que envolvia exploração sexual dos indígenas da região, e que seus esforços e ações pretendiam "evitar aquelas ofensas a Deus das quais nascem os castigos da América provocados pela liberdade de consciência em que as pessoas vivem nestas terras conquistadas"[28]. Uma petição dos jesuítas do rio da Prata no século XVIII falava da necessidade da Inquisição na região, ou talvez até de dois ou três tribunais, tal era o excessivo grau de liberdade. O controle era essencial, os jesuítas argumentavam, "se a Espanha não desejasse que em seus domínios cada pessoa pudesse viver sob sua própria lei"[29]. A pluralidade religiosa e a liberdade de consciência implicavam em desordem.

A resposta ibérica voltava-se para o controle religioso. Em primeiro lugar, a Espanha reagiu concedendo poder inquisitorial aos bispos e depois criando tribunais da Inquisição permanentes no México (1569), Peru (1570) e em Cartagena das Índias (1610). Assim como na Espanha, esses tribunais tomavam conhecimento de uma variedade de pecados ou crimes que implicavam em heresia, mas dada a composição da população e a situação geográfica das Índias, houve diferenças. O nível de intensidade e de atividade dos tribunais americanos diferia dos peninsulares. Antes de 1700, os três tribunais americanos ocuparam-se de menos de três mil casos. Enquanto nos tribunais peninsulares eram tratados todos os crimes comuns, na América, diferentemente da Espanha, apenas uma pequena porcentagem envolvia acusações formais de heresia. Nos tribunais americanos, os julgamentos de piratas e flibusteiros como protestantes começaram em meados do século XVI, rarefazendo-se lentamente ao longo do século XVII[30]. Em seguida, ocorreu uma enxurrada de atividades contra uma suposta judaização de conversos, especialmente aqueles de origem portuguesa, em meados do século XVII, que diminuiu quando a combinação de fatores religiosos, políticos e econômicos que provocaram tais atividades se desfez, ao final do século, embora casos individuais contra judaizantes ainda persistissem. A perseguição aos praticantes do islamismo era relativamente pequena por causa das proibições iniciais contra a emigração dos mouros; dessa forma, essas acusações se limitaram, ocasionalmente, aos escravos da África ocidental de origem muçulmana ou a cristãos renegados. Ainda mais importante que esses casos envolvendo práticas de outras religiões eram os casos de heterodoxia e de controle social e, consequentemente, a larga porcentagem de indivíduos culpados de blasfêmias e proposições heréticas, além de comportamentos sexualmente impróprios. As Índias, com suas populações mestiças, as grandes distâncias, a presença de "superstições", crenças africanas e americanas nativas, e a relativa frouxidão das estruturas inquisitoriais de controle, ofereciam tremendas oportunidades de liberdade de expressão, de apetites sexuais desregrados por parte do laicato e do clero, e a liberdade para pensar de forma cética. Enquanto na Espanha, por exemplo, as transgressões sexuais do laicato perfaziam somente cerca de 6% do total de casos ouvidos, na Nova Espanha, o número estava próximo de 25%[31]. Moções de todos os tipos totalizavam cerca de 1/4 dos casos julgados nos tribunais americanos entre 1540 e 1700. Heterodoxias e dissidências, aparentemente, floresciam no Novo Mundo e, entre as moções heréticas, a ideia de que cada pessoa pudesse encontrar a salvação em sua própria religião ou que o pagão virtuoso também pudesse ser salvo, confrontavam-se à existência do ceticismo e de dúvidas sobre a providência divina. Tais ideias perturbavam as autoridades, já que minavam a política de exclusividade religiosa.

A tarefa de controle, por parte dos inquisidores, era opressora, mas é preciso lembrar que na maior parte dos casos, mesmo na própria Espanha, as denúncias eram geralmente feitas por outros membros da comunidade, e não pelos comissários ou agentes do Santo Ofício[32]. No Brasil português, os altos níveis de imigração de conversos e sua proeminência nas elites locais podem ter contribuído para a incapacidade da coroa de estabelecer um tribunal da Inquisição permanente. Mas extensas investigações foram realizadas na Bahia e em Pernambuco entre 1593 e 1597, depois novamente em 1618, e a partir de então os casos eram regularmente enviados à Inquisição de Lisboa. Em duas grandes *visitas*, cerca de 950 pessoas foram denunciadas. As acusadas de judaísmo (207) totalizavam 22%, uma porcentagem muito abaixo dos números de judaizantes, que ficava entre 65% e 83% dos processados pelos tribunais de Portugal. Durante as visitas ao Brasil, sodomia, bigamia e bruxaria/feitiçaria/superstição, totalizavam cada uma cerca de 5% das acusações; já as acusações de blasfêmia, irreverência e erro de doutrina totalizavam mais de 35% das denúncias[33].

Assim, nesses sistemas imperiais, oficialmente, não havia espaço para a diversidade religiosa ou mesmo para a heterodoxia. Qualquer manifestação de desvio da ortodoxia católica era considerada perigosa, e tal sentimento aguçou-se com o tempo, conforme a ameaça de rivais estrangeiros ao império e ao catolicismo aumentou na segunda metade do século XVI. Em alguns casos, a ameaça estava diretamente vinculada à exclusão comercial e à resposta dada a ela por parte dos rivais europeus - de forma crescente por parte dos residentes das colônias, insatisfeitos com os efeitos de um sistema comercial fechado. Aqui, é necessário fazer uma distinção entre a retórica política ou teológica e as circunstâncias históricas.

## O Caribe

Talvez não haja uma região que exemplifique melhor a conexão entre as atividades comerciais e a ameaça religiosa que o Caribe. A penetração do Caribe espanhol tinha, por volta do século XVIII, introduzido não só alternativas comerciais, mas também alternativas religiosas ou ideológicas[34]. Havia uma população flutuante e de múltiplas nacionalidades na região, que considerava permeáveis as fronteiras imperiais. Durante a segunda metade do século XVII, o contrabando, as atividades ilícitas e as invasões haviam se tornado um modo de vida na região[35]. A despeito dos esforços para suprimir essas violações ao controle imperial e à ações dos tribunais inquisidores do México e de Cartagena das Índias e para tratar os estrangeiros capturados como potenciais hereges, os interesses locais e as autoridades coloniais eram muitas vezes cúmplices no favorecimento ou na liberação para contatos ilegais que, na verdade, eram evidências do fracasso do sistema econômico espanhol. Em locais como Cartagena, um importante porto fortificado, a irregularidade das chegadas legais fazia com que os preços dos itens básicos importados quadruplicassem entre 1713 e 1746. O contrabando era a solução prática, e juízes, governadores e outros oficiais locais favoreciam ou iniciavam a violação das restrições[36]. A partir de bases como Port Royal, Jamaica, Santo Domingo e Curaçao, mercadores e marinheiros estrangeiros desempenhavam um comércio intenso com as ilhas espanholas e o continente, conectando-os todos em "uma única rede de mercados e fornecedores"[37]. De forma similar, havia vários espanhóis que visitavam as colônias ou outras nações europeias na região. O contrabando inter-regional dentro do império espanhol não era menos importante e o comércio de mercadorias contrabandeadas se tornou um modo de vida para muitos. Um governador de Porto Rico queixou-se em 1691 de que toda a população, leiga e eclesiástica, estava tão envolvida com o contrabando, que as pessoas haviam chegado à conclusão de que seria melhor serem vassalas de estrangeiros porque deles se poderiam obter os escravos e outros itens de que precisavam[38]. Outro observador advertiu que havia pessoas passando para o lado de estrangeiros calvinistas ou luteranos, ignorando sua religião e buscando somente conveniência para obter acesso a escravos, peças de vestuário e outros itens[39]. Apesar da realidade de tolerância religiosa, a Jamaica, em especial, tornou-se uma espécie de utopia no mundo hispânico como o lugar onde se podia ler e crer sem obstáculos ou controle[40].

Quaisquer que fossem os benefícios para os interesses locais, a penetração comercial parecia ameaçar as bases lógicas fundamentais para a política econômica do império espanhol, já que esta se baseava no conceito de exclusividade comercial. Mas, juntamente com a penetração comercial do império, veio a presença física de estrangeiros, cujas lealdades, religiões e identidades apresentavam desafios para a política espanhola de colonização limitada e de exclusividade religiosa. Um espectador anônimo observou o benefício da expulsão de todos os estrangeiros das Índias, porque "de uma pequena centelha pode se originar um grande incêndio". Ele acusava os estrangeiros de infestar as costas do Peru e da Nova Espanha, e afirmava que essas eram particularmente perigosas onde havia um grande número de escravos negros que podiam ser incitados a uma rebelião. Havia muito a ser temido onde houvesse grandes populações de pobres, "sempre amigos de mudanças", e onde os estrangeiros pudessem cunhar seus erros e seitas sobre os "dóceis" índios. Os estrangeiros eram simplesmente os "cupins das riquezas e inimigos domésticos contra nossos desígnios"[41]. As populações costeiras constituíam um problema especial, escreveu o governador de Santa Fé, porque entre essas pessoas, que ele chamava de pessoas de "portos e comércio (*puerto y trato)*", havia "pouca verdade, muita ganância, sabido interesse próprio, pouco segredo, poucos em quem confiar e muitos contra quem se acautelar"[42].

A precariedade da situação no Caribe havia se tornado clara, no fim do século XVII, em um relatório de autoria de frei Antonio de Chincilla, o comissário da Inquisição em Santo Domingo, que reclamou dos "perigos constantes nas questões da fé" na região. O território era extenso e era difícil encontrar pessoas qualificadas para desempenharem as funções de agentes e de informantes para a Inquisição, já que os espanhóis estavam longe de casa e era difícil verificar seu passado religioso, e a maioria da população era de mestiços. As disputas de jurisdição entre os bispos e a Inquisição haviam limitado a eficácia do Santo Ofício em manter longe a ameaça de influências externas. A falta de supervisão por parte da Inquisição era particularmente séria em Porto Rico e em Hispañola, por causa das constantes chegadas forçadas de navios ingleses, holandeses e franceses, carregados de escravos e mercadorias. Chincilla observou esse abandono em sete colônias na Hispañola ocidental, simplesmente para evitar o comércio com aquelas nações "por causa do perigo em questões religiosas devido a conversas e comércio com eles"[43]. No continente, a situação também era séria, não somente por causa da presença dos ingleses, mas também devido à penetração de mercadores portugueses, sempre suspeitos de serem secretamente judeus. Em Porto Rico, Isla Margarita e Caracas, dizia-se que um carregamento de conversos portugueses fugindo da Inquisição em Portugal, cinquenta anos antes, havia se estabelecido na região, e que seus descendentes ocupavam, então, cargos de autoridade. A real ameaça, mais tarde, era que o comércio com os ingleses, holandeses e portugueses estivesse levando ao contágio índios, mestiços e até mesmo espanhóis. Além do mais, ele sentia que a bruxaria, a idolatria, pactos com o diabo e o uso de ervas também cresciam por causa da limitada autoridade da Inquisição na região.

Os efeitos da penetração comercial e do contrabando, bem como as ameaças geopolíticas, eram percebidos em termos de contágio e desvio religioso, conforme os não-espanhóis firmavam residência nas Índias. A Inquisição foi designada para trabalhar no problema e, a partir de seus registros, sabemos que características os inquisidores consideravam as mais ameaçadoras. Antes de 1750, e especialmente durante a Guerra da Sucessão Espanhola, a Inquisição executou uma ação conjunta. Seus alvos eram homens como os dois francófonos Silverio Aterle e Enrique Dutric. Silverio Aterle, nativo de Guadalupe, havia deixado sua ilha aos dezoito anos para se juntar ao mundo dos saques marítimos ou *corso*. Suas aventuras o levaram a Curaçao e depois ao rio de Sinú, em Nova Granada, onde se casou e se estabeleceu como fazendeiro. Ele havia se metido em dificuldades em 1708, ao ser denunciado por argumentar que os índios Carib e os protestantes não iriam necessariamente para o inferno e que, na verdade, não havia inferno ou purgatório. De qualquer modo, era Deus, e não os homens, quem deveria punir ou condenar. Ele também defendeu seu amigo Dutric, que havia feito declarações semelhantes, e que havia dormido com mulheres Carib não batizadas. Dutric, um católico nascido em Bruxelas, havia servido nos Países Baixos como camareiro e ido para as Índias na comitiva de um governador, mas também era crítico dos dogmas e das práticas da Igreja, direcionando suas críticas contra as bulas papais e contra a ideia de inferno e purgatório. Tais homens e tal pensamento livre eram ameaçadores por causa do potencial de "corromper" a população indígena, bem como desafiar a autoridade da Igreja[44]. Tais casos aumentaram ao longo do século XVIII. Tomemos por exemplo o caso de José Ricor, cirurgião francês denunciado por suas declarações liberais em Guayama, Venezuela, por um capuchinho catalão nas missões do Orinoco. O missionário temia que naquela região fronteiriça, entre "soldados e pessoas ignorantes", uma pessoa como Ricor pudesse plantar "sementes ruins de alguma doutrina". Ricor havia se manifestado contra a instituição clerical e declarado que, após o rei inglês expulsar os monges e freiras, a Inglaterra havia se tornado uma grande nação. Ele era um relativista em matéria de religião e havia declarado que "todas as religiões são boas e fora da Igreja Romana qualquer pessoa pode ser salva em sua própria religião". Finalmente preso em Cáli, sua investigação revelou que possuía vinte livros em línguas diferentes e que havia vivido como corsário durante certo tempo, tendo viajado para Martinica, Curaçao e Isla Margarita antes de se estabelecer nas planícies de Casanare. Foi condenado a trabalhar em um hospital e depois foi preso uma segunda vez em Popayán por defender os *conversos* como sendo "bons cristãos"[45]. A presença de tais homens e a proximidade com a Jamaica, Barbados, Curaçao e Martinica fizeram a ameaça de infecção parecer enorme. A Jamaica, na verdade, veio a representar, nas mentes de muitos hispânicos residentes no Caribe, um tipo de utopia de consciência onde ninguém era importunado sobre suas crenças e onde uma pessoa era livre para fazer de sua vida o que quisesse[46].

De modo crescente no século XVIII, a ameaça apresentada por estrangeiros correspondia a uma preocupação com o crescimento da heresia do livre pensamento entre a população espanhola do império – homens como Juan Pablo Echigoíen, um marinheiro basco que possuía larga experiência em navios ingleses, havia visitado a Jamaica e outras ilhas, e cujas ideias de tolerância religiosa e admiração pelos ingleses haviam levado à prisão pela Inquisição mexicana[47]. Na década de 1750, ocorriam preocupações renovadas acerca da chegada e da residência de mercadores e marinheiros estrangeiros, com o crescimento das alternativas religiosas e mesmo a sugestão de se criar um tribunal separado em Buenos Aires para enfrentar a ameaça de heresia. Mas nem a Inquisição de Lima, que desaprovava a perda de autoridade que essa ideia representava, nem a coroa, que não estava ansiosa em ver ampliado o poder da Inquisição, consideraram as advertências convincentes.

## Religião e controle imperial no século XVIII

Espanha, Portugal e seus impérios não estavam intocados pelas mudanças intelectuais e sociais do mundo atlântico do século XVIII em termos de liberdade de consciência. Diversos projetos, como a introdução de artesãos estrangeiros na Espanha, foram contemplados, onde a liberdade de consciência seria estendida. Os judeus, naturalmente, sempre eram excluídos de tais concessões; forças temerosas de qualquer ameaça à coroa ou à Igreja sempre impunham limites a tais mudanças[48]. Não obstante, de forma crescente, mesmo nos tribunais, vozes como a de Manuel de Aguirre, com quem este ensaio foi iniciado, levantaram-se em favor da tolerância.

No império português, os ajustes em relação à política de intolerância sempre se voltaram para o tratamento dos cristãos-novos. Ao longo de grande parte do século XVII, a campanha contra sua discriminação havia sido liderada pelo jesuíta Antonio Vieira, que havia sido capaz de obter até mesmo a suspensão das atividades na Inquisição (1680-1685); porém a Inquisição e a política de intolerância haviam demonstrado serem resilientes. No início do século XVIII, figuras como o competente diplomata Luís da Cunha haviam demonstrado sua insatisfação com uma política que era econômica, política e moralmente destrutiva para o reino.

Em sua obra *Testamento político* (1736), Luís da Cunha, católico convicto, clamou pelo fim da Inquisição, defendeu a volta irrestrita dos judeus a Portugal e argumentou que a liberdade de consciência deveria ser estendida aos pagãos na Índia portuguesa e aos judeus no Brasil a fim de tornar essas colônias produtivas[49]. Finalmente, com detalhamento pungente, o embaixador sugeriu que a intolerância havia sido a ruína de Portugal. Ele ressaltou que a educação do rei D. João V pelo inquisidor geral havia tornado o monarca ansioso para assistir às execuções, "como se aqueles infelizes miseráveis não fossem seus vassalos", e acrescentou, com melancólica ironia: "Tal é o poder da formação que faz com que percamos os sentimentos de humanidade, e da mesma forma eram as idéias (embora mais gloriosas) que eles deram a Dom Sebastião com relação aos muçulmanos, e com isso ele se perdeu e também todos nós"[50].

Durante o século XVIII, um pequeno grupo de nobres e burgueses cultos, muitas vezes com experiência no exterior e gosto eclético pela leitura, começou a defender diversas reformas econômicas e sociais – e enquanto esse grupo era às vezes repudiado como *estrangeirado*, eles, contudo, representavam uma mudança de atitude dentre alguns membros da elite e da alta burguesia. O próprio marquês de Pombal não era avesso ao uso da Inquisição para seus próprios benefícios como uma extensão do poder do Estado, e até mesmo nomeou seu irmão inquisidor geral. Mas seus objetivos mercantilistas não eram os do Santo Ofício. O fim de sua discriminação oficial contra os cristãos novos não foi um episódio singular, embora nesse caso ele tenha reagido mais a considerações econômicas que morais ou filosóficas. A Inquisição portuguesa em si estava "iluminada" sob a direção de Pombal e subordinada ao Estado. Como na Espanha, a independência tradicional da Inquisição da autoridade real havia sido sempre motivo de desagrado para os monarcas, que, porém, ao mesmo tempo reconheciam sua utilidade como suporte social e político. Encorajados pelo Estado, os interesses da Inquisição agora se voltavam para outras direções. Na década de 1770, na Espanha, os alvos da repressão tornaram-se, de forma crescente, aqueles acusados de serem maçons, libertinos e ateus, cujos crimes eram a leitura de obras perigosas como Rousseau e Voltaire, e a defesa do deísmo, do indiferentismo, da liberdade de consciência e da tolerância religiosa[51].

Mas, não obstante os esforços da Inquisição, as ideias, os livros e as atitudes continuaram a se disseminar não somente em Portugal, mas também foram levados para as colônias por estudantes em retorno aos lares, por oficiais reais, mercadores, estrangeiros, marinheiros e imigrantes. Vejamos, por exemplo, o irreverente capitão de navio pernambucano Joaquim José Gomes dos Santos, denunciado por sua tripulação em 1791 por libertinagem. Ele admirava os ingleses, pensava que muitas religiões poderiam ser válidas, e chocou o capelão do navio ao perguntar por que Cristo havia esperado tanto para trazer a salvação, já que tantas almas já haviam se perdido até aquela época. Ele comparou Maomé a Cristo de forma não desfavorável e disse que se a cristandade fosse a "verdadeira" lei, então Portugal deveria ser o país mais sábio e opulento; em vez disso, era o mais pobre, o mais ignorante e possuía o pior governo. Os turcos e os tártaros, como os ingleses e holandeses – nacionalidades que os ignorantes ou desinformados chamam de bárbaras – estavam, na verdade, em situação muito melhor, porque eles haviam eliminado os piores abusos existentes no sistema de governo. Se havia um deus, ele não havia favorecido os portugueses. O uso da força pelo cristianismo para difundir o evangelho só havia obtido sucesso contra países pequenos ou povos fracos como os negros da África ou as "pessoas rústicas da América", porque tais táticas não podiam ser usadas contra grandes impérios[52]. O fato de Gomes dos Santos ter sido denunciado demonstra que muitas pessoas ainda conservavam suas crenças ortodoxas, mas o número de dissidentes como ele estava aumentando visivelmente.

Por volta de 1790, após o início da Revolução Francesa, as várias ameaças percebidas à sociedade tradicional se tornaram confusas, em uma ladainha de agentes que parecia ameaçar o catolicismo e a ordem civil: "livres-maçons, indiferentistas, deístas, materialistas, panteístas, egoístas, toleracionistas e humanistas" e outros cujas crenças apresentavam as "venenosas doutrinas da liberdade, independência e tolerância..."[53]. A Inquisição fez um esforço concentrado para controlar o fluxo de tais ideias. Entre 1780 e 1820, os tribunais da Espanha ouviram 6.569 casos, dos quais 3.026 por afirmações heterodoxas ou heréticas, a maioria das quais tradicionais. Mas os processados eram, cada vez mais, membros das classes cultas e profissionais, percebidos como politicamente perigosos e especialmente propensos ao contágio por ideias estrangeiras[54]. A associação da deslealdade política à heterodoxia religiosa tornou-se um argumento padrão dos defensores das monarquias e da Igreja.

Durante a segunda metade do século XVIII, conforme as ideias do iluminismo tomavam conta da Península Ibérica, a questão da indiferença ou tolerância religiosa era percebida, cada vez mais, como um conceito importante no desafio à ortodoxia e à autoridade do Estado. A Inquisição e seus partidários criaram um termo para ela, o *tolerantismo*, uma referência cáustica que implicava um desdém algumas vezes inocente, mas ainda assim herético pelos adeptos da verdade revelada e, portanto, uma posição filosófica que contradizia diretamente os ensinamentos e os dogmas da Igreja. O *tolerantismo* era, dessa forma, um ataque direto à religião revelada, porque assumia que não havia diferença na relativa qualidade ou na verdade das várias crenças. Na Ibéria, onde a unidade da religião havia sido imposta, nenhuma teoria filosófica de tolerância havia sido desenvolvida e nenhuma tolerância havia sido instituída como política de Estado por razões político-pragmáticas, como havia ocorrido na Holanda e na França.

Os espanhóis e os portugueses sabiam que, em outros lugares, a maré de tolerância estava tomando a Europa, e alguns reformistas ansiosos por mudanças acreditavam que a liberdade de consciência não apresentava perigo à ordem da vida civil[55]. Os defensores da ordem tradicional permaneciam inabaláveis, mas – ainda mais importante –, no contexto do regalismo, os regentes ibéricos enfatizavam que quaisquer concessões nessa área eram prerrogativas do Estado. O projeto de uma reforma "iluminista" da Inquisição de Portugal durante o reinado de D. Maria I (1777-1799) observava que "hoje ninguém pode duvidar que a tolerância civil é um direito de Majestade que é de uma ordem mais alta que pertence a príncipes, e que nossos reis colocaram em prática quando permitiram que muçulmanos e judeus possuíssem mesquitas e sinagogas"[56].

Para os críticos da Igreja nas últimas décadas daquele século, "intolerância" era o termo que utilizavam para caracterizar seus aspectos mais negativos, enquanto que, para os defensores da religião tradicional, o *tolerantismo* havia sido um lema que descrevia os piores aspectos do secularismo. Os defensores católicos da intolerância enfatizavam que a unidade de religião havia, historicamente, eliminado divisões sociais e promovido paz e prosperidade na metrópole e no império. A tolerância, então, significava sofrer o que era ruim. O que era bom não necessitava de tolerância. Conforme um defensor da posição da Igreja colocou mais tarde, "tolerar o que é bom, tolerar a verdade, tolerar a virtude seria uma monstruosidade absurda"[57].

Como Portugal e Espanha e seus impérios americanos foram lançados no turbilhão dos distúrbios políticos dos anos de 1790, tais ideias de dissidência e tolerância religiosa também foram associadas à agitação política. Em 1794, foi instaurado um inquérito no Rio de Janeiro a fim de questionar as ações e ideias de um grupo de jovens supostamente infectados com ideias "francesas", ou seja, ideias revolucionárias. Esses homens, com frequência, se reuniam na loja de António Bandeira, na rua do Ouvidor. Bandeira, um crítico franco da Igreja, possuía a fama de declarar com frequência que havia salvação fora dos códigos da Igreja, e foi ainda mais longe ao afirmar:

> Dada a situação em que se encontram os franceses, embora eles não tenham se saído bem com relação à obediência e morte de seu soberano, não obstante eles podem ser salvos fora dos domínios da Igreja Romana.

Conforme havia se temido por muito tempo, a liberdade de consciência estava então sendo claramente vinculada a outros tipos de liberdade. E por que isso havia acontecido? Um poeta anônimo espanhol reagiu em 1794 à Revolução Francesa e a seu ataque à monarquia e a Deus, com o seguinte diálogo:

E quem criou uma França
Sem fé, força ou opulência?

A liberdade de consciência.

E quem é a causa principal de
Casos tão escandalosos?

Escritos tão sediciosos.

E tais escritos, por que
Criaram tal sedição?
Porque não há Inquisição[58].

## O triunfo da intolerância

Nas últimas décadas do século XVIII, os termos intolerância, tolerância religiosa, liberdade de consciência e Inquisição vieram a representar visões políticas, sociais e religiosas conflitantes do mundo. Ambos os lados usavam hipérboles e exageros para expressar a profundidade de sentimentos e a crença de que a essência da alma da nação e seu futuro estavam em jogo na resolução da questão da tolerância. Nas colônias, a intolerância veio a ser relacionada à monarquia e ao sistema colonial, ao menos nas mentes daqueles que emergiriam após a independência como liberais. A virulência da retórica empregada pelos críticos liberais da Inquisição nas batalhas que caracterizaram a transição ibérica para o século XIX disfarçou o fato de que as atividades do Santo Ofício, assim como seu poder, haviam declinado na segunda metade do século. O auto-de-fé tornou-se uma cerimônia privada em lugar de pública. Madri organizou seu último auto público em 1680 e Lisboa, em 1683. As punições haviam se tornado um ato mais privado, realizado dentro das igrejas ante uma audiência de dignitários convidados. Conforme crescia a influência do Estado sobre os tribunais, houve uma relutância crescente às tomadas de decisões essencialmente políticas por parte do clero, e assim as questões espirituais foram separadas das políticas. Na Espanha, somente 56 pessoas sofreram punições públicas de 1759 a 1788, e poucas foram executadas. Em Portugal, o fim da discriminação dos cristãos-novos, efetuado por Pombal em 1773, havia removido das mãos dos tribunais os principais alvos do controle da Inquisição. Os novos estatutos da Inquisição promulgados em 1774 também tornaram claro o controle do Estado sobre os tribunais. E, no mesmo ano, por razões políticas e comerciais, Pombal também aboliu a Inquisição em Goa que, no século XVIII, havia sido o mais ativo e repressor de todos os tribunais portugueses. Embora a Inquisição tenha sido restabelecida em 1778, quando Pombal saiu do poder, todos esses eventos sinalizaram que ela decrescia em poder e respeito. Suas atividades declinaram drasticamente[59].

De muitas maneiras, em vez de uma expansão da oposição popular ou das fortes críticas por parte dos oponentes liberais, foi o regalismo centralizador que minou o papel da Inquisição e a política oficial de intolerância que ela representava. As coroas de Portugal e da Espanha buscaram controlar suas Inquisições, mas também transferirem suas autoridades em direção a fins mais políticos. Mesmo na década de 1790, os reformistas ainda se moviam com cautela. O ministro espanhol Jovellanos escreveu, em 1794, que os sentimentos contra a Inquisição ainda não eram gerais e que a melhor forma de controlá-la era desmantelando-a gradativamente, conferindo sua autoridade religiosa aos bispos e as funções de censura ao Conselho de Castela[60].

A verdadeira abolição da Inquisição na Espanha e em Portugal, os carros-chefe da intolerância, veio como parte do ambiente político e intelectual do período, que passava por mudanças. A invasão da Espanha por Napoleão levou à abolição da Inquisição em 1808 pelos invasores franceses, porque ela representava um desafio à autoridade civil[61]. As cortes convocadas em Cádiz em 1810 para organizar a resistência à invasão francesa foram dominadas por liberais e jansenistas que começaram a esboçar uma constituição, e eles também aboliram a Inquisição, em 1813. Entretanto, a abolição teve vida curta, e com o retorno da monarquia em 1814, com Fernando VII – a quem um escritor protestante chamou "aquele bípede fanático" –, os atos das cortes foram declarados nulos e a Inquisição foi restaurada na Espanha, no ano seguinte, bem como nas Índias. O novo inquisidor geral promulgou em 1815 um decreto em retórica impiedosa, e mais uma vez definiu a Inquisição como "o único meio de salvar o precioso depósito de fé e sufocar a semente maligna plantada em nossas terras pelo grupo imoral dos judeus e seus sectários que a haviam profanado e também pela vergonhosa liberdade de escrita, cópia e publicação"[62].

As críticas à intolerância haviam levado a uma mobilização dos defensores da Inquisição, que agora vinculavam sua insistência na continuação da Inquisição à defesa popular do país, do rei e da religião. "Tolerância" e "Inquisição" tornaram-se os símbolos em guerra de duas visões opostas da Espanha. Uma revolução liberal em 1820 forçou o rei a aceitar a monarquia constitucional e, com ela, a constituição de 1812, que aboliu os tribunais. Mas, em 1823, os absolutistas, com ajuda estrangeira, haviam novamente restaurado o sistema anterior e, com ele, a Inquisição. A despeito do desejo dos elementos mais conservadores da sociedade em reinstaurar a abertura de processos por heresia e manter a política oficial de intolerância, a Inquisição foi finalmente abolida na Espanha em 1834; as colônias americanas já haviam extinguido seus tribunais como parte dos movimentos de independência, no período de 1814 a 1825. Em Portugal, a Inquisição havia sido mais discreta durante o período napoleônico, e não era uma questão importante. Foi finalmente abolida em 1821, após uma revolução liberal que buscou estabelecer a monarquia constitucional no país.

A longo prazo, entretanto, a política de exclusividade religiosa e o conceito de estabilidade política endossados pela unidade religiosa não haviam dependido da Inquisição. Haviam se tornado parte integrante do pensamento de muitos antigos habitantes dos impérios, a ponto de os Estados pós-imperiais poderem apenas ser formados por compromissos como o do plano mexicano de Iguala, de 1821, que garantia a posição da Igreja católica, ou da constituição brasileira de 1824, que fazia o catolicismo religião oficial, mas permitia a tolerância limitada de outras crenças[63]. Quase todos os Estados recentemente independentes finalmente assinaram pactos com Roma assumindo a antiga função da coroa espanhola como protetores da exclusividade do catolicismo como a religião oficial. Em cada um dos novos Estados, os antigos debates sobre considerações práticas e comerciais *versus* uniformidade religiosa seriam retomados pelos liberais e conservadores ao longo do século XIX. Diferenças de identidades étnicas, classes sociais e outras distinções foram mais prontamente incorporadas aos novos regimes que as religiosas. As mudanças na liberdade de consciência e o pluralismo religioso vieram muito lentamente. Em muitos aspectos da questão da exclusividade religiosa, os impérios intolerantes haviam reagido e proporcionado uma continuidade do passado.

## Notas

1 Tradução de Paulo Andrade Lemos e Rogéria Pereira.

2 Ver Manuel de Aguirre, A. Elorza (org.), *Cartas y discursos del militar ingenuo al correo de los ciegos de Madrid*, San Sebastian, Patronato José Maria Cuadrado, 1974, p. 306-330, especialmente p. 311. Ver também Elorza, "La Inquisición y el pensamiento ilustrado", p. 8.

3 Ricardo García Cárcel & Doris Moreno Martínez, *Inquisición*: historia crítica, Madri, Temas de Hoy, 2000, p. 314.

4 Anthony Pagden, "Afterword: from empire to nation", in: Pagden et allii (orgs.), *Imperialisms*: historical and literary investigations, 1500-1900, Nova York, Hardcover, 2004, p. 255-272.

5 Citado em Charles R. Boxer, *The church militant and Iberian expansion 1440-1770*, Baltimore, John's Hopkins Press, 1978, p. 77.

6 Ele observou "a antiga amizade e parentesco dos dois reinos da Espanha e da Suécia como sendo a mesma nação". Felipe IV para Antonio Pimentel del Prado (2 nov. 1652), citado em Nils Berencreutz, *Don Antonio Pimentels Despescher fran Drottning Christinas* hov *1652-1656*, Estocolmo, Norstedts, 1961, p. 30.

7 L. M. E. Shaw, *Trade, Inquisition, and the English nation in Portugal, 1650-1690*, Manchester, Carcanet, 1989, fornece detalhes em abundância sobre a luta para garantir tais privilégios pelos ingleses.

8 A distinção entre *exercitium religionis publicum* e *exercitium religionis privatum* era uma solução utilizada em vários lugares da Europa da Reforma. Ver Joachim Whaley, *Religious toleration and social change in Hamburg, 1529-1819*, Cambridge, Cambridge University Press, 1985, p. 5.

9 Boxer, *op. cit.*, p. 94-121. Veja também o memorial de Melchior Dávalos para o rei Felipe II (Manila, 20 jun. 1585) e a necessidade de eliminar o antigo inimigo muçulmano das Filipinas citado em Boxer, "Portuguese and Spanish projects for the conquest of Southeast Asia, 1580-1600", *Journal of Asian History*, n. 3, 1969, p. 124-125.

10 Antonio Domínguez Ortiz & Bernard Vincent, *Historia de los moriscos*: vida y tragedia de una minoría, Madri, Alianza, 1978, fornecem uma introdução útil. Ver também Catherine Gaignard, *Maures et chrétiens à Grenade 1492-1570*, Paris, l'Harmattan, 1997. Uma potencial ameaça subversiva dos mouros é examinada em Louis Cardillac, "Morisques et protestants," *Al-Andalus*, n. 36, 1971, p. 29-63, e no clássico estudo do medo da colaboração moura com o império otomano, Andrew C. Hess, "The moriscos: an Ottoman fifth column in Sixteenth Century Spain", *The América Historical Review*, v. 74, 1968, p. 1-25. Ver Hess, *The forgotten frontier*: a History of the Sixteenth Century Ibero-African frontier, Chicago, University of Chicago Press, 1978.

11 Maria de Jesús dos Mártires Lopes, "Converts, protegés and assimilated natives: the advantages of christianization and the beliefs of Goan christians (Eighteenth Century)"; Anthony Disney & Emily Booth (orgs.), *Vasco da Gama and the linking of Europe and Asia*, Nova Délhi, Oxford University Press, 2000, p. 220-232.

12 Guillermo Céspedes del Castillo, *Textos y documentos de la América Hispánica (1492-1898)*, Barcelona, Labor, 1988, n. 14.

13 Esteban Mira Caballos, "Los prohibidos en la emigración a América (1492-1550)", *Estudios de historia social y económica de América*, n. 12, 1995, p. 37-53, observa que a política relacionada à imigração aberta ou fechada mudou cinco vezes entre 1492 e 1547. Não trato aqui do interessante problema dos súditos do reino de Aragão e se eram considerados estrangeiros ou não.

14 A situação dos estrangeiros e a limitação de suas atividades nas Índias espanholas é traçada em detalhes em Jean-Pierre Tardieu, *L'Inquisition de Lima et les hérétiques etrangers,*

Paris, L'Harmattan, 1995, p. 16-25. Henry Kamen, *Empire*: how Spain became a world power, Nova York, Harper Collins, 2003, p. 336-379, enfatiza a natureza multinacional do império espanhol. Tamar Herzog, *Defining nations*: immigrants and citizens in Early Modern Spain and Spanish America, New Haven / London, Yale University Press, 2003, trata do processo de transformar estrangeiros em parte da comunidade.

15 Tardieu, *op. cit.*, p. 21; María Encarnación Rodríguez Vicente, "Los estranjeros en el reino de Perú a fines del siglo XVI", Bassols de Climent (org.), *Homenaje a Jaime Vicens Vives*, Barcelona, Universidad de Barcelona / Vicens Vives, 1967, v. 2, p. 534-546.

16 Daviken Studnicki-Gizbert, *A nation upon the ocean sea:* Portugal's Atlantic diaspora and the crisis of the Spanish Empire, 1492–1640, Nova York, Oxford University Press, 2007.

17 Sobre o medo quase paranóico de uma potencial colaboração entre residentes portugueses e a população do Peru depois de 1640, veja-se Schwartz, "Panic in the Indies: the Portuguese threat to the Spanish Empire", *Colonial Latin American Review* 2, ns. 1–2, 1993, p. 165–187.

18 Arquivo Histórico Nacional, Madri (AHN), Inq. Leg. 1649, exp. 20.

19 O testemunho de Adrian Rodríguez, um residente flamengo em Valparaiso, relata o contato com índios chilenos. AHN, Inq. Leg. 1647, exp. 7, 1625.

20 Arquivo General de Simancas, Estado 228. Meus agradecimentos a Ryan Crece por me alertar acerca deste documento.

21 Tardieu, *op. cit.*, p. 24-61 fornece uma útil visão geral desse problema no vice-reino peruano.

22 *Idem*, p. 47-49.

23 Dos vinte e cinco casos, dezesseis foram processados entre 1705 e 1715. Veja René Millar Carvacho, *La Inquisición de Lima*, Madri, Deimos, 1998, v. 3, p. 408-409.

24 Herzog, "'A stranger in a strange land': the conversion of foreigners into community members in Colonial Latin America (17th-18th Centuries)", *Social identities*, n. 3, 1997, p. 247-263. Ver também Richard Konetzke, "Legislación sobre imigración de extranjeros en América durante la epoca colonial", *Revista Internacional de Sociología*, n. 11-12, 1945, p. 269-299.

25 Lyle McAlister, *Spain and Portugal in the New World*, Minneapolis, University of Minnesota Press, 1984, p. 115-116.

26 A queixa sobre a liberdade excessiva e o perigo das pessoas se comportarem como índios não se limitava ao Atlântico. No início do século XVI, o dominicano Duarte Nunes, enviado como bispo para as Índias portuguesas, queixou-se de que todos os portugueses modificaram seus comportamentos e suas nacionalidades nesta terra e se amoldaram ao país em seu estilo de vida, não desejando outra coisa a não ser a busca dos prazeres sensuais. Ver Ângela Barreto Xavier, "A organização religiosa do primeiro

Estado da Índia. Notas para uma investigação", *Anais da história de além-mar*, Lisboa, CHAM, 2004, v. 5, p. 27-59.

27 Caballos, *op. cit.*, p. 39.

28 Arquivos Nacionais da Torre do Tombo, Lisboa (ANTT), Inq. Lisboa, CP 232, fls. 1-80.

29 José Toribio Medina, *Historia del Tribunal del Santo Oficio de la Inquisición de Lima*, Santiago de Chile, Imprenta Gutemberg, 1887, v. I, p. 332-333.

30 Embora teoricamente a Inquisição não possuísse jurisdição sobre os não católicos, o batismo de protestantes era reconhecido como sendo válido e, dessa forma, recaía sobre a autoridade da Inquisição.

31 Solange Alberro, *Inquisición y sociedad en México*, Cidade do México, Fondo de Cultura Económica, 1998, p. 207. Proposições e blasfêmia compunham 29% das atividades do tribunal de Lima, 24% do tribunal do México e 22% dos processos do tribunal de Cartagena. Ver a tabela em Pilar Huertas, Jesús de Migel & Antonio Sánchez, *La Inquisición*, Madri, Libsa, 2003, p. 329-383.

32 A natureza do controle social e a frequência das denúncias são discutidas em Werner Thomas, *Los protestantes y la Inquisición en España en tiempos de Reforma y Contrarreforma*, Leuven, Leuven University Press, 2001, p. 7-50.

33 Ver Caio Boschi, "Episcopado e inquisição", Francisco Bethencourt & Kirti Chaudhuri (orgs.), *História da expansão portuguesa:* o Brasil na balança do império (1697-1808), Lisboa, Círculo de Leitores, 2000, v. III, p. 372-395.

34 Sobre os primórdios das atividades dos ingleses no Caribe, veja Kenneth R. Andrews, *The Spanish Caribbean:* trade and plunder, New Haven, Yale University Press, 1978, p. 171-224.

35 Sobre o ambiente geral, veja Paul Butel, *Les Caraïbes au temps des Filibustiers*, XVIe-XVIIe siècles, Paris, Éditions Aubrei Montaigne, 1982.

36 Lance R. Grahn, "Political corruption and reform in Cartagena province, 1700-1740", *Center Discussion Paper Series, Center for Latin America*, University of Wisconsin-Milwaukee, n. 88, fev. 1995, p. 3-4.

37 *Idem*, p. 14. A literatura sobre esse tema é extensa. Ver, por exemplo, George H. Nelson, "Contraband trade under the Asiento, 1730-39", *American Historical Review*, n. 51, 1945, p. 55-67; Nuala Zahedieh, "The merchants of Port Royal, Jamaica, and the Spanish contraband trade, 1655-1692", *William and Mary Quarterly*, 3d. ser. 43:4, 1986, p. 570-593; Allan Christelow, "Contraband trade between Jamaica and the Spanish Main, and the Three Port Act of 1766", *Hispanic American Historical Review*, n. 22:2, 1942, p. 309-343. Sobre fontes espanholas há Grahn, *The political economy of smuggling:* regional informal economies in early Bourbon New Granada, Boulder, Westview Press, 1997.

38 Arquivo das Índias, Sevilha (AGI), Santo Domingo, 162, conforme citado em Angel López Cantos, *Historia del Puerto Rico, 1650-1700,* Sevilha, Escuela de Estudios Hispanoamericanos, 1975, p. 273.

39 Francisco de Sanabria to King, AGI, Santo Domingo, 159 (1691), Idem, p. 279.

40 Desenvolvo este tema de forma mais abrangente em Schwartz, *All can be saved:* religious tolerance and salvation in the Iberian Atlantic World, New Haven, Yale University Press, no prelo.

41 Biblioteca Nacional de Madrid (BNM), "Discursos sobre el comercio," ms. 1092.

42 AGI, Santa Fé, leg. 25. "Algunos apuntamientos para don Bernardo del Prado... de don Martin de Saavedra, governador y capitán general deste reyno."

43 "la evitación de comercio con estas naciones, por el peligro de su conversación y trato en material de religion." Biblioteca Pública de Évora (BPE), CVIII – 2 - 12. Este comentário refere-se ao abandono de colônias ao norte e ao oeste de Hispañola em 1605. Ver Andrews, *op. cit.*, p. 214-215.

44 Dutric foi submetido à tortura, mas seis voltas da engrenagem não arrancaram dele uma confissão. Foi exilado das Índias. Aterle ficou no exílio por dois anos. Ver AHN, Inq. Leg. 5349, exp. 4.

45 Ver AHN, Inq. Leg. 1621, exp. 16.

46 O notável caso de Miguel de Abuja, um pensador livre e leitor de livros proibidos que, depois de preso pela Inquisição, foi levado pelos piratas e terminou indo viver na Jamaica, antes de ser capturado novamente, serve como exemplo das atrações da ilha. Ver AHN, Inq. leg. 5349/5 relación de causa Cartagena 1716.

47 AHN, Inq. Leg. 1730/34 (México).

48 Em 1797, quando Pedro Varela, secretário do tesouro, recomendou à coroa que permitisse a volta de mercadores judeus à Espanha, "agora que os antigos preconceitos desapareceram", a Inquisição novamente se opôs à ideia. Ver Richard Herr, *The Eighteenth-Century Revolution in Spain*, Princeton, Princeton University Press, 1958, p. 386.

49 *Idem*, p. 218-256.

50 *Idem*, p. 267.

51 Ana Cristina Araújo, *A cultura das luzes em Portugal:* temas e problemas, Lisboa, Horizonte, 2003, p. 93.

52 ANTT, Inq. Lisboa 2825. Seu caso foi encerrado devido à falta de provas.

53 José A. Ferrer Benimeli, "La inquisición frente a masonería e ilustración", Ángel Alcalá (org.), *Inquisición española y mentalidad inquisitorial*, Barcelona, Ariel, 1984, p. 463-486; Benimeli, *Masonería, iglesia e ilustración*, Madri, Fundacion Universitaria Española, 4 v., 1976-1977; Carcel & Martínez, *op. cit.*, p. 314-316.

54 Lea, *History of the Inquisition*, n. 4, Londres/Nova York, 1906-1907, p. 176-177.

55 Abade Raynal, *L'histoire des deux Indes* (Paris, 1772). A maioria dos estudiosos acredita que Denis Diderot colaborou na autoria desta obra. Foi amplamente lida em toda a América espanhola pela geração envolvida nos movimentos pela independência.

56 "O tolerantismo civil é um direito majestático de ordem superior que compete aos príncipes, de que hoje ninguém duvida e que os nossos reis puseram em prática, quando permitiram as mesquitas e sinagogas aos mouros e judeus." Ver "Projeto de um novo regimento para o Santo Ofício por Pascoal José de Melo", José Eduardo Franco & Paulo de Assunção, *As metamorfoses de um polvo*: religião e política nos regimentos da Inquisição portuguesa (séculos XVI-XIX), Lisboa, Prefácio, 2004, p. 510.

57 Gilberto Fuenzalida Guzmán, *La tolerancia de la Iglesia y la Inquisición*, Santiago de Chile, s. ed., 1916, p. 25.

58 Antonio Elorza, "La Inquisición y el pensamiento ilustrado,"

www.geocities.com/urunuela34/inquisicion/pensamento ilustrado.htm. Extraído do original: "¿y quién ha puesto a Francia, sin fe, poder y opulencia? La libertad de consciencia. ¿Quién es el fomes primero de casos tan asombrosos? Los escritos sediciosos. ¿Y estos escritos, Por qué causaron tal sedición? Porque no hay Inquisición".

59 Os três tribunais de Lisboa, Coimbra e Évora julgaram 7.204 casos entre 1675 e 1750, ou cerca de dez casos por ano. Porém de 1751 a 1767, julgaram somente 743 casos, ou uma média anual de metade do número anterior. Ainda assim, a proporção entre execuções e julgamentos não diminuiu e permaneceu em cerca de 4% dos julgados. Esses números estão registrados em Bethencourt, "A Inquisição", *HRP*, n. 2, p. 95-131. Caso incluamos os queimados em efígie, a porcentagem sobe para mais de 6%. Se as atividades do tribunal de Goa forem incluídas, o total de todas as inquisições portuguesas é de 28.066 pessoas sentenciadas, das quais 1.817 foram condenadas a serem queimadas. Ver James E. Wadsworth, *Agents of orthodoxy*: honor, status, and the Inquisition in colonial Pernambuco, Brazil, Boulder, CO, Rowman & Littlefield Publishers, 2006, p. 66.

60 Herr, *op. cit.*, p. 408.

61 Este resumo baseia-se no capítulo "A abolição", Bethencourt, *História das Inquisições*: Portugal, Espanha e Itália, séculos XV a XIX, São Paulo, Companhia das Letras, 2000, p. 341-359.

62 Citado em Carcel & Martínez, *op. cit.*, p. 242. Esta foi a declaração do bispo Francisco Javier de Mier y Campillo: "Como único remedio para salvar el precioso deposito de la fe y sofocar la mala semilla derramada en nuestro suelo, así por la inmoral turba de judíos y sectarios que la han profanado, como por desgraciada libertad de escribir, copiar y publicar".

63 William Gribbin, "A matter of faith: North America's religion and South America's independence," *The Americas*, n. 31:4, 1975, p. 470-487.

# A Índia nos processos de sodomia da Inquisição portuguesa: 1550-1750

Luiz Mott[1]

Na Índia me puseram que era puto e provaram-no...
*Afonso de Albuquerque (1462-1515), vice-rei da Índia,*
*"o maior vulto de toda a história ultramarina portuguesa".*

## Introdução

Tomando como *corpus* documental aproximadamente 600 processos e denúncias de sodomitas perseguidos pela Inquisição portuguesa, o objetivo deste trabalho é inventariar a multifacetada presença da Índia no cotidiano e nas redes de relações dos desviantes sexuais luso-indo-brasileiros, entre 1550-1750. Localizamos até o presente mais de uma centena de referências à Índia nesses manuscritos, incluindo sodomitas portugueses vivendo ou de passagem por aquela região, numerosos cúmplices que estavam "ausentes na Índia" e alguns que para lá foram degredados. Analisaremos os serviços prestados e vínculos sociais desses desviantes sexuais com autoridades e instituições ligadas ao subcontinente indiano, em que aparecem citados a Casa da Índia, a Carreira das Índias, o ouvidor e o vice-rei da Índia, assim como referências às "cousas da Índia" presentes no entorno ou patrimônio dos praticantes do "abominável e nefando pecado de sodomia".

Uma pequena cronologia relativa aos primórdios da presença portuguesa nas Índias orientais certamente nos auxiliará a melhor contextualizar os episódios e personagens vinculados a essa região citados nos processos inquisitoriais de sodomia – a fonte primária e matéria-prima deste ensaio.

Data de 1498 a chegada de Vasco da Gama à Índia, "a jóia do império português", seguido, em 1500, por Pedro Álvares Cabral, que, após a descoberta oficial do Brasil, aporta em Cochim, no atual estado de Kerala[2]. Em 1503, D. Afonso de Albuquerque, "o maior dos conquistadores", transforma a feitoria de Cochim em fortaleza, oficializando a fundação do Estado português da Índia.

Dois anos depois, 1505, D. Francisco de Almeida é nomeado o primeiro vice-rei da Índia, tornando-se monopólio da coroa portuguesa o comércio das especiarias. Em 1507, Afonso de Albuquerque toma à força de armas as cidades de Calafate, Curiate, Mascate, Soar e Orçafão, no golfo Pérsico, fazendo-as tributárias de Portugal e sujeitas ao Estado da Índia, obrigando em seguida Ormuz à rendição. Em 1509, é publicado o *Regimento das Casas das Índias e Minas*, registrando-se a vitória de D. Francisco de Almeida sobre os rumes em Diu e a nomeação como vice-rei de Afonso de Albuquerque, que no ano seguinte (1510), conquista Goa. Três anos depois, ele escreve: "a gente com que pelejamos é já outra, e artilharia e armas e fortalezas é já tudo tornado à nossa usança"[3]. Em 1524, Vasco da Gama volta à Índia investido do título de vice-rei e D. Henrique de Menezes sucede-o como capitão-mor. Em 1529, Antônio Tenreiro chega por terra a Calicute. Em 1533, é fundado o bispado de Goa, sendo nos anos seguintes conquistadas as praças de Diu, Damão, Salsete, Bardez e Bombaim. Em 1538, Goa torna-se sede do Padroado Português do Oriente; nesse mesmo ano, D. João de Castro escreve o *Roteiro de Lisboa a Goa*, seguido do *Roteiro de Goa a Diu*. Em 1539, Damião Góis publica *Comentarii rerum gestarum in Índia*. Em 1542, o jesuíta Francisco Xavier chega a Goa, daí partindo para missionar na China e no Japão. Em 1543, é realizado o primeiro auto de fé em Goa, sendo queimado um médico cristão-novo francês. Em 1545 D. João de Castro é nomeado governador da Índia.

É dessa quadra, precisamente de 1547, a primeira referência à Índia documentada num processo de sodomia da Inquisição portuguesa: chega ao Santo Ofício a denúncia de que "havia em Lisboa casas e pessoas tocadas do crime abominável de sodomia", sendo presos diversos mancebos, vários deles criados de destacados nobres, entre os quais, Álvaro Gomes, que, no rol de seus numerosos cúmplices, citou "Antônio Toscano, criado de Henrique de Sousa, o gago, o qual conhecera no mosteiro de Santa Clara, e com o mesmo cometera duas vezes o pecado nefando, *o qual foi para Índia*"[4].

Encontramos nos *Processos de Sodomia* e nos *Cadernos do Nefando* uma dezena de outros fanchonos referidos como "*ausentes na índia*", que "*foi para Índia*", "*embarcado para Índia*", refletindo um incipiente movimento migratório de jovens para o Oriente, que há de se tornar mais intenso ao longo do século XVII.

Ao todo, localizamos 101 referências à Índia nesses processos e nos demais documentos inquisitoriais relativos à sodomia, notadamente no tribunal do Santo Ofício de Lisboa, mas também secundariamente no tribunal de Coimbra, assim distribuídos: século XVI, onze referências; século XVII, 68; século XVIII, 22 referências.

Para efeito desta análise, agrupamos as referidas alusões à Índia nos seguintes temas:

- Instituições, cargos e atividades ligadas à Carreira da Índia.
- Sodomitas embarcados, ausente e degredados para a Índia.
- Sodomitas indianos em Portugal e portugueses na Índia.
- Cousas da Índia.

## Instituições, cargos e atividades ligadas à Carreira da Índia

A consulta de uma centena de processos de sodomitas denunciados e/ou presos pela Inquisição portuguesa entre meados do século XVI e a primeira metade do século XVIII revela a presença de diversos estabelecimentos, instituições, cargos e funções governamentais e particulares ligados à epopeia lusitana na Índia. Entre esses, destacamos referências a *Carreira da Índia, Naus da Índia, Casa da Índia*, assim como a citação de cargos e funções como *Escrivão do Fisco da Índia, Procurador e Escrivão da Casa da Índia, Desembargador da Índia, Vice-Rei da Índia* – todos, de alguma ou outra maneira, envolvidos com o "abominável e nefando pecado de sodomia".

Chama-se *Carreira da Índia* à ligação anual entre Lisboa e os portos da Índia (Cochim e Goa), que se estendeu de 1497 a meados do século XIX, perfazendo uma média de 5-10 navios por ano no século XVI. A partida de Lisboa ocorria preferencialmente no começo da primavera, entre março e abril, "para se aproveitarem ventos favoráveis no Atlântico e, chegadas as naus ao Índico, beneficiarem da monção de sudoeste para rumarem à costa ocidental da península indostânica, a partir do momento em que completavam a viagem por dentro do canal de Moçambique"[5]. Gastavam-se quinze meses entre a partida e o *torna viagem*, ocorrendo preferencialmente o retorno da Índia no mês de dezembro.

Em 1643, no processo de um abusado sacerdote sodomita, o minhoto Padre João de Mendonça da Maia, consta que seu amante, João Carvalho, 19 anos, era filho de um "guardião da carreira da Índia"[6]. Num outro processo, do ano seguinte, onde outro sacerdote, padre Santos de Almeida, 66 anos, é igualmente condenado à morte na fogueira devido à sua escandalosa crônica homoerótica, entre seus muitos cúmplices é citado "Fernando Freire, *da Carreira da Índia*"[7].

A Carreira da Índia tinha como sede institucional a *Casa da Índia*, que, criada em Lisboa em 1503, garantia o monopólio real no controle da navegação, exportação, desembarque, distribuição e venda de mercadorias orientais. Achava-se instalada a oeste dos paços reais da Ribeira. A política de monopólios régios foi atenuada em 1570 e finalmente abandonada em 1642, passando a Casa a ter um caráter de alfândega[8]. Damião Góis dizia que o movimento da Casa da Índia era tão grande no século XVI que as pessoas iam às vezes pagar direitos e tinham que voltar no dia seguinte, por não haver tempo para contar tanto dinheiro. Entre as especiarias e plantas orientais mais comerciadas, destacavam-se pimenta, cravo, canela, gengibre, anil, cardamono, cinamomo, cápsico, noz moscada, aloés, açafrão, mostrada, anil, ópio, chá, cânhamo, bambu, juta[9]. Gil Vicente, no *Auto da Índia*, relata o caso de um embarcado que por pouco não foi retirado da nau, em 1509, e na volta conta para a mulher suas aventuras na Índia[10]. Ao lado da Casa da Índia estava a Ribeira das Naus, onde se construíam os navios e os armazéns de materiais para a construção naval e de provisões para as frotas.

Em diversos processos de sodomitas são citadas as *naus da Índia*, embarcações adrede construídas para suportar a longa viagem e carregar ao máximo as ricas e cobiçadas mercadorias provenientes do distante Oriente. Tais naves tinham como características sua grande tonelagem, de até 600 tonéis, com o intuito de suportar a aspereza da viagem, e boa capacidade de carga, carregando de 400 a 800 pessoas a bordo. Eram construídas em três pavimentos corridos da proa à popa, incluindo três mastros principais e pano redondo em formato trapezoidal[11].

A primeira referência às *naus da Índia* por nós encontrada nos processos de sodomia data de 1650: Manoel Coelho, 18 anos, branco, sem ofício, filho de um escrivão dos órfãos de Lisboa, sodomita convicto e confesso, condenado a dez anos de galés, às vésperas do Natal pede clemência à mesa do Santo Ofício declarando que

> há seis anos preso nas galés, padecendo de muitas misérias e necessidades, principalmente de uma queda que deu da escotilha em uma nau da Índia aonde andava trabalhando, de que esteve à morte, sangrando 18 meses na enfermaria do cais do carvão[12].

Observar o detalhe: sodomitas sentenciados às galés sendo usados como mão-de-obra na construção/restauração das naus da Índia na ribeira das naus.

Este outro episódio, prenhe de grande dramaticidade, datado de 1662, é referido num processo de sodomia envolvendo diversos mestiços e cativos: consta que o mulato João Batista e o cabra Carlos, coxo,

> tratam-se por nome de putas e nomeando-se de mulheres, se abraçam e se beijam uns aos outros, falando pela sua gente, dizendo

> 'fulano obra", e "este é melhor e aquele é pior", usando de palavras descompostas e desonestas. E João Batista gabava-se que era mulher puta do Bairro Alto e que tinha um sargento com quem sempre se recolhia e que jactava-se que fizera tirar um homem que estava embarcado em uma nau da Índia dizendo que ele, João Batista, era sua mulher[13].

E acrescentou mais um detalhe que nos remete ao imaginário popular dominante desde o medievo, que associava homofobicamente, a sodomia, a espantosos castigos divinos:

> E ouviu um fanchono perguntar ao outro se iam na frota que agora estava para partir para o Brasil e alguns deles responderam que iam. Respondeu um moço vestido de pano alvadio, a quem eles chamam de Marquês, que a frota se havia de ir a pique porque levava tanto somítigo...

Dispomos de alguns relatos de sodomitas que por pouco não foram jogados ao mar, acusados pelos demais embarcados de serem culpados pelos acidentes ocorridos durante a navegação[14].

As citadas "frotas" da Carreira da Índia ancoravam obrigatoriamente nas costas brasileiras tanto na ida, quanto na volta para o reino. E foi exatamente numa dessas naus que, em 1689, o arcebispo da Bahia D. frei Manoel da Ressurreição, enviou para o tribunal de Lisboa dois sodomitas escandalosos, Luis Delgado e Doroteu Antunes: "dada a larga espera das embarcações, manda-os sujeitos sob as ordens de dois Capitães de Mar e Guerra das *naus da Índia*"[15]. Alguns fanchonos trabalhavam nos estaleiros, na sua construção e restauração, e outros eram transportados nas mesmas naus.

Dispomos de alguns relatos comprovando que nessas embarcações, nas intermináveis carreiras transoceânicas, alguns *gays*[16] mais ousados conseguiam, camufladamente, "obrar com sua gente". Em 1645, Luis de Serpa Soto Maior, 24 anos, navegando para o Ceilão, onde morava, teve "ajuntamentos com poluções revezadas" com Cristóvão Leitão: "ninguém soube, pois fingiram que iam dormir separados, o cúmplice no esquife e ele em uma esteira no chão, com a porta aberta e sem candeia"[17]. Na década subsequente, 1657, Pedro Medina, 30 anos, natural de

Nova Espanha do México, soldado nas Filipinas, Pérsia e China, confessou entre lágrimas que, servindo no Ceilão, feito prisioneiro dos calvinistas, foi embarcado num navio holandês e, no cabo da Boa Esperança, pararam numa feitoria batava onde Manoel Roiz o agasalhou em sua cama e, após lhe dar "muito vinho, sentiu que metera seu membro viril no vaso traseiro dele confitente e dentro derramou semente". E na viagem para Holanda e Lisboa, cometeu mais 120 vezes sodomias como agente e 80 como paciente, praticando o mesmo pecado também em Jacatará, na Índia portuguesa, com Cornélio, moço holandês, acrescentando "que fazia isto pelo interesse do moço lhe acudir com algumas cousas, lhe dar um vestido e outras peças, sem saber da proeza do pecado"[18].

Também cargos e funções relacionadas à Índia aparecem referidos nos processos dos amantes do mesmo sexo. O de mais alta patente foi D. Fernão Martins Mascarenhas, 49 anos, filho do conde de Santa Cruz, descendente direto de D. Francisco Mascarenhas, 13° vice-rei da Índia, inculpado em 1630 numa dezena de atos sodomíticos com adolescentes[19]. Em 1644, o tecelão João Garcia, 60 anos, delatava ao fanchono Antônio da Silva, 20 anos, "criado de um *escrivão da Casa da Índia*", como seu cúmplice em somitagarias[20]. No ano seguinte, no processo de um dos mais devassos sodomitas lisboetas, o padre Santos Almeida, 66 anos, capelão da real capela São Miguel dos Passos do Castelo, em sua lista de uma trintena de cúmplices, constava ter feito sexo oral quinze vezes com Francisco Tavares, então pajem do procurador da Casa da Índia, depois, alferes em Lisboa[21].

Não só as naus da Índia, mas também nobres espaços vinculados aos negócios do Oriente, servem de nicho para encontros homoeróticos de fanchonos lusitanos mais afoitos. Em uma noite em 1655, o bacharel em cânones, Bernardo Azevedo, 30 anos, "na *fonte da Casa da Índia*, cometeu o pecado de sodomia com o lapidário João Rodrigues 17 anos, sendo paciente"[22]. Por seu turno, o pajem Antonio Luz, 20 anos, em 1682, confessou ter sido várias vezes sodomizado em Goa, "por um criado do *Vice Rei da Índia*, D. Pedro de Almeida, *na casa do Vice Rei*", praticando também *molices ad invicem*, isto é, masturbação recíproca, com o filho do *vice-rei*, D. João de Almeida, tanto em território indiano, quanto no reino, em Almada[23].

## Sodomitas embarcados, ausentes, degredados para a Índia

Diversos são os praticantes do "amor que não ousava dizer o nome" presos pelo tribunal do Santo Ofício que, ao serem inquiridos, referem-se a cúmplices, ou a outros homossexuais seus conhecidos, que haviam deixado o reino em direção à Índia. Como antecipamos, a primeira dessas ocorrências data de 1547, quando

Antônio Toscano, criado de um burguês de Lisboa, acusado de ter praticado dois atos sodomíticos com o fanchono Álvaro Lourenço, é assim referido: "foi para Índia"[24]. Também "foi para a Índia", em 1641, Antônio Brás Mimoso, o qual, poucos dias antes de embarcar, tinha sido sodomizado pelo padre Antônio Álvares Palhano em sua casa, na Mouraria de Lisboa: esse intrépido sacerdote terminou seus dias na fogueira[25]. Quanto ao jovem Mimoso, perdeu-se seu paradeiro após cruzar o cabo da Boa Esperança.

A leitura dos processos de sodomia sugere que o temor de serem presos pela Inquisição teria motivado a alguns desses "criminosos" a escaparem de afogadilho para o distante Oriente, conforme se patenteia com o alfacinha Manoel Meireles, a quem, em 1659, o mercedário frei Lucas de Sousa mandava se deitar de bruços e cometia com ele o pecado nefando, "o qual vendo-se desesperado, se casara *e se embarcara para a Índia*, do que o frade mostrava grande sentimento"[26].

Alguns sodomitas não chegaram, contudo, a concretizar seu plano de fuga: em 1654, o carpinteiro Antônio da Costa, 25 anos, relata que trabalhando à soldada na moradia de um rico fiscal de Setúbal, Vicente Dourado da Costa, 70 anos, quando tinha 17 anos, o patrão "levou-o para sua cama e meteu seu membro viril nas pernas e outras vezes mais tarde, por um ano, umas 50 vezes, primeiro foi paciente e depois, mais 150 vezes, foi agente no ato nefando, e como o trazia muito mimoso e vestido, seu filho, João da Costa tratou mal a ele confitente, espancando-o e ferindo-o com uma adaga na cabeça, *por isto quis ir para as Índias*, mas Vicente Dourado não quis que ele fosse e o trouxe para Lisboa para continuar aprendendo o ofício de carpinteiro"[27].

Neste outro episódio, de 1662, acima citado, o fanchono mulato João Batista "jactava-se que fizera tirar um homem que estava embarcado em uma nau da Índia, dizendo ser ele próprio era sua mulher"[28].

Frequentes são os casos de cúmplices de sodomitas referidos como se tendo transmudado para a Índia. Entre esses, o padre Jerônimo Pereira, "ausente na Índia", citado pelo dominicano frei João da Purificação, culpado de três cópulas sodomíticas como agente[29]. Igualmente um pajem de D. Pedro de Menezes, de Coimbra, estava "ausente na Índia", sendo inculpado de ter cometido diversos atos de molices com frei Martinho dos Anjos, no convento do Carmo de Lisboa[30]. Não é de se admirar a presença repetida de sacerdotes no rol dos sodomitas: 1/3 dos sentenciados e dos condenados à fogueira pelo crime nefando usavam batina, daí apelidarem o homoerotismo, desde a Idade Média, de *vicium clericorum*[31].

Este outro monge da ordem dos Jerônimos, frei Luiz da Ascensão, 55 anos, morador do convento do Mato, na vila de Alenquer, em 1698 confessou na *Casa Negra do Rocio* ter mantido contatos homoeróticos com 97 cúmplices, lembrando-se de dois ex-amantes, que, como outros muitos grumetes portugueses, também haviam partido para o Oriente. Disse que

> há passados quatro anos e meio, com Joseph Pinto, solteiro, 23 anos, grosso e bem disposto, bem afigurado e algum tanto corado de cara, cabelo preto e quase corredio, natural de Lamego, primeiro praticaram *molícias ad invicem*, e no mirante do convento, chegou o dito moço com seu membro viril para o meter no seu vaso traseiro, porém não o chegou a penetrar, por ser o dito membro demasiadamente grosso, *e ao depois foi para a Índia*.

E acrescentou: que há seis anos passados, em Lisboa, teve meia dúzia de atos nefandos com um estudante, solteiro, 16 anos, cujo nome não lembrava, "hoje embarcado para a Índia"[32].

Ter notícias do Oriente serviu de pretexto a João Botelho, 23 anos, casado, alcaide, morador do Porto (1655), para atrair um mancebo de 18 anos, ao qual

> disse que tinha umas cartas de seu irmão que *estava na Índia*, para lhe entregar, aí foram ao adro do Mosteiro da Rosa, então disse que não tinha cartas e que o chamara para cometer o nefando pecado, sendo reciprocamente agente e paciente[33].

Também frei Simeão de Santiago, dominicano, disse ao adolescente Manoel da Silva, 16 anos, que "se guardasse muito daquele pecado, e que o diabo engana muito pera vir nele por diante, e depois de o absolver, lhe disse que fosse à sua cela outro dia buscar umas cartas para a Índia", e indo lá, o abraçou e beijou e meteu-lhe no traseiro metade do seu membro viril, mas o moço "se furtou, estranhando", ao que o religioso lhe disse que "eram frades e que estavam fechados e não tinham mulheres e que assim faziam com os moços naquela forma, encomendando-lhe muito segredo"[34]. Tudo leva a crer que também este jovem estava preste a embarcar nas naus da Índia.

Além dos sodomitas "ausentes na Índia", alguns processos da Inquisição portuguesa referem-se ao fluxo inverso, os que regressaram do Oriente, como frei Simão de Gouveia, 62 anos, ex-provincial da ordem Agostiniana na Índia, que, para evitar ser denunciado, confessou em 1714, na Inquisição de Lisboa, uma dezena de atos sodomíticos, inclusive cópula anal com uma Maria Josefa, casada[35].

Diversos desses antigos moradores do Oriente, quando navegando nas naus da Carreira da Índia, relatam ter passado antes pela Bahia, a caminho da Índia ou no retorno para a metrópole, já que Salvador – ou um pouco mais ao sul, no arquipélago dos Abrolhos – era escala obrigatória dos embarcados na *Carreira da Índia*. Alguns mencionam detalhes picantes de suas relações homoeróticas seja no alto mar, seja na capital da América portuguesa. É o caso de frei Gaspar de Santo Agostinho, 42 anos, filho de um capitão da infantaria, que em 1651 confessou que há seis anos passados, "no reino de Bengala, foi agente em cópula sodomítica que teve com seu escravo Jerônimo, e diversos atos de molície com outros bengalis". Um ano antes, "ao passar pela Bahia, a caminho da Índia, aproveitando-se que outro frade saíra da cela para dizer missas", teve igual relação com um jovem de 16 anos, Martins, estudante no colégio da Companhia de Jesus de Salvador. Disse mais, que quando residiu em Goa, lembra-se de ter praticado nefandices por três vezes com um frade[36]. Também ao passar pela Bahia de Todos os Santos, em 1689, o comerciante Luis de Oliveira procurou o comissário do Santo Ofício local, para denunciar que, navegando nas proximidades das Ilhas Mascarenhas, no Oceano Índico, deixou sua fazenda, casa e uns escravos sob cuidado do carmelita baianense frei Bartolomeu dos Mártires. E, ao voltar desse périplo transoceânico, um dos negros queixou-se de que o frade "usara violentamente dele e também com o negro Pedro". Completa informando que sua acusação não fora aceita pela citada autoridade inquisitorial, sem, contudo, informar os motivos da recusa[37]. No mesmo ano, 1689, o 3º arcebispo da Bahia, D. frei Manoel da Ressurreição, assim noticiava:

> logo que entrei nesta minha Igreja, comecei a ouvir as vozes de um grande escândalo contra um homem chamado Luiz Delgado, dizendo que era devasso no pecado nefando; fui apurando o fundamento e achei que não era aéreo e que a fama era antiga... e que se ausentara para o sertão despovoado com um muchacho com o qual estava vivendo no mesmo escândalo...

E mesmo sem ordem da Inquisição de os remeter antes de ratificar as culpas, dada a larga espera das embarcações, "manda-os sujeitos sob as ordens de dois Capitães de Mar e Guerra das naus da Índia"[38].

Alguns anos mais tarde, 1709, outro escândalo sodomítico é denunciado, agora ao arcebispo da Bahia, D. Sebastião Monteiro da Vide, envolvendo religiosos a caminho do Oceano Índico. "Diz D. José Augusto, clérigo regular da ordem de São Caetano da Divina Providência, missionário apostólico da Índia Oriental, para donde segue viagem da cidade de Lisboa, que na nau São Luis da Paz, frei José de Nazaré, professo da ordem de São João de Deus, *usava mal de sudumítica* com um dos três noviços que o acompanhavam, de nome Carlos", causando grande escândalo entre os navegantes[39].

Alguns documentos aludem a penitenciados do tribunal do Santo Ofício que tiveram como sentença "degredo para Índia", embora fossem em número muito inferior aos exilados para outras terras. De uma amostra de 124 sodomitas degredados entre os séculos XVI-XVIII, 60% foram remetidos para África, 18% para o Brasil, 7% para as fronteiras, e 15% expulsos do reino[40]. Em 1677, a mesa inquisitória determinou que frei Bartolomeu Batista, 54 anos, religioso leigo do convento de São Domingos de Lisboa, confesso e convicto em meia dezena de atos sodomíticos, fosse "degredado para sempre paraconvento de São Domingos de Goa, onde terá 4 anos de reclusão no cárcere e as penitências que se dão aos religioso por culpas gravíssimas e não possa ter ofício na religião", sentença inexplicavelmente comutada para o convento de Santarém[41].

Em 1696, o barbeiro Manuel Pinheiro, 23 anos, natural e morador de Santarém, condenado por uma dezena de fanchonices e somitigarias, a maior parte delas cometida com frades franciscanos e dominicanos, recebeu como sentença degredo de cinco anos para Angola, depois "comutado para Índia pois à Sua Majestade é necessário gente para os Estados da Índia"[42]. O agostiniano frei Simão da Cunha, 50 anos, vice-reitor do colégio de Santo Antão e posteriormente eleito prior do convento do Porto, "muito vermelho de cara, gordo", com uma lista passante de 30 cúmplices no *mau pecado*, entre suas duas confissões à mesa inquisitorial (1632-1644), como era pessoa grave, tendo inclusive um irmão deputado na Inquisição de Lisboa, para evitar a desonra familiar e de sua ordem monástica, malgrado sua grande e prolongada devassidão, em vez de ter sua sentença lida num auto público de fé, teve seus crimes proclamados na Sala da Inquisição e no capítulo de seu convento da Graça, condenado a "cárcere para sempre no Convento de Goa", além de penas *pro gravioribus*, sendo privado de voz ativa e passiva[43]. Algumas vezes, degredados para a Índia tiveram seu exílio modificado por razões incógnitas, talvez devido à maior disponibilidade de embarcações saindo do porto de Lisboa em outra direção. É o caso do jovem Antônio Marques, de tão somente 14 anos, criado do abade da Pera, 64 anos, com o qual manteve meia dúzia de penetrações recíprocas. Sua sentença, datada de 1645, determinou primeiro que, após os açoites, fosse degredado por três anos para o Brasil, sentença reformada para cinco anos de exílio na Índia, embora finalmente tenha sido enviado para o Maranhão[44]. Francisco, mouro, 26 anos, "homem de pé de Alexandre de Sousa Freire", preso em 1662 acusado de ter copulado com um mulato escravo de um tenente da guarda real, teve sua sentença lida no auto de fé, foi açoitado publicamente e degredado por cinco anos nas galés de Sua Majestade, pena comutada para a ilha de São Tomé, "e não havendo embarcação, foi para a Índia, em 1664[45]. Frei Agostinho de Monte Sion, frade Jerônimo morador do convento de Belém, em 1676 procurou o Santo Ofício para, de livre e espontânea vontade, "descarregar sua consciência", relatando que, nos últimos 18 anos, tinha mantido diferentes performances homoeróticas com 62 cúmplices, em sua maior parte rapazes de condição humilde entre 15-25 anos. Entre esses, havia sete meses passados, com um João Roquette, sodomita passivo, "que foi para a Índia com ordem do Santo Ofício"[46].

Não apenas o Santo Ofício, mas também outras instituições utilizavam a Índia como local para exílio de delinquentes: em 1698, o sodomita João Nunes Soares, 19 anos, estudante de gramática, informava que um de seus cúmplices no *mau pecado*, João Moreira, estudante de latim, 25 anos, tinha então sentado praça como soldado, "e ouviu dizer que o queriam mandar para a Índia por extravagante"[47]. Segundo o dicionarista Moraes, *extravagante* significava na época "aquele que se afasta do uso ou costume, que não vai pelo fio da gente e se aparta ou discrepa do termo de proceder comum no pensar, falar, obrar ou aquele que dissipa dinheiros e haveres". Extravagância ainda mais visível era a conduta observável em muitos desses sodomitas, seja por "falar de falsete", por "parecer mulher", por "dançar como fanchono", etc[48].

Morrer navegando para a Índia ou em terras do Oriente foi a malfadada sina de milhares de portugueses e brasileiros, inclusive homossexuais, que arriscaram a sorte atravessando mares infestados de tritões e sereias, além dos muitos cabos tormentórios e de poucas esperanças. Só na primeira esquadra composta de quatro naus lusitanas comandadas por Vasco da Gama, "almirante dos Mares da Arábia, Pérsia, Índia e de todo o Oriente", dos 150 marinheiros, soldados e religiosos que partiram da Torre de Belém, apenas 55 retornaram vivos! Já em 1592, informava um sodomita incorrigível, o lavrador Pero Correa, 57 anos, que, quando tinha 15 – portanto, em 1550 –, cometera duas sodomias, sendo agente, com seu primo Joanes, então com 17 anos, "defunto na Índia"[49]. Um século depois, em 1649, informa o sodomita Luiz Martins de Sequeira, 28 anos, que seu pai, Balthazar Martins de Sequeira, "era defunto na Índia"[50].

## Sodomitas indianos em Portugal e portugueses na Índia

Já desde os tempos de D. Sebastião, os monarcas portugueses ostentavam galhardamente em sua titulação a pluralidade dos diferentes povos que passaram a fazer parte desse grandioso império ultramarino: "Rei de Portugal e dos Algarves d'aquém e d'além mar em África, Senhor da Guiné e da conquista, navegação e comércio da Etiópia, Arábia, Pérsia e da Índia etc...".

A lista inquisitorial dos estrangeiros acusados ou culpados de sodomia residentes no reino comporta mais de uma dezena de indivíduos, incluindo 8 da Espanha, 7 da Itália, 4 da África Negra, 3 de Goa, 3 da França, 2 da Turquia, 1 do Ceilão[51]. Já em 1610, consta que Manoel, "índio do Ceilão", 30 anos, escravo de Álvares Fernandes, familiar do Santo Ofício, numa noite, "debaixo dos arcos do Rocio nas escadas do Hospital que é o mais escuro, foi preso, atracado com um rapaz de 12 anos, que gritava que era homem e não mulher". Ao ser ouvido pelos juízes do Santo Ofício, alegou "ter pensado que era umas das mulheres que costumam usar mal de si sob os arcos...". Numa demonstração de justiça e misericórdia, os inquisidores assim deliberaram: "seja absolvido por ser surdo e não ouvir o rapaz gritar"[52]. Agora em 1628, coincidentemente, outro rapazote também com 12 anos, Pascoal, "indiano, bem vestido, de Bengala", procurou a Mesa do Santo Ofício de Lisboa dizendo: "prendam o clérigo João de Figueiredo, que fazia com ele velhacaria, o qual sempre derrama semente na porta de seu vaso traseiro e lhe bate com um sapato"[53]. Em 1647 ocorre a execução do único natural da Índia inculpado no crime de sodomia: Timóteo da Fonseca, 23 anos, "alto de corpo, beiços muito grandes", escravo aprendiz de alfaiate, morador de Lisboa, "seus pais eram pretos cafres da Índia", acusado por Manoel Ribeiro da Teve, 18 anos, igualmente "filho de uma índia", de ter havia 4 anos e meio passados, em casa do doutor Francisco Vaz de Gouveia, consumado junto a ele dez cópulas sodomíticas no espaço de três semanas, sendo o mais velho o agente. Pela repetição desse crime, o cafre indiano foi condenado à morte na fogueira[54].

Mais frequentes são os processos de portugueses vivendo na Índia acusados de lá praticarem o nefando e abominável pecado de sodomia. Desses, o mais antigo e também de todos o mais devasso, foi o do padre João da Costa[55], ex-frade capucho, 50 anos, natural de Lisboa, da freguesia do Loreto, que em sua agitada história de vida consta ter viajado pelas terras indianas de Negafatão, Bacay, Damão, Surrate e Diu, tendo sido provedor no convento da Madre de Deus de Goa, e em Chaul, guardião no convento do Pilar e sacristão da casa da Santa Misericórdia. Preso pela Inquisição de Goa em 1666, confessou ter tido 46 cúmplices, com idades entre 7 e 16 anos, geralmente "mandando-os deitar de bruços, se pôs em cima deles por detrás, lhes aplicando seu membro viril, penetrando e derramando semente dentro do vaso traseiro". Chamou vários meninos e adolescentes quando casualmente passavam diante de sua morada – a alguns, sodomisou com violência; a outros, não. Utilizava frequentemente a torre da igreja como *locus nefandum*, alguns dos jovens retornaram para repetir os mesmos atos lascivos, recebendo do frade algum alimento ou dinheiro em retribuição. Em seu rol de parceiros, constavam moços que cantavam na capela conventual, estudantes, alguns nativos da selva de Dinar, outros seduzidos a caminho da Pérsia, Columbo, Ceilão, Bacay, na cidade do Cabo da Boa Esperança, incluindo adolescentes das castas dos alfaiates, mainatos (engomadores) e pedreiros, assim como efebos canaris, cafres, brâmanes, bengalis etc. Sua sentença data de 1671 e reza que

> dada a muita continuação e grande escândalo, cometendo o nefando pecado de sodomia com qualquer pessoa que se lhe oferecia e em todo lugar em que se achava, sem perdoar nem o sagrado nem o profano, foi considerado convicto, confesso, devasso, relapso, escandaloso, incorrigível, devendo ser entregue à Justiça Secular para ser relaxado.

É enviada a sentença ao Conselho Geral de Lisboa que considera "bem julgado" e confirma a pena de morte na fogueira.

Outros sacerdotes assistindo na Ásia são acusados do mau pecado: na mesma quadra em que era queimado esse franciscano amante de efebos, denuncia-se à mesa inquisitorial de Lisboa que frei Jerônimo Pereira, pregador dominicano, "na Índia agora", praticara nefandices com seu confrade, Antonio Quaresma, 22 anos[56]. Décadas mais tarde, em 1725, José Francisco Xavier, 25 anos, oficial na Contadoria Geral da Guerra, diz que esteve amancebado por ano e meio no convento de São Vicente de Goa com frei Manuel da Lux, o qual o chamava de seu sobrinho e lhe dava vestir e calçados. Tendo sido primeiramente desterrado para um convento distante, conseguiu, entretanto, graças ao patrocínio de um cardeal, sua transferência para Lisboa. Eis seu relato:

> Estávamos no ato de culpa todos os dias, de manhã, depois de jantar e à noite, e depois me absolvia da doutrina que me dava na cama, [tanto que] fiquei mestre e comecei a fazer este mal com outros da mesma igualha. E quando veio visitá-lo frei Francisco Xavier de Santana, em segredo, seu cúmplice dissera que o frade era mais bonito e fazia melhor por detrás que ele, acrescentando que algumas vezes levavam para a cama putos[57].

## Cousas da Índia

Já em 1552, no célebre *Tratado da majestade, grandeza e abastança da cidade de Lisboa*[58], relatava o arguto João Brandão que no principal mercado a céu aberto do reino, a secular Feira da Ladra, no Rossio de Lisboa,

> reúnem-se de 35 a 40 mercadores de panos de todo gênero, e de setembro até o fim de abril vão muitos mais mercadores porque é tempo que todos têm dinheiro de sua colheita e o inverno aperta, e a festa do Natal e Páscoa e *ida das naus da Índia* que levam muitas coisas que na feira se vendem que são necessárias a pessoas que vão nas ditas naus. Também nela comerciam 60 fanqueiras, que vendem pano de linho do Reino e fora dele, e cousas de linho e Holanda e *pano da Índia*[59].

Se nos meados do século XVI predominava no reino a venda de panos da Índia e certamente as cobiçadas especiarias, com o passar dos séculos, diversificaram-se enormemente os produtos procedentes do Oriente, como se constata no rol das mercadorias trazidas na nau Santo Antonio e Justiça, ativa na Carreira da Índia na segunda metade do século XVIII:

> figuras de barro, pratos e tigelas esmaltadas, mesas de louças dourada, aparelhos de chá, pratos de guardanapos, aparelhos de café, covilhete de tampa, bules de barro, louça grossa de Macau, carpideiras de cobre esmaltadas, bengalas sem castão, chávenas com seus pires, frasqueiras, porcelanas, pratos de cozinha, tabuleiros de charão, escrivaninha de louça, cunhetes, jarras atabacadas e esmaltadas, escrivaninhas de metal esmaltado, coroas de rezar de ambaque, incenso, pimenta, chá, canela fina, figuras de leões, bispotes, cobertas de balagate, lenços de algodão, gargazares, chitas, lenços de morim, colchas de cetim bordadas, peças de linha de Surrate e Diu, linhas coromandeis, chitas de Balagate, panos de cafre, chita da Costa, cetim bordado, panos de zuarte, chitas de Damão etc, etc[60].

Em diversos processos de sodomitas sentenciados pelo Santo Ofício de Portugal, encontravam-se no rol de seus bens sequestrados variegados objetos indianos. Já em 1644, entre os pertences do padre Santos Almeida, 66 anos, capelão real de São Miguel dos Passos do Castelo, constavam objetos inequivocamente procedentes das Índias, um escritório de nogueira marchetado com marfim (8$000), um panilhado de pano da Índia; um tabuleiro e tômbola de marfim[61]. A Índia fez-se presente também na vida deste infeliz sacerdote, queimado no auto de fé de 1645, através de seus amantes: um deles, Fernando Freire, com o qual praticara felação, é identificado apenas como "da Carreira da Índia", enquanto Francisco Tavares, 14 anos, "era pagem do Procurador da Casa da Índia", e confessava terem feito por 15 vezes sexo oral.

Por sua vez, o padre Antônio Azevedo, 67 anos, igualmente preso em 1644, altareiro da Sé de Lisboa, apresentava em seu inventário 1 catre da Índia vermelho, 8 porcelanas da Índia, e um escritório com porta e com alguns fios de marfim[62]. Também o padre Antônio Alvares Palhano, 68 anos, morador de Lisboa, na Mouraria, igualmente condenado à fogueira, em seu inventário de 21 páginas, entre seus bens, "porcelanas da Índia". Entre seus cúmplices, o moço Antônio Brás Mimoso, "que foi para a Índia, sodomitado pelo sacerdote poucos dias antes de se embarcar"[63].

Outro fanchono, o ex-soldado Luis Gomes Godinho, 32 anos, "branco que tira a mulato, alto de corpo, gentilhomem de rosto, cabelo crespo e pouca barba", preso na vila de São Paulo em 1646, possuía entre seus pertences um "guderim da Índia", isto é, colcha indo-portuguesa de seda bordada policromada típica de Gujarat, norte de Bombaim[64]. O jovem Domingos Álvares, 25 anos, "vestimenteiro", preso em Lisboa em 1698, além de um brinco de esmeraldas com lascas de diamantes que dera à sua mulher como presente de casamento, no valor de 22$000, tinha "meio caixão da Índia, uma coleta branca da Índia já usada"[65]. Martim Leite Pereira, 50 anos, viúvo, cavaleiro do Hábito de Cristo, morador do Porto, preso em 1661 pelo tribunal do Santo Oficio de Coimbra, trazia em seu inventário, além de uma quinta, muitas terras arrendadas, "móveis de pau Brasil, pau santo, com incrustações em marfim, roupas, colcha de seda chinesa"[66]. Embora predominassem no rol dos bens dos sodomitas móveis, roupa de cama e objetos domésticos, os finos e multicoloridos tecidos indianos certamente passaram a fazer parte da indumentária "extravagante" dos "filhos da dissidência"[67]: em 1657, o já citado escudeiro mexicano Pedro Medina, ao ser preso, estava "vestido com calções amarelos com riscas verdes, gibão riscado de negro, tudo cousa da Índia"[68].

Alguns parentes desses desafortunados amantes do mesmo sexo denunciados à Inquisição faziam parte das redes comerciais com o Oriente, como o pai do estudante de gramática latina Antônio Ribeiro, 19 anos, preso em 1698, identificado com "negociante contratador de cousas da Índia[69].

Concluo salientando que não deixa de ser surpreendente que, em documentos tão específicos e insólitos – como denúncias e processos sobre o abominável e nefando pecado de sodomia –, encontremos tantas e diversificadas referências a um capítulo tão fascinante do expansionismo português, tendo a Índia como objeto. Esses dados, extraídos dos processos de sodomia da Inquisição portuguesa, confirmam mais uma vez um dos pressupostos fundamentais dos estudos multiculturais sobre a homossexualidade: sua universalidade e presença em todas as camadas – e castas – do globo terreal[70], do Minho aos Algarves, de Ceuta ao Cabo da Boa Esperança, de Moçambique ao Golfo Pérsico, da Índia ao Japão e à China.

## Notas

1 Ofereço este artigo à memória do Prof. Amaral Lapa, meu colega da Unicamp, desbravador dos estudos sobre a Índia no Brasil, exemplo de profissionalismo e amizade.

2 Joel Serrão, *Cronologia geral da história de Portugal*, Lisboa, Iniciativas Editorais, 1971; Luís Albuquerque, *Dicionário de história dos descobrimentos portugueses*, Lisboa, Círculo de Leitores, Editora Caminho, 1994.

3 Serrão, *op. cit.*, p. 78.

4 Arquivos Nacionais da Torre do Tombo, Inquisição Lisboa, Processo 4170, 1547 [Doravante, ANTT, IL, Proc.].

5 Paulo J. Guinote, "Ascensão e declínio da Carreira da Índia (Séculos XV-XVIII)", *Vasco da Gama e a Índia*, Lisboa, Fundação Calouste Gulbenkian, 1999, v. II, p. 7-39.

6 ANTT, IL, Proc. 5007, 1643.

7 ANTT, IL, Proc. 6587, 1644.

8 Charles Boxer, "The Carreira da Índia: ships, men, cargoes, voyages", *Centro de Estudos Históricos Ultramarinos e as Comemorações Henriquinas*, Lisboa, CEHU, 1961, p. 33-82; *O império colonial português (1415-1825)*, Lisboa, Edições 70, 1981; *A Índia portuguesa em meados do Século XVII*, Lisboa, Edições 70, 1982.

9 *Grande enciclopédia portuguesa e brasileira*, Lisboa, Editora Enciclopédia, s. d.

10 Gil Vicente, *Auto da Índia, (1509)*, Lisboa, Editorial Comunicação, 1991.

11 F. C. Domingues & I. Guerreiro, "A vida a bordo na Carreira da Índia (século XVI)", *Actas da VI reunião internacional da História da náutica e hidrografia*, Lisboa, CNCDP, 1989, p. 185-225.

12 ANTT, IL, Proc. 3408, 1651.

13 ANTT, IL, Proc. 7346, 1662.

14 Luiz Mott, "Desventuras de um sodomita português no Brasil seiscentista", *O sexo proibido*: virgens gays e escravos nas garras da Inquisição, Campinas, Papirus, 1989.

15 ANTT, IL, Proc. 4769, 1689.

16 A respeito da propriedade da utilização do étimo *gay* como sinônimo de sodomita, J. C. Boswell, *Christianity, social tolerance and homosexuality*, Chicago, Chicago University Press, 1980.

17 ANTT, IL, Proc. 150, 1645.

18 ANTT, IL, Proc. 3710, 1657.

19 ANTT, IL, Caderno do Nefando, 143-6-32, fl. 49, 1630.
20 ANTT, IL, Proc. 8837, 1644.
21 ANTT, IL, Proc. 6587, 1644.
22 ANTT, IL, Proc. 10640, 1657.
23 ANTT, IL, 13º Caderno do Nefando, 143-6-38, fl. 38, 1682.
24 ANTT, IL, Proc. 4170, 1547.
25 ANTT, IL, Proc. 8226, 1644.
26 ANTT, IL, Proc. 1465, 1659.
27 ANTT, IL, Proc. 634, 1654.
28 ANTT, IL, Proc. 7346, 1662.
29 ANTT, IL, Proc. 1226, 1630.
30 ANTT, IL, Proc. 12525, 1630.
31 M. Goodrich, "Sodomy in medieval secular law", *Journal of homosexuality*, n.1, 1976, p. 295-302.
32 ANTT, IL, Proc. 16.608, 1698.
33 ANTT, IL, Proc. 7391, 1655.
34 ANTT, Caderno do Nefando, 143-6-32, fl. 302, 1633.
35 ANTT, IL, Caderno do Nefando, nº 821, 1714.
36 ANTT, IL, 9º Caderno do Nefando, 143-6-35, fl. 123, 1651.
37 ANTT, IL, 14º Caderno do Nefando, 143-6-39, fl.196, 1689.
38 ANTT, IL, Proc. 4769, 1689.
39 ANTT, IL, Correspondência recebida dos Comissários do Santo Oficio, livro 922, fl. 284. Agradeço à doutoranda Grayce Mayre Bomfim Souza pela indicação deste documento.
40 Mott, "Justitia et misericórdia: a Inquisição portuguesa e a repressão ao abominável pecado de sodomia", Anita Novinsky & Maria Luiza Tucci Carneiro (orgs.), *Inquisição:* Ensaios sobre mentalidade, heresias e arte, São Paulo, Edusp, 1992, p. 703-739.
41 ANTT, Inquisição Coimbra, Processo 613, 1677 [Doravante, ANTT, IC, Proc.].
42 ANTT, IL, Proc. 3955, 1696.
43 ANTT, IL, Proc. 13079, 1644.
44 ANTT, IL, Proc. 8234, 1645.
45 ANTT, IL, Proc. 10469, 1662.
46 ANTT, IL, 13º Caderno do Nefando, fl. 62, 1676.
47 ANTT, IL, Proc. 1298, 1698.
48 Mott, "Pagode português: a subcultura gay em Portugal nos tempos da Inquisição", *Ciência e Cultura*, n. 40, fev. 1988, p. 120-139.
49 ANTT, IL, Proc. 6862, 1592.
50 ANTT, IL, Proc. 7934, 1649.
51 Mott, "Pagode português...", *op.cit.*, p. 124.
52 ANTT, IL, Proc. 315, 1610.

53 ANTT, IL, 4º Caderno do Nefando, 143-6-30, fl. 472, 1628.

54 ANTT, IL, Proc. 1787, 1647.

55 ANTT, IL, Proc. 12.197, 1670. Cf. Lana Lage da Gama Lima, "Sodomia e pedofilia em Goa: o caso do padre João da Costa", Ronaldo Vainfas, Bruno Fleiter & Lima (orgs.), *A Inquisição em xeque:* temas, controvérsias, estudos de caso, Rio de Janeiro, EdUERJ, 2006, p. 237-252.

56 ANTT, IL, Proc. 1121, 1671.

57 ANTT, IL, 19º Caderno do Nefando, 143-7-43, fl. 115, 1725.

58 João Brandão, *Tratado da majestade, grandeza e abastança da cidade de Lisboa,* Lisboa, Editora de Braancamp Freire, 1923.

59 Mott, "A feira da Ladra no século XVI e na actualidade", *Ocidente,* n. 418, fev. 1973, p. 11.

60 J. R. Amaral Lapa, *A Bahia e a Carreira da Índia,* São Paulo, Companhia Editora Nacional, 1968.

61 ANTT, IL, Proc. 6587, 1645.

62 ANTT, IL, Proc. 8228, 1644.

63 ANTT, IL, Proc. 8226, 1645.

64 ANTT, IL, Proc. 4565, 1646.

65 ANTT, IL, Proc. 945, 1698.

66 ANTT, IC, Proc. 2775, 1661.

67 Mott, "A revolução homossexual: o poder de um mito", *Revista da USP,* n. 49, São Paulo, 2001, p. 40-59.

68 ANTT, IL, Proc. 3710, 1657.

69 ANTT, IL, Proc. 4593, 1698.

70 Wayne Dynes, *Encyclopedia of homosexuality,* Nova York, Garland, 1990.

# Sebastião Gonçalves e a história da Companhia de Jesus no Oriente

Célia Cristina da Silva Tavares

## Introdução: história e historiografia

Em pequeno livro que discute a produção historiográfica em geral, Philippe Tétart afirma ser importante os historiadores atuais conhecerem a produção daqueles que escreviam história em outras épocas mais remotas que as nossas, visto que esse esforço de entendimento pode servir como exercício de interrogação epistemológica com rico resultado para a reflexão sobre o ofício do historiador hoje[1]. Ao analisar os procedimentos de um determinado autor, em séculos passados, para desenvolver sua narrativa, ou o conjunto do que ele denominava como fontes de seu estudo de caráter histórico, o historiador atual tem uma rara oportunidade de refletir sobre suas próprias escolhas quando elabora sua pesquisa, conseguindo perceber variações da escrita da história ao longo do tempo.

Por outro lado, assim como a palavra história, historiografia é também um termo polissêmico. Pode-se definir historiografia como "modos de representação do passado no espaço e no tempo"; ou como "a história do discurso – um discurso escrito e que se afirma verdadeiro – que os homens têm sustentado sobre o seu passado"; ou ainda como "exame dos diferentes discursos do método histórico e dos diferentes modos de escrita da História"[2]. No dicionário encontramos duas definições mais simples que derivam das já apresentadas: arte de escrever a história e estudo histórico e crítico acerca da história ou dos historiadores. Portanto, ao estudar textos de outras épocas que se autodenominam "histórias", o historiador de hoje é capaz de identificar as linhas de força que sustentavam as diversas formas de se entender História naquele determinado tempo escolhido para análise.

Contudo, é importante deixar claro que, segundo Reinhart Koselleck, até o século XVIII, o conceito de história era usado no plural, "histórias"; só na segunda metade do século XVIII ele ganha uma acepção singular[3]. Assim, quando se estudam textos do século XVII, conta muito estar atento ao aspecto destacado por esse autor, pois se trata de compreensão um tanto diversa da existente hoje, especialmente em termos de a história ser entendida, então, como um conjunto de histórias, narrativas propriamente ditas, sem a consolidação formal que a profissão de historiador deu ao nosso ofício nos dias atuais. Ainda assim, é possível identificar algumas proposições de método, consciente trabalho com fontes e compromisso com a veracidade em alguns trabalhos de épocas anteriores ao século XVIII, baliza definida por Koselleck.

Dentro desse espírito, o presente capítulo pretende analisar um manuscrito feito pelo jesuíta Sebastião Gonçalves, intitulado a *Primeira parte da história dos religiosos da Companhia de Jesus e do que fizeram com a divina graça na conversão dos infiéis a nossa santa fé católica nos reinos e províncias da Índia Oriental*, obra terminada em 1614, com o intuito de investigar as características gerais da produção de escritas da história desenvolvida pelos inacianos no século XVII, identificando as fontes utilizadas, os métodos definidos e, até mesmo, a concepção de história que tinham nesse momento. Este estudo está vinculado ao projeto de pesquisa apoiado pela bolsa Prociência (Uerj/Faperj), que tem como objetivo um estudo comparativo de três livros de membros da Companhia de Jesus, em três regiões distintas dos domínios portugueses, o Estado da Índia, com a já citada obra; o Brasil, com a *Crônica da Companhia de Jesus do Estado do Brasil e do que obraram seus filhos nesta parte do Novo Mundo. Entrada da Companhia de Jesus nas partes do Brasil e algumas notícias antecedentes curiosas e necessárias das causas daquele Estado*, de Simão de Vasconcelos (1663); e o Estado do Maranhão e Grão-Pará, com a *Crônica da missão dos padres da Companhia de Jesus no Estado do Maranhão*, de João Felipe Bettendorf (1698)[4].

## O uso da escrita da história pela Companhia de Jesus

A Companhia de Jesus produziu uma grande série de registros sobre seus trabalhos missionários, seus maiores representantes e exemplos – ou seja, sobre sua história. Isso constituía uma forma de propaganda, feita, principalmente, com a propagação das cartas ânuas, que consolidaram a imagem dos inacianos como poderosos veiculadores das observações sobre as culturas com as quais entravam em contato. Outro exemplo de produção que servia à disseminação da grandeza dos trabalhos dos jesuítas foi a produção de "histórias" da Companhia de Jesus, com especial destaque para a presença no Oriente, um esforço promovido ainda no final do século XVI, mas que deu seus melhores frutos no início do século XVII, prolongando-se mesmo até o século XVIII.

Na tradição da Igreja católica havia o frequente uso de narrativas de vida de homens e mulheres que tinham levado uma vida considerada exemplo de piedade cristã, merecendo o registro escrito para serem guardadas por gerações. Dessa forma, não se pode dizer que as histórias escritas pelos jesuítas sobre a Companhia de Jesus e os seus mais ilustres irmãos constituíam uma novidade, em termos de estilo. No entanto, é notável a dedicação que os membros dessa congregação religiosa deram a esse tipo de produção. Uma das razões para justificar tal postura, certamente, é a destacada importância que os jesuítas deram à formação intelectual de seus membros, formados nos colégios, cuja principal orientação, em termos de educação, caracterizava-se pelo humanismo e englobava o currículo clássico.

Fundada oficialmente por aprovação papal em 1540, a Companhia de Jesus, como era uma ordem jovem que rapidamente se tornou vigorosa, lançou mão de várias estratégias de divulgação do trabalho de seus missionários, com destaque para a elaboração de livros que continham a história do instituto.

Para o Oriente, a obra desse tipo de maior destaque, no século XVI, é a de Alessandro Valignano, *Historia del princípio y progresso de la Compañia de Jesús en las Índias Orientales (1542-1564)*[5]. O livro está dividido em duas partes, a primeira escrita em espanhol e a segunda em português, e foi terminado por volta de 1605[6]. Alessandro Valignano pertencia a uma nobre família napolitana e entrou para a Companhia de Jesus aos 27 anos, em 1556. Como visitador da Província da Índia (1574-1595) e depois Provincial de Goa (1583-1587), foi responsável por uma série de deliberações e sistematizações da estrutura administrativa da ordem, tendo contribuído também para a consolidação das missões no Japão e na China. Foi um superior que, trouxe, em contrapartida, uma série de tensões também, pois muitas das suas decisões sofreram duras críticas[7].

Em 1574, Valignano recebeu a incumbência do Geral Mercuriano de fazer um relato das "coisas dignas de nota" da obra jesuítica na Índia. Para tanto, Valignano, com seu poder de visitador, convocou todos os jesuítas do Oriente a lhe enviar cópias ou resumos dos trabalhos que cada um desenvolvia, além dos registros de memória sobre a obra de Francisco Xavier. Reuniu ainda os registros feitos pelos padres da Companhia nas suas cartas, para consolidar a narrativa do livro. Praticamente toda a primeira parte é dedicada à figura de Francisco Xavier, com algumas características de hagiografia – tais como recorrentes transcrições de predições, premonições, curas, a preservação do corpo após a morte, entre outros elementos –, com o objetivo de sustentar sua santificação, em processo na cidade de Roma[8]. O relato procurava também mostrar as diversidades de culturas asiáticas, assim como o papel desempenhado pelos portugueses. Valignano fez ainda uma detalhada transcrição de usos e costumes de chineses e de japoneses, chamando os últimos de "gente branca", considerando-os melhores que os outros povos do Oriente, opinião compartilhada pelo próprio Francisco Xavier[9].

## Sebastião Gonçalves e o banquete da história

Outro exemplo desse tipo de produção desenvolvida pelos inacianos é a obra de Sebastião Gonçalves, *História dos religiosos da Companhia de Jesus e do que fizeram com a divina graça na conversão dos infiéis à nossa santa fé católica nos reinos e províncias da Índia Oriental*[10]. A obra foi encomendada a Sebastião Gonçalves pelo provincial Manuel da Veiga em 1604, ou seja, em época próxima à de Valignano, e foi escrita na própria cidade de Goa. Somente em 1614 a primeira parte foi terminada[11]. Gonçalves escreveu um plano da obra em 1606, que se constituiria em três partes, mas as outras duas partes nunca foram localizadas. Há três manuscritos da primeira parte: o que está na Biblioteca Nacional de Lisboa; um outro coevo no arquivo jesuítico de Roma; e ainda uma cópia do século XVIII feita em Macau e remetida a Lisboa, que se encontra na Biblioteca da Ajuda, contendo apenas a parte da história da vida de Francisco Xavier[12]. Para além desses manuscritos, houve a publicação da primeira parte em três volumes, organizada por José Wicki, havendo dois exemplares no Real Gabinete Português de Leitura – a obra completa pode ser encontrada na biblioteca da PUC do Rio de Janeiro.

Sebastião Gonçalves (sênior) nasceu provavelmente em maio de 1555 (mas há dúvidas se teria sido em 1556 ou em 1557)[13] na vila de Ponte Lima, no Minho, norte de Portugal. Estudou filosofia no colégio da Companhia de Jesus em Évora. Entrou no noviciado da mesma ordem, na mesma cidade, em 31 de janeiro ou março de 1574[14]. Em 1583 estava em Roma na cúria generalíssima, ficando lá pouco mais de um ano. Em abril de 1587, estudava de novo em Évora. Recebeu as sagradas ordens de presbítero em 1588, e o último voto em 1598. De 1589 a 1590 trabalhou em Angra (ilha Terceira) como pregador, confessor, diretor espiritual, professor de moral, prefeito dos estudos, consultor e admonitor do reitor. Wicki ressalta as múltiplas atividades para um sacerdote tão novo. Em 1592, ficou metade do ano a substituir o mestre de noviços em Évora, voltando para a ilha Terceira. Em seguida vai para a Índia, em 1593. Lá viveu por 25 anos – de 1594 a 1619 – e foi padre espiritual, pregador, professor, ministro da casa professa, superior e também companheiro e sócio do padre provincial. De 1596 a 1597 foi reitor do colégio de Damão; depois, de 1597 a 1602, companheiro do provincial Nuno Rodrigues. Desde 1602 viveu em Goa, ora na casa professa, ora na casa do noviciado[15].

Iniciou a escrita da *História da província da Índia da Companhia de Jesus* em 1604. Mas de 1609 a 1614 foi companheiro do provincial Francisco Vieira, o que teria diminuído o ritmo de seus trabalhos. Em 1614, há registros de que voltou a trabalhar na obra, e, em 1615, o padre Sebastião Gonçalves (júnior), seu homônimo, embarcou para Roma como representante da Província de Goa, já portando o primeiro volume da obra, onde se vê o registro do ano de 1614, como momento em que ela foi terminada. Gonçalves gastou os últimos anos de vida a elaborar outros dois volumes, que, no entanto, se perderam. Faleceu em Goa, em 23 de março de 1619[16].

Wicki informa que em seu necrológio destacam-se sua benevolência e maneiras bondosas, sempre procurando descobrir nos outros o lado favorável, nunca se mostrando rancoroso. Tinha temperamento alegre e muita prudência. Era bom pregador. Muito estudioso, fez diversas anotações críticas sobre obras de historiadores da Companhia de Jesus, entre eles Guzmán e Guerreiro[17].

A primeira parte da *História dos religiosos da Companhia de Jesus e do que fizeram com a divina graça na conversão dos infiéis à nossa santa fé católica nos reinos e províncias da Índia Oriental* é composta por dez livros, contendo muitos capítulos cada um deles: cerca de 30, em média. No momento em que Sebastião Gonçalves escrevia essa obra, Francisco Xavier já era considerado beato, e seu processo de canonização estava em curso. Portanto, esse autor dedica parte significativa do livro a narrar a vida de Xavier e sua obra no Oriente, assim como outros, como o próprio Valignano, já o haviam feito num claro esforço da Companhia de Jesus em campanha para que Francisco Xavier fosse transformado em santo.

Mas o texto não se limita a isso; Gonçalves fez também uma rica descrição da ação dos jesuítas no Oriente, especialmente em Salcete, região de terra firme vizinha à ilha de Goa, e na costa da Pescaria, mais ao sul da costa ocidental da Índia. Trata-se de uma apologia da ação missionária dos jesuítas, com grande destaque para a região de Salcete, pois a missionação nos territórios em volta da cidade de Goa foi repartida entre as ordens religiosas a mando do governador Francisco Barreto, em 1555. Os franciscanos ficaram com Bardez; os jesuítas com Salcete e algumas ilhas; e os dominicanos com outras ilhas próximas, algo semelhante ao que aconteceria, posteriormente, na região amazônica[18]. Os trabalhos de conversão e missionação em Salcete transformaram-se no principal palco de atuação dos jesuítas, em termos de se engendrar mártires (caso do padre Rodolfo Acquaviva), e em número de conversões. Daí a importância dada por Gonçalves à narrativa dessa experiência.

Há ainda uma descrição dos usos e costumes dos indianos da região, inclusive com detalhada narrativa sobre deuses hindus, com forte veiculação de juízos de valor. Como pode ser visto, por exemplo, no início do capítulo oito, intitulado "Contra a sobeja multidão dos deuses indianos e demais gentilidades". Lá Gonçalves diz, em clara condenação da religiosidade local: "já que escrevemos da falsa genealogia dos deuses indianos, será bem que digamos quão supérflua seja a desnecessária multidão dos deuses gentílicos"[19].

O texto de Sebastião Gonçalves foi produzido no início do século XVII e guarda ainda uma forte influência do estilo dos historiadores do Renascimento, que, segundo Jacques Le Goff, prestaram serviços eminentes à ciência histórica, pois "fizeram a crítica dos documentos com a ajuda da filologia; começaram a laicizar a história e a eliminar-lhe os mitos e lendas; lançaram as bases das ciências auxiliares da história e estreitaram a aliança da história com a erudição"[20].

Por se tratar de um livro produzido por um religioso – especialmente por ser ele da Companhia de Jesus – não se deve dar destaque na análise do seu texto a uma possível contribuição ao processo de laicização da história. Podem ser destacadas inúmeras referências a textos religiosos e mesmo narrativas de milagres, com uma constante preocupação em demonstrar indícios frequentes da vontade divina nos acontecimentos. No entanto, em muitos outros aspectos pode-se perceber uma sensível proximidade com as tendências da época em termos de escrita da história, especialmente no que tange à erudição. Além disso, deve ser lembrado o contexto das Reformas que alimentaram polêmicas e debates sobre a história do cristianismo – discussões que foram enfrentadas por reformistas e representantes da Igreja católica, especialmente das ordens religiosas, com destaque, é claro, para a Companhia de Jesus[21].

Outro aspecto deve ser aqui destacado. Os humanistas, a partir do modelo de entendimento do que era história para os romanos, costumavam manter a história no campo da literatura, mas se pode observar que "alguns historiadores do século XVI e início do XVII, distinguem-se explicitamente dos homens de letras"[22]. O exemplo de Sebastião Gonçalves vai confirmar essa afirmação de Le Goff, pois repetidamente ele se nega a ser um deles.

Apesar de toda obra de Gonçalves ser muito interessante, o prólogo parece ser muito peculiar, pois nele o jesuíta vai definir a sua concepção de história, além de informar as fontes com as quais trabalhou, e apresentar o conjunto de informações desenvolvidas ao longo do texto. Deixa claro o que significa para ele escrever história, e dele podemos destacar curiosas reflexões. Assim, será nesta parte da obra que concentraremos nossa análise neste momento.

Logo na primeira frase do prólogo percebemos a concepção mais geral de Sebastião Gonçalves sobre a história: a de vê-la como exemplo moral, ao afirmar que "sempre as Respublicas bem ordenadas tiveram grande diligência em conservar os feitos ilustres de seus antepassados"[23]. Mas, em seguida, faz uma série de reflexões sobre o que denomina de "história sagrada", em que a revelação divina é apenas uma das fontes legítimas que podem ser usadas pelos que escrevem história. Assim, para Gonçalves todas as seguintes inspirações são legítimas:

> (...) pelo que compõem os historiadores sagrados suas histórias umas vezes das coisas que por revelação alcançaram como fez o santo Moisés no livro da criação do mundo, e os Profetas; outras vezes que ouviram a pessoas dignas de todo crédito, que presentes se achavam quando aconteceram, como fez o Evangelista São Lucas (...). Outras vezes escrevem o que ouviram não a testemunhas de vista, mas o que acharam na boca de todos por antiga tradição que sempre se foi conservando nuns e noutros. Outras vezes escrevem o que viram como escreveu São Lucas os Atos apostólicos, São João e São Mateus os seus Evangelhos. Outros finalmente escrevem o que recolheram com sua indústria e trabalho dos livros que acharam (...)[24].

Sebastião Gonçalves se identifica com esta última forma de escrever história, assim como "nesta idade fazem quase todos os historiadores". Interessante notar como ele se classifica com a desinência de "historiador".

Por outro lado, sua formação humanista fica clara em vários trechos do prólogo, especialmente por suas menções aos clássicos, como Plutarco:

> Diz o sapientíssimo Plutarco que o escritor deve residir em cidade populosa, de grandes letrados e livrarias, para que assim duns como dos outros se possa informar do que há-de escrever. Alguma coisa destas tive, mas não tanto quanto me era necessário, contudo nisto fico melhorado e avantajado aos que escreveram das coisas da Índia em Europa, pois mais clara notícia se pode alcançar nessa cidade de Goa, aonde escrevo, das coisas da Índia, que em Portugal ou Itália. Com ela pois guiado, emendei os erros que, por falta de bastantes informações, nossos historiadores cometeram, contentando-me de manifestar a verdade que achei, feitas as devidas diligências; e isto sem emulação contenciosa, tão alheia do que professo, para que Plutarco me não censure, por desasizado, porque nesta conta tem ele a semelhantes historiadores[25].

Goa – a capital do Estado da Índia, seu centro administrativo, econômico, militar, político e religioso – consolidou sua imagem de pólo da cristianização da Ásia e da África oriental, chegando a ser definida como a "pequena Roma do Oriente". De fato, era ali que se concentravam o arcebispado, as bases das principais ordens religiosas, um grande número de clérigos seculares, igrejas, confrarias e o tribunal do Santo Ofício. Além disso, a cidade assistiu à instalação de cinco concílios provinciais (1567, 1575, 1585, 1592 e 1606), nos quais foram discutidas diversas questões relativas à conversão dos gentios.

Segundo Raquel Soeiro de Brito, a cidade de Goa tinha uma frente marítima de cerca de 2 km, e toda a área urbana seria de 4 km$^2$, sendo que o centro da cidade estaria na faixa ribeirinha, contido em cerca de 1 km de frente e 0,5 km de profundidade. As principais ruas eram pavimentadas e as secundárias eram de terra batida. A via principal, a rua Direita ou dos Leilões, estava ligada ao Cais dos Vice-Reis, entrada da cidade para quem chegasse por via marítima, e onde se concentrava a maior atividade comercial, com um mercado de pérolas, peças de ouro, pedras preciosas, escravos, sedas, tapetes, cavalos, ou seja, mercadorias oriundas de todo o Oriente. A principal entrada terrestre era a rua de São Pedro, localizada nas proximidades do arsenal da cidade – importante centro de construção naval no Oriente –, instalado na rua das Naus de Ormuz, onde se concentravam locais de venda de bebidas alcoólicas, pela presença de grande número de trabalhadores. No centro de Goa situavam-se "dezesseis das quarenta e uma ruas principais, cinco das dezessete igrejas mais importantes, incluindo a Sé, cinco dos doze conventos", além dos prédios da administração: o tribunal da Relação, o tribunal da Inquisição, a Alfândega, a Misericórdia, o palácio dos vice-reis, o quartel. Na área central da cidade também havia os principais largos e monumentos da cidade: o terreiro dos Galos, a praça do Sabaio e o arco dos vice-reis. Ou seja, tratava-se de "um verdadeiro centro político, religioso e cívico"[26].

Havia ainda na capital do Estado da Índia instituições pertencentes à ordem jesuítica: a Casa Professa, a igreja de Bom Jesus e a Casa de Provação, com o noviciado. Os jesuítas eram também responsáveis pela administração do Hospital Real de Goa. Os inacianos possuíam uma tipografia na cidade, e isso possibilitou muitas publicações que serviram para a divulgação e realização dos trabalhos de evangelização.

Ou seja, ao citar a recomendação de Plutarco, de que o "escritor deve residir em cidade populosa", Sebastião Gonçalves deveria se sentir plenamente seguro que Goa era suficiente para abrigar um bom escritor, diante da descrição apresentada dessa cidade no Oriente.

Outro aspecto a ser ressaltado do trecho de Gonçalves citado acima: há uma interessante preocupação com a verdade. Desde a crítica de Lorenzo Valla à Doação de Constantino, considerando-o um documento falso, em 1440, havia significativa atenção nos meios letrados para com isso. Portanto, o compromisso com a verdade das afirmações é grande – mesmo que saibamos que, de fato, nem sempre ocorria o que se considera hoje precisão de informação, uma vez que numa sociedade ainda fortemente marcada pela tradição oral, o "ouvir dizer" era algo perfeitamente aceitável. Esse aspecto não é notado apenas na citação anterior, mas também em um novo exemplo, destacado em outra parte:

> E Santo Agostinho diz que pouco vai que a chave é de pau ou de ouro, contanto que abra a fechadura, ensinando-nos que tanta verdade podemos achar na história elegantemente escrita, como na que foi composta em estilo chão, e tanto nesta como na outra. Outros há que tomam a pena por instrumento d'alijongear aqueles dos quais escrevem, fazendo grangearia dela para comer e valer. Outros, vendo que as coisas ilustremente feitas, estando sepultados na tumba do esquecimento, ou que forma com pouca diligência escrita, se dão por obrigados a emendar os erros que outros historiadores acharam, deixando-se algumas vezes de propósito enganar para engrandecer os de sua nação, outros encobrindo a verdade para não louvar os estranhos; outros, por seguirem autores de pouco porte, ficam notados de apócrifos[27].

"Chave de pau ou de ouro", não importa, a grande preocupação deve ser com a verdade, ao menos no que o autor a considera. Interessante profissão de fé revelada por Sebastião Gonçalves.

Outro forte posicionamento pode ser visto no esforço que faz para se afastar de ser entendido como homem de letras:

> E porquanto eu gastei a vida em revolver os doutores antigos e modernos, exercitando-me no púlpito e às vezes na cadeira, ninguém me estranhe se quando em quando meter alguns discursos concionativos e outros de erudição para fazer a História aprazível, porque este é já o costume dos que nesta idade escrevem. Porém, não serei tão difuso como alguns nesta parte são, somente me contentarei com me diferençar dos historiadores que da porta, como dizem, saudaram as letras humanas, pois assim como nestes autores

> buscam os curiosos narração grave com estilo grandiloco, assim do escritor teólogo esperam que acompanhe sua história com discursos tirados da Sagrada Escritura e dos Santos Doutores[28].

Aliás, prega inclusive um estilo de se escrever a história, cuja meta deveria ser a simplicidade:

> Porém nem todos eles guardaram o mesmo estilo e modo de escrever, porque uns escrevem para mostrar sua eloquência, imitando os gregos, querendo que os leitores pasmem da composição de seus conceitos, das figuras retóricas, da inovação das palavras, da gravidade das sentenças; prezando-se de nesta parte serem semelhantes aos cretenses, do fechar dos períodos com pés numerosos e agradáveis às orelhas, da imitação dos autores graves, da lição vária e erudita, das práticas que os capitães fazem aos soldados; querendo-se nesta parte parecer com os Políbios, Lívios e Tucídides, da sutileza em arguir, do saber pintar e descrever reinos, províncias, montes, cabeços, outeiros, vales, campinas, frescos arvoredos, jardins artificiosos, rios, fontes, fortalezas, cidades e batalhas campais. Enfim, parece que não pretendem semelhantes historiadores tanto o fio da história e a verdade dela, quanto venderem suas coisas ao mundo para serem todos louvados, não advertindo que a história artificiosa e retoricamente composta fica em sua narração não menos duvidosa, que na verdade suspeitosa, e mais se deve chamar oração que história. E assim como muitas vezes duvidamos se fala o orador verdade pelos grandes encarecimentos em abater a uns e engrandecer a outros, assim não podemos com razão duvidar se escreve o historiador, quando deixando as leis da história professa as da oratória, esquecendo-se do que diz Santo Agostinho: "posto que o resplendor da oração orna a verdade, ela contudo a não faz", julgando o Santo Doutor não ter a verdade necessidade da retórica para ser criada, bastando ela per si para fazer crédito ao mundo todo[29].

Conclui, afirmando: "pelo que quanto mais chã for a história, tanto mor crédito e autoridade terá"[30]. Trata-se de uma verdadeira proposição de método. Claro, a afirmação de compromisso com a simplicidade é uma característica propugnada em outras obras da mesma natureza, no âmbito da Companhia de Jesus. Como religiosos, havia uma necessidade de reafirmação dos princípios cristãos de humildade, daí a ênfase que sempre os autores até aqui estudados ao longo da presente pesquisa deram à sua humilde condição, e à dificuldade de enfrentar a missão que sempre lhes é legada por um superior, e que lhes parece algo muito difícil de ser cumprido.

Deve-se destacar ainda que as referências aos clássicos antigos, como Políbio, Tito Lívio e Tucídides, indicam, mais uma vez, o legado humanista da formação de Sebastião Gonçalves.

A história escrita, portanto, devia ser simples, mas também devia agradar. Para reforçar seu argumento, refere-se ao autor da história dos macabeus[31] – que esperava que o que escrevia deleitasse o leitor, fosse facilmente guardado na memória e proveitoso. Citou-o numa comparação entre a festa, a arquitetura e a pintura, e a história, afirmando que aquele:

> Compara a história ao convite, à arquitetura e pintura; ao historiador podemos fazer semelhante ao mestre sala que ordena o banquete, ao arquiteto, ao pintor. E com razão, porque assim como o banquete consta de várias iguarias bem guisadas, assim a história é composta de várias coisas que recreiam e fartam o entendimento sem causar fastio. Da mesma maneira, a arquitetura consta de partes proporcionais, para que o edifício guarde em sua grandeza a justa proporção que conforme as regras desta arte requer. Nem tem menor conveniência com a pintura, pois nesta há tintas e cores, várias figuras e sombras que a realçam, não faltando os matizes que as façam agradáveis; que por esta razão chamou o excelente Nazianzeno à história peito cheio e coisa mui formosa, porquanto é alma de muitas coisas e um grande monte de sabedoria, a qual em asas ligeiras levemente voa. No que o Santo Doutor mostra qual seja o efeito da história, porque aonde ela está, faz o homem cheio e fecundo do conhecimento de coisas várias, que o fazem tão agradáveis aos ouvintes, que o buscam como a oráculo de quem aprendam o passado; e não deleita menos aos ouvidos com varia prática, do que deleitam as iguarias o gosto, a pintura e arquitetura a vista[32].

Depois de citar esse exemplo tão rico em imagens visuais e estímulos gastronômicos, ele demonstra, elegantemente, que a sua história atende àquela estrutura, na mesma medida, oferecendo um rico cardápio:

> Achará o leitor nesta História uma mesa mais abastada que polida. A abastança nasce das caras iguarias que a História contém. Se desejais conversões insígnes, aqui as achareis de reis, príncipes e senhores que, deixados os erros em que estavam, abraçaram a claríssima tocha da verdade evangélica. E quem ignora chamar Cristo Senhor Nosso à conversão da Samaritana mantimento manjar suave, iguaria exquisita? Nem faltam os doces que no fim da mesa se dão pois as práticas do B. P. Francisco eram tão suaves, que aos ouvintes causavam suma suavidade, e os grandes gestos e sentimentos espirituais que tinha, era fruta digna dos Anjos, a qual caía da mesa do supremo Rei da Glória, como em penhor da muita que o esperava no fim da carreira, em prêmio das vitórias alcançadas. Também esta narração é semelhante ao edifício, em que reluz o engenho do arquiteto. O fundamento deste espiritual edifício é o glorioso P. Mestre Francisco, pedra singular e angular cortada das pedreiras do castelo de Xavier, vizinho aos montes Pirineus (...). E de tal maneira foi polida e lavrada pelo insigne arquiteto de nossa sagrada Religião, o B. P. Ignácio digo, que posta no edifício da Igreja Oriental, não é de menor preço e valia que os rubis e diamantes que o sol com suas influências cria no Oriente. E como se polia, quando metido entre bosques, de dia e de noite em seu recolhimento domava e afligia o afligido, porém, virginal corpo para que a carne não rebelasse contra o espírito. Como outro São Paulo a sugigava e fazia obediente à razão. Outra pedra foi o P. Mestre Gaspar [Barzeu], outra o P. Mestre Antonio de Quadros; outra o santo varão e mártir Dom Gonçalo [da Silveira]; outra os santos mártires Criminais, Castros [Afonso de], Aquavivas [Rodolfo], e outros que pelo discurso se dirão. Nem tem pouca semelhança, antes muita, a história com a pintura. Variedade de figuras não faltam. Nela vereis a muitos penitentes prostrados aos pés dos confessores, a outros pedindo e recebendo com alegria o sagrado batismo[33].

Além de anunciar essas principais figuras, os mais importantes protagonistas de sua história da Companhia de Jesus no Oriente, dá uma série de exemplos do que será visto, com o óbvio destaque para o exemplo da vida do padre Francisco Xavier, sempre repetido como grande nome e referência a ser imitada.

A seguir, o autor indica as fontes por ele utilizadas: memórias antigas e modernas, cartas dos companheiros jesuítas – com destaque para as de Henrique Henriques, Francisco Peres e Manuel Teixeira –, relatos de testemunhas ainda vivas – a quem ele podia perguntar sobre coisas de tempos anteriores e até mesmo "histórias profanas, tomando delas o que a nosso propósito vinha"[34]. Refere-se ainda a obras de história da Companhia de Jesus no Oriente feitas por outros jesuítas, como o próprio Valignano, além de Giovanni Pietro Maffei e João de Lucena, que escreveram livros sobre as coisas da Índia, com ênfase na descrição da vida de Francisco Xavier[35]. Diz ter revolvido o arquivo goano, encontrando cartas dos reis de Portugal e de "outras pessoas graves" para ajudar ao que já se escreveu. Portanto, como vimos, o relato oral, o "ouvir dizer" era tido como fonte legítima, validada como qualquer outro tipo de registro escrito.

Por último, Sebastião Gonçalves pede licença para advertir sobre um "escrúpulo que alguns homens públicos tiveram acerca dos milagres que nas cartas do Japão se relatam e nós também referimos na presente história ajuntando muitos outros que em diversas partes da Índia aconteceram"[36], uma vez que o Concílio de Trento determinava que não fossem publicados milagres sem o preliminar exame e a devida aprovação dos bispos. No entanto, Gonçalves afirma que já houve resposta a esse escrúpulo, do arcebispo de Évora D. Teotônio de Bragança e do padre jesuíta João de Lucena, aprovada pela Inquisição, baseada no argumento de que na época dos milagres nem a determinação de Trento era conhecida no Japão, onde sequer havia bispo. Portanto, devia-se confiar nas "pessoas dignas de crédito"[37], ou seja, os padres da própria Companhia de Jesus que relataram os milagres. Dessa forma, ele justifica todos os relatos de milagres ao longo do texto. Pode parecer contraditória – com tudo o dito até aqui sobre a obra de Gonçalves – a introdução feita por ele do tópico dos milagres. Mas é necessário compreender que, apesar de toda influência clássica, de toda bagagem humanista, de todo senso crítico demonstrado pelo autor na categorização da sua escrita da história, o homem era um religioso que entendia a história como um campo onde a revelação divina tinha papel preponderante. Portanto, a narrativa dos milagres era completamente coerente à visão de história do autor. Como foi afirmado, em sua qualidade de jesuíta formado em ambiente de forte predominância teológica, para ele não era possível participar de um processo de laicização da história, identificado por Le Goff como um dos elementos constitutivos do escrever a história no período moderno.

## Conclusão

Pelo brevemente exposto, pode-se afirmar que Sebastião Gonçalves fornece uma interessante oportunidade de se apreciar a concepção de história de um homem que escreve no início do século XVII, mas que tem sua formação na segunda metade do XVI, cuja experiência de vida no Oriente, diante de culturas tão distintas, apenas aprofunda ainda mais sua fé na ação da Companhia de Jesus, no que ele considerava essencial: a salvação das almas. Além disso, ao se estudar a escrita de histórias da Companhia de Jesus, percebe-se que elas ajudaram a consolidar a imagem de inflexíveis e destemidos defensores da cristandade, a partir da missionação dos jesuítas nos domínios portugueses, contribuindo, assim como o conjunto epistolar produzido por essa ordem religiosa, para difundir a obra evangelizadora dos inacianos[38].

## Notas

1 Philippe Tétart, *Pequena história dos historiadores*, Bauru, Edusc, 2000, p. 8.

2 Charles-Olivier Carbonell, *Historiografia*, Lisboa, Teorema, 1992, p. 6.

3 Reinhart Koselleck, "Uma história dos conceitos: problemas teóricos e práticos", *Estudos históricos*, Rio de Janeiro, v. 5, n. 10, 1992, p. 141-142.

4 Sebastião Gonçalves, *Primeira parte da história dos religiosos da Companhia de Jesus e do que fizeram com a divina graça na conversão dos infiéis a nossa santa fé católica nos reinos e províncias da Índia Oriental*, Coimbra, Atlântida, 1957-1962, 3 v.; Simão de Vasconcelos, *Crônicas da Companhia de Jesus*, Petrópolis, Vozes, 1977, 2 v.; e João Felipe Bettendorf, *Crônica da missão dos padres da Companhia de Jesus no Estado do Maranhão*, Rio de Janeiro, IHGB / Imprensa Nacional, 1910.

5 Alessandro Valignano, *História del princípio y progresso de la Compañia de Jesús en las Índias Orientales (1542-1564)*, Ed. Josef Wicki, Roma, *Institutum Historicum S. I.*, 1944.

6 Valignano, *op. cit.*

7 Charles R. Boxer, *The Christian century in Japan*: 1549-1650, Los Angeles/Londres, University of California Press/Cambridge University Press, 1951, p. 72.

8 Houve uma série de intensas negociações para a canonização de Francisco Xavier e outros jesuítas que atuaram em outras regiões além da Ásia. Dauril Alden, *The making of an enterprise*: the Society of Jesus in Portugal, its empire and beyond, 1540-1750. Stanford, Stanford University Press, 1996, p. 641.

9 *Idem*, p. 126. No entanto, havia outras opiniões entre os jesuítas: o padre Nicolau Lanciloto, por exemplo, referindo-se aos indianos, considerava que "a gente desta terra não é menos aguda do que é a nossa, nem é menos capaz de ciência e doutrina do que nós outros somos; e por isso é certo que se aplicassem os meios humanos devidamente, se

faria nestas partes grandíssima cristandade". Em carta para Inácio de Loyola de Coulão, datada de 29 de outubro de 1552. Wicki, *Documenta Indica*, Romae, Monumenta Historica Societatis Iesu, 1950, v. 2, p. 380-381.

10 Biblioteca Nacional de Lisboa (BNL), Reservados (R), microfilme F4869. Gonçalves, *História do religioso da Companhia de Jesus e do que fizeram com a divina graça na conversão dos infiéis à nossa santa fé católica nos reinos e províncias da Índia Oriental, composta pelo padre Sebastião Gonçalves, religiosos da mesma Companhia. Português natural de Ponte Lima, 1614*. Trata-se de um livro manuscrito com 428 meias folhas escritas.

11 BNL, R, microfilme F4869, fl. III v.

12 Introdução de Wicki, Gonçalves, *Primeira Parte ..., op. cit.*, v. I, p. X.

13 Charles O'Neill & Joaquín Dominguez (orgs.), *Diccionario histórico de la Compañía de Jesús:* biográfico-temático, Madri, Universidad Pontificia Comillas, 2001, v. II, p. 1778-1779 informa que nasceu "cerca de" 1556.

14 Há divergências aqui entre Wicki e o dicionário; no entanto, ele é autor dos dois textos.

15 Introdução de Wicki, Gonçalves, *Primeira Parte* ..., v. I, p. III e IV.

16 Idem, p. IV e V.

17 Idem, p. VI e VII.

18 No final do século XVII foi feito esse tipo de divisão no Estado do Maranhão e Grão-Pará. *Grosso modo*, coube aos carmelitas o território compreendido pelos rios Solimões, Negro e Branco; aos franciscanos, Cabo Norte, ilha de Marajó e afluentes da margem norte do rio Amazonas; aos jesuítas, a região dos rios Tocantins, Xingu, Tapajós e Madeira; aos capuchinhos, o baixo Amazonas; e aos mercedários, o médio Amazonas até próximo ao rio Urubu. Ângela Domingues, "Estado do Grão-Pará e Maranhão", Maria Beatriz Nizza da Silva (org), *Dicionário da História da Colonização Portuguesa no Brasil*, Lisboa / São Paulo, Verbo, 1994, p. 314-319.

19 BNL, R, microfilme F4869, fl. 332.

20 Jacques Le Goff, "História", Ruggiero Romano (org.), *Enciclopédia Einaudi:* Memória - História, Lisboa, Imprensa Nacional/Casa da Moeda, 1984, v. 1, p. 226.

21 *Idem*, p. 227.

22 *Idem*, p. 228.

23 Gonçalves, *Primeira parte ..., op. cit.*, v. I. p. 2.

24 *Idem*, p. 2-2 v.

25 *Idem*, p. 7-8.

26 Raquel Soeiro de Brito, *Goa e as Praças do Norte: revisitadas*, Lisboa, Comissão Nacional para as Comemorações dos Descobrimentos Portugueses, 1998, p. 99-100.

27 Gonçalves, *Primeira parte ..., op. cit.*, v. I, p. 6-7.

28 *Idem*, p. 15.

29 *Idem*, p. 5-6.

30 *Idem*, p. 6.

31 O primeiro livro dos macabeus é um texto apócrifo que foi reconhecido pela Igreja católica como inspirado e classificado como um livro deuterocanônico. Trata da história das lutas travadas pela família dos macabeus contra a dominação selêucida sobre os judeus, no período de 175 a 135 a.C. Pouco se sabe sobre o autor além de que provavelmente seria um palestino e se tem como data de autoria geralmente aceita por volta de 63 d. C.

32 Gonçalves, *Primeira parte*, *op. cit.*, p. 11-12. São Gregório Nazianzeno é um dos doutores da Igreja (século IV), grande defensor da doutrina da Santíssima Trindade.

33 *Idem*, p. 12-13.

34 BNL, R, microfilme, F4869, fl. III–III v.

35 Giovanni Pietro Maffei, *Le Historie delle Indie Orientali*, Veneza, Appresso Damiano Zenaro, 1589; e João de Lucena, *História da vida do padre Francisco de Xavier:* e do que fizeram na Índia os mais religiosos da Companhia de Jesus, Lisboa, Pedro Craesbeeck, 1600. As duas obras têm várias edições e podem ser encontradas na BNL.

36 Gonçalves, *Primeira parte ...*, *op. cit.*, p. 13.

37 *Idem*, p. 14.

PARTE II

# Identidades e intermediações culturais

# A comunidade mourisca africana no Portugal quinhentista

Rogério de Oliveira Ribas

## Introdução

O problema mourisco no reino de Portugal se iniciou em 1496, quando, por decreto del rei D. Manuel, foram expulsos ou obrigados à conversão todos os judeus e mouros forros do reino, sob pena de morte e confisco de bens[1].

De maneira que, no caso português, deu-se a conversão forçada de judeus e mouros sem que, contudo, ficassem eles sujeitos a qualquer inquisição, ao contrário da Espanha, onde, antes de se proceder à conversão forçada de judeus, em 1492, ou de mouros, a partir de 1502, já se havia instalado o poderoso tribunal do Santo Ofício, desde os anos 1470.

Seja como for, também os mudéjares portugueses, doravante chamados, na linguagem oficial, de *cristãos mouriscos*, *cristãos novos de mouros*[2] ou, mais vulgarmente, de *mouriscos*, passaram a gozar de certa proteção nos tempos manuelinos. Maria Filomena Barros afirma, a propósito, que os mudéjares que ficaram em Portugal após 1497 puderam conservar seu nome original, foram poupados dos trâmites da conversão e foram mesmo contemplados com privilégios. A autora menciona, à guisa de exemplo, o caso de Ali, "mouro forro que detinha umas tendas de olaria, das quais pagava 36 rs ao soberano", ou de Mafamede Láparo e sua mulher Zoaira, que puderam manter sua vinha no Azambujeiro enfiteuta ao soberano sem pagar nada por isso "poys el rey lhe quytou ho foro em sua vida"[3].

Apesar da tolerância do rei para com diversos mudéjares portugueses, diz-nos a citada autora que grande parte deles, senão a maioria, deixou o reino. Aliás, as "aljamas e moros del reyno de Portogal" solicitaram permissão aos Reis Católicos para se assentarem no reino vizinho, no que tiveram êxito. Em resposta ao pedido dos mudéjares portugueses, datada de abril de 1497, Fernando e Isabel outorgaram

> liçençia e facultad para que vosotros e vuestras mugeres e fijos e omes e criados e com vuestras haciendas podais entrar e estar e bivir en estos dichos nuestros reinos e señorios todo el tiempo que quisierdes e por bien tovieredes e, si quisierdes salir dellos, lo podades fazer e sacar todos los bienes que en ellos tivieredes a los reinos e partes e logares a donde vosotros quisierdes, syn que en ello vos sea posto nin mamdado poner enbargo nin inpedimento alguno, con tanto que no podays sacar ni llevar fuera destos nuestros reinos oro ni plata ni las otras cosas por nos vedadas[4].

A maioria dos mudéjares portugueses foi, possivelmente, engrossar a já numerosa comunidade mudéjar espanhola, destinada a se tornar mourisca no século seguinte, ou então, retornou para as terras do Islão, e Portugal ficou praticamente sem a sua tradicional comunidade mudéjar. Paradoxalmente, enquanto os judeus de Espanha em grande parte se refugiavam em Portugal, onde seriam convertidos à força por D. Manuel, os mudéjares portugueses passavam à Espanha, onde também seriam, no século XVI, convertidos à força pelos Reis Católicos, que os abrigaram.

O maior paradoxo de todos, no entanto, reside em que o problema mourisco em Portugal, inaugurado em 1496-97, deslanchou exatamente quando o reino perdeu sua tradicional comunidade mudéjar, o que nos leva à importante questão de saber qual era, afinal, a população de origem muçulmana que ali veio a ser considerada como mourisca.

Este é um ponto-chave de nossa investigação, em especial porque contribui para elucidar a enorme diferença que de fato havia entre os mouriscos de Espanha e Portugal. No caso espanhol, Míkel de Espalza sublinha: "son moriscos los musulmanes hispánicos obligados a bautizarse y a ser cristianos en la sociedad española de los siglos XVI-XVII"[5]. Eram, portanto descendentes dos antigos mudéjares dos vários reinos hispânicos, acrescentados, no final do século XV, pelos muçulmanos de Granada e pelos contingentes de mudéjares lusitanos a que fizemos menção. No caso português, os mouriscos eram estrangeiros de várias procedências, sobretudo da região magrebina, que vinham ingressando em Portugal, na condição de escravos, em meio à expansão marítima.

O marco dessa diáspora muçulmana em Portugal é, sem dúvida, a tomada de Ceuta, em 1415, seguida da expedição a Tânger, em 1437, e sobretudo dos feitos de D. Afonso V, o *Africano*, com a tomada de Alcácer Ceguer, em 1458, Arzila e Tânger, em 1471, ano da fundação do reino do Algarve de Além Mar, marco institucional da presença portuguesa em África[6]. Mais tarde, após a circunavegação da África, já no reinado de D. Manuel, Portugal chegaria à Índia, alargando para o oriente seu vasto império ultramarino[7]. De África, especialmente do Marrocos, vinham mercadorias diversas, negociadas nos portos de Safim e Azamor onde os portugueses estabeleceriam praças militares, como também o fariam em Mazagão. Da Índia, viriam as cobiçadas especiarias, no comércio garantido pela rede militar de Goa ou Diu. Mas tanto do norte da África como do Oriente, viriam também escravos, em sua maioria muçulmanos, principal fonte dos mouriscos do reino, com destaque para os magrebinos.

A especificidade da comunidade mourisca portuguesa foi muito bem percebida por Ahmed Boucharb, autor de estudo pioneiro sobre o assunto[8]. Boucharb insistiu na necessidade de se buscar uma definição própria para o conceito de mourisco aplicável ao caso português, considerando a enorme diferença das comunidades ditas mouriscas de Portugal e Espanha. Isto porque, em Portugal, o termo não se aplicava àqueles que ali haviam nascido, como em geral ocorria no caso hispânico, mas tinha utilização mais ampla, aludindo a "tous les Musulmans convertis au Christianisme et vivant sur le sol portugais, fusset-ils d' origine étrangere"[9] – o que, vale acrescentar, era o caso da maioria. O mesmo se poderia dizer para o caso das Canárias, como nos sugere Louis Cardaillac, onde o termo mourisco aludia, sobretudo, aos originários do norte da África ou da África Negra, de maneira que, para o autor, não se aplicaria ali o "sentido peninsular do termo"[10] – entenda-se, o sentido hispânico.

Retornando ao caso português, Boucharb considera, no entanto, que a heterogeneidade étnica dos mouriscos de Portugal – magrebinos de várias procedências, indianos, turcos e negros jalofos – é um traço complicador para a generalização do conceito e mesmo para um estudo de conjunto sobre os mouriscos do reino. Considera Boucharb que essa população tinha em comum uma distante consciência de pertencimento à *umma*, isto é, à comunidade do Islão. Isso o levou a somente reservar a expressão mourisco – de resto habitual nos papéis da Inquisição – aos casos em que tal "consciência" se fez presente, ultrapassando as diversidades étnicas. Também por essa razão, Boucharb optou por estudar somente o grupo dos magrebinos, que compunham a maioria da comunidade mourisca de Portugal, com especial ênfase nos marroquinos. Embora Boucharb duvide muito da importância da fé islâmica para esses "mouriscos", adota a expressão "crypto-musulmans d'origine marocaine" para designá-los, em detrimento do termo *mouriscos*[11].

Em nosso caso, embora de pleno acordo quanto às diferenças entre os mouriscos espanhóis e os entrados em Portugal ao longo dos séculos XV e XVI, manteremos a expressão *mourisco* como referência conceitual de análise. O conceito português de mourisco, presente na documentação inquisitorial, "alargava as fronteiras da nacionalidade e reconsiderava a questão da obrigatoriedade do batismo em relação ao conceito espanhol de mourisco, imprimindo-lhe cunho mais religioso do que étnico"[12]. No caso português, a obrigatoriedade do batismo, desde o decreto de D. Manuel, somente se impunha aos muçulmanos forros, e de fato se aplicou muito mais aos ex-cativos oriundos da expansão atlântica que ao antigos mudéjares do reino.

Portanto, o conceito de mourisco por nós adotado para o caso português difere muito do conceito utilizado pelos historiadores dedicados aos *moriscos* espanhóis. Se para eles, os mouriscos eram os descendentes de mudéjares nascidos na Península Ibérica, em nosso caso entendemos que o termo mourisco abrangia muçulmanos de origem diversa, batizados no cristianismo, inclusive os nascidos em Portugal. Na prática, como veremos, a maioria era mesmo estrangeira, sobretudo do norte da África, ao contrário dos mouriscos espanhóis, entre os quais predominavam os nascidos na Península.

Do ponto de vista institucional, a obrigatoriedade do batismo era essencial, desde 1496-97, somente para os forros, embora um número crescente de escravos de origem muçulmana buscasse a conversão, passando a integrar a comunidade do reino. Mas podiam, nesse caso, passar largo tempo como muçulmanos, apesar da desorganização progressiva das instituições religiosas islâmicas em Portugal depois de 1497. O ânimo dessa "tolerância manuelina", no fundo, apoio aos interesses escravistas do reino, era manter esse contigente de cativos muçulmanos disponível para o tráfico com o norte da África. Isto porque os *alfaqueques*, que não raro *resgatavam* os cativos muçulmanos de Portugal, somente o faziam no caso de eles não estarem batizados. Do ponto de vista dos escravos muçulmanos em terras lusitanas, retardar o batismo talvez mantivese acesa a chama de serem resgatados pelos alfaqueques e, assim, retornar à "terra de mouros"[13]. Ou, por outro lado, ingressar na comunidade cristã poderia facilitar a obtenção da alforria do próprio Portugal.

De todo modo, dos mouros que, cativos ou forros, entraram em Portugal ou dele saíram ao longo do século XV, pouco se pode dizer ou examinar em detalhe. É mesmo difícil saber ao certo o que se passou com parte desses mouriscos após a conversão forçada de 1497, uma vez que ela não foi imediatamente seguida pelo estabelecimento da Inquisição. Afinal, é nos papéis da Inquisição que se encontram registradas centenas de experiências individuais de mouriscos em terra lusitana. De modo que, somente a partir da década de 1540, quando, já instalado o tribunal, iniciaram-se as causas contra os mouriscos, é que se torna possível investigá-los de perto.

Considerando essas questões, tentaremos estabelecer uma sociologia histórica dos mouriscos do reino, através de uma amostragem de 349 réus penitenciados por práticas islâmicas nos tribunais de Lisboa, Évora e Coimbra desde a década de 1540 até o ano de 1600, sendo 213 homens e 136 mulheres. Vale dizer que se trata somente de uma amostragem. Para além dos mouriscos efetivamente penitenciados pela Inquisição no século XVI, há nos processos, quando menos, a indicação de dois, três ou mais mouriscos que ali figuram como testemunhas, parentes dos acusados, amigos ou inimigos. Enfim, uma enorme cópia de mouriscos cujos dados são, evidentemente, menos completos, ou mesmo escassos, se comparados com os dados sobre os réus. Não seria exagero afirmar que os mouriscos citados nominalmente nesses processos alcançassem o número de quatro ou cinco vezes mais, em média, que o número de sentenciados, de modo que, seja como acusados, seja como testemunhas, passaram pela Inquisição portuguesa e foram por ela, de algum modo, registrados cerca de 1.400 a 2.000 mouriscos.

Claro está que essa é apenas uma estimativa, calcada decerto na recolha das indicações sobre mouriscos que, em média, foram registrados pela Inquisição. Por outro lado, tais números estão longe de indicar o total da população mourisca do reino ao longo do século XVI. Haveria que considerar, naturalmente, o número deles, mouriscos, que sequer passaram pelo Santo Ofício, livres de acusações e de nenhum modo convocados para depor. Ou, por outra, haveria que considerar o razoável número de mouriscos processados por outros delitos de foro inquisitorial, a exemplo da sodomia, matéria que não interessou à investigação presente. Na verdade, qualquer estimativa mais consistente sobre o montante da população mourisca do reino nesse século dependeria da análise de outras fontes, sobretudo as fontes paroquiais informativas de matrimônios, batismos e óbitos, o que escaparia totalmente ao escopo do presente trabalho.

De todo modo, em termos de completude, nossa amostragem, além de quantitativamente expressiva, tem o mérito de abarcar a totalidade dos mouriscos sentenciados pelo crime de heresia e apostasia islâmica no século XVI, para os quais há informações mais abundantes, ainda que – em certos casos ou tópicos – também lacunosas.

## Procedência dos mouriscos penitenciados em Portugal

A primeira questão a ser elucidada diz respeito, naturalmente, à procedência dos mouriscos em foco, sendo o caso de sublinhar, antes de tudo, que, excluídos os 61 para os quais não há dados, nada menos que 276 – cerca de 96% deles - eram estrangeiros, naturais de diversas partes do mundo muçulmano ou da vizinha Espanha, 19 no caso (pouco mais de 6%), contra apenas 12 indivíduos, ou 4%, naturais de Portugal. Esse dado de abertura comprova, à eloquência, o fato de que a imensa maioria dos mouriscos de Portugal resultava do processo de expansão marítima e das conquistas lusitanas no ultramar.

Semelhante evidência vê-se reforçada pelas indicações do quadro abaixo, no qual particularizamos um pouco mais o lugar de procedência ou naturalidade dos referidos mouriscos.

## Quadro I - Procedência ou naturalidade dos mouriscos penitenciados no reino de Portugal no século XVI

| REGIÕES | NÚMEROS | % |
|---|---|---|
| MAGREBE | 194 | 67,5 |
| ÍNDIA | 033 | 11,5 |
| ESPANHA | 019 | 6,5 |
| GUINÉ | 015 | 5,2 |
| IMPÉRIO OTOMANO | 013 | 4,5 |
| PORTUGAL | 012 | 4,2 |
| ARÁBIA | 001 | 0,3 |
| EGITO | 001 | 0,3 |
| TOTAL | 288 | 100 |

Confirma-se, segundo nossa amostragem, a informação de Isabel Drumond Braga quanto ao fato de que a esmagadora maioria dos muçulmanos – para nós mouriscos – entrados em Portugal no século XVI provinha do norte de África[14]. Confirma-se, igualmente, a escolha acertada de Ahmed Boucharb no tocante ao estudo dos cripto-muçulmanos, selecionando os de origem marroquina. De fato, eles realmente predominavam. No entanto, há que se matizar ou relativizar em alguma medida essa noção de norte da África, de Magrebe ou mesmo de Marrocos quando se alude à região de procedência da maioria dos mouriscos que estavam no Portugal quinhentista. Isto equivale a dizer que tais expressões não são rigorosamente sinônimas numa região de fronteiras flutuantes e incertas, que longe estava de configurar um Estado único e consolidado.

O norte da África estava, na altura, fracionado em diversos reinos, dos quais, sem dúvida, os reinos de Fez e do Marrocos - ambos pertencentes ao Marrocos atual – eram os mais importantes. Ali, desde o final do século XV, adquiriram importância os xarifes, em particular os da dinastia dos sádidas, que no século seguinte enfrentaram com êxito as dinastias merínida e oatácida reinantes em Fez. Se no século XV a região norte do atual Marrocos dependia do reino de Fez, ao passo que o sul integrava-se no reino de Marraquexe, no século XVI o avanço sádida esboçaria alguma unidade territorial. A cidade mais importante do sul era Marrâkux, que os portugueses adaptariam para Marrocos, sendo o conjunto do território relativamente unificado pelos sádidas a partir de 1549[15]. Mas nem mesmo essa unidade marroquina deve ser absolutizada, bastando lembrar os conflitos de 1576 entre Molay Abd Al-Malik e Moulay Mohammed[16], nos quais interviria o malsinado D. Sebastião, derrotado em Alcácer-Quibir dois anos depois.

O Magrebe, além disso, não se limitava a esses dois reinos, o de Fez e o de Marrâkux ou Marrocos, ora separados, ora ligados numa unidade precária. Em torno deles gravitam os reinos de Belez, Túnes (na atual Tunísia), Tremencem e Suz, entidades cujo estatuto político e institucional, enquanto reinos – como nos casos de Belez e Suz – é merecedor de controvérsia. De todo modo, não raro a bibliografia especializada refere-se a tais reinos como unidades independentes do Marrocos ou de Fez e a própria documentação inquisitorial portuguesa se lhes refere especificamente, ao identificar a procedência de muitos mouriscos.

Valeria, portanto, particularizar ainda mais a procedência desses mouriscos oriundos do Magrebe conforme se indica no quadro abaixo.

## Quadro II - Procedência dos mouriscos penitenciados em Portugal oriundos da região magrebina no século XVI

| REINOS MAGREBINOS | Nº de MOURISCOS | % |
|---|---|---|
| MARROCOS | 132 | 68,0 |
| FEZ | 041 | 21,2 |
| TUNES | 010 | 5,2 |
| TREMECEM | 007 | 3,6 |
| BELEZ | 002 | 1,0 |
| SUZ | 002 | 1,0 |
| TOTAL | 194 | 100 |

Constata-se, pois, a esmagadora maioria dos *marroquinos* dentre os mouriscos penitenciados no Portugal quinhentista provenientes do Magrebe, maioria agigantada se acrescermos os oriundos do reino de Fez aos provenientes do reino de Marrâkux propriamente dito. Neste caso, o total dos provenientes do eixo Marrocos-Fez alcançaria quase 90% dos mouriscos. Tudo isso, vale lembrar, excluindo-se aqueles 61 mouriscos para os quais não há dados exatos, embora sobrem indícios de que vários deles eram provenientes da mesma região.

No caso dos 132 mouriscos provenientes do reino do Marrocos *stricto sensu*, muitos eram originários de Azamor e Safim, das tribos nômades de Ábida, Garbia e Xerquia, das zonas dos campos da Duquela e da Enxovia. Aliás, muitos deles se identificavam para os inquisidores como *alarves*, do árabe *al-arab*, que os escritores portugueses dos séculos XV e XVI definiam como árabes nômades, os quais viviam pelos campos em tendas de lã negra chamadas de alcaimas e que, quando juntas, formavam os aduares[17]. Entretanto, existiam outros mouriscos provenientes de áreas mais urbanas como "Almedina, Haraos, Saavia e Medim"[18].

Bem abaixo dos oriundos da região magrebina, pois alcançaram pouco mais de 11% dos mouriscos entrados no reino, mas ainda assim no segundo lugar, destacaram-se os provenientes da Índia.

No caso destes, que em Portugal foram chamados de "índios mouriscos", há que se sublinhar, antes de tudo, a imprecisão da nomenclatura, que, não raro, localizava genericamente "nas partes da Índia" ou "além da Índia", regiões no fundo muito diferentes, cuja inclusão neste vasto território derivava mais de critérios políticos que

que geográficos. É o caso do suposto "índio mourisco" de Jerusalém, considerado "índio" apenas porque Jerusalém então pertencia ao sultanato turco do Rum, um dos mais poderosos Estados muçulmanos da Índia no século XVI: o dos turcos-rumes. Seja como for, é digna de nota a distribuição relativamente proporcional da procedência dos "índios mouriscos" pelas diversas cidades ou reinos que, ora aliados, ora inimigos, ora portugueses, ora muçulmanos ou hindus, integravam a constelação de fortalezas, estados ou localidades do que Luís Filipe Thomaz chamou de *rede* portuguesa no Oriente: um sistema de comunicação entre vários espaços no âmbito do Estado da Índia[19].

Não é de admirar que Goa e Diu se apresentem como os principais locais de procedência desses mouriscos. Goa era a "Roma do Oriente", capital do Estado da Índia e única cidade do ultramar português que viu erigir-se um tribunal da Inquisição, ali instalado em 1560 com foro sobre todas as regiões além do Cabo da Boa Esperança. Diu, por sua vez, foi a célebre fortaleza que atravessou dois famosos cercos de muçulmanos no século XVI. Cochim, por sua vez, fora a primeira fortaleza que uma potência europeia logrou erigir nas partes asiáticas do mundo. Não é, porém, o caso de reconstituir aqui a complexa rede do que alguns chamaram de "império marítimo português", senão de realçar que, entre turcos-rumes, abexins e outros assim chamados "índios mouriscos", o Estado da Índia alimentou o reino português com o segundo grupo mais numeroso de penitenciados pela Inquisição por crenças islâmicas.

Da Índia cabe saltar para a Espanha, pois 6,5% dos mouriscos processados em Portugal no século XVI eram originários do país vizinho. A presença em Portugal desses *moriscos* naturais de Espanha, e típicos dela, pois descendiam dos *mudéjares*, poderá surpreender à primeira vista, uma vez que ali, como vimos, custou a se implantar uma política rigorosa contra a crença islâmica e contra os próprios *moriscos*, em contraste com a perseguição movida contra judeus e *conversos* desde o período dos Reis Católicos. Além disso, as próprias Ordenações Manuelinas proibiam expressamente a entrada em Portugal de mouros oriundos de Castela e Aragão:

> que ninhuum Christão Novo que fosse Mouro sendo forro, nem ninhuum Mouro forro de Castella, ou d'Araguam, nem de quaesquer outras partes que sejam, nem venham, nem entrem em nossos Reynos, e senhorios, posto que diguam, que vem com tençam de neguociar...[20]

Mas, salvo em casos excepcionais, a passagem dos *moriscos* castelhanos a Portugal foi circunstancial – no caso, a prisão pelos portugueses de um grupo que fugia para o norte da África –, ao passo que os *moriscos* granadinos foram para o reino vendidos como escravos no contexto dos levantes mouriscos ocorridos em Granada entre 1568-1570, com destaque para a batalha de Alpujarras. De todo modo, esse é o único caso, dentre as grandes regiões de procedência dos mouriscos penitenciados em Portugal, que não decorre do expansionismo lusitano no ultramar.

Logo abaixo da procedência hispânica, com 5,2% das ocorrências, destaca-se uma vez mais a africana, e com isso retornamos ao escopo central de nossa análise, que vincula os réus mouriscos do Santo Ofício português à sua condição de estrangeiros entrados no reino em meio à expansão ultramarina. Porém trata-se agora não mais da África dos xarifes, mas da África negra, em particular da Guiné. Eram todos jalofos, os quais pelo "rio Çanagá se apartão dos alarves, ficando elles ao sul do dito rio, e estes ao norte"[21]. O rio era, portanto, a fronteira entre a terra dos mouros e o *Bilad as-Sudan*, ou seja, a terra dos negros[22].

Enfim, o último grande foco de procedência, responsável por cerca de 4,5% das ocorrências, era o império turco-otomano, incluindo, em nossa amostragem, 13 homens e nenhuma mulher, originários das mais diferentes regiões, de Constantinopla à Anatólia, de Belgrão, futura Belgrado, na Sérvia, a Ayce, na Hungria.

## De como chegavam os mouriscos ao reino

Considerado o fato de que a imensa maioria dos mouriscos residentes em Portugal, no século XVI, se inseria na expansão marítima e nas conquistas ultramarinas, resulta que a principal causa de sua entrada no reino residia na captura, e era na condição de cativos que passavam a viver no reino. Mas dizer isso é dizer pouco, pois a variedade das lutas, bem como das relações entre guerras e tráfico de escravos, criava, neste tópico, um quadro deveras complexo.

Antes de tudo, vale destacar que as guerras especificamente travadas pelos portugueses, especialmente no norte da África, constituíram uma das razões mais importantes, senão a razão fundamental, da entrada de mouros, em geral convertidos em mouriscos, no reino português. Ahmed Boucharb destaca, com razão, a forte relação entre a política expansionista de D. Manuel no Marrocos e o aumento da atividade de captura de escravos, que, comprados pelos comerciantes, eram vendidos, aos milhares, para o reino. Essa é, sem dúvida, uma referência importante, sobretudo porque boa parte dos mouriscos presentes em nossa amostragem chegou mesmo a Portugal a partir do reinado de D. Manuel. Baseado na célebre *Crónica do felicíssimo rei D. Manuel* (1566), da lavra de Damião de Góis, Boucharb nos informa que os portugueses de Azamor chegaram a manter cativas cerca de 2.000 mouros nos anos 1518-1519. O mesmo autor, agregando aos dados de Damião de Góis aqueles oferecidos por Luís de Souza, em seus *Anais de D. João III*, indica que foram, no mínimo, 9.287 os mouros cativados no Marrocos entre 1495 e 1541. Considera, ainda, que tais números podem mesmo subestimar o total de cativeiros, na medida em que os dados somente abarcam 72 expedições num conjunto de 136 realizadas no período[23]. Na conquista de Arzila, por sua vez, há dados, oferecidos por David Lopes, de que cerca de 5.000 cativos foram feitos pelos portugueses[24].

A escravização de mouros não derivou exclusivamente das guerras de conquista das praças que fariam o *império* português no norte da África, os chamados Algarves de Além-Mar. Ao lado delas, e talvez mais importantes nos seus efeitos, figuravam as cavalgadas ou almogaverias – expedições irradiadas a partir das fortalezas portuguesas visando a saquear as terras de mouros, como os campos da Enxovia ou da Duquela, e certamente a escravizar infiéis.

Em nossa própria amostragem encontramos numerosos casos de mouros – futuros mouriscos – capturados nas tomadas de Arzila, Túnes, Mazagão, Safim e outras terras de mouros. Quer nos termos de Fez, quer nos termos de Marrâkux. Entre alguns casos verdadeiramente dramáticos, encontramos o de certa Catarina Gomes, chegada ao reino no ano de 1524, cativada pelos portugueses "em huã cavalgada omde matarã seu pay e mãy", tendo ela então quinze anos de idade. A jovem primeiro foi levada para a ilha da Madeira, cativa de António Martins, que a vendeu posteriormente a Picivel Machado, nada menos do que o *aposentador* del rei D. Manuel[25], isto é, funcionário que, à maneira de um chefe de cerimonial, ia à frente da corte preparar sua chegada nas diversas cidades do reino.

Outra razão, até certo ponto circunstancial, da migração de mouros para o reino, mesmo no tempo em que o islamismo já era ali proibido, residiu na chamada "crise de fome" que assolou o Magrebe em 1521, decerto agravada pelas razias portuguesas, escravização massiva de homens e mulheres, além das disputas internas entre os reinos muçulmanos da região. Em muitos dos processos examinados em nossa amostragem, os réus aludiam a esse flagelo, como certo mourisco residente em Évora, que afirmou que "no tempo que ouve fome antre os mouros vierão muitos a este reino"[26]. Alguns vinham fugindo da fome magrebina e acabavam cativos no reino de Portugal, a exemplo de João Fernandes, d'alcunha "dos dedos menos", que fora "tomado e tornado escravo de Álvaro da Luz, regatão del rei D. Manuel"[27].

Guerras de conquista, cavalgadas, fomes: a essas causas juntavam-se as contendas navais entre cristãos e mouros, especialmente referidas às guerras portuguesas contra o corso muçulmano nas costas do Algarve, do que nossa documentação oferece exemplos igualmente numerosos, não só de mouros magrebinos como de turcos otomanos, celebrizados, aliás, pela atividade corsária no Mediterrâneo. Também as lutas intestinas ao mundo muçulmano, sobretudo lutas tribais, podiam, muitas vezes, resultar no envio de cativos mouros para Portugal. Nesse caso, prisioneiros de batalhas perdidas eram vendidos nas praças portuguesas e daí despachados para o reino. António Vaz foi um desses malsinados prisioneiros, capturado por mouros – ele mesmo, um deles – vendido em Safim, levado depois para o Algarve e, mais adiante negociado para a ilha de São Miguel, nos Açores[28]. Nem mesmo as mulheres escapavam de semelhante desdita, como foi o caso de Antónia Roboa, capturada pelos mouros nos campos da Duquela, vendida em Azamor e depois negociada em Setúbal, por volta de 1526, adquirida por um "homem do mar" da cidade[29].

O caso de António Vaz ou de Antónia Roboa, mouriscos oriundos do norte da África, ocorreu rigorosamente com todos os quinze jalofos da Guiné incluídos em nossa amostragem. Pedro Jalofo foi um desses homens que, feito prisioneiro em guerras tribais guineenses, acabou vendido aos mouros, que, por sua vez, o renegociaram com os portugueses de Arguim, daí vendido em Portugal. Arguim seria, como é sabido, um dos principais entrepostos do comércio de escravos negros nessa fase ainda inicial do tráfico atlântico, a qual absorveu e fez circular um número sobremodo expressivo de negros islamizados.

No caso dos mouriscos oriundos da Índia, pode-se dizer, sem sombra de dúvida, que a grande maioria chegou a Portugal na companhia de seus respectivos senhores que dali partiam para o reino na famosa Carreira das Índias. Entre eles, predominavam os chamados "índios mouriscos". Mas, decerto, o perfil etnográfico desses cativos era variado. Incluía, com frequência, os turcos-rumes da Índia, como Manuel do Mar, capturado na Índia, convertido ao cristianismo em Moçambique, depois enviado a Portugal, onde, cativo do rei, servia-lhe como reposteiro[30].

Afora as causas e motivações gerais que conduziam os mouros ao cativeiro e à condição de mouriscos em Portugal, nossa documentação apresenta alguns casos, até certo ponto frequentes, de mouros que voluntariamente se asilavam em Portugal, fugitivos de suas terras por obra de crimes e outros delitos nelas cometidos. Alguns acabavam cativos, outros permaneciam forros quando abraçavam o cristianismo, embora se deva dizer que, obviamente, a conversão ao cristianismo não implicava necessariamente qualquer tipo de alforria.

Entre os casos singulares de migração para o reino, vale citar o de certo Manuel Santiago, localizado no século XVII. Quando mouro se chamava Amete, homem que,

> de hum aduar em que vivia no termo de marrocos se veo com seu alcaide amud por razão de haverem pelejado contra outros mouros, pera a cidade de masagão com outros muitos mouros de sua

> companhia, e dahi passarão a este reino, e hy havera, vinte e seis, ou vinte e sette annos, e depois andou embarcado servindo de grumete em navios do duque de medina sidonia, e esteve em madrid, e em barçelona levando cavalos do snõr dom duarte quando passou a alemanha, e andou vagando por todo este reino, assim antes como depois de bautizado, e foi ao brazil na primeira frota da companhia em serviço de hum mercador de setuval, mas nunca foi escravo...

Manuel Santiago ou Amete, verdadeiro *vagamundo* que servira à alta nobreza castelhana, a el rei de Portugal, viajara pela Alemanha, Catalunha, Marrocos, Brasil. Nunca fora cativo, mas acabaria processado pelo Santo Ofício português[31].

## De mouro a mourisco, de escravo a forro

No já citado *Mouriscos e cristãos no Portugal quinhentista*, Isabel Drumond Braga nos oferece um sugestivo subtítulo, "De mouro a mourisco", que muito interessa ao presente trabalho, pois chama a atenção para um processo absolutamente essencial das metamorfoses sociais e culturais por que passaram essas populações no limiar da Época Moderna. Afinal, a passagem para o reino português, fosse como escravo, como em regra o era, fosse como livre, implicava para o mouro a forte possibilidade, para não dizer obrigação, de abandonar o Islão em favor do catolicismo.

A autora afirma, no entanto, que a passagem de mouro a mourisco não implicava necessariamente essa conversão ou metamorfose, sugerindo mesmo certo grau de liberdade para os mouros em matéria de religião. Nas suas palavras: "após a chegada a Portugal ou aos seus domínios, os mouros podiam optar por se manterem muçulmanos ou por passarem a ser cristãos"[32]. Acrescenta ainda que muitos que escolhiam o cristianismo podiam mesmo lograr benefícios pecuniários por tal escolha.

O primeiro fato a assinalar diz obviamente respeito ao domínio institucional. De um lado, como vimos, o decreto manuelino de 1496 determinara a expulsão de todos os mouros forros, isto é, livres, que houvesse em Portugal naquela altura, o que significa dizer que, fosse o mouro escravo, poderia se conservar no reino, ainda que mouro, na posse de seu legítimo senhor. Essa aparente *liberalidade* religiosa do rei se confirma nas próprias Ordenações Manuelinas, que, tratando das possibilidades de alforria dos mouros cativos, proibiram que se lhos resgatassem com recursos em ouro, prata ou dinheiro do próprio reino, admitindo-se, contudo, que o fossem com recursos de fora, "ou por resguate que se delle faça por outro christão, ou christaã, que cativo seja em terra de mouros, ou por cavalos, e mercadorias que de terra de mouros trouxer"[33]. Seja como for, a disposição manuelina deixa clara a possibilidade de os mouros cativos dos portugueses, uma vez residentes no reino, poderem continuar no islamismo.

Essa liberdade religiosa concedida aos mouros cativos se nos afigura, porém, menos larga do que prometiam as leis do reino. Antes de tudo porque, com o decreto de expulsão de 1496, excluindo-se de Portugal os mouros livres em nome da fé católica, restaram pouquíssimas condições para que a comunidade islâmica mantivesse condições para sua continuidade oficial. Algo de similar passou-se, na mesma época, com a comunidade judaica, uma vez proibido o judaísmo no reino e expulsos ou convertidos os judeus – embora, neste caso, o rei não tenha feito qualquer concessão. Se para os seguidores de Maomé era perfeitamente legal sua condição de muçulmanos, desde que escravos, os judeus em nenhuma hipótese poderiam perseverar na lei mosaica.

De todo modo, ao longo do reinado de D. Manuel, sobretudo após a instalação da Inquisição no reinado de D. João III, o mundo das sinagogas e das mesquitas foi progressivamente desmantelado, condenado à clandestinidade ou semi-clandestinidade. Se assim foi, os mouros cativos que continuassem mouros no reino tinham poucas chances de seguir publicamente as leis alcorânicas, dado o desmantelamento das mesquitas e, fundamentalmente, dada sua condição de cativos. Pois, como parece óbvio, não haveria de ser no mundo dos escravos que o Islão seria capaz de se estruturar institucionalmente como religião de minorias.

Além disso, como vimos, acenava-se para o mouro que se convertesse à fé católica com benefícios de ordem pecuniária, mercês e outras vantagens, embora tais benefícios fossem, provavelmente, de alcance muito limitado, circunscrito, no mais das vezes, aos *mouros de sinal*, geralmente refugiados políticos de importância que residiam no reino com autorização oficial. Nesses casos, interessado em cooptar lideranças muçulmanas consolidadas ou potenciais, ou em estreitar laços comerciais relevantes, o rei oferecia moradias, tenças e outras benesses, em troca de uma possível conversão – primeiro passo para alianças de todo tipo.

Mas não residia nessas vantagens oferecidas por el-rei a grande motivação para que os mouros aderissem ao cristianismo, sendo a maioria deles composta de cativos ao chegarem ao reino. O que, sem dúvida, motivava-os ou os compelia à conversão. Além das óbvias restrições à existência de um Islão oficial e institucionalizado no reino, era a relação estabelecida legalmente entre a possibilidade de alforria para os mouros cativos e a obrigatoriedade, para lográ-la, de se converter ao cristianismo. Numa palavra: para ser mouro forro era preciso ser cristão, logo, deixar de ser mouro. Perseverar na religião islâmica equivalia a permanecer, inexoravelmente, na condição de escravo.

Não é de surpreender, portanto, que a maioria dos mouros cativados no ultramar e enviados a Portugal no século XVI se convertesse pouco a pouco ao cristianismo. Nem é de surpreender, igualmente, como veremos, que a população de mouriscos forros também aumentasse gradativamente ao longo dos Quinhentos. De um modo ou de outro, ainda que entrassem em Portugal como cativos e permanecessem nessa condição até a morte, os mouros de Portugal, na expectativa da alforria, tendiam a deixar de ser mouros, transformando-se em mouriscos – o que não quer dizer que por isso abandonassem o Islão.

O fato é que nossa documentação oferece um leque variado de motivações ou alegações, reais ou fictícias, para a progressiva conversão dos mouros ao cristianismo uma vez enviados para Portugal. Pelo que se pode extrair de seus depoimentos, criou-se, no reino, uma espécie de rumor público no seio da comunidade moura ou mourisca, segundo o qual a conversão era caminho seguro para se obter vantagens de todo tipo, desde melhores condições de vida, ainda que escrava, até a tão esperada alforria, muitas vezes concedida, outras não. Houve mesmo alguns mouriscos que atribuíram suas respectivas conversões a promessas explícitas de que, se o fizessem, alcançariam a liberdade – e essa parece ter sido uma forte expectativa dos cativos da casa real.

Os mouriscos em sua maioria alegaram, porém, diante dos inquisidores, que se haviam convertido ao cristianismo, ainda como escravos, de modo voluntário, convencidos da superioridade da lei dos cristãos sobre todas as outras. Mas vale considerar que, ante os inquisidores e sob suspeita de perseverarem secretamente na crença islâmica, essa conversão sincera e voluntária dos mouriscos é passível de muitas dúvidas. Muitos de fato podem tê-la feito, pois estavam a viver havia anos entre cristãos, porém outros – quiçá a maioria, sobretudo a de jovens recém cativados – possivelmente o fizeram sob pressão ou na expectativa de obter alguma vantagem, sendo a liberdade a maior de todas.

Há casos singulares, no entanto, que revelam o desacerto e imprevisibilidade de algumas situações, como nos exemplos citados por Isabel Drumond Braga. Num deles, a mourisca Maria Bernaldes contou aos inquisidores que se convertera por ter, por meio disso, se livrado de forte moléstia que lhe acometera, sendo para isso aconselhada por um frade de São Bento. Maria Bernaldes, acatando a imagem de Nossa Senhora e chamando pela Virgem, de fato se curara e por isso abraçara a fé cristã. Já Leonor da Silva nos oferece versão mais inusitada, pois alegou que, instada por um clérigo ao batismo, dissera-lhe que só o faria se se tornasse branca, "samdo ela molher preta". Incrivelmente, disse Leonor aos inquisidores, optando pelo batismo, após um sonho com Nossa Senhora, tornara-se realmente branca e "soomente lhe ficaram pelo rosto huas pintas pretas", pelo visto discretas[34].

Convertidos ao cristianismo, os mouriscos de nossa amostragem, ainda que na expectativa de alcançarem a liberdade, permaneceram em grande medida cativos. Os casos do tribunal de Coimbra interessam menos à nossa reflexão, por serem apenas dois casos de forros, um homem e uma mulher residentes no Porto, insuficientes para uma análise comparativa de maior fôlego. O mesmo não ocorre com os 347 casos restantes, distribuídos pelos tribunais de Évora e Lisboa, cabendo ao primeiro 75, cerca de 21% dos casos, e ao segundo os demais 272 casos, cerca de 79% deles. Há contrastes importantes entre os mouriscos de Évora e de Lisboa de nossa amostragem, conforme indicam os quadros abaixo.

## Quadro III - Comparação entre o número de mouriscos escravos penitenciados pelos tribunais de Évora e Lisboa no século XVI

| TRIBUNAL | NÚMERO | % |
|---|---|---|
| LISBOA | 119 | 87 |
| ÉVORA | 18 | 13 |
| TOTAL | 137 | 100 |

## Quadro IV - Comparação entre o número de mouriscos forros penitenciados pelos tribunais de Évora e Lisboa no século XVI

| TRIBUNAL | NÚMERO | % |
|---|---|---|
| LISBOA | 153 | 73 |
| ÉVORA | 57 | 27 |
| TOTAL | 210 | 100 |

A primeira evidência que salta à vista reside em que o cativeiro de mouriscos em Portugal é um fenômeno essencialmente lisboeta e da Extremadura portuguesa pois, como indicaremos, era nessa região, sobretudo em Lisboa, que morava a maioria dos mouriscos, escravos ou forros do reino. Daí não é de surpreender o percentual de apenas 27% de forros nos termos do tribunal de Évora, contra 73% do tribunal de

Lisboa. Não se deve atribuir tal defasagem a uma possível maior tendência à alforria no caso lisboeta, em comparação ao eborense, mas sim à maior concentração de cativos mouriscos na cidade de Lisboa. De todo modo, como indicam os quadros seguintes, a tendência a se alforriar os mouriscos era mais geral e, se fosse o caso de verificar maior tendência nesse sentido, os mouriscos de Évora pareciam estar em vantagem se comparados aos companheiros da área lisboeta.

## Quadro V - Condição social dos mouriscos penitenciados pelo tribunal de Lisboa no século XVI

| CONDIÇÃO SOCIAL | NÚMERO | % |
|---|---|---|
| ESCRAVOS | 119 | 44 |
| FORROS | 153 | 66 |
| TOTAL | 272 | 100 |

## Quadro VI - Condição social dos mouriscos penitenciados pelo tribunal de Évora no século XVI

| CONDIÇÃO SOCIAL | NÚMERO | % |
|---|---|---|
| ESCRAVOS | 18 | 24 |
| FORROS | 57 | 76 |
| TOTAL | 75 | 100 |

## Quadro VII - Condição social dos mouriscos penitenciados pelos tribunais de Évora e Lisboa no século XVI

| CONDIÇÃO SOCIAL | NÚMERO | % |
|---|---|---|
| ESCRAVOS | 137 | 39,5 |
| FORROS | 210 | 60,5 |
| TOTAL | 347 | 100 |

Os indicadores apresentados nos três últimos quadros sugerem, portanto, uma tendência, mais visível em Évora que em Lisboa, no sentido de alforriar os mouriscos. No caso lisboeta, verifica-se ainda um relativo equilíbrio, com tendência favorável à alforria. Mas no caso eborense, a alforria dos mouriscos avançava a passos largos ao longo do século. De certo modo, pode-se mesmo dizer que a expectativa que tinham os mouriscos de obter a alforria por meio da conversão fazia algum sentido, a confirmar o rumor que corria entre os mouriscos a esse respeito.

Mas não convém exagerar essa tendência, apesar da prova eloquente dos números, porque, ao menos na região sob alçada do tribunal lisboeta, o percentual de mouriscos cativos ao longo do século XVI alcançava o nada desprezível índice de 44%. Embora não tenhamos contabilizado o fluxo das alforrias nas centenas de casos examinados – informação nem sempre fácil de localizar, pois não era matéria do Santo Ofício –, é-nos possível dizer que, em inúmeros casos, os mouriscos forros informaram que haviam obtido a liberdade depois de servirem muitos anos como cativos, mesmo após a conversão ao cristianismo. Outros disseram ter obtido a alforria, comprando-a do senhor por meio de coartações e outros mecanismos de alforria gradual, independentemente de terem se convertido à fé católica. A conversão não era garantia de alforria para os mouriscos, embora pudesse facilitá-la.

Delimitar preços e condições específicas da alforria não é tarefa fácil, pois, como dissemos – e é sobejamente conhecido –, o assunto não era matéria do Santo Ofício, de onde provém o grosso de nossas fontes. Ainda assim há dados. No que toca às circunstâncias, os documentos inquisitoriais mencionam que, em alguns casos, eram os cativos a amealhar as quantias por meio das quais compravam a liberdade. Noutros casos, recebiam a ajuda de parentes da comunidade mourisca, e neste caso pesavam as tradições islâmicas, como as esmolas obrigatória e voluntária. Alguns eram alforriados pelos senhores em testamento, movidos por gratidão a gestos variados dos cativos, a exemplo de ter uma delas ajudado a criar os filhos do senhor. Não faltaram casos em que o próprio marido forro veio a pagar a alforria da cativa, e num deles, António de Cabedo, mourisco, depois de casar com Madalena de Siqueira, comprou-a e depois a forrou, pagando dezessete mil réis pela esposa[35]. No mais das vezes, porém, prevalecia uma alforria paga gradualmente pelo cativo que, trabalhando por conta própria, reunia condições para se alforriar.

Em quinze casos examinados, menciona-se explicitamente o preço da alforria paga pelos cativos, sendo o mínimo de dezessete mil réis e o máximo de 30 mil réis, com uma média, contabilizados todos os preços, ao redor de 26.500 réis. Nossos números são um pouco mais moderados que os detectados por Boucharb, para quem as alforrias oscilaram entre 10 e 50 mil réis[36], o que faria presumir um preço médio de alforria próximo a 30 mil réis. Isabel Braga menciona preços médios de alforrias oscilantes entre 20 e 30 mil réis, ajustando-se mais a nossos cálculos[37]. De todo modo, a alforria era cara e o melhor indicador para sabermos quão onerosa era reside no preço dos próprios escravos à época.

Saunders nos auxilia muito neste ponto. Na década de 1530, o preço médio do escravo entrado em Lisboa ainda não era exorbitante, e ficava por volta de 8 mil réis. Passados pouco mais de dez anos, em 1541, os preços médios oscilavam entre 15 mil e 20 mil réis. Em 1578, apesar de certa inflação no preço dos cativos, a média se estabilizou na faixa de 15 a 30 mil réis[38], o que nos sugere uma média de 22.500 réis por peça. Isso equivale a dizer que, grosso modo, o preço médio de uma alforria correspondia ao preço médio de um escravo no século XVI, quando não o superava. O mourisco cativo, portanto, ao comprar sua alforria, praticamente repunha um escravo para seu senhor.

Seja como for, a hipótese mais plausível para explicar a tendência à alforria dos mouriscos – quando menos, esboçada, em Lisboa, e fortíssima em Évora – reside no aumento progressivo da escravidão negra no reino ao longo do século XVI, sobretudo nos meados do século, conjugado ao abandono paulatino das praças portuguesas no Magrebe, o que a malsinada cruzada de D. Sebastião só faria confirmar.

O momento de inflexão parece ter ocorrido por volta do meado do século XVI, tempo em que os portugueses deslocaram seu foco de ação escravista para a costa centro-ocidental da África, em especial para o eixo Congo-Angola. Antes de tudo para o Congo, na primeira metade do século XVI, ao tempo em que ali reinava D. Afonso I (1506-1543); sobretudo para Angola ao longo da década de 1570[39]. O crescimento da escravidão negra em Portugal é confirmado pelo conhecido estudo de Saunders, que nos indica, incluindo a análise de volumes de tráfico e preços de cativos, o deslocamento do foco português na África para a alta Guiné, depois para o Congo e finalmente para Angola, no que toca à África ocidental, sobretudo na altura de 1550[40]. Embora não tenhamos feito cálculos precisos a esse respeito, não seria impossível que houvesse uma coincidência entre os números sobre o crescimento da escravidão negra no reino no meado do século XVI e o aumento das alforrias de mouriscos na mesma época. Ainda que o assunto não esteja de todo esclarecido e mereça novas investigações, o fato é que, a nosso ver, a tendência à crescente alforria dos cativos mouriscos ao longo do século XVI se deve a razões estruturais e não à opção indiscutível dos mouriscos do reino pela conversão, nem muito menos à misericórdia ou caridade de seus senhores lusitanos. Na verdade, tudo parece indicar que o mourisco, ao se alforriar por meio da compra, punha um negro cativo em seu lugar.

## Mouriscos e mouriscas: idades, casamentos, proles

Avaliar a questão da idade dessa população mourisca não é tarefa fácil, antes de tudo porque não trabalhamos – nem seria o caso – com fontes paroquiais. Mesmo que o fizéssemos, seria impossível detectar o ano de nascimento dos mouriscos, sendo a imensa maioria deles originária do ultramar, cativos de guerra, parte dos quais alforriada ao longo do século XVI.

Desse modo, só logramos traçar o perfil etário dessa população no momento em que sobre ela se abateu a repressão inquisitorial, pois nos documentos inquisitoriais era costume registrar a idade dos réus – embora nem sempre se o fizesse. Ainda assim, os limites são grandes, posto que nessa época as idades eram apenas estimadas em "pouco mais ou menos". Os próprios réus conjecturam sobre a idade, e isso vale para todos – mouriscos, cristãos-velhos e cristãos-novos. Ninguém, na época, sabia ao certo a própria idade. Por outro lado, muitas vezes, nos registros de época, pesava mais a aparência do indivíduo que qualquer outra coisa, de sorte que um indivíduo podia ser considerado velho por estar combalido, enrugado e aparentar idade avançada, mesmo que tivesse menos de 50 anos.

Outra dificuldade tem a ver com a delimitação das faixas etárias pertinentes para analisar esta população. Nos trabalhos que se referem a essa variável, como veremos adiante, as faixas etárias não parecem ancoradas em critérios explícitos, sendo fixadas aleatoriamente. Em nosso caso, consideramos que o critério mais adequado para a análise do componente etário dos mouriscos deve necessariamente levar em conta o fato de que, ao longo do século, os mouriscos penitenciados pelo Santo Ofício alcançavam o índice de cerca de 40% de escravos, sendo que os 60% de forros eram ex-escravos, em esmagadora maioria.

Trata-se de matéria intrigante, uma vez que os estudos dedicados ao tema afirmaram que, entre os mouriscos de Portugal no século XVI, predominavam os velhos. Isabel Drumond Braga afirmou textualmente que, "efectivamente, os mouriscos dos quais temos informação acerca da idade eram, na sua maioria, adultos com idades iguais ou superiores a 50 anos". A autora não faz quadros etários e trabalhou com uma amostragem de 164 casos, informando, porém, que 90 dentre eles tinham 50 anos ou mais[41].

Ahmed Boucharb, embora circunscreva seu estudo aos marroquinos e não explicite com nitidez o critério adotado para a delimitação das faixas etárias da população estudada, chegou a uma conclusão semelhante: "la communauté marocaine était vieille au moment où s'abattit sur elle la répression inquisitoriale"[42]. Em sua amostragem de 223 marroquinos, dos quais 47 não apresentaram dados sobre a idade, Boucharb indicou que 48% deles ultrapassam os 50 anos e 13% possuíam entre 65 e 80 anos. Vale conferir tais indicadores no quadro apresentado pelo autor:

## Quadro VIII - Idade dos mouriscos de origem marroquina penitenciados pelo Santo Ofício português no século XVI, segundo Ahmed Boucharb

| CLASSES DE IDADE | NÚMERO |
|---|---|
| MENOS DE 25 ANOS | 03 |
| 20-25 ANOS | 15 |
| 26-30 ANOS | 20 |
| 31-35 ANOS | 02 |
| 36-40 ANOS | 18 |
| 41-45 ANOS | 18 |
| 46-50 ANOS | 46 |
| 51-55 ANOS | 23 |
| 56-60 ANOS | 38 |
| 61-65 ANOS | 05 |
| MAIS DE 65 ANOS | 08 |
| SEM INDICAÇÃO | 47 |
| TOTAL | 223 |

FONTE: Ahmed Boucharb, *op. cit.*, tomo II, p. 227.

Devemos dizer que, no caso dos dois autores citados, os dados apresentados colidem totalmente com os de nossa amostragem, composta de 349 mouriscos, dos quais, em 273 casos, detemos informações sobre a idade que tinham na altura em que foram processados. Além disso, não há como concordar com o critério estabelecido por Boucharb, na classificação das faixas etárias, que parece simplesmente separá-las por intervalos de cinco anos, o que não fazia qualquer sentido à época.

A delimitação das faixas etárias dos mouriscos deve, a nosso ver, subordinar-se à lógica do mercado de escravos no século XVI, cujos preços estavam diretamente vinculados à idade presumida dos cativos. Nesse sentido, vale lembrar as indicações de Saunders, que, pesquisando os preços de escravos nos anos de 1519 e 1520, constatou que as cotações mais altas foram dadas aos cativos entre dezoito e 27 anos e as mais baixas às crianças com menos de sete anos ou aos escravos com mais de 38 anos[43]. Assim sendo, podemos estabelecer pelo menos quatro faixas etárias para essa população mourisca, considerando a lógica do mercado de escravos, que, afinal das contas, era o fator responsável pela entrada de mouriscos no reino. A primeira faixa abarcaria os mouriscos com menos de dezoito anos, sendo doze anos a idade do mouriso mais jovem de nossa amostragem. A segunda abarcaria a população entre dezoito e 38 anos, e neste caso, incluiríamos os jovens adultos em pleno vigor, entre dezoito e 27 anos, e os contidos na faixa etária de adultos maduros, os mouriscos entre 28 e 38 anos. A terceira faixa etária abarcaria os mouriscos entre 39 e 50 anos. Neste caso, além da lógica do mercado, consideramos, para a delimitação da faixa etária, o senso comum do século XVI, segundo o qual indivíduos com mais de 50 anos eram considerados velhos, de modo que nesta terceira incluímos um conjunto de indivíduos que nem eram mais vigorosos para o cativeiro, porém ainda não eram vistos como idosos. A quarta e última faixa abarca naturalmente a população com mais de 50 anos.

O quadro abaixo permite vislumbrar, com mais clareza e pertinência, as classes de idade dos mouriscos do reino.

## Quadro IX - Idade dos mouriscos penitenciados pelo Santo Ofício português no século XVI

| FAIXAS ETÁRIAS | NÚMERO | % |
|---|---|---|
| 12-17 ANOS | 04 | 1,5 |
| 18-38 ANOS | 95 | 34,5 |
| 39-50 ANOS | 97 | 35,5 |
| MAIS DE 50 ANOS | 78 | 28,5 |
| TOTAL | 274 | 100 |

Os dados acima expostos indicam, antes de tudo, que a fração realmente envelhecida da população mourisca do reino no século XVI é bem menor que as estimadas por Isabel Drumond Braga e Ahmed Boucharb. Nem os cerca de 55% com idade igual ou superior a 50 anos, como quer a primeira, nem os 48% com mais de cinquenta anos, como sugere Boucharb, mas apenas cerca de 28%. Vale frisar o índice expressivo de quase 35% de mouriscos entre 18 e 38 anos, nos quais o contigente de cativos decerto sobressaía, sendo esta a faixa em que eram mais vigorosos.

Assim sendo, consideramos inexato afirmar que a população mourisca do reino era velha, admitindo o esboço de uma tendência ao envelhecimento, uma vez que o índice dos mouriscos entre 39 e 50 anos também alcançava cerca de 35%. Tudo depende da maneira de classificar as faixas etárias e de interpretar os dados. Se somarmos as duas faixas intermediárias, constataremos que cerca de 70% dos mouriscos longe estavam de integrar um conjunto de velhos alijados das atividades produtivas no Portugal quinhentista. Se, por outro lado, somarmos as duas últimas faixas etárias, aí sim, alcançaríamos o esboço dessa tendência ao envelhecimento, pois o índice agregado perfaz cerca de 64%. De todo modo, é importante destacar que a tendência ao envelhecimento acompanha a tendência à alforria que constatamos na análise da condição social dos mouriscos. Nisso Boucharb tem razão, pois constatou no seu estudo sobre os marroquinos que a alforria deles aumentava com a idade: "certains maîtres se débarrassèrent de leurs captifs déjà vieux et incapables de travailler..."[44].

Os dados acerca do estado civil da população mourisca também iluminam aspectos interessantes dessa comunidade em situação de diáspora. Alcançamos dados sobre o estado civil de 338, dentre os 349 de nossa amostragem, o que equivale ao expressivo índice de quase 97% dos casos, conforme indica o quadro abaixo.

## Quadro X - Estado civil dos mouriscos penitenciados pelo Santo Ofício português no século XVI

| ESTADO CIVIL | NÚMERO | % |
|---|---|---|
| CASADOS | 149 | 44 |
| SOLTEIROS | 169 | 50 |
| VIÚVOS | 020 | 06 |
| TOTAL | 338 | 100 |

Impossível não apontar, antes de tudo, o enorme contraste entre os dados de nossa investigação e os apresentados por Isabel Drumond Braga neste ponto, uma vez que a autora informa serem apenas dezesseis os solteiros contra 105 casados e três viúvos, num total de 250 casos estudados, acrescentando não ter alcançado dados sobre o estado civil de 116 mouriscos. Há flagrante equívoco da colega neste particular[45]. Já no caso de Boucharb, embora haja igualmente colisão entre os indicadores, a defasagem é menos eloquente. O citado autor informa que predominavam os casados (46%) sobre os solteiros (cerca de 39%) e viúvos (cerca de 6%), constatando apenas 39 casos lacunosos, contra os 116 de Isabel Drumond Braga e os onze de nossa investigação. Há que considerar, porém, que Boucharb trabalhou apenas com os cripto-muçulmanos de origem marroquina (mouriscos e mouros), o que talvez explique o desvio de seu cálculo em relação ao nosso.

De todo modo, tanto a nossa amostragem como a de Boucharb sugerem uma tendência ao equilíbrio entre mouriscos casados e solteiros, no caso dele ligeiramente favorável aos casados em contraste com o nosso cálculo, que constata o predomínio dos solteiros. Números à parte, as conclusões de Boucharb parecem corretas quando sublinha as dificuldades enfrentadas pelos marroquinos desejosos de casar e constituir família em Portugal. Afirma Boucharb que "peu de Marocains purent se marier pendant les premières années de leur séjour au Portugal", com exceção dos refugiados políticos, livres e beneficiários de pensões régias[46]. Nossos indicadores são até mais eloquentes que os do autor para comprovar o predomínio de celibatários entre os mouriscos de Portugal.

A análise do estado civil dos mouriscos em relação à sua condição social apresenta indicadores que permitem, no entanto, afinar as interpretações, como indicam os quadros abaixo.

## Quadro XI - Condição social dos mouriscos casados penitenciados pelo Santo Ofício português no século XVI

| CONDIÇÃO SOCIAL | NÚMERO | % |
|---|---|---|
| ESCRAVOS | 15 | 10 |
| FORROS | 134 | 90 |
| TOTAL | 149 | 100 |

## Quadro XII - Condição social dos mouriscos solteiros penitenciados pelo Santo Ofício português no século XVI

| CONDIÇÃO SOCIAL | NÚMERO | % |
|---|---|---|
| ESCRAVOS | 112 | 66 |
| FORROS | 57 | 34 |
| TOTAL | 169 | 100 |

Não resta dúvida que o matrimônio de mouriscos era apanágio dos forros, o que novamente confirma a já citada constatação de Boucharb sobre os marroquinos acerca da enorme dificuldade que enfrentavam para se casarem no reino. Mas o fato que está a merecer destaque reside em que tais óbices afetavam, sobretudo, os cativos, considerando o pequeno índice de mouriscas cativas (21%) e eventuais restrições senhoriais para o casamento de seus escravos. Aos mouriscos cativos restava, pois, o celibato ou amancebamentos vários, uma vez que a maioria deles (66%) era composta de solteiros.

Vale, portanto, relacionar três tendências importantes para a reconstituição do perfil sociológico dessa população mourisca no século XVI: a tendência à alforria era acompanhada pelo envelhecimento da população, ao que se somavam maiores possibilidades para a contração do matrimônio, possivelmente porque só então os mouriscos reuniam recursos materiais suficientes para constituir família. Nossa conclusão se assemelha, assim, à de Boucharb, quando afirma que, entre os marroquinos, "le mariage était scellé à un âge avancé"[47].

Temos condição de afinar ainda mais a nossa amostragem contrastando, no interior da comunidade mourisca do reino, a situação conjugal dos homens e mulheres, conforme indicam os quadros abaixo.

## Quadro XIII - Estado civil dos homens mouriscos penitenciados pelo Santo Ofício português no século XVI

| ESTADO CIVIL | NÚMERO | % |
|---|---|---|
| CASADOS | 82 | 39,5 |
| SOLTEIROS | 120 | 57,5 |
| VIÚVOS | 6 | 3 |
| TOTAL | 208 | 100 |

## Quadro XIV - Estado civil das mulheres mouriscas penitenciadas pelo Santo Ofício português no século XVI

| ESTADO CIVIL | NÚMERO | % |
|---|---|---|
| CASADAS | 67 | 51,5 |
| SOLTEIRAS | 49 | 37,5 |
| VIÚVAS | 14 | 11 |
| TOTAL | 130 | 100 |

Percebe-se com nitidez que a solidão ou, mais precisamente, a condição celibatária afetava muito mais aos homens, sobretudo os cativos, que as mulheres. Enquanto os mouriscos solteiros quase alcançavam 60% do total de homens, as mouriscas celibatárias mal alcançavam 40%. No pólo oposto, exprimindo uma virtual simetria estatística, os mouriscos casados tangenciavam o índice de 40%, enquanto as mouriscas casadas giravam em torno de 50%. A simetria só não é total porque o índice de viuvez das mouriscas ultrapassa os 10%, o que não surpreende. Os homens, submetidos a uma labuta mais penosa, morriam mais cedo.

A última observação que cumpre fazer sobre o casamento com base quantitativa diz respeito à ocorrência de matrimônios endogâmicos ou mistos, como se percebe no quadro abaixo.

## Quadro XV - Uniões endogâmicas e mistas entre os mouriscos penitenciados pelo Santo Ofício português no século XVI

| UNIÕES | NÚMERO | % |
|---|---|---|
| ENTRE MOURISCOS | 143 | 96 |
| MOURISCOS/ C.VELHOS | 4 | 3 |
| MOURISCOS/ C.NOVOS | 1 | 0,5 |
| MOURISCOS/ MULATOS | 1 | 0,5 |
| TOTAL | 149 | 100 |

A confirmar o padrão matrimonial dos mouriscos hispânicos, como bem indicou Bernard Vincent[48], também no caso português, o matrimônio entre eles era esmagadoramente endogâmico – fato também assinalado por Isabel Drumond Braga e Boucharb, no caso exclusivo dos marroquinos.

A esfera matrimonial à moda cristã, porém, não esgotava as possibilidades de união no seio da população mourisca. Encontramos, aqui e ali, casos de mouriscos e mouriscas amancebados, a exemplo de Graviel Baxira, concubinado com Isabel Benlha em Elvas; de Antónia Roboa, "abarregada com um ratinho" em Lisboa; da cativa Maria Fernandes, que considerava o mourisco Bastião de Moura seu marido, por com ele viver de "portas adentro"; de Ines Machada, forra de Setúbal, "abarregada com Roque, mourisco cativo de Senhorinha Jorge"; de Maria Alvres, mourisca da vila da Ribeira Grande, nos Açores, amancebada com Pero Gonçalves, com o qual tivera quatro filhos; de Maria Gonçalves, mourisca forra de Tavira, amancebada com o mourisco Antonio Raposo; de Antónia de Mendonça, enfim, forra de Lisboa, amancebada com o mourisco Francisco de Gusmão[49].

Além das barreganias entre mouriscos, flagramos alguns casos de mouriscas cativas ou forras amancebadas ou envolvidas em "tratos ilícitos", como então se dizia, com clérigos e cristãos-velhos a quem serviam como escravas ou criadas. Entre outros casos, a mourisca chamada Isabel Gomes, casada com o cativo Adrião Boto, índio mourisco, que dele não teve filhos, mas tivera uma filha com certo cristão velho. Também Maria Mendes, mourisca de Elvas, casada com o índio mourisco Heitor Lopes, mas que tivera seus três filhos de seu ex-senhor, o fidalgo Fernão Varela. E Isabel Fernandes de Almada, mourisca da vila de Olivença, cativa e solteira, porém mãe de um filho de nome Joane, escravo de seu pai, o cavaleiro Rui Mendes[50].

Enfim, embora raros, houve mouriscos que ousaram reeditar, no reino português, as uniões poligâmicas à moda moura. De dois deles dá-nos notícia a mourisca Antónia Guarra, em 1555, quando afirma que o mourisco Jeronimo Annes estava casado

> cõ tres mouras da maneira da sua terra e que as mourisquas cõ quem era casado chamavão /Margarida do da Gama/ja defumta/ e outra Catarina Fernandes forra ha qual deixou ja/e que hum Joam Coelho de quem tem dito atras tinha duas molheres por huã Maria Madeira que aguora esta casada cõ hum mulato a porta da Igreja e huã Bryatiz Nunez de quem tem dito[51].

Do terceiro caso a notícia provém da denúncia de António de Sousa, mourisco cativo do secretário de D. João III, contra o mourisco Cosme Gonçalves. Disse aos inquisidores que Cosme "era casado e que lamçou a molher fora e tinha tres mãcebas" e que ele havia conhecido duas delas: uma mulher preta "que amtes de ser xpãa se chamava Brica" e uma outra, "mourisca branca que se chamava em sendo moura Barcaxadinya e as tinha ambas em casa"[52].

A última variável a considerar no tocante à família mourisca em Portugal diz respeito à prole. Ahmed Boucharb nos informa que, dos processos por ele consultados envolvendo marroquinos acusados de diversos delitos, apenas 64 indivíduos tinham filhos ainda vivos na altura dos processos. Informa-nos, ainda, que a maior parte desses filhos nasceu no tempo em que os pais eram cativos, logo, ainda jovens. Trabalhando com uma amostragem de 243 casos, Boucharb indica que os mouriscos, no conjunto, tinham poucos filhos: 62,1% deles não tiveram nenhum filho; 15,6% tiveram um filho; e 26% tiveram dois ou mais filhos, sem contar os 11,52% para os quais o autor não encontrou informações, alcançando um total de 114 filhos[53].

Nossa amostragem apresenta, a esse respeito, dados comparáveis aos oferecidos por Boucharb. Vale, antes de tudo, examinar as informações sobre os 143 mouriscos casados no interior da comunidade, conforme indica o quadro abaixo.

## Quadro XVI - Prole de mouriscos e mouriscas casados penitenciados pelo Santo Ofício português no século XVI - matrimônios endogâmicos

| NÚMERO DE FILHOS | INDIVÍDUOS | % |
|---|---|---|
| NENHUM FILHO | 105 | 74 |
| 1 FILHO | 21 | 14,5 |
| 2 FILHOS | 07 | 5 |
| 3 FILHOS | 05 | 3,5 |
| 4 FILHOS | 03 | 2 |
| 5 FILHOS | 01 | 0,5 |
| 6 FILHOS | 01 | 0,5 |
| TOTAL | 143 | 100 |

As diferenças entre nossos indicadores e os de Boucharb devem-se ao seguinte. O quadro acima diz respeito apenas aos filhos legítimos resultantes de casamentos endogâmicos, excluindo-se os filhos gerados por mouriscos solteiros ou fora dos matrimônios. Se formos incluir os filhos de mouriscos gerados fora do matrimônio (35), bem como os filhos resultantes de seis casamentos mistos (14), alcançamos o número de 117 filhos.

O mais importante, no entanto, é considerar que, dos 117 filhos dos mouriscos processados, cerca de 40% foram gerados fora das relações matrimoniais. Há vários casos de mulheres solteiras com filhos, cativas que pariram de seus senhores ou de outros mouriscos com os quais tiveram "contato carnal". Há também casos de mulheres que haviam tido filhos antes de casarem com os maridos, tendo-os de cativos ou de outros homens.

Também mouriscos casados tinham filhos com outras mulheres com as quais mantinham relações de concubinato. A lista de casos é, de fato, bastante variada, não sendo exagero dizer que entre esses 40% de filhos gerados fora dos casamentos endogâmicos, boa parcela engrossasse a população mestiça do reino.

De todo modo, ainda que tenhamos inventariado casos de filhos de mouriscos que, casados ou não, já tinham filhos mouriscos ou mestiços, é certo que no conjunto os mouriscos do reino tinham proles reduzidas, não alcançando sequer a média de um filho por cada casal (0,47 por casal). A baixa natalidade presente na população mourisca tem a ver com a escassez de mulheres e, ainda, com a idade avançada com que se casavam os mouriscos, em geral após a obtenção da alforria.

Os indicadores não deixam dúvidas, portanto, que a população mourisca na diáspora portuguesa quinhentista praticamente não deixaria herdeiros para o século seguinte.

## "O que é para mouro": herança dos mouriscos

Na tentativa de verticalizar a análise do papel dos mouriscos na estrutura ocupacional da sociedade portuguesa quinhentista, valem as palavras de Vitorino Magalhães Godinho, que, no clássico *Os descobrimentos e a economia mundial*, dedicou um capítulo ao mercado da mão-de-obra e os escravos. Afirmou Godinho: "Os portugueses caracterizavam-se, pois, por possuírem escravagem, que serve – de que se servem para viver. Tem-na por honra – como distinção social, mas também por desprezo do trabalho, que *é para mouro*, que será *para o preto* "[54].

Disse-o bem nosso autor, ao sublinhar a importância do trabalho escravo no Portugal quinhentista, em especial ao dizer que serviços manuais e pesados eram coisa para mouros e o seriam depois para os pretos. Acrescentaríamos nós que tais serviços seriam também para mouriscos, sucessores dos mouros na sociedade portuguesa. Que o desprezo lusitano pelo trabalho manual, inflado por ideais aristocráticos, tenha desempenhado algum papel nesse apego à posse de escravos, não se discute. Mas haveria que considerar, ainda – a julgar pela diversidade de ofícios nos quais os mouriscos estavam empregados, fossem cativos, fossem forros, que eles eram essenciais para o funcionamento da economia portuguesa, em especial a urbana. De maneira que o cativeiro de mouriscos ou seu uso, como forros –, em diversos serviços urbanos, indica-nos não apenas um desejo lusitano pela ostentação, mas a importância deles no mercado de trabalho das cidades, sobretudo de Lisboa no século XVI.

De todo modo, dos 349 mouriscos penitenciados pelo Santo Ofício no século XVI, só alcançamos as ocupações de 235 indivíduos, dos quais 169 homens (100 mouriscos forros e 69 cativos) e 66 mulheres (50 mouriscas forras e 16 cativas). Entre os mouriscos forros, constata-se a enorme concentração em serviços urbanos: mariolas (carregadores ou moços de frete), serviçais, criados, estribeiros e almocreves. Ofícios subalternos, que nessa larga faixa de trabalhadores a serviço de outrem reúnem cerca de 80% dos mouriscos. Entre as mouriscas forras, 42% se concentravam no ofício pesado de lavadeiras a serviço de gente da nobreza e fidalguia, em menor escala da casa real e de mais moradores das cidades, sobretudo de Lisboa, que pudessem pagar por tais serviços. Em segundo lugar, nossa amostragem indica um razoável percentual de mouriscas forras (28%) que trabalham nos portos, sobretudo em Setúbal, quase sempre preparando o pescado a ser vendido nas cidades e vilas portuguesas, escamando e salgando linguados e cavalas ou arrumando sardinhas. Logo em seguida, destacavam-se as mouriscas empregadas no serviço doméstico (10%) ou atuando como regateiras (10%).

Em relação aos mouriscos cativos, 68% dos ofícios se concentravam nos trabalhos de criadagem (serviçais e criados) e nas estrebarias. Portanto, existia uma fronteira muito tênue que separava os mouriscos forros dos cativos no que tange aos ofícios e permite confirmar que uns e outros, não obstante a diferente condição jurídica, faziam praticamente a mesma coisa nas cidades e vilas de Portugal. As mouriscas cativas concentravam-se no serviço doméstico – cerca de 62,5% – de suas senhoras ou senhores, às vezes da nobreza, atuando como dispenseiras, cozinheiras, lavadeiras, compradeiras, outras vezes de cristãos mais modestos, auxiliando-os nas tabernas e pequenos negócios. Em segundo lugar, vinham as escravas ao ganho, cerca de 25%, as quais do mesmo modo que as forras regateiras, vendiam leite, pão e água pelas cidades.

Em relação à moradia, 60% da população mourisca do reino concentravam-se na cidade de Lisboa. A região alentejana, por sua vez, não apresenta índices desprezíveis, pois as cidades de Évora e Elvas juntas, mais a vila de Olivença, abrigavam cerca de 23% de nossa amostragem. Do Algarve só temos os 6% da cidade de Tavira e, por fim, o norte português praticamente não tinha mouriscos, a julgar pelos índices pífios de Coimbra e do Porto.

Enfim, fechando essa sociologia histórica da comunidade mourisca africana, é importante dizer que, não obstante a pobreza e degradação que, no geral, marcavam a condição dos mouriscos, incluindo os forros, é-nos possível constatar, mesmo no interior de nossa amostragem de processados, alguns e algumas que desfrutavam de certas posses que os faziam, por vezes, passar por gente rica. Homens e mulheres com pequenos negócios ou praticantes de algum ofício especializado, que por vezes eram vistos pela própria comunidade como mouriscos ricos ou mouriscos abastados. Alguns tinham amealhado seus recursos ainda no cativeiro, logrando juntar pecúlio para a alforria, além de iniciar algum negócio. Mas, a confiar na representatividade de nossa amostragem, poucos conseguiram superar as difíceis condições que marcavam a vida dos mouriscos cativos e de forros no século XVI.

## Notas

1 *Ordenações manuelinas*, livro II, 1984, título XLI, p. 212-214.

2 *Idem*, livro V, 1984, título LXXXII, p. 244-246.

3 Maria Filomena Lopes de Barros, *A comuna muçulmana de Lisboa:* séculos XIV e XV, Lisboa, Hugin, 1998, p. 155.

4 *Idem*, p. 156-157.

5 Míkel de Espalza, *Los moriscos antes y después de la expulsión*, Madri, Mapfre, 1994, p. 16.

6 António Dias Farinha, "Norte de África", Francisco Bethencourt & Kirti Chaudhuri (orgs.), *História da expansão portuguesa*, Lisboa, Círculo de Leitores, 1998, v. 1, p. 118-136.

7 Kirti Chaudhuri, "O estabelecimento no Oriente", Bethencourt & Chaudhuri, *op. cit.*, p. 163-191.

8 Ahmed Boucharb, *Les crypto-musulmans d' origine marocaine et la société portugaise au XVIe siècle*, Montpellier, Tese de Doutorado de Estado em Letras, Universidade Paul Valery - Montpellier III, 1987, 3 v.

9 *Idem*, v. I, p. 6.

10 Louis Cardaillac, *Les morisques et l'Inquisition*, Paris, Publisud, 1990, p. 323.

11 Boucharb, *op. cit.*, v. I, p. 10-11.

12 Rogério de Oliveira Ribas, "O Islam na diáspora: crenças mouriscas em Portugal nas fontes inquisitoriais quinhentistas", *Tempo. Religiosidades na História*, n.° 11, Niterói, Departamento de História da UFF, 7 Letras, 2001, p. 47.

13 Sobre a instituição dos alfaqueques, ver José Alberto Rodrigues da Silva Tavim, "O comércio dos homens: escravos e cativos-o judeu alfaqueque", *Os judeus na expansão portuguesa em marrocos durante o século XVI*: origens e actividades duma comunidade, Braga, Edições APPACDM Distrital de Braga, 1997, p. 330- 356.

14 Isabel M. R. Mendes Drumond Braga, *Mouriscos e cristãos no portugal quinhentista:* duas culturas e duas concepções religiosas em choque, Lisboa, Hugin, 1999, p. 49.

15 Farinha, *Os portugueses em Marrocos*, Lisboa, Instituto Camões, 1999, p. 37-38.

16 Henri Terasse, *Histoire du Maroc, des origines à l' établissemet du protectorat français*, Casablanca, Éditions Atlantides, 1950, p. 158-190.

17 David Lopes, *Textos em Aljamia portuguesa:* estudo filológico e histórico, Lisboa, Imprensa Nacional, 1940, p. 75.

18 Arquivos Nacionais da Torre do Tombo (ANTT), *Inquisição de Lisboa*, processos n° 10867, 10817 e 1592; *Inquisição de Évora*, processos n° 6868 e 1265.

19 Luís Filipe F. R. Thomaz, *De Ceuta a Timor*, Lisboa, Difel, 1994, p. 208.

20 *Ordenações manuelinas*, livro V, 1984, título LXXXII, p. 245-246.

21 Andre Gonçalves D'Almada, *Relação e descripção de Guine na qual se trata das varias naçoens de negros, que a povoão, dos seus costumes, leys, ritos, ceremonias, guerras, armas, trajos, da qualidade dos portos, e do commercio, que nelles se faz*, Lisboa, Officina de Miguel Rodrigues, 1733, p. 1.

22 Roland Oliver & J. D. Fage, *Breve história da África*, Lisboa, Sá da Costa, 1980, p. 111.

23 Boucharb, *op. cit.*, v. I, p. 59 e segs.

24 David Lopes, *História de Arzila durante o domínio português (1471-1550 e 1577-1589)*, Coimbra, Imprensa da Universidade, 1924, p. 50.

25 ANTT, *Inquisição de Lisboa*, processo n° 3564.

26 Idem, *Inquisição de Évora*, processo n° 8203.

27 Idem, *Inquisição de Lisboa*, processo n° 8425.

28 Idem, processo n° 10857.

29 Idem, processo n° 6753.

30 Idem, processo n° 9234.

31 Idem, processo n° 12293.

32 Braga, *op. cit.*, p. 53.

33 *Ordenações Manuelinas*, livro V, 1984, título LXXXI, p. 243.

34 Braga, *op. cit.*, p. 53 e ANTT, *Inquisição de Lisboa*, processos n° 3184 e 7696.

35 ANTT, *Inquisição de Lisboa*, processo n° 11645.

36 Boucharb, *op. cit.*, v. II, p. 206.

37 Braga, *op. cit.*, p. 91.

38 A. C. de C. M. Saunders, *História social dos escravos e libertos negros em Portugal* (1441-1555), Lisboa, Imprensa Nacional-Casa da Moeda, 1994, p. 47.

39 Charles Boxer, *Salvador Correia de Sá e a luta por Brasil e Angola*, São Paulo, Companhia Editora Nacional, 1952.

40 Saunders, *op. cit.*, p. 54.

41 Braga, *op. cit.*, p. 78.

42 Boucharb, *op. cit.*, v. II, p. 226.

43 Saunders, *op. cit.*, p. 46.

44 Boucharb, *op. cit.*, v. II, p. 207.

45 Braga, *op. cit.*, p. 84. A dificuldade da citada autora em detectar esses dados talvez se deva a que, em muitíssimos processos, a informação somente apareça aleatoriamente em meio a diversas peças dos mesmos, não constando com regularidade na primeira confissão ou apresentação do réu, ocasião em que muitas vezes era feita a pergunta sobre a matéria.

46 Boucharb, *op. cit.*, v. II, p. 222.

47 Idem, p. 222.

48 Bernard Vincent, "La familia morisca", *Minorías y marginados en la España del siglo XVI*, Granada, Diputación Provincial, 1987, p. 8-12.

49 ANTT, *Inquisição de Lisboa*, processos n° 6733, 3188, 4116, 3179, 3192, 6279; *Inquisição de Évora*, processo n° 8052.

50 Idem, *Inquisição de Lisboa*, processo n° 4174; *Inquisição de Évora*, processos n° 10824 e 6080.

51 Idem, *Inquisição de Évora*, processo n° 6258.

52 Idem, *Inquisição de Lisboa*, processo n° 4184.

53 Boucharb, *op. cit.*, v. II, p. 224.

54 Vitorino Magalhães Godinho, *Os descobrimentos e a economia mundial*, Lisboa, Presença, 1983, v. IV, p. 153.

# "Régulos e absolutos": episódios de multiculturalismo e intermediação no norte do Brasil (meados do século XVIII)

Ângela Domingues

O contato entre culturas – como o que ocorreu quando habitantes do Velho e Novo Mundos se encontraram – é, quase sempre, encarado pelas obras historiográficas do período colonial numa ótica dicotômica do Eu (o europeu, o observador, o dominante) e o Outro (o ameríndio, o descrito, o dominado). Diga-se em abono da verdade que a historiografia vem matizando essa dicotomia Eu-Outro ao incorporar na sua análise outras variáveis, como sejam: a especificidade dos contextos civilizacionais, as estratégias e os objetivos que cada uma das partes estabelece e as representações que produz.

A tensão presente no "ato de comunicar" entre os europeus e ameríndios, "colonos" e "colonizados", "opressores" e "oprimidos", a par da vontade de o Eu (o europeu) dominar e "civilizar" o Outro (o bárbaro) está explícita, por exemplo, na obra de Emma Martinell Gifre, *La comunicación entre españoles y índios*: palabras y gestos[1]. Nesse livro, a tônica é posta no esforço de comunicação desenvolvido por espanhóis e ameríndios, sublinhando a autora que entre indivíduos que se consideram cultural e civilizacionalmente superiores há curiosidade em conhecer o outro, mas também vontade de reproduzir sons e palavras, dominar códigos verbais e até de conduta que tornem a comunicação eficaz e útil. E, nesse sentido, Martinell Gifre concede especial atenção aos intérpretes, os "línguas", que são simultaneamente guias, fornecedores de informações, que interferem em negociações de paz, tratados comerciais e em declarações de guerra ou ainda que ajudam os padres a catequizar, a confessar, a salvar almas.

Ora, os intérpretes são, a par de missionários, lançados, mamelucos, capitães-do-mato, estereótipos de indivíduos e de grupos habilitados a fazer, de forma diferente e com um grau de desenvolvimento distinto, a articulação entre o(s) Eu(s) e o(s) Outro(s). Na medida em que falavam a língua, conheciam hábitos e códigos comportamentais e civilizacionais, detinham prestígio e, por vezes, poder junto de "colonos" e "colonizados". Esses homens podiam ser brancos, mestiços ou mulatos, mas se encontravam a meio caminho entre culturas. Se, em determinadas alturas, estavam integrados nas comunidades ameríndias e eram por elas absorvidos, em outras circunstâncias continuavam a manter ligações sólidas com a sociedade colonial, colaborando com ela e recebendo proteção. Não se identificavam, portanto, com a sua cultura de origem, nem adotavam integralmente hábitos comportamentais dos grupos com que contatavam de novo.

Pretendo, com este artigo, contribuir para o estudo do fenômeno de intermediação cultural ocorrido no norte do Brasil em meados de Setecentos, numa altura em que houve uma colisão nítida entre os interesses políticos da monarquia portuguesa vigentes para a região e as conveniências individuais dos que viviam adaptados e, até então, integrados em ambas as sociedades: a colonial e a ameríndia.

## A natureza "camaleônica" dos intermediários

Os intermediários e o seu papel no espaço colonial amazônico de meados de Setecentos não são tema novo na produção historiográfica sobre o Brasil colonial. Contudo, talvez o trabalho mais recente e sistemático sobre esse assunto seja o de Barbara Sommer, "Cracking down the *cunhamenas*: renegade Amazonian traders under Pombaline reform"[2]. Através de um já bem conhecido enquadramento político e diplomático da época, que considera as reformas pombalinas, a concentração de poderes nas mãos do governador e dos agentes régios, a demarcação de limites com a Hispanoamérica e as relações de poder entre as sociedades ameríndias e colonial, bem como por um encadeamento de fatos relacionados à vida desses personagens, ficamos a saber, com maior precisão, como esses indivíduos se integravam ou não ao Estado do Grão-Pará no "período quente" das reformas pombalinas.

Não obstante o que este artigo traz de inovador, creio que, pela complexidade do estatuto e da função dos intermediários, o assunto merece um outro tipo de reflexão. Antes de mais, porque funcionam, como o seu nome indica, como "pontes" ou elementos de ligação entre sociedades, civilizações e culturas distintas: pela sua origem familiar, por uma experiência de vida adquirida ao longo de anos no sertão amazônico e na sociedade colonial luso-brasileira; pelo domínio das línguas faladas e dos códigos comportamentais usados nas sociedades em que se movimentavam; pelos laços matrimoniais e alianças estratégicas que fortaleciam o seu poder pessoal e os tornava úteis, integrados e necessários tanto nas sociedades ameríndias, como na sociedade colonial paraense.

Essa natureza "camaleônica" que caracteriza as suas pessoas e as suas ações explica que as autoridades regionais do norte brasileiro os encarassem, por um lado, como uma ameaça ao poder político e administrativo que se queria instituir através de reformas profundas que visavam o fortalecimento do Estado absoluto português. Mas justifica, de igual modo, que os mesmos agentes estatais os considerassem como hipotéticos "trunfos", se fossem devidamente controlados e se as suas atividades e o conhecimento que tinham dos sertões e dos seus habitantes fossem colocados a serviço da coroa josefina.

O conceito do *intermediário* está indissociavelmente ligado ao sertão e à fronteira na acepção física e cultural do termo, tal como foi definido por A. J. R. Russell-Wood: uma "área de interação entre diferentes culturas", "uma região esquecida por Deus e desconhecida do homem civilizado", um espaço descontínuo, que não podia ser domado ou civilizado e que tampouco tinha um princípio ou fim exatos[3]. O sertão não era controlado ou habitado por portugueses, mas por bárbaros; era ainda caótico, não cristão, não civilizado e hostil aos valores e princípios – como justiça, cristandade, disciplina, estabilidade, boa administração.

No norte do Brasil, *sertão* significava, em meados do século XVIII, a floresta equatorial exuberante, onde só se podia entrar com grande dificuldade, um local habitado por "feras e bestas", onde as ameaças naturais eram constantes e as atrocidades cometidas por selvagens constituíam um perigo real. Era ainda o local onde estavam intactos ou quase intactos os tesouros amazônicos: se já não a terra das Amazonas e o mítico *El Dorado*, com toda certeza as drogas do sertão, as madeiras, as produções naturais desconhecidas que importava explorar. Mas o sertão era, fundamentalmente, a fonte inesgotável de abastecimento de mão-de-obra praticamente gratuita, utilizada por todos os extratos da sociedade colonial luso-brasileira. E, nesse sentido, o sertão podia também ser para os moradores dos núcleos urbanos estabelecidos ao longo dos rios, um local de oportunidade e lucro.

Pequenos grupos de moradores ou tropas organizadas, coordenadas por homens experientes na caça aos índios e na sobrevivência na floresta entravam pelo sertão e faziam, de forma justa ou à margem das regras e das leis definidas pelo poder central, as suas capturas. Toda a sociedade colonial paraense, tanto a laica, como a eclesiástica, quer a envolvida diretamente na captura e descimento, quer a que atuava como compradora, beneficiava-se com o tráfico dos "negros da terra", uma mão-de-obra barata e aparentemente inesgotável, constantemente reforçada pelos índios que, negociados, aprisionados ou resgatados, "desciam" do interior da bacia hidrográfica amazônica em direção às "missões de baixo".

Dentre os mais envolvidos e favorecidos por esse tráfico estavam os "régulos do sertão", homens poderosos que, até meados de Setecentos, tinham a função "institucionalmente" definida e reconhecida de abastecer a sociedade paraense de escravos ameríndios. Muitos desses indivíduos haviam ingressado nas sociedades ameríndias porque lhes era, a muitos títulos, vantajoso esse modo de vida, longe da rigidez das regras e padrões de conduta impostos pela sociedade colonial, para lá da jurisdição civil e eclesiástica e de todos os mecanismos legais de controle.

Muitos desses homens eram filhos de pais brancos, oriundos do reino ou da terra, alguns de estatuto social elevado, e de mães índias, que podiam ser filhas de principais com escravas na sociedade colonial. Na documentação analisada, um dos casos mais instigantes é, sem dúvida, o de Pedro de Braga que era filho de mãe índia que se dizia ser escrava, mas descendente de pessoas tratadas como nobres no Brasil[4]. Pedro de Braga era não só homem poderoso e régulo do sertão, mas o tentáculo mais poderoso de uma rede de tráfico que atuava de forma concertada nos sertões do rio Negro, e que envolvia diretamente os irmãos António, Pedro, Sebastião e Francisco (que também era soldado na guarnição da fortaleza de Mariuá), os cunhados e os filhos de Pedro de Braga, Cláudio de Oliveira, Clemente Luís Neto, cunhado do célebre José Gonçalves da Fonseca, os padres da Companhia de Jesus e muito particularmente o padre regente de São Boaventura.

Um outro era o célebre Francisco Portilho de Melo, figura grada entre brancos e índios, que atuava em articulação com os seus irmãos Nicolau, Domingos e Baltazar Portilho, mas também com o padre Miguel Ângelo, seu aliado, e o alferes Tomás Luís Teixeira, seu amigo. Esses eram os principais nomes que sobressaíam de uma tropa anônima composta por "hum tal numero de índios sujeitos à sua ordem que me persuado passarão de seis aldeias e todas opulentas", mas também por mamelucos, negros e brancos[5]. Os largos anos passados por Portilho de Melo nos sertões permitiam o fortalecimento gradativo dessa tropa através das inúmeras alianças que fazia com os principais do rio Negro, consolidadas pelas ligações maritais com as filhas dos chefes.

Essa era, aliás, uma das formas seguidas por esses homens para se integrarem nas comunidades ameríndias. Os "casamentos" realizados normalmente à margem dos rituais católicos com as filhas ou parentes dos índios mais destacados das comunidades, conferiam poder e prestígio a esses indivíduos, que, assim, reforçavam as alianças guerreiras e comerciais estabelecidas[6].

Mas os poderosos do sertão podiam ter outras origens sociais ou étnicas. Era o caso do padre Aquiles Maria Avogadri, antigo missionário das tropas de resgates, e de frei Maurício Moreira, ambos empenhados em fazer descimentos para os aldeamentos da Companhia e para as fazendas dos religiosos mercedários[7]; ou ainda o do frei Bernardo, um soldado tornado padre que vivia havia longos anos no sertão[8]. Podiam ser também indivíduos menos poderosos, mas igualmente envolvidos no tráfico, como o mameluco Jacob e o mulato Isidoro ou Basílio Pedro, Manuel de Braga e Manuel da Mota, que andavam em "negócios" no rio

Cavaboris e foram barbaramente assassinados por índios em revolta[9]; ou constituir os corpos militares das guarnições de fortalezas, como os soldados Silvestre Iriarte e José Monteiro, que, em tempos tinham integrado as tropas do poderoso régulo Francisco Portilho de Melo.

Sobretudo, o que ressalta da leitura das fontes é que as alianças podiam ser extremamente fluidas. Os amigos e aliados do momento podiam, pouco tempo depois, ser os concorrentes e denunciantes de situações ilegais, não obstante serem eles próprios infratores. Assim, se em alguns casos os "régulos do sertão" contavam com a proteção e eram aliados de missionários, em outros não se coibiam de atacar as missões para fazer tomadas de escravos. Como podiam ser denunciados por membros da sociedade colonial a quem tinham abastecido de escravos e que, nem por isso, eram clientes descontentes.

## As malhas que o império tece: a atuação de Francisco Xavier de Mendonça Furtado

O que ocorreu no norte brasileiro, em meados de Setecentos, para que esses homens, de tolerados e úteis à sociedade colonial paraense, passassem a ser considerados como "régulos despóticos", cujo comportamento prepotente importava punir? A pergunta tem resposta imediata em dois fenômenos de natureza diferente, embora indissociáveis: a chegada de Francisco Xavier de Mendonça Furtado, irmão de Sebastião José de Carvalho e Melo, e "a necessidade que este tinha de impor o reconhecimento da autoridade régia sem qualquer restrição ou limite à autoridade do monarca", ou seja, "administrar sem oposição ou condicionamento"[10].

De fato, Francisco Xavier de Mendonça Furtado foi o principal impulsionador da aplicação efetiva de uma série de medidas destinadas a proteger os índios, a controlar o espaço geográfico e a restringir o poder das ordens religiosas[11]. Nas *Instruções secretas* dadas pelo rei ao governador Mendonça Furtado, D. José I ligava indissociavelmente os interesses do Estado do Grão Pará e Maranhão à liberdade dos índios e às missões,

> de tal sorte que a decadência e ruína desse mesmo estado e a infellicidade que nelle se tem sentido são effeitos de não se acertarem ou de não se executarem (por má inteligência) as minhas reais ordens que sobre estes tão importantes negócios se têm passado[12].

Reconhecia, sem dúvida, o incumprimento das diversas leis reais que promulgavam a liberdade dos índios e regulamentavam os princípios de cativeiro e guerra justa, tantas vezes decretadas mas, ainda mais vezes, esquecidas e desrespeitadas.

A lei de 21 de março de 1747, pela qual se ordenava o recolhimento das tropas de resgate que andavam dispersas pelo sertão, teve consequências imediatas no rio Negro, na medida em que, quatro anos mais tarde, já se havia apurado como culpados no crime de "fazer peças contra a lei" a Francisco de Alberto do Amaral, António e João de Braga, Francisco Portilho de Melo, António Carlos e António Ribeiro da Silva, ao mameluco Jacob e ao mulato Isidoro[13]. De modo semelhante, o ano de 1748 marca, na opinião de Márcio Meira, uma viragem na forma como o registro dos índios resgatados era feito: se até essa data a violência, a crueldade e as mortes nos processos de apresamento dos índios dos rios Negro e Japurá eram claras, a partir de então os assentamentos "tornam-se lacónicos, geralmente encaminhando as 'peças', já não muitas, ao trabalho livre, assalariado para 'doutrina llos e vesti llos como taes (homens livres)"[14].

Não obstante a constatação de uma mudança de atitude, fundamentada na análise de uma fonte com as características do *Livro das canoas*, a documentação agora analisada aponta inúmeras dificuldades no cumprimento eficaz da legislação, porque "os certões do rio Negro são tão vastos que sempre forão asillo de creminozos e refúgio de malfeitores". Para além disso, o número de fortalezas era declaradamente insuficiente para controlar a vasta extensão de território sob sua vigilância, as tropas eram poucas, destituídas de disciplina militar e tinham interesses dúbios, e os comandantes militares não eram, na maioria dos casos, as pessoas mais eficientes e isentas, envolvendo-se claramente em "negócios do sertão", fossem esses salsa ou escravos. Finalmente, os acusados contavam com a proteção clara de parentes e amigos, quer andassem "incertos pelo sertão", quer estivessem nos núcleos populacionais luso-brasileiros[15]. O contrabando de escravos continuava a ser suficientemente lucrativo para que muitos indivíduos, não obstante as proibições régias, continuassem a partir para o sertão.

A chegada de Mendonça Furtado ao norte brasileiro significou nitidamente um "apertar do cerco" aos envolvidos direta ou indiretamente no tráfico de índios. Uma das medidas tomadas consistiu na elaboração de regimentos destinados aos capitães das fortalezas do rio Negro, formalmente justificados pela necessidade de sistematizar instruções e ordens dispersas, *de facto* legitimados pelas exações, descaminhos e corrupção dos capitães. No modelo de gestão definido por Mendonça Furtado para os sertões amazônicos, as fortalezas tinham, acima de outras funções, a de fiscalizar a tripulação e as canoas que navegavam pelos rios da bacia hidrográfica amazônica. Do litoral para o interior, a vistoria devia incidir na verificação de autorizações de viagem emitidas pelo governador, bem como no transporte de gêneros proibidos, como armas de fogo, munições ou pólvora; nas embarcações que baixassem em direção à cidade devia se inquirir o local de partida e se transportavam gente tomada contra as leis régias. As infrações e ilegalidades deviam ser registradas e, se fosse o caso, os bens, confiscados, e os infratores, aprisionados[16].

Uma outra medida legal foi aplicada a 4 de dezembro de 1752, data em que um diploma régio proibia os homens brancos que viviam dispersos pelo sertão de aceitarem "a título de mulheres" as filhas e parentes dos principais ameríndios. Essa medida era aparentemente contraditória às determinações reais da época se atentamos a que, nesse período, incentivava-se a miscigenação pelo casamento de vassalos portugueses com ameríndias[17]. No entanto, é, por outro lado, perfeitamente compreensível se percebermos essas alianças à luz do fortalecimento do poder dos "régulos do sertão", captores de escravos, que se serviam dessa estratégia para consolidar as alianças estabelecidas com os índios principais, e do que essas alianças significavam como desafio à autoridade régia.

No rio Negro, paralelamente, indivíduos integrados no sistema colonial – comandantes das principais fortalezas, soldados, missionários, moradores, índios –, controlavam a passagem de canoas e informavam ao governador e ao capitão-general Mendonça Furtado os movimentos dos indivíduos envolvidos no tráfico de índios, as áreas em que atuavam e as principais etnias envolvidas ou afetadas. Os mesmos personagens punham, por seu turno, o governador também em contato com alguns dos mais poderosos régulos do sertão, como era o caso de Francisco Portilho de Melo.

Por essa rede se sabe que homens como Portilho e Braga, que em meados de Setecentos controlavam parte significativa do tráfico de escravos ameríndios do norte do Brasil, viviam há muitos anos nos sertões dos rios Negro, Japurá, Cavaboris, Uaupés, Içá. Tinham família, casas, engenhos, sítios e bens na cidade de Belém, mas também possuíam mulheres e filhos, casas, chácaras e roças de maniba no rio Negro e seus afluentes. Controlavam exércitos particulares de 600-700 homens, alimentados pelas alianças com principais índios que só reconheciam vassalagem aos poderosos, seus aliados. Esses exércitos permitiam uma oposição tenaz às tropas coloniais e capturar índios, um processo a que eufemisticamente chamavam "descimentos", na vasta área geográfica a norte da fortaleza e povoado de Mariuá/Barcelos, junto das etnias Uaupés (Braga), Uariquenas, Barés, Baianas, Mabanos (Portilho)[18]. Um outro elemento que conferia poder a esses homens era o fato de, nas terras e sítios que tinham dispersos pelos sertões, possuírem roças de maniba, cultivadas por índios aliados ou por outros *cunhamenas* que estavam sob a submissão de Portilho, Braga e outros "régulos do sertão". Essas roças permitiam sustentar não apenas os seus "soldados particulares", como os índios recém-descidos[19].

O processo de obtenção de escravos era claro: a lei de 21 de abril de 1688 determinava que era lícito resgatar os índios escravizados por grupos rivais, os "presos de corda" destinados a rituais antropofágicos ou os capturados em guerra interétnica justa, através de negociação e compra[20]. Nesse sentido, a sociedade colonial participava na armação de tropas de resgate, compostas por dois cabos, um missionário, um escrivão, alguns soldados e muitos "homens indignos de vida licenciosa" que tinham relações de amizade e alianças comerciais, muitas vezes reforçadas por laços "matrimoniais" com índias[21]. Adquiriam-se os índios escravizados a troco de aguardente, tecidos, ferramentas e quinquilharia[22]. Contudo, não eram raras as vezes em que os antigos aliados e fornecedores, bem como as suas famílias e vassalos, eram também eles "amarrados", engrossando o número de escravos que se deslocavam dos sertões para os aldeamentos luso-brasileiros. Paralelamente aos resgates, existiam os descimentos, um processo voluntário no qual os "poderosos" ligados ao tráfico ou os missionários que, havia longos anos, viviam no sertão eram claramente as pessoas mais habilitadas para persuadir os índios a descer para onde fossem mais úteis à sociedade colonial.

A presença de missionários, como o jesuíta Aquiles Maria Avogadri ou o carmelita frei José da Trindade, em ambos os processos de negociação destinava-se a dar assistência religiosa aos descidos e, sobretudo, a verificar a observância dos métodos de captura estabelecidos por lei[23]. Mas, na medida em que eram dos primeiros a estar envolvidos no contrabando de índios, caucionavam qualquer tipo de apreensões.

De resto, o envolvimento das ordens religiosas no tráfico era notório, quer atuando por conta própria, através dos missionários espalhados pelo sertão, quer se aliando aos régulos e poderosos, a quem davam proteção, quer ainda assumindo que conventos, sítios e fazendas eram dos principais destinos de índios resgatados[24]. Alguns missionários dedicavam-se ao tráfico, transportando consigo uma imensidade de ferramentas, pólvora, chumbo e outros produtos, "que não parecerão alfayas próprias de hu religioso", ou então se fazendo acompanhar de um número considerável de índios que era quase sempre impossível contar[25]. A título de exemplo, refira-se que o convento de Nossa Senhora das Mercês recebeu 234 almas descidas pelo padre Aquiles Maria Avogadri, apenas no ano de 1752[26].

O que frequentemente ocorria como consequência da atuação das tropas de resgate era que etnias aliadas e pacificadas se rebelavam e defrontavam as tropas e atacavam os moradores luso-brasileiros, causando mortes e grande instabilidade; ou, então, procuravam refúgio em território hispanoamericano. Por isso, comprar e aprisionar índios contra as ordens reais era crime de lesa-majestade, passível de ser castigado com pena de morte, porque se considerava que se contestava a capacidade soberana do príncipe de fazer a guerra e a paz[27].

Contudo, as diversas tentativas para proceder à captura e prisão dos infratores ficavam quase sempre goradas, porque, explicava Mendonça Furtado a Carvalho e Melo, as distâncias entre a cidade, de onde partiam as ordens de apreensão, e o sertão eram grandes, e porque os poderosos do sertão eram protegidos por aliados fortes na sociedade colonial[28]. Ou, em outras palavras, reconhecia-se a corrupção de capitães e comandantes, que não cumpriam os regimentos e ordens e eram coniventes com o contrabando; a incapacidade das tropas coloniais para defrontar os exércitos particulares; e o grande interesse de moradores e ordens religiosas no tráfico de escravos[29].

O que, neste ponto, creio ser importante sublinhar é que a sociedade colonial estava completamente envolvida no tráfico de escravos, e essa situação era particularmente visível na existência de uma "contra-informação" atenta, em alguns casos organizada, que coexistia paralelamente com os mecanismos detidos pelo Estado português para vigiar e punir os *cunhamenas*. De que resultava que enquanto as tropas se organizavam, armavam e abasteciam para fazer emboscadas e capturar os infratores, estes eram prevenidos e se retiravam, sem alarido, para o sertão. Assim se explica, por exemplo, o fracasso da expedição de Bento Maciel Parente e do capitão André Miguel Aires à fazenda dos Braga em 1751[30].

## Interesse público versus conveniências privadas

Já nos referimos a algumas das medidas que o Estado português decretou e aplicou em território amazônico, destinadas a controlar os indivíduos envolvidos no tráfico de índios. Contudo, é importante salientar que, se essas medidas eram aplicáveis a todos os *cunhamenas*, a estratégia das autoridades administrativas portuguesas em relação aos poderosos do sertão não foi uniforme: ao invés, revela o que considero uma grande flexibilidade e ao mesmo tempo, uma notória habilidade política.

Uma das questões que ocupou Francisco Xavier de Mendonça Furtado foi o problema das demarcações com a Hispanoamérica. Nomeado principal comissário nesse processo, foi incumbido de se informar sobre o que os habitantes do norte brasileiro pensavam das demarcações de limites resultantes do Tratado de Madri (1750) e obter informações sobre as aldeias castelhanas e comunicações com Mato Grosso[31]. As áreas remotas, que, em meados de Setecentos, eram palco da diplomacia internacional, coincidiam com os domínios dos *cunhamenas*, dos "régulos do sertão" que tinham um conhecimento minucioso do território, apenas equiparável ao de grandes sertanistas fluviais da época, como José Gonçalves da Fonseca, João de Sousa de Azevedo ou João Pereira Machado, também conhecido como "o peregrino da América"[32]. Mas importa sublinhar que esse saber não se limitava unicamente ao espaço físico e geográfico, como também aos modos e técnicas de sobrevivência no sertão e ao apoio captado entre as etnias ameríndias no fornecimento de alimentos, mão-de-obra, como guias, etc[33]. Nesse sentido, entendem-se as tentativas do governador em tentar controlar esses intermediários, tornando-os de perseguidos em aliados.

Creio que a diversidade de estratégias da coroa em relação à forma como lidou com os poderosos do sertão pode ser ilustrada pela análise de três casos concretos: o de Francisco Portilho de Melo, o de Pedro de Braga e o de Manuel Dias Cardoso.

"Este sujeito por cauza dos muitos annos que tem daquelle certão e boa inteligência com os gentios está com um tal número de índios sujeitos a sua ordem que me persuado passão de seis aldeias e todas opulentas." Assim se referia Joaquim Miguel Lopes da Gama a Portilho de Melo, um dos régulos mais poderosos do sertão amazônico de meados do século XVIII. Senhor de um exército que ultrapassaria as 600-700 pessoas, com poder e autoridade reconhecidos entre as etnias do rio Negro, Portilho de Melo foi um dos focos de atenção das autoridades administrativas luso-brasileiras. João de Abreu Castelo Branco foi o primeiro governador a tentar controlar Portilho de Melo, persuadindo-o a descer para Belém e, depois, reconhecendo o insucesso da sua prédica, prometendo-lhe o posto de capitão da fortaleza de Macapá[34]. Com essa proposta aliciante, pretendia o governador pôr ao serviço das demarcações com a América espanhola a inúmera quantidade de gente sujeita ao régulo. A desconfiança de Portilho perante o seu provimento num lugar já ocupado só foi aplanada quando Mendonça Furtado lhe deu a patente de governador das aldeias em redor da fortaleza e, muito particularmente, da aldeia nova de Santa Ana.

A viagem de Portilho de Melo e do gentio que o acompanhava caracterizou-se por um constante ludibriar das autoridades das fortalezas de Pauxis e Tapajós que deviam inspecionar e contar os ameríndios e brancos que vinham em 32 canoas. Portilho dava respostas ilusivas sobre serem mais de duzentos e menos de trezentos, quando os descidos pareciam, de fato, rondar os 363, oriundos dos grupos Uariquena, Baiana, Mabana e Baré, chefiados por 6 principais homens (Tomás Luís, Macadã, Domingos, Estêvão, Mayepy, Camuhary), 2 principais mulheres ou "principoas" (Helena Portilho e Camila) e uma princesa (Josefa)[35].

Quanto a Mendonça Furtado, só podia felicitar Portilho de Melo pela "resolução de se tirar de viver entre as feras adonde com facilidade se esquece a gente assim dos bens temporais, como dos outros mais importantes que são os espirituais" e atestar os seus esforços para que o soberano reconhecesse e recompensasse os serviços prestados pelo régulo, "com aquella piedade com que costuma olhar para os vassallos que observem e que verdadeiramente se arrependem e abstem de algumas verduras que cometem com menos consideração"[36]. Em relação aos descidos, o governador mandava assegurar o cumprimento das promessas feitas por altura do descimento, entre elas, um tratamento equiparável aos "vassalos brancos": direito a remuneração por serviços prestados, autorização para comerciar, ensino dos seus filhos na língua portuguesa, assistência espiritual, ajuda na doença, alimento e vestuário, tudo pago pelo Erário Régio, isenção na prestação de serviços à coroa ou a particulares por um período de dois anos[37].

Dessa forma, e agora em "mundo civilizado", Portilho de Melo reforçava o seu poder e autoridade junto aos índios descidos, porque era, de forma assumida, o elo entre o governador e os índios e o escolhido para administrar Santa Ana e promover o bem-estar e a felicidade desses vassalos recentemente incorporados à soberania portuguesa[38]. Por seu turno, Santa Ana era importante pela sua posição estratégica: edificada nas proximidades da fortaleza de Macapá, era um sinal visível da ocupação luso-brasileira a quem chegasse por mar, vindo do Suriname ou da Guiana Francesa.

Depois de organizada a povoação com igreja, casas e roças, e restabelecidos os índios das maleitas provocadas pela viagem e adaptação a um habitat diferente, recebeu Portilho de Melo instruções para acompanhar Mendonça Furtado na sua viagem ao rio Negro, "a negócios muito interessantes ao serviço de S. Majestade"[39]. Os entraves ao cumprimento desta ordem foram alguns: uma tempestade que destruiu as embarcações e estragou os víveres de quem viajava para o rio Negro[40]; uma oportuna doença de Portilho, que justificou a sua convalescença na casa de Pedro Furtado[41]; e, acima de tudo, a suspeita que esse "santo homem" planejava se retirar para Caiena ou formar um mocambo junto a Parauarú com os seus índios e os irmãos Domingos e Baltasar[42]. De fato, tinha-se estabelecido, com parte dos seus índios de Santa Ana, num igarapé por trás da aldeia dos Bocas. Apesar do perdão real, acabaria por ser preso em 1756, uma vez que, à semelhança do seu congênere Pedro de Braga, foi considerado culpado na venda de índios livres da aldeia de Santa Ana do Macapá[43].

A família Braga foi um dos primeiros alvos da atuação do governador. Se, de fato, Pedro de Braga se mostrou cooperativo quando as novas ordens chegaram ao norte brasileiro – casou oficialmente com Lizarda Maria, uma das suas "esposas índias", e procedeu ao descimento de cerca de 200 índios para a aldeia do Caia, próxima de Belém[44] –, cedo foi acusado de vender índios desta aldeia, violando claramente a lei.

A retaliação das autoridades administrativas não se fez esperar, ocorrendo logo em 1751, quando o sítio de António de Braga foi invadido pelas tropas chefiadas pelo capitão André Miguel Aires e Bento Maciel Parente. Mas só o sítio foi afetado pelo ataque, porque tendo sido os seus ocupantes devidamente avisados, já se tinham mudado, com os seus pertences, para a cidade ou para o sítio de João Camacho[45].

No rio Negro, as movimentações dos Bragas eram seguidas pela rede de informantes que dava conta da área de atuação preferida: o rio Uaupés. Era aqui que Pedro de Braga tinha um número considerável de amigos e aliados, entre eles o principal Aquipi, tio de uma das mulheres de Pedro de Braga; tal como foi aqui que ele fez três mortes. Contudo, no rio Negro, em 1752, e apesar da proibição determinada pelas pastorais e pelas leis reais, Pedro de Braga tinha também tomado por mulher uma filha do principal Juá[46].

Uma bandeira chefiada por Lourenço de Belfort, antigo cabo de tropas de resgate, partiu no encalço de Pedro de Braga. O objetivo era impedir a passagem do régulo acima das cachoeiras do rio Negro e devassar a sua culpa nas mortes do rio Uaupés. Se Pedro de Braga conseguiu subir o rio pela força das armas e graças ao apoio de Clemente Luís Neto, cunhado do respeitado secretário do Pará e intrépido explorador José Gonçalves da Fonseca[47], não impediu Belfort de instaurar o inquérito: foi considerado culpado das três mortes e acusado de amotinar o gentio do rio Uaupés. Apesar da resistência movida, foi preso mas rapidamente solto por Lourenço Belfort: "tanto pela razão do gentio a quem elle dominava, como também pellos mesmos homens brancos que tinha na sua cometiva a quem elle a todos devia e eram empenhados na soltura por enteverem que vindo elle prezo perdião as suas dívidas"[48].

Depois de solto, Braga e os índios, seus apaniguados, reagiram imediatamente, com uma emboscada à bandeira, de que resultou o assassinato de dois brancos e sete índios, e uma vintena de feridos. Preso de novo no dia de São Francisco Xavier e dado como culpado no contrabando de índios, bem como na autoria de treze ou catorze mortes ocorridas no rio Uaupés, foi enviado em ferros para o calabouço do corpo da guarda de Belém, com direito a vigilância especial e ronda permanente, executada por sentinelas adultos: estava impedido de ter visitas e não podia falar com os soldados; os alimentos e a roupa enviados deviam ser cuidadosamente inspecionados, tal como a correspondência; não podia ter mesa, cama ou tábua encostadas às paredes e o estado dos ferros do calabouço devia ser inspecionado a cada quatro horas[49]. Uma das acusações que terá tido importância no veredito tem a ver com a aldeia do Caia, de onde Braga tirava índios descidos voluntariamente, e à sua guarda para os vender a particulares na cidade de Belém, infringindo claramente as leis reais[50].

Tanto Portilho como Braga foram presos e levados para os cárceres da Inquisição de Lisboa, onde foram inquiridos pelos seus crimes e modos de vida. Relaciono estes casos com o capítulo de Stuart Schwartz neste livro, fundamentando essa afirmação no seguinte: a sociedade colonial conseguiu conviver tranquilamente e sem angústias com os hábitos de cunhamenas de Portilho e Braga e com o que isso significava: poligamia, flagelações, bebedeiras rituais, laxidão moral e religiosa[51]. É que esses indivíduos eram de grande utilidade no fornecimento de mão-de-obra destinada a assegurar a vitalidade da economia e da sociedade coloniais.

Quando as regras mudaram, em meados do século XVIII, com Mendonça Furtado, a coroa soube desenvolver "mecanismos hábeis e sábios" para firmar o seu poder e controlar os súditos e os domínios coloniais. Se, num primeiro momento, os dois régulos pareciam jogar de acordo com as novas regras, logo voltaram a cometer infrações. Só que agora, as forças repressoras da monarquia portuguesa funcionaram conjuntamente para resolver o problema. A Inquisição, apesar de inquirir sobre os desvios religiosos e morais, atuou como uma força ou instrumento ao serviço da coroa portuguesa. Dessa forma, também os *cunhamenas*, como Braga e Portilho, foram perseguidos, mas menos por questões morais e antes porque contestavam a autoridade real e eram considerados como fatores de instabilidade dentro dos domínios coloniais. Os motivos eram francamente políticos.

O terceiro caso a que quero dar relevo é o do capitão de descimentos Manuel Dias Cardoso, que vivia, desde 1735, na aldeia de Santo Elias do rio Negro, local onde tinha casas, roças e escravos. Um dos alvos das suas práticas tinha sido o principal Macupi e seus aliados, com quem, por volta de 1751, havia encetado um processo de negociação para descerem para a aldeia luso-brasileira. Nesse negócio dizia ter servido o rei e gasto a sua fazenda. No processo de negociação, a boa vontade de Macupi traduziu-se na dádiva de "reféns", uma filha e um sobrinho, que, ao serem integrados à sociedade luso-brasileira, podiam atestar junto dos que se pretendiam descer à forma como os colonos tratavam os índios. Contudo, esse descimento não teve êxito, porque Portilho de Melo e Tomás Luís capturaram Macupi[52].

A pastoral episcopal, ordenando que os *cunhamenas* – e entre eles Manuel Dias Cardoso –, saíssem do sertão e descessem para Belém no espaço de oito meses, despoletou um protesto veemente por parte do capitão de descimentos, que, ao contrário de outros que resolveram ir para domínio espanhol ou se refugiar nas cachoeiras do rio Madeira, insistiu em permanecer nas suas terras.

Não obstante a insistência de Mendonça Furtado, que queria convencer Manuel Dias Cardoso a se mudar para a cidade e abandonar o mato, onde "não servia a Deus ou ao rei", o *cunhamena* resolveu ficar nos sertões do rio Negro, com a sua família e aliados. Aqui podia ser de grande utilidade, porque conhecia o sertão e gozava de crédito e prestígio entre os índios. Foi graças a essa influência que conseguiu descer 200 indios do rio Ixié para a Barra, a capital da capitania de São José do rio Negro[53]. O fato de jogar segundo as novas regras e colocar os seus descimentos a serviço do poder colonial explica que, nos finais da década de sessenta, vivesse tranquilamente nos sertões do rio Negro com as suas mulheres e filhos.

## Impunidade ou castigo

Se, como afirma Russell-Wood, a violência é um tema recorrente da história do sertão, homens como Portilho de Melo, Pedro de Braga ou Manuel Dias Cardoso eram, sem sombra de dúvida, dos protagonistas mais notórios: pelas desordens e instabilidade que provocavam ao capturar, matar, escravizar e violar índios, instigando guerras interétnicas e revoltando grupos que até então tinham estado pacíficos; pelo fato de estarem implicados, com total impunidade, em atividades de contrabando que envolviam escravos e mercadorias, com índios, espanhóis e portugueses; porque desafiavam as autoridades governativas ao procurarem no sertão uma alternativa viável à prisão e à punição da justiça colonial.

Mas nem só de poderosos se faz essa história. Existem outros indivíduos menos conhecidos: uns também envolvidos diretamente no tráfico de índios; outros acusados de vender carne seca a preços exorbitantes, numa altura em que a cidade de Belém se debatia com fome e uma epidemia de varíola; outros ainda acusados de crimes graves ou violentos, como os de morte de homem, espancamento de oficiais régios, roubos, raptos e distúrbios entre os moradores, assaltos à cadeia para resgatar amigos, familiares e amantes[54]. Outros havia que eram soldados recém-chegados do reino, que desertavam mal assentavam praça[55].

Perseguidos pela justiça, esses homens refugiavam-se no sertão, onde encontravam acolhimento junto aos "bárbaros" habitantes da floresta, que, em certos casos, eram também seus aliados e familiares; em mocambos compostos por escravos fugidos e outros malfeitores e fugitivos; nas ilhas desertas da costa; nos pequenos aldeamentos coloniais afastados da cidade, onde a fiscalização era inexistente; ou ainda, e mais prosaicamente, nas chácaras, fazendas e sítios recatados, a poucos quilômetros dos mais importantes núcleos urbanos, como Belém.

Era nesses locais a pouca distância da cidade que, com conhecimento e conivência dos donos das roças e fazendas que lhes davam guarida e protegiam, ou então à sua revelia, os refugiados encontravam, com maior facilidade, abrigo, alimentos variados e possibilidade de fuga para zonas mais recônditas[56]. Assim era o sítio de António de Braga, local onde a família de Braga também tinha os trastes e fazendas destinados ao tráfico, o sítio de Braz de Barros, que servia de esconderijo aos fugitivos da prisão acusados de crimes graves, ou a fazenda de Pedro Furtado, onde Portilho de Melo convalescia de um oportuno achaque que fazia antever uma fuga do régulo e dos seus índios para o Suriname ou para os sertões[57].

Era dessas fazendas e chácaras que os perseguidos pela justiça colonial saíam para ir à cidade, quando sabiam que era seguro fazê-lo porque ficariam impunes. Ou seja, quando as autoridades judiciais estavam ausentes e os oficiais de justiça eram poucos, ou então à noite. Além disso, suas famílias davam-lhes guarida e proteção.

Entre os espaços de refúgio devem se considerar ainda locais com jurisdição especial, como os conventos, hospícios e fazendas de ordens religiosas, onde a justiça secular não se fazia sentir. Era, por exemplo, nas fazendas da Companhia que se suspeitava terem-se ocultado Gaspar Barbosa e Leandro de Araújo, acusados de estarem envolvidos no contrabando de ouro de Mato Grosso[58].

Contudo, embora sendo o sertão local de asilo de infratores, podia constituir igualmente um perigo e ameaça à segurança e à vida de quem nele se acoitava: porque, para além da salvação, também "a vida /estavam/ em evidentíssimo risco, como proximamente succedeo a estes três mizeráveis assassenados pelos bárbaros quando menos esperavam", afinal um "justo premio da estragada e escandaloza vida em que andavam". Referia-se o governador a Basílio Pedro, Manuel de Braga e Manuel da Mota, que andavam em negócios de contrabando no rio Cavaboris[59].

## O discurso colonial ou das relações subversivas entre "colonos" e "colonizados"

A política indigenista implantada com o período pombalino pressupunha como aspecto fundamental do discurso colonial a integração dos grupos ameríndios na sociedade colonial. Mauro Cezar Coelho, no seu estudo intitulado "O Directório dos índios e as chefias indígenas: uma reflexão", identifica esse princípio programático em relação ao norte brasileiro, por exemplo, nos pedidos das chefias indígenas para que os órgãos governativos coloniais reconhecessem a sua autoridade e capacidade de mando perante os grupos ameríndios a que pertenciam, no ingresso de índios como irmãos leigos da ordem terceira de São Francisco, na eleição de índios para integrar os senados das câmaras de vilas amazônicas[60]. Continua ainda esse autor:

> Ao longo de todo o período de vigência do Directório dos índios, as populações indígenas foram incorporadas à sociedade colonial por meio da inclusão nas forças militares, na condição de ajudantes, alferes, sargentos-mores, capitães e mestres-de-campo. Alguns poucos índios exerceram as ocupações de meirinho e director[61].

Inversamente, a administração pombalina cedo demonstrou a sua contrariedade e condenação em relação à situação oposta: a absorção de reinóis, luso-brasileiros, mamelucos ou mestiços pelas sociedades ameríndias. O mesmo discurso colonial que encontrava um eixo basilar na integração dos ameríndios na sociedade colonial reconhecia como prejudicial o fato de muitos cristãos envolvidos no tráfico andarem pelo sertão, longe da vigilância laica e eclesiástica, dando azo a que "não só não se tem convertido o gentio da terra, mas que contrariamente muitos cristãos têm não só tomado os costumes dos gentios, mas ainda têm seguido os seus ritos, sendo maior lástima que até tenham entrado neste número muitos eclesiásticos"[62].

Casos como esses demonstram que a fronteira entre os Eus e os Outros está tênue e esbatida, a ponto de quase não existir. Todos falavam uma língua comum, dominavam os códigos comportamentais do quê e como fazer para ter sucesso numa negociação, sabiam como se aproximar, conheciam a natureza[63].

O problema coloca-se, antes de mais nada, no nível do desrespeito pela religião cristã e pelos princípios do Direito Natural, bem como do desafio à autoridade soberana do rei e à integridade da monarquia. Mas creio que a tônica pode também ser colocada em um nível civilizacional: a adoção de hábitos indígenas por quem deveria estar identificado com a sociedade colonial – o "tornar-se ameríndio" – era algo de reprovável, condenável e subversivo porque significava, à luz do pensamento setecentista, uma subjugação de entes civilizacionalmente superiores (os colonos, os "europeus") a hábitos comportamentais e valores éticos de seres considerados bárbaros e incivilizados[64].

Ora, no pensamento político da época, o Estado português era o responsável e devia interferir no processo evolutivo dos seus súditos menos protegidos rumo à civilização e à cristianização, à felicidade, ao bem-estar e ao progresso[65]. Esses princípios estavam obviamente muito afastados do sertão amazônico, apenas um dos muitos componentes geográficos desse império de muitas faces.[66]

## Notas

1 Emma Martinell Gifre, *La comunicación entre españoles y indios:* palabras y gestos, Madri, Mapfre, 1992.

2 Barbara Sommer, "Cracking down the *cunhamenas*: renegade Amazonian traders under Pombaline reform", *Journal of Latin American studies* (2006), nº 38, p. 767-791. Cambridge, Cambridge University Press, 2006, in http://journals.cambridge.org/action/displayAbstract?fromPage=online&aid=528908.

3 A. J. R. Russell Wood, "Fronteiras no Brasil colonial", *Oceanos*, nº 40, out.-dez. 1999, p. 9.

4 British Library (BL), Add. 20 988, fl.?, Carta régia ao governador do Maranhão, 12 maio 1751; Sommer, *op. cit.*, p. 7.

5 BL, Add. 20 988, fl. 54, Carta de Joaquim Miguel Lopes da Gama, 20 abril 1751.

6 Os infratores nessa matéria seriam punidos, no caso de serem oficiais mecânicos, com açoites e envio para as galés por 5 anos; se fossem nobres, seriam degredados por 10 anos para Angola (BL, Add. 20 988, fl.101, Carta régia ao governador do Maranhão 4 dez. 1752).

7 Marcos Carneiro de Mendonça, *A Amazónia na era pombalina*, tomo 1, p. 212, 26 jan. de 1752.

8 *Idem*, p. 290, 10 nov. 1752; *Idem*, p. 212, 26 jan. 1752.

9 Biblioteca Nacional de Lisboa (BNL), Reservados (R), *Colecção Pombalina* (CP), cód. 625, fl. 69, Carta de Francisco Xavier de Andrade 18 fev. 1752.

10 Joaquim Romero Magalhães, "Um novo método de governar: Francisco Xavier de Mendonça Furtado, governador e capitão-general do Grão- Pará e Maranhão" (artigo no prelo).

11 Isabel Vieira Rodrigues, "A política de Francisco Xavier de Mendonça Furtado no Norte do Brasil (1751-1759)", *Oceanos*, nº 40, out.-dez. 1999, p. 96-110; e *O governador Francisco Xavier de Mendonça Furtado no Grão-Pará e Maranhão (1751-1759)*: contribuição do seu epistolário para a história portuguesa do Brasil, Lisboa, Dissertação de Mestrado em História e Cultura do Brasil, Faculdade de Letras da Universidade de Lisboa, 1997.

12 BNL, R, CP, cód. 626, fl. 7, Instruções secretas dadas pelo rei a Francisco Xavier de Mendonça Furtado, 30 maio 1751.

13 BL, Add. 20 988, fl ?, Carta régia ao governador do Maranhão de 12 de Maio de 1751.

14 Márcio Meira (org.), *Livro das canoas*: documentos para a história indígena da Amazónia, São Paulo, Núcleo de História Indígena e do Indigenismo da Universidade de São Paulo, Fapesp, 1994, p. 12.

15 Era o caso do capitão João Rodrigues da Cruz, comandante do rio Negro, acusado de tratar dos seus negócios, de enviar soldados e índios a recolher drogas do sertão, de obrigar as índias da fortaleza a fiarem; e de capturar escravos da etnia aruaquizes (BNL, R, CP, cód. 625, fl. 53, 23 fev. 1751).

16 BL, Add. 20 991, fl. 55, Regimento que se passou aos capitães João Rodrigues da Cruz e Euquário Ribeiro dos Santos, 27 nov. 1751.

17 Arquivo Histórico Ultramarino (AHU), *Pará*, caixa 110, 4 dez. 1752). Alvará régio BNL, R, 3610 V, 4 abril 1755.

18 Mendonça, *op. cit.*, p. 87.

19 BNL, R, CP, cód. 625, fl. 69, Carta de Francisco Xavier de Andrade a Francisco Xavier de Mendonça Furtado, 18 fev. 1752.

20 Ângela Domingues, *Quando os índios eram vassalos*: colonização e relações de poder no Norte do Brasil na segunda metade do século XVIII, Lisboa, Comissão Nacional para as Comemorações dos Descobrimentos Portugueses, 2000, p. 28-29.

21 Mendonça, *op. cit.*, p. 290.

22 Os processos de descimento encontram-se descritos em Domingues, *op. cit.*, p. 142-143.

23 BNL, R, CP, cód. 630, fl. 41, Carta de Francisco Portilho de Melo a Francisco Xavier de Mendonça Furtado, 15 nov. 1751.

24 Por exemplo, a Companhia de Jesus era considerada como uma grande aliada de Portilho de Melo (Mendonça, *op. cit.*, p. 212).

25 BL, Add. 20 991, fl. 20, Carta de Francisco Xavier de Mendonça Furtado a frei José da Madalena, 12 jun. 1752.

26 BNL, R, CP, cód. 625, fl. 74, Carta de João Rodrigues da Cruz a Francisco Xavier de Mendonça Furtado, 25 fev. 1752.

27 British Library, Add. 20 991, fl. 39, Carta de Francisco Xavier de Mendonça Furtado a Francisco Xavier de Andrade, 6 dez. 1752.

28 Mendonça, *op. cit.*, p. 87.

29 *Idem*, p. 212.

30 BNL, R, CP, códice 630, fl. 7, Carta de Bento Maciel Parente ao governador e capitão-general do Pará 18 set. 1751.

31 BNL, R, CP, códice 626, fl. 40, Instrução que Sua Majestade mandou expedir ao sobredito principal comissário para se regular na execução dos tratados abaixo declarados, 30 abr. 1753.

32 A opinião desses homens em relação ao Tratado de Madri era que Portugal tinha ficado lesado no processo de negociação (Mendonça, *op. cit.*, p. 181).

33 Sobre questões relacionadas à vida cotidiana nos sertões amazônicos durante esse período, Domingues, *Viagens de exploração geográfica na Amazónia em finais do século XVIII:* política, ciência e aventura, Funchal, Região Autónoma da Madeira, 1991, p. 73 e ss; para a região sul, veja-se Mário Clemente Ferreira, *O Tratado de Madrid e o Brasil meridional:* os trabalhos demarcadores das partidas do Sul e a sua produção cartográfica (1749-1761), Lisboa, Comissão Nacional para as Comemorações dos Descobrimentos Portugueses, 2001, p. 194 e ss.

34 BL, Add. 20 988, fl. 54, Carta de Joaquim Miguel Lopes da Gama a (?), 20 abr. 1751.

35 BNL, R, CP, cód. 622, fl. 33, Carta de José António de Freitas Guimarães a Francisco Xavier de Mendonça Furtado, 13 fev. 1753; idem, fl. 31, Carta de Manuel da Silva ao mesmo, de 13 fev. 1753; idem, cód. 625, fl. 126, Relação da gente que chegou com Portilho de Melo do rio Negro toda por sua vontade, 8 mar. 1753.

36 Mendonça, *op. cit.*, p. 356.

37 BL, Add. 20 991, fl. 90, Carta de Francisco Xavier de Mendonça Furtado a Francisco Portilho de Melo 24 abr. 1753; idem, fl. 113, de 19 de Junho de 1753.

38 Mendonça, *op. cit.*, tomo 2, p. 454.

39 BL, Add. 20 992, fl. 47, Carta de Francisco Xavier de Mendonça Furtado a Francisco Portilho de Melo, 21 out. 1754.

40 BNL, R, CP, cód. 627, fl. 31, Carta de Francisco Cordeiro da Silva Marques ao bispo do Pará, 1 nov. 1754.

41 *Idem*, fl. 52, Carta do bispo do Pará a José de Barros Machado, 14 nov. 1754.

42 *Idem*, fl. 87, Carta do bispo do Pará a Francisco Xavier de Mendonça Furtado, 22 jan. 1755.

43 *Idem*, fl. 157, Carta do bispo do Pará a Francisco Xavier de Mendonça Furtado, 7 jun. 1755.

44 Sommer, *op. cit.*, p. 4.

45 BNL, R, CP, cód. 630, fl. 7, Carta de Maciel Parente a Francisco Xavier de Mendonça Furtado, 18 set. 1751.

46 Idem, cód. 625, fl. 107, Carta de Francisco Xavier de Andrade a Francisco Xavier de Mendonça Furtado, 12 ago. 1752.

47 Marly Jobim Gomes & Max Justo Guedes, "Primórdios da exploração do rio Madeira: a escolta do sargento-mor Luís Fagundes Machado e a Carta hidrográfica de José Gonçalves da Fonseca", *Anais hidrográficos*, tomo XLIX (suplemento), Manaus, Diretoria de Hidrografia e Navegação, 1992, p. 163 e ss.

48 BNL, R, CP, cód. 621, fl. 214, Carta de Lourenço Belfort a Francisco Xavier de Mendonça Furtado, 8 fev. 1753.

49 BL, Add. 20 991, fl. 125v, Ordens que devem inviolavelmente executar os capitães que entrarem de guarda pelo que respeita à vigilância que devem ter sobre Pedro de Braga e Cláudio de Oliveira, 4 dez. 1753.

50 *Idem*, fl. 105v, Carta de Francisco Xavier de Mendonça Furtado ao comandante do Macapá, 1 jun. 1753.

51 Cf. o capítulo de Stuart Schwartz neste livro.

52 BNL, R, CP, cód. 625, fl. 67, Carta de Manuel Dias Cardoso a Francisco Xavier de Mendonça Furtado, 12 fev. 1752.

53 Sommer, *op. cit.*, p. 10.

54 BL, Add. 20 988, fl. 23, 20 abr. 1751; *Idem*, Add. 20 991, fl. 42, 3 dez. 1752.

55 *Idem*, Add. 20 991, fl. 2, Carta de Francisco Xavier de Mendonça Furtado ao capitão-mor do Caieté, 12 out. 1751.

56 *Idem*, Add. 20 988, fl. 23, Carta régia ao governador do Maranhão, 20 abr. 1751.

57 BNL, R, CP, cód 630, fl. 36, 15 nov. 1751; *Idem*, cód. 630, fl. 61, 23 jan. 1752; *Idem*, cód. 627, fl. 53, 15 nov. 1754.

58 Mendonça, *op. cit.*, tomo 2, p. 595.

59 BL, Add. 20 991, fl. 23, Carta de Francisco Xavier de Mendonça Furtado a Manuel Dias Cardoso, 12 jun. 1752.

60 Esse reconhecimento era feito pela emissão de uma carta patente formalizando a nomeação de certos indivíduos no posto ou cargo de principal (Mauro Cezar Coelho, "O directório dos índios e as chefias indígenas: uma inflexão". *Campos - Revista de Antropologia Social*, v. 7, nº 1, 2006, p. 123 (http://calvados.c3sl.ufpr.br/ojs2/index.php/campos/article/view/5444.).

61 *Idem*, p. 126-127.

62 Mendonça, *op. cit.*, tomo 1, p. 63.

63 Para uma noção comparativa do papel desempenhado por paulistas na intermediação nas sociedades ameríndias do sul do Brasil, Elisa Fruhauf Garcia, *As diversas formas de ser índio*: políticas indígenas e políticas indigenistas no extremo sul da América portuguesa, Niterói, Tese de Doutorado em História, UFF, 2007, p. 48-51.

64 Sobre o esbatimento das barreiras culturais e civilizacionais entre "civilizados" e "bárbaros", Leila Lehnen, "Eating the nation: the meanings of cannibalism", in Glauco Ortolano, *Domingos Vera Cruz*: memórias de um antropófago lisbonense no Brasil", *Especulo. Revista de Estúdios Literários*, Madri, Universidade Complutense de Madrid, 2005 (http://www.ucm. Es/info/especulo/numero30/eating.html).

65 Domingues, *Quando os índios eram vassalos...*, *op. cit.*, p. 315-316.

PARTE III

# Estatuto social e limpeza de sangue

# A face oculta dos conventos: debates e controvérsias na mesa do Santo Ofício

Georgina Silva dos Santos

A literatura profana do mundo ibérico nos séculos XVII e XVIII conjugou uma profunda irreverência com o tom moralizante dos assuntos sagrados, unindo o entretenimento à instrução religiosa. A crítica jocosa aos hábitos e costumes de frades e monjas, muito frequente nas cartas freiráticas portuguesas, denunciava a infidelidade dos membros das ordens religiosas aos votos de obediência, pobreza e castidade, revelando seus vícios e tentações.

As freiras, em particular, inspiraram inúmeras quadrinhas poéticas. No soneto "Definição de uma freira", o magistrado Antonio Barbosa Bacelar (1610-1663) descreveu a religiosa como um tipo explorador, uma "sanguessuga chupadora", um "camaleão na cor incerto" e, por isso mesmo, um ser falso e enganador[1]. O franciscano frei Antonio das Chagas (1631-1682), no poema "Relação de um amigo a outro de uns cornos que lhe pôs uma freira e que fazendo as pazes com ele tornou a pôr", referiu-se explicitamente à homossexualidade de alguma freira que desprezava os mancebos porque estava enamorada de outra religiosa[2].

Distintos pelo estado, porém unidos no mesmo cancioneiro barroco, Antonio Barbosa Bacelar e frei Antonio das Chagas imortalizaram em seus versos o caráter libidinoso da vida conventual feminina. Mas nenhum superou a fama dos escritos de frei Lucas de Santa Catarina (1660-1740).

Cronista da ordem de São Domingos e membro fundador da Academia Real de História, frei Lucas figurava na bibliografia oficial da época graças às suas obras de teor religioso e histórico. O talento narrativo empregado em defesa da moral e do catecismo tridentino garantiu-lhe reconhecimento e o posto de qualificador do Santo

Ofício. Mas, por trás da face austera do cronista, existia um autor profano, de extrema ironia, cujas cartas freiráticas fizeram enorme sucesso na Lisboa do século XVII.

Os enredos criados pelo dominicano para dissuadir jovens e velhos de manterem encontros amorosos com as freiras insistiam na perfídia das religiosas e na tolice dos homens, e descreviam os conventos como um "quartel de desenganos"[3]. Segundo frei Lucas, o desatino masculino de fazer cortesias às freiras ao pé da grade ou em outros cantos dos mosteiros, só lhes servia para dilapidar a fortuna e o juízo. No fim, os incautos transformavam-se em "padecentes de grade", "mártires de roda" e "pacientes do ralo". Ou seja, em vítimas da humilhação, do suplício e da doença causada pelo humor freirático.

Circulando em cópias manuscritas protegidas por um pseudônimo, as cartas de frei Lucas corriam de mão em mão. Faziam rir muitos de seus leitores e calavam fundo em outros tantos. O incômodo provocado por suas anedotas rendeu-lhe o sugestivo título de "Frei Corno"[4], mas sua obra só alcançou tamanha popularidade porque a vida das mulheres nos claustros portugueses alimentava ordinariamente esse gênero literário.

Na Estremadura ou no Alentejo, os conventos femininos do século XVII garantiam às freiras a manutenção de comodidades que feriam frontalmente as regras monásticas. Apesar de alguns monastérios guardarem entre suas paredes devotas honradas, afeitas ao ascetismo e à mística contemplativa, a liberdade na utilização do espaço conventual, a flexibilidade para o cumprimento da rotina espiritual e o contato frequente com homens e mulheres estranhos às comunidades religiosas tornavam os mosteiros vulneráveis aos assuntos do mundo secular, e propícios para propagação de heresias, inclusive, do criptojudaísmo.

Egressas de famílias abastadas ou remediadas, muitas mulheres portuguesas de origem cristã-nova ingressaram em ordens religiosas distintas durante o século XVII. Cumpriram os doze meses do noviciado, passaram à condição de professa, declarando seu compromisso com os votos monásticos e exerceram os ofícios da religião, tal e qual as irmãs cristãs-velhas, até que algum desafeto, acusando-as de guardar a Lei Velha, enredou-lhes nas malhas do Santo Ofício, virando suas vidas de ponta-cabeça.

Ignorantes no conhecimento do Talmud e da Torá, como, aliás, a esmagadora maioria das mulheres de origem judaica, as freiras cristãs-novas se limitavam a observar, quando possível, as restrições alimentares definidas pelo Levítico, os jejuns semanais e a troca de camisas aos sábados. Mas a reprodução desse judaísmo doméstico, uma vez descoberto, foi suficiente para externar o imponderável: a total descrença no Messias, nas cerimônias e sacramentos da Igreja. Sobretudo, porque certas vezes a heresia era acompanhada de injúrias à imagem de Cristo, alvo de alfinetadas diárias, ou de desacatos ao Santíssimo e à hóstia consagrada, expelida por nojo após a comunhão[5]. Faltas gravíssimas em se tratando de mulheres cuja condição de religiosa exigia, no mínimo, a fé inabalável nestes preceitos.

A abjuração das culpas perante o tribunal, após anos de privação nos cárceres, admoestações e sessões de tormento, reconduziu ao seio da Santa Madre Igreja as abnegadas. A Inquisição deixou-lhes regressar aos conventos, impondo instrução religiosa sob a supervisão de um clérigo, privando-as das vozes passiva e ativa e do véu e as condenando a servir nos ofícios humildes da religião. Mas não teve clemência com as pertinazes e negativas acusadas de liderar os conventículos que profanaram o espaço conventual. Essas pagaram com a vida a heresia[6].

Entre os anos de 1621 e 1627, o tribunal de Coimbra julgou e sentenciou uma série de freiras cristãs-novas dos conventos de Santana da Ponte, Santa Maria de Celas, Santa Maria de Semide e Nossa Senhora dos Campos. A execução da sentença inquisitorial tornou-se, porém, um problema para as freiras penitenciadas. As reclusas cristãs-velhas se recusaram a recebê-las, declarando que a profissão de fé das "freiras sambenitadas" era inválida[7].

A intransigência dos mosteiros levou o Santo Ofício a encaminhar algumas moças para as Escolas Gerais de Lisboa sob os cuidados do juiz do fisco e a manter outras no cárcere, enquanto o Conselho Geral examinava a matéria. Por fim, transferiu aos prelados a incumbência de garantir às freiras sentenciadas as condições para o cumprimento da pena.

As diligências episcopais para convencer os conventos sob sua jurisdição a aceitarem as freiras judaizantes foram vãs. O radicalismo dos mosteiros levara, inclusive, o confessor d'el rei a cogitar a possibilidade de recorrer ao braço secular para constranger os conventos a receberem de volta as freiras cristãs-novas penitenciadas. Considerando justa a reação dos conventos, o bispo conde João Manuel acabou por fundar um recolhimento com oratório e capelão, onde abrigou as agostinianas reconciliadas do convento de Santana com o auxílio financeiro do mosteiro. Logo o abrigo tornou-se uma espécie de gueto para as freiras cristãs-novas reconciliadas pela Inquisição. As freiras do convento de Santa Clara e de Santa Maria de Celas, por iniciativa dos prelados das ordens de São Francisco e São Bernardo, juntaram-se às religiosas de Santana tempos depois[8].

A solução foi comunicada ao rei pelo inquisidor geral D. Fernão Martins Mascarenhas em 30 de maio de 1626. Em julho do mesmo ano, Felipe IV advertiu o inquisidor da necessidade de reter as freiras no recolhimento porque na instituição não traziam despesa ao fisco, e sim aos mosteiros. Mas, em carta de 1628, desautorizou o uso do braço secular para constranger os conventos a receberem as freiras penitenciadas[9].

De todo modo, a trégua foi curta. A vacância da Sé de Coimbra em 1632 reacendeu a polêmica. A nomeação do bispo conde João Manoel para arcebispo de

Lisboa deixou as freiras em maus lençóis. As reconciliadas, vítimas da intolerância, viram a sobrevivência material do recolhimento ameaçada; as freiras cristãs-velhas, líderes da resistência, perderam sua maior proteção contra as investidas da Inquisição.

O novo inquisidor geral, D. Francisco de Castro, respondeu à intransigência dos conventos com sanções financeiras que impediam as freiras de satisfazer suas comodidades. Indignados, os conventos, por meio de seus representantes, apelaram ao papa. Solicitaram um breve para desobrigá-los a readmitir as irmãs de hábito de origem judaica, mantendo as sentenciadas no antigo recolhimento ou em um novo. Em suma, queriam a todo custo mantê-las fora dos conventos. Os inquisidores se apressaram em obter outro breve, mandando afixar um édito na porta dos monastérios no qual declaravam a revogação da decisão papal, ordenando que em trinta dias recolhessem as religiosas.

A ocorrência de novos casos de judaísmo nos conventos coimbrãos, em 1635, levou mais uma vez o problema à mesa do Conselho Geral do Santo Ofício, instigando a batalha doutrinal e jurídica. O conflito entre a Inquisição e os conventos parecia não ter fim. Os representantes dos conventos justificavam o embargo da sentença inquisitorial porque rechaçavam o mosteiro como espaço adequado para o cumprimento da pena que lhes fora atribuída. Para sustentar sua posição, alegavam que algumas freiras já eram judaizantes quando entraram para os conventos, que outras ingressaram no judaísmo depois de receberem o véu, mas nenhuma era digna de ser freira. Suas profissões de fé eram falsas porque sempre se souberam judias ou porque sendo cristãs apostasiaram, negando os sacramentos e dogmas da Igreja. Haviam confessado, inclusive, que suas participações nas cerimônias eram apenas para contemporizar com o mundo[10].

Segundo os conventos, a profissão de fé exigia a intenção de viver conforme a regra em ordem reconhecida pelo papa. Uma vez que as freiras zombaram de todos os preceitos da Igreja católica e mesmo de Cristo Nosso Senhor, como poderiam ser verdadeiros seus votos de pobreza, castidade e obediência? A declaração dos votos, embora fosse necessária à condição de religiosa, não era suficiente. Exigia-se sinceridade na intenção antes e depois de assumidos os votos. No entendimento das autoridades conventuais, o propósito das freiras cristãs-novas fora apenas o de levar uma vida "honrosa e autorizada" ao lado das freiras cristãs-velhas. Por isso, não havia razão para que os conventos assumissem qualquer responsabilidade financeira para com as condenadas[11].

Além do mais, argumentavam os mosteiros, eram cristãs-novas e há muito se sabia que mulheres e homens dessa nação eram os maiores infiéis da cristandade. Piores em infidelidade do que os judeus e gentios, porque haviam sido recebidos pela Igreja. Também entre os hereges eram os mais perigosos, pois corrompiam com opiniões falsas a doutrina da fé católica sob a máscara de convertidos. Se, no mundo secular, a convivência com hereges era danosa, pior ainda seria permiti-la nos conventos. A reconciliação da gente de nação era tão suspeita que as igrejas catedrais do reino vetavam o ingresso dos cristãos-novos no cabido e os prelados moviam diligências para averiguar a origem dos postulantes à ordenação. Tudo porque se presumia que a gente da nação era infiel. De mais a mais, não cabia aos conventos disputar a fé, nem confirmar heresias, nem refutar seus erros. Havia muito perigo nessa conversão como, aliás, provaram os incidentes envolvendo as freiras cristãs-novas[12].

Os conventos alegavam que eram um espaço devocional e não um cárcere para os hereges. Mas a bem da verdade, para os conventos, nem sequer os recolhimentos eram um lugar adequado para as freiras hereges. Diziam que a casa tornara-se "uma sinagoga de satanás" e ainda se dava despesa aos mosteiros[13]. Não cabia manter o tal recolhimento às custas de Sua Majestade, tampouco contar com esmolas, pois ninguém teria devoção para ofertá-las, exceto os cristãos-novos. Cobrar impostos para esse fim era um descalabro num tempo de tantas guerras e necessidades. No entendimento das autoridades conventuais, o melhor seria mesmo deixá-las retornar ao mundo laico. Se a intenção das freiras penitenciadas fosse realmente boa, viveriam fora da religião como tantas outras mulheres santas e virtuosas. No recolhimento, teriam muito mais chances de ofender a Deus judaizando à vontade.

O Santo Ofício contestou os argumentos apresentados pelos conventos, tentando convencê-los de seu erro. As moças haviam pago um dote quando ingressaram na vida religiosa que lhes assegurava a sobrevivência material. Caso não voltassem aos mosteiros, só lhes restava o recolhimento. Mas se os conventos não honrassem as despesas da instituição, as freiras penitenciadas estariam totalmente desamparadas, facultando-lhes o direito de recorrer à justiça secular. Não convinha deixá-las retornar ao mundo laico para sobreviverem de ofícios mecânicos provocando escândalo e pondo em risco sua castidade.

Para o Santo Ofício, a despeito dos erros, as freiras cristãs-novas eram religiosas. A heresia antes da profissão não invalidava seus votos, porque eram batizadas e reputadas como cristãs. As faltas posteriores não anulavam a profissão de fé, porque na altura fora realizada espontaneamente e com a intenção de fazê-la, o que lhes abonava a fama de herege. Somente ao Sumo Pontífice cabia dispensá-las dos votos e o papa não o fizera. Além do mais, as freiras haviam abjurado de seus erros e estavam reconciliadas com a Igreja. O retorno ao claustro implicava, inclusive, que servissem nos ofícios humildes da religião e, desse modo, estariam compensando o abrigo[14].

Os argumentos da mesa inquisitorial eram inaceitáveis para as freiras cristãs-velhas. Diziam preferir a morte por inanição a comer qualquer coisa guisada pelas mãos das hereges. Alegavam que as freiras cristãs-novas haviam consumado um adultério espiritual e apenas isso bastava para romper o contrato de coabitação ou exigir qualquer conciliação na justiça. O Santo Ofício rebateu a insolência prorrogando a censura aos conventos. Recordou que cabia aos inquisidores mandar os condenados cumprir as penitências onde julgassem ser mais conveniente.

Diante do impasse, a estratégia dos conventos foi recorrer ao rei para arbitrar o litígio. Evocando o direito de defesa, em um longo memorial, informaram ao monarca o "estado de miséria" dos conventos. Queixavam-se de que o Santo Ofício havia lhes tomado as rendas, acrescentando que as religiosas doentes estavam privadas de suas necessidades mais imediatas, como "panos e roupa para sua limpeza". Tudo porque insistiam em proteger "o zelo da fé e a limpeza da religião". Lembravam que defendiam uma causa pública e do próprio rei, argumentando que os prelados do reino em passado recente lhe haviam solicitado a expulsão do reino dos cristãos-novos penitenciados pelo Santo Ofício. Muitos haviam obtido breves de Sua Santidade para que a gente da nação não entrasse nas ordens militares, nos colégios, nas confrarias, nas igrejas catedrais.

Alegavam que, se para os demais cristãos-novos existiam essas restrições, maior razão havia para impedir o regresso à casa de Deus das freiras que eram hereges, penitenciadas publicamente. Entendiam que era descabido seu retorno aos lugares onde haviam perpetrado tantas ofensas. No Real Convento de Celas, fundado pelos infantes do reino, ainda estavam as imagens do Cristo crucificado que as freiras sentenciadas usaram de desaforos.

Por fim, as freiras cristãs-velhas lembravam ao rei que eram limpas de sangue, filhas, irmãs e parentas de fidalgos. Seus avós e pais haviam derramado sangue ao serviço de Deus e de Sua Majestade nas conquistas da África, nas jornadas da Índia e guerras do Brasil. Entretanto, estavam sendo hostilizadas. Estavam "afligidas e desamparadas". Por contraste, sublinhavam que as freiras cristãs-novas sentenciadas eram filhas de tendeiras, confeiteiras e, quando muito, filhas de mercadores. Além do mais, eram judias confessas, algumas hereges reincidentes[15].

Com grande argúcia, os conventos estigmatizavam duplamente as freiras cristãs-novas. Argumentavam usando as prerrogativas de gente bem nascida, que, ao contrário de uma legião de degredados, construíra sua fortuna e prestígio no exercício de funções no quadro administrativo e militar do império ultramarino. Enfim, combinavam o estatuto social típico do Antigo Regime com o estigma religioso típico da mentalidade inquisitorial.

Em 6 de outubro de 1638, Felipe IV ordenou a suspensão da censura aos conventos para regozijo das religiosas cristãs-velhas de Coimbra. A perseguição às freiras cristãs-novas judaizantes, no entanto, atravessaria o século XVII, enchendo os cárceres das cidades de Lisboa e Évora. Mas se os conventos lisboetas e alentejanos readmitiram suas irmãs de hábito arrependidas, os coimbrãos foram mais resistentes. O recolhimento continuaria sendo o local destinado às freiras processadas.

A atuação episcopal teve decerto papel decisivo nesse desfecho. O apoio do bispo de Coimbra ao pleito das religiosas cristãs-velhas arrastou os prelados das ordens de

S. Francisco e S. Bernardo para a causa dos conventos. O bispo D. João Manuel fora responsável pela realização da junta de Tomar, no convento de Cristo, em 23 de maio de 1629, empenhado em discutir e deliberar sobre a questão judaica. O sínodo contou com a anuência de Felipe IV e reuniu os titulares de algumas dioceses. Os de Lisboa e Braga estiveram ausentes e, segundo João Lúcio de Azevedo, pareciam não reconhecer a utilidade do evento. Mas compareceram teólogos, juristas, lentes de Coimbra e de Évora, que redigiram grosso tratado[16].

Em síntese, o documento registrava toda sorte de mitos e lendas criadas sobre a periculosidade dos judeus desde os tempos antigos. Seu objetivo, no entanto, era pragmático: cercear os cristãos-novos. Para tanto, vetava o ingresso dos cristãos-novos nas ordens sacras, seu acesso às cadeiras da universidade, aos ofícios de médico, cirurgião e boticário, e o fim dos casamentos mistos. No limite, requeriam o desterro dos condenados pela Inquisição por judaísmo. A determinação deveria atingir até mesmo os filhos de condenados e o cônjuge, exceto se fosse cristão-velho, porque se pressupunha que tivesse educado os filhos na verdadeira religião. Em outras palavras, pretendia impedir a ascensão social dos cristãos-novos e inibir a mescla racial.

O discurso das freiras cristãs-velhas reproduzia a mesma cantilena. Incidia, sobretudo, no conteúdo racista e excludente que motivara a adoção dos estatutos de pureza de sangue, mais que propriamente na defesa sincera da obediência aos preceitos religiosos. Os conventos de Santana, Santa Clara e Celas eram famosos por seus abadessados, que atraíam os jovens da universidade e os moçoilos de Lisboa. As freiras assistiam a esses recitais poéticos realizados à porta dos conventos, por ocasião da eleição da abadessa, com grande entusiasmo. Acompanhavam das grades do convento as brincadeiras do entrudo com o mesmo interesse. Participavam da encenação de comédias no interior dos mosteiros com enorme arrebatamento, pintando as queixadas e deixando-se admirar pelos transeuntes da rua, com os trajes teatrais.

Puramente retórico, o fervor religioso expresso pelas freiras cristãs-velhas na contenda com o Santo Oficio e com as freiras cristãs-novas ocultava hábitos heterodoxos, estranhos ao modelo de vida conventual definido pelas respectivas ordens e apregoado pelo poder pontifício desde a Reforma tridentina. A tolerância das autoridades religiosas para com o comportamento das freiras coimbrãs deu origem a uma relação viciada, caracterizada pela proibição nominal, a ameaça de punição e a permissividade.

O livro de visitas do bispo do convento de Sant'Ana de Coimbra revela em pormenores essas contradições. O documento reúne nove visitas episcopais entre 1677 e 1705, espaçadas por intervalos irregulares[17]. Mas as recomendações episcopais gravitaram, rigorosamente, em torno dos mesmos temas durante as três décadas: a adoção de usos e costumes de mulheres laicas; o comportamento inadequado diante dos confessores; o desleixo para com os exercícios espirituais;

a profanação do espaço conventual com as tentações da carne e a distribuição desigual das rações entre as internas.

A recomendação expressa dos bispos para que as disposições prescritas em cada visita fossem lidas mensalmente pela madre prioresa foi de pouca valia para emendar os comportamentos desviantes. As freiras do convento de Sant'Ana de Coimbra ignoravam solenemente os preceitos da regra de Santo Agostinho e não estavam dispostas a acatá-los. Mais afeitas à moda e às vaidades do mundo secular, desfilavam nos corredores do convento com sapatos de chispo, coifas rendadas, vestidos com botões de prata e anáguas de renda sob hábitos decotados, deixando à vista os ombros nus. No dormitório, recusavam-se a usar toucado, exibindo a farta cabeleira aos médicos, cirurgiões e barbeiros que, ocasionalmente, entravam no aposento para tratar os humores doentios de alguma irmã enferma coberta por mantos encarnados.

Com permissão para manterem uma acompanhante que executasse os serviços ordinários e agenciasse a compra dos produtos necessários, as freiras usavam as criadas para conduzir cartas secretas e intermediar encontros amorosos. Mas não dependiam exclusivamente dessas alcoviteiras de plantão para namorar. Iam por si mesmas até as grades, ao ralo e à roda, com bastante frequência, sem o óbice da madre porteira. Nas visitas dos instrutores religiosos transformavam o confessionário num animado salão. Atentos ao alvoroço das freiras, os bispos restringiram a incumbência aos padres da Companhia de Jesus, afamados por sua conduta casta, aos religiosos marianos e aos padres de Santo Antonio da Pedreira e Olivais. Os religiosos eram, no entanto, expressamente proibidos de circular livremente pelo convento.

Apesar das ressalvas e senões feitos aos confessores, escolhidos criteriosamente pelo bispo, as grandes infratoras das regras conventuais eram as freiras. Declarando a habilidade das religiosas para negociar, frei Álvaro de São Boa Ventura confessou-se pasmo com o ardil das religiosas, que solicitaram o direito de usar murças para se aquecerem do frio. Tão logo receberam a autorização, mostraram-se muito amigas de imitar o demônio, usando capas coloridíssimas que faziam valer o adágio "a quem dão o dedo tomam a mão"[18].

Conhecedores de seu eleitorado, os bispos proibiram, reiteradamente, a livre circulação das freiras no convento, pois algumas frequentavam as celas de suas irmãs de hábito para manter amizades pouco honestas, outras alimentavam tratativas ilícitas com religiosos e seculares, guardando cartas e lembranças. A madre espia, delatora oficial do convento, era encarregada de avisar a madre prioresa das molícies femininas[19]. Mas conter o ímpeto das freiras não era tarefa fácil. Nem mesmo durante os ofícios religiosos as freiras davam trégua. Entre as folhas do missal escondiam pasquins, folhetos "picantes" e passavam a missa deliciando-se com essa leitura. Enquanto o sacerdote celebrava a eucaristia, trocavam olhares através das grades com os assistentes, desafiando as determinações episcopais que limitavam os primeiros assentos às irmãs com mais de quarenta anos para dificultar o flerte das mais jovens[20].

Como as demais casas monásticas, o convento de Sant'Ana de Coimbra captava recursos no comércio de produtos cultivados ou fabricados em seus domínios, nos dotes pagos na ocasião do ingresso das noviças no convento, nos serviços religiosos que ofereciam à sociedade e, eventualmente, na herança legada a alguma freira. Embora supervisionado pelo bispo, o gerenciamento dos bens cabia às religiosas, que nem sempre o faziam de forma equânime. As irmãs que estavam à frente de algum ofício tinham direito ao dobro das propinas e favoreciam algumas irmãs de hábito em detrimento de outras. A madre cerqueira, encarregada de tratar da cerca, vigiar os serventes no trabalho agrícola, de distribuir as frutas do pomar, as verduras da horta, o pão e o pescado, repartia as porções entre as internas segundo critérios duvidosos. A madre prioresa, incumbida de distribuir as porções de carne, fazia o trabalho a seu gosto[21]. A prática foi revogada pelo bispo conde Álvaro de Boa Ventura, no ano de 1677, em atenção às queixas das religiosas que se sentiam lesadas com o procedimento. Em tese, desde então, apenas as responsáveis pela administração do convento, a madre prioresa, a subprioresa e a irmã escrivã recebiam meia porção a mais do que as demais religiosas.

A resistência das freiras em se submeter ao mesmo hábito, a mesma rotina de horários e ao racionamento da alimentação comprometia seriamente a disciplina conventual e, por conseguinte, a ascendência das autoridades religiosas sobre as internas. O uso da veste negra ou branca servia como demonstração de modéstia perante os seculares, mas visava, sobretudo, anular a individualidade de cada interna, apartando-a de sua vida pregressa e dos usos e costumes que regiam a sociedade portuguesa. A imposição de horários comuns e a obrigação do serviço litúrgico tinham o intuito de divisar o mundo regular do secular, sublinhando a identidade religiosa do grupo. A adoção de um único regime alimentar nivelava as internas e fixava uma nova hierarquia, concebida segundo a vida conventual.

O comportamento das freiras nos conventos coimbrãos decerto era o mesmo quando as freiras cristãs-novas foram sentenciadas pelo Santo Ofício e repelidas por suas irmãs de hábito. Seguidoras do bispo conde João Manuel, as freiras cristãs-velhas questionaram o juízo dos inquisidores, apelaram ao papa e ao rei, alegando a origem fidalga e ignorando solenemente a condição de religiosa que as aproximava das irmãs sentenciadas. Razão suficiente para irritar o Santo Ofício que, por ironia, foi o maior defensor das freiras cristãs-novas enquanto freiras, pois, em 1651, o livro das professas do convento de Celas exigia expressamente que nenhuma religiosa tivesse raça de judeu, mouro, mulato ou de outra nação infecta[22]. No debate entre a misericórdia inquisitorial e a justiça conventual vencera a intolerância.

## Notas

1 Apud Graça Almeida Rodrigues, *Literatura e sociedade na obra de frei Lucas de Santa Catarina (1660-1740)*, Lisboa, Imprensa Nacional - Casa da Moeda, 1983, p. 76.

2 *Idem*, p. 76-77.

3 Carta de frei Lucas de Santa Catherina em que persuade aos freiráticos que não o sejão. *Idem*, p. 183-203.

4 *Idem*, p. 94.

5 Elvira Azevedo Meã, "O sagrado e o profano em choque", *Revista de Historia das Ideias*, v. IX, 2ª parte, Coimbra, Universidade de Coimbra, 1987, p. 241.

6 Georgina Silva dos Santos, "Entre Jésus y Moisés: el marranismo en los conventos ibéricos durante el siglo XVII", Maria Isabel Viforcos Marinas & Rosalva Loreto López (orgs.), *Historias Compartidas:* religiosidad y reclusión femenina en Espana, Portugal y América. Siglos XV- XIX, León, Universidad de León, 2007, p. 195-210.

7 Arquivos Nacionais da Torre do Tombo, Lisboa (ANTT), Treslado do que consta das cartas do secretario do Conselho Geral acerca das freiras prezas na Inquisição de Coimbra e reconciliadas, Conselho Geral do Santo Oficio, livro 222, caderno 8, fl. 1.

8 ANTT, Conselho Geral do Santo Ofício, livro 222, caderno 1, fl. 1 v.

9 ANTT, Cartas d'el Rey, portarias e ordens de governo (1584-1632). Conselho Geral do Santo Ofício, livro 88, folhas 49 e 172. Agradeço a Rogério de Oliveira Ribas esta preciosa indicação.

10 ANTT, Conselho Geral do Santo Oficio, livro 222, caderno 2, fl. 5 v.

11 *Idem*, fl. 6 v.

12 ANTT, Conselho Geral do Santo Oficio, livro 222, caderno 3, fl. 47.

13 *Idem*, fl. 50 v.

14 *Idem*, fl. 50 v.

15 ANTT, Conselho Geral do Santo Ofício, livro 222, caderno 1, fl. 3 v - 4.

16 João Lúcio de Azevedo, *História dos cristãos-novos portugueses*, Porto, Clássica Editora, 1989, p. 196.

17 Composto de 112 fólios, o documento encontra-se, infelizmente, mutilado. Faltam-lhe os 49 fólios iniciais. As visitas ocorreram em 1677, 1680, 1681, 1684, 1689, 1691, 1695, 1699 e 1705. Em média, as inspeções ocorriam a cada três ou quatro anos, mas nos últimos anos do século XVII chegaram a ser intercaladas por um silêncio de cinco, seis anos. Cf. ANTT, Mosteiro de Sant'Ana de Coimbra, Livro de Visitas do Bispo.

18 *Idem*, fl. 60

19 *Idem*, fl. 77 v.

20 *Idem*, fl. 71 v.

21 *Idem*, fl. 111

22 ANTT, Mosteiro de Santa Maria de Cellas de Coimbra, livro 2, fl. 182.

# O Brasil na disputa pela política de "mercês extraordinárias" da coroa (séculos XVI-XVIII)

Fernanda Olival

## Economia da mercê e a definição das mercês extraordinárias da coroa

Desde o final do século XVI e o início da centúria seguinte que era cada vez mais evidente o peso da economia da mercê na relação política realeza/vassalos. Eram cada vez mais os súbditos que solicitavam a remuneração de serviços. Não seria por mera figura de retórica que em 1614 se escrevia o seguinte, no primeiro regimento dado a D. frei Aleixo de Meneses, quando começou a exercer o cargo de vice-rei de Portugal: "E porque antiguamente estava reduzido, E limitado a tempos çertos, o despacho das Merçes, E não éra ordinario, E corrente, como agora he; ordenareis que se limite, E reduza aos tempos que vos pareçer conveniente (...)"[1]. Ou seja, havia a nítida sensação de que esses procedimentos tinham passado a ocupar cada vez mais tempo aos elementos do centro político, quer aos estabelecidos em Lisboa, quer em Madri, nessa época dos Áustrias. Era um assunto cada vez mais usual no dia-a-dia das instituições.

Para além das conjunturas de grande crise política, como a de 1578-1581 (de mudança dinástica), e os períodos de guerra (Restauração, Sucessão de Espanha, Sete Anos, entre outras) terá sido, sobretudo, a manutenção do vasto e disperso império ultramarino português outro dos fatores que contribuíram para este crescimento.

Nos momentos de assinalável crise política a envolver a recomposição ou a conquista de novas fidelidades, os sistemas de recompensas eram essenciais para gerar esses laços. A mercê tinha esse poder de deixar os vassalos obrigados a quem lha dera e, por sua vez, o dador dependia desses apoios, como Marcel Mauss bem explicou. Essas crises, porque eram agudas, constituíam ótimos momentos para quebrar as regras instituídas, mesmo nessa matéria de remuneração de serviços em que era importante não desvalorizar as benesses e que se respeitasse a justiça. Na realidade, que se desse a cada um segundo os seus merecimentos (de acordo com os seus serviços e a sua condição social, pois esta também condicionava, num tempo no qual a desigualdade, o privilégio, eram estruturantes da realidade social e política). Era nesses períodos que as estatísticas de atribuição de hábitos e foros da Casa Real tendiam, por exemplo, a disparar.

No caso do império globalmente considerado, a partir do momento em que a sua conservação se tornou tão problemática quanto vital – quer pelo que representava no equilíbrio financeiro do reino, quer pelas várias frentes de ameaça a que estava sujeito, ou ainda pelo crescimento das necessidades de administração – o seu impacto na economia da mercê foi notório. Não se expressava, todavia, sob a forma de picos na curva estatística, como acontecia com as crises políticas ou os períodos de guerra no espaço peninsular. O seu eco era mais constante e se refletia de outro modo.

No final do século XVI e inícios do XVII, o centro político dava, sobretudo, atenção ao Oriente. Essa ainda era a zona nevrálgica do império português.

Desde o início do reinado de Felipe III procurou-se evitar que o servidor se deslocasse ao reino para requerer a remuneração dos seus desempenhos. Assim foi estabelecido em 1604-5[2] e se insistiu posteriormente nessa tônica. Em 1611, foi ordenado que os despachos dados por serviços no ultramar deviam comportar apenas cargos e realidades providas nas ditas partes e não na metrópole[3]. Com exclusão das insígnias das ordens militares e dos foros da Casa Real portuguesa, a quase totalidade das pessoas devia receber mercês de teor local. O império devia praticamente se bastar a si mesmo nesse campo e evitar que os servidores regressassem rapidamente à metrópole. Ali davam maior segurança ao centro político em matéria de defesa. Eis assim, os motivos pelos quais esse fluxo de pedidos de mercês era menos sentido. Apenas anualmente, em março/abril, na ocasião da partida da frota da Índia, notava-se um acumular de trabalho para esse efeito. Às vezes era mesmo necessário trabalhar ao fim de semana, ou mais horas, para enfrentar o volume do expediente. Durante o período filipino, os poderes do vice-rei ou dos governadores sediados em Lisboa para despachar esses assuntos, sem dar conhecimento prévio a Madri, eram reforçados nessa micro-conjuntura, tal era a sua importância.

Apesar dessas diferenças, em larga medida frutos da disciplina interventora do centro político, a economia da mercê era muito relevante no próprio império, e não só para os reinóis. A pouco e pouco, também nativos e até indígenas foram absorvendo os seus princípios, tanto na Índia como no Brasil e outros locais. Em 1606, por exemplo, o rei Felipe das Maldivas escrevia uma carta a Felipe III na qual apontava que os seus rendimentos haviam decaído por falta de ajuda dos vice-reis de

Goa. Ao mesmo tempo, solicitava-lhe, entre outras mercês para amparar uma irmã e a mãe, uma comenda honrosa e quatro hábitos de Cristo para parentes e criados seus; alegava que merecia essas distinções pelos serviços feitos no Oriente à coroa lusitana e pela sua nobreza[4]. Esse pedido e os seus fundamentos em nada se afastavam dos que muitos súditos da coroa portuguesa subscreviam em Lisboa ou noutros pontos do território metropolitano. Seguia os mesmos cânones. É possível, no entanto, que não fosse ele próprio a formulá-lo, ou pelo menos que não o redigisse sozinho.

Desde meados do século XVI que o processo para requerer mercês era regulamentado, sobretudo no que respeitava ao Oriente e ao reino.

Cada novo vice-rei da Índia podia também atribuir um conjunto de mercês, independentemente das que eram solicitadas pelos vassalos ao monarca. Correspondiam essas a um determinado quantitativo de dinheiro, a hábitos das ordens militares, a foros da Casa Real e a outros expedientes. O montante em causa primeiro foi de 12.000 cruzados, depois de 20.000 e em 1591 passou para 30.000. Este último valor manteve-se até ao século XVIII e muitas vezes, quando havia guerra, fazia-se um acréscimo de mais 10.000 cruzados.

Pelo menos desde 1590[5], e talvez já alguns anos antes, – ainda que se suponha que terá sido uma inovação do período filipino, os vice-reis, antes de saírem de Lisboa, recebiam poderes para distribuir seis hábitos na Índia, dois de cada ordem militar. No entanto, a partir do segundo vice-reinado de D. Francisco da Gama (1622-1628), inclusive, passaram a poder atribuir doze hábitos[6], sendo quatro de cada ordem, salvo poderes especiais. Em 1624, esse mesmo vice-rei solicitou ao monarca a possibilidade de distribuir mais hábitos e de que os foros de cavaleiros da Casa Real dos que perecessem na guerra contra os holandeses e ingleses fossem legados às mulheres e filhos, mas não obteve resposta favorável na carta régia enviada na monção do ano seguinte.

Esses poderes eram essenciais e exclusivos do vice-rei, daquele que está em lugar do monarca. Os governadores da Índia, que recebiam o cargo por sucessão, não podiam conceder muitas dessas mercês, incluindo os hábitos das ordens militares. Assim ficara estabelecido desde 1610, na sequência de uma consulta do Conselho da Índia[7], e assim foi sendo observado, salvo poderes específicos[8].

O referido conjunto de recompensas ganhava o caráter de mercês extraordinárias na medida em que não eram os monarcas a atribui-las e só os vice-reis da Índia tinham tais prerrogativas. No Portugal metropolitano, apenas a casa de Bragança usufruía de um privilégio afim, podendo nomear os hábitos das 43 comendas constituídas em rendimentos que eram seus. Nenhuma outra casa da Península Ibérica alcançara tamanha benesse sancionada por Roma, embora uma vez por outra o monarca português pudesse dar a esse ou àquele titular, ou grande fidalgo, a mercê de nomear um, dois, três hábitos em criados. Eram, todavia, poderes concedidos pontualmente. Mesmo assim, eram muito apreciados.

## Os poderes dos governadores gerais do Brasil no contexto do império português

Embora o império ultramarino português tenha sido muito heterogêneo, desde logo do ponto de vista geográfico, havia, no entanto, circulação de modelos. Alguns eram repetidos pela coroa, com ou sem adaptações; outros, não sendo repetidos, eram por vezes solicitados pelos que tinham poder em determinado espaço.

Em 1677, quando da tentativa de criação de um vice-reinado em Moçambique, foi desde logo atribuída ao conde do Lavradio a possibilidade de conceder doze hábitos e doze foros de fidalgos, tal como se permitia aos vice-reis da Índia[9].

No regimento de 1701, dado pelo vice-rei de Goa a António Coelho Guerreiro, quando o nomeou para governar a ilha de Timor numa conjuntura difícil, permitia-se-lhe uma concessão semelhante: era este autorizado a prometer hábitos das três ordens, ou outras honras, caso necessitasse para "se reduzirem a obediencia de Sua Mag. aquellas Ilhas e vos introdures no Governo dellas"[10].

Se em relação ao Brasil só tarde e timidamente se optou pelos vice-reis, alguns deles tentaram, sem êxito, gozar dos mesmos poderes dos de Goa, em matéria de mercês. O vice-rei da Bahia, por volta de 1715, teria solicitado essa possibilidade de conceder hábitos e foros da Casa Real que tinham os vice-reis da Índia. A resposta régia salientou, então, que era a falta de guerra contínua por terra e por mar, como havia na Ásia, que fazia com que não se lhe desse tal poder[11]. Essa ideia da ausência de guerra permanente seria marcante no modo como o centro político metropolitano encarava as diferenças entre o Oriente e o Atlântico. Assim era do ponto de vista da gestão desses espaços pelo menos desde o início do século XVI, e essa ideia estaria muito presente na centúria seguinte[12]. Conforme salientou Luís Filipe F. R. Thomaz, sobretudo a pensar no início do século XVI:

> O Atlântico era, com efeito, um mar virgem, onde os Portugueses puderam, tranquilamente, estabelecer a sua rede sem brigar com interesses anteriormente instituídos (...). No Índico, era conhecida a existência de interesses comerciais já estabelecidos. Os Portugueses não contavam, pois, com o vazio económico e político dos "mares nunca doutrem navegados"; mas contavam com a solidariedade

> religiosa e com o apoio dos cristãos orientais, que lhes facultariam seus portos. A constatação de que havia mais mouros de Goa a Cochim que em toda a costa da Barbaria, modificou radicalmente os dados do problema: não só falhava redondamente o apoio com que se contava mas também se verificava que o principal rival económico era o inimigo atávico, o Muçulmano[13].

Essa razão, segundo o autor, também explicava o caráter belicista da expansão portuguesa no Oriente. Os cinco regimentos diferentes e modelares dados ao longo do tempo aos governadores gerais do Brasil[14] nada contemplavam sobre a matéria.

Ora, na realidade se terá evitado atribuir essas competências aos governadores gerais ou aos vice-reis sediados na Bahia, talvez não apenas pela falta de uma ameaça constante, como também para evitar o crescimento das respectivas clientelas. Até porque, nas décadas de 1620 e 1630, e até 1654 houve de fato guerra no espaço brasileiro. Aliás, os regimentos dos governadores gerais do período filipino viram as competências militares do cargo reforçadas[15]. Não era um combate contra muçulmanos, mas era quase sempre contra protestantes.

É certo que os governadores gerais, desde Tomé de Sousa, podiam armar cavaleiros os indivíduos que, nas armadas ou em terra o merecessem, mas tal poder não tinha o mesmo significado de distribuir hábitos das ordens militares ou dar foros da Casa Real. Era muito menor. De idênticas atribuições para armar simples cavaleiros dispunham os capitães das praças do norte de África, o vice-rei da Índia ou os capitães-mores no Oriente. Aliás, embora se mantenha inclusive nas instruções de 1677 do governador geral do Brasil Roque da Costa Barreto, o significado de ser armado cavaleiro caíra em desuso desde o reinado de Felipe III de Espanha, sensivelmente. No início do século XVIII só os novos cavaleiros das ordens militares, antes de ingressarem, efetuavam tal cerimônia, mantendo-se fiéis à tradição. E mesmo nesse universo, em larga medida, o ritual perdurava porque houve diversas medidas disciplinadoras para conservá-lo. Havia a clara consciência de que o cerimonial fazia parte do capital distintivo associado a essas insígnias, pelo que não convinha desvalorizá-las.

Para além disso, o governador geral do Brasil também podia distribuir até 1.000 cruzados por ano[16], a partir de uma apostila ao regimento de Gaspar Giraldes de 1588, pois antes eram apenas 200 cruzados[17]. Em 1616, o ordenado do capitão e governador da capitania do Rio de Janeiro era 1.000 réis anuais. Sendo assim, o governador geral dispunha de quatro vezes mais. Esse quantitativo, todavia, quando comparado ao montante em dinheiro de que dispunham os vice-reis da Índia, era um valor reduzido. Some-se que esse poder dos governadores gerais do Brasil foi ainda limitado desde 1588 e, sobretudo, de 1677, ao se exigir que o governador enviasse anualmente a Lisboa uma lista assinada com os nomes dos assim recompensados e os motivos que escoravam a mercê. Se não se cumprisse esse ditame, tal valor não devia entrar nas despesas do governo e era considerado um desconto a ser efetuado na fazenda própria do titular do cargo.

No entanto, a julgar pelo que ocorria em Portugal no período filipino relativamente aos poderes dos governadores e vice-reis, uma coisa eram os regimentos e outra, as instruções específicas e outros documentos dados a cada um deles. Estas últimas eram gizadas em cima das prioridades impostas pelo quadro conjuntural. O mesmo acontecia com os governadores gerais do Brasil, como bem salientou Francisco Cosentino[18]. Nalgumas destas os poderes dos governadores eram ampliados, mas sem alterar grandemente os recursos que podiam distribuir.

## A economia da mercê como estímulo à descoberta de minas: a fixação de um alto patamar remuneratório

Na realidade, o que parece acontecer em relação ao Brasil dos séculos XVI-XVII é o seguinte: desde sensivelmente a década de 1590, em geral sempre que se pretendia espicaçar a descoberta de minas, a economia da mercê atuava em moldes mais estimulantes. Assim era, quer os responsáveis por tais investidas fossem governadores, quer não.

Em boa verdade, e a julgar pelo que se passara com as distinções das ordens militares, na década de 1570, D. Sebastião conseguira, com auxílio da Santa Sé, instaurar tal dispositivo que os hábitos e as comendas de qualquer das três ordens militares apenas podiam ser dados com base em anos de serviços militares e em armadas. Seriam esses efetuados no norte de África, nas galés de patrulhamento da costa, nas armadas do alto mar e eventualmente serviços extraordinários na Índia. No entanto, com a chegada de Felipe II ao trono português tudo mudou. A necessidade de comprar fidelidades para a nova dinastia fez com que se atribuíssem hábitos e comendas por quaisquer serviços, inclusive políticos, feitos não importava onde.

Terá sido o último monarca referido a introduzir os hábitos no lote de mercês que podiam fazer os vice-reis da Índia e terá sido ele a fazer dos hábitos e dos foros da Casa Real um sistema de estímulo para a prospecção de minas no Brasil.

Revisitem-se questões mais ou menos conhecidas.

Em 1590-1591, o reinol Gabriel Soares de Sousa, senhor de engenho de açúcar no Brasil, graças ao memorial[19] que em 1587 terá oferecido em Madri a Cristóvão de Moura e às suas propostas, conseguiu um amplo conjunto de mercês. Com estas regressou ao Brasil no intuito de desvendar minas na zona do rio S.

Francisco, seguindo um roteiro deixado por um seu irmão já falecido n[illegible] referidas. Segundo frei Vicente do Salvador[20], esse irmão teria descoberto [illegible] Trazia amostras "de ouro, prata e pedras preciosas", mas, como morreu no retorno da jornada, mandou-as ao irmão Gabriel, que com tais testemunhos materiais teria ido à corte da monarquia requerer.

Entre as mercês conseguidas por Gabriel Soares de Sousa para efetuar o empreendimento da identificação dessas minas, contava-se a possibilidade de poder nomear doze hábitos com 20.000 réis tença (a tença de hábito usual nesse período) e foros de cavaleiros fidalgos até 100 pessoas das que nela participassem até ao fim e que tenham "as calidades pêra ysso comvinientes"[21]. Note-se que eram muitos os foros, mas o patamar de "cavaleiro fidalgo" não era elevado: era o sexto numa escala decrescente dos doze foros existentes. No entanto, o monarca concedia seis hábitos da Ordem de Cristo com 50.000 réis de tença para quatro cunhados e dois primos, que o acompanhassem na expedição. E no fim da jornada também lhes prometia foros de fidalgos, desde que tivessem, para uma e outra mercê, os requisitos necessários[22]. Esses últimos hábitos e foros já eram uma mercê relevante. Para além disso, Gabriel Soares de Sousa era feito capitão-mor e governador da conquista e descobrimento do rio de São Francisco, com direito a nomear sucessor, que podia usar todas as provisões e mercês (exceto uma "provisão serrada e çelada" que só o próprio Gabriel Soares de Sousa podia tornar efetiva[23]), e faculdade de prover todos os ofícios da justiça e fazenda vitaliciamente na sua área de exploração, durante três anos. Podia também levar consigo de Portugal, para auxiliá-lo, os homens que estavam condenados a servir nas galés, desde que fossem mineiros, fundidores, artilheiros, polvoristas e outros artífices que pudessem ser úteis, bem como pessoas condenadas a degredo, mesmo que esse tivesse sido fixado noutro território[24]. O governador geral do Brasil devia também dar-lhe 200 índios das aldeias de pazes para o acompanharem no empreendimento[25]. Se quisesse, podia também estender a área de prospecção para além do rio de São Francisco[26]. Felipe II ainda prometia remunerar os serviços das pessoas que participassem dessa descoberta, desde que apresentassem certidão dos mesmos desempenhos subscrita por Gabriel Soares de Sousa ou da pessoa que lhe sucedesse[27].

De salientar que Gabriel Soares de Sousa não era um homem qualquer. Além do roteiro citado e do memorial, tivera experiência do Monomotapa, para onde partira de Lisboa em 1567[28]. Revelava-se um homem sabedor e com grande capacidade de observação. Não foi por acaso que fez sua proposta abrindo negociações com o centro político. No texto referido, salientava que, pelas suas condições naturais e riquezas, no Brasil "estará bem empregado todo o cuidado que Sua Magestade mandar ter d'este novo reino; pois está capaz para se edificar n'elle um grande império, o qual com pouca despeza d'estes reinos se fará tão soberano que seja um dos Estados do mundo"[29]. Entre outros procedimentos, recomendava a descoberta e exploração de minas naquele território, "porque lhe não falta ferro, aço, cobre, ouro, esmeraldas, crystal e muito salitre, e em cuja costa sahe do mar todos os annos muito bom âmbar"[30]. Com estsa riqueza, bem como a de gado, peixe, algodões, açúcares, pau para fazer tintas, concluía que

> podiam vir todos os annos a estes reinos em tanta abastança, que se escusem os que vem a elles dos estrangeiros, o que se póde facilitar sem Sua Magestade metter mais cabedal n'este Estado que o rendimento d'elle nos primeiros annos; com o que o póde mandar fortificar e prover do necessário a sua defensão[31].

Os capítulos que escreveu nesse seu longo arbítrio eram muito pormenorizados no que diz respeito às minas (como era, aliás, no resto), dando inclusive minúcias sobre as informações que tinha dos índios e como estes extraíam alguns desses minérios e pedras preciosas[32]. Era com esses textos que rematava a sua exposição, fazendo notar que do Brasil viria mais ouro e prata a Portugal do que das índias ocidentais[33], mas também realçando que era fundamental investir nas fortificações daquele território.

É sabido que Gabriel Soares de Sousa não levou a bom termo o seu empreendimento e que faleceu embrenhado no sertão. Desta forma, os muitos poderes que levou de nada lhe serviram. No entanto, nos anos imediatos, as competências que lhe foram delegadas serviram de modelo a outros casos de exploradores de minas.

No verão de 1607, que se saiba, apareceram mais dois memoriais no centro político em Madri que foram analisados quase ao mesmo tempo.

Um deles era de Domingos de Araújo e de Belchior Dias Caramuru, seu tio, vizinho da Bahia, e o segundo de D. Francisco de Sousa[34], que já fora governador geral do Brasil, de 1591 a 1602. Neste último ano regressará ao reino com dois mineiros espanhóis, que deviam comprovar o muito que fizera em São Paulo[35].

Domingos de Araújo e Belchior Dias Caramuru ofereciam-se para ir descobrir umas minas de prata e sinais de ouro, numa área de 40 léguas à volta da Bahia. "en que segun las muestras pareçe que aVra tanta cantidad que se puede esperar dellas mayor provecho que de las yndias de Castilla", conforme alegam segundo resumia a Junta da Fazenda de Portugal que nesta altura se reunia em Madri[36]. Superar a produção de metais preciosos castelhanos era um argumento com notório peso expressivo na retórica negocial dessa época.

Propunham-se a fazer a descoberta à custa deles e apenas pediam duas contrapartidas: as cartas de ajuda e favor (entenda-se: os privilégios e mercês adequadas), bem como a isenção do poder dos governadores gerais ou vice-reis, ou seja, apenas queriam ficar dependentes do monarca enquanto andassem ocupados nas minas.

No capítulo das mercês, solicitavam as mesmas dadas a Gabriel Soares de Sousa para Belchior Dias e que, por sua morte, se não lhe ficassem filhos legítimos, passassem a Domingos de Araújo e seus sucessores (ainda que transversais ou que fossem mulheres, não obstante a Lei Mental).

Na área referida, não seriam autorizadas, por três anos, pretensões a prospecção de minas no espaço de três anos. Caso tivessem êxito, propunham que ao monarca ficasse reservado o quinto do ouro e da prata e o resto ficasse para eles e para as pessoas que os acompanhassem.

Em Lisboa, o Conselho da Índia também já havia analisado o memorial e se preocupou essencialmente com o uso de mão-de-obra nativa por parte dos bandeirantes. Embora achassem que Domingos Araújo e Belchior Dias eram homens ricos, receavam que recorressem aos índios. No parecer do Conselho da Índia, porque na zona havia paz e não era necessário efetuar conquista, não convinha lhes dar as mercês atribuídas a Gabriel Soares, nem tão ampla jurisdição; para evitar que hostilizassem os índios, indicava que fossem acompanhados de alguns jesuítas "por cujo meo se poderão reduzir algunns Jndios para serviço das ditas minas"[37]. Propunha que lhes fosse atribuído o título de capitão das referidas minas, mas que ficassem, nas mesmas, sujeitos ao governador geral, e que o monarca nomeasse ouvidor para fazer justiça e, inclusive, mineiros, que seriam pagos à custa das minas.

Dessa forma, torna-se claro que teria sido a instabilidade dos nativos a justificar algumas das amplas mercês atribuídas a Gabriel Soares de Sousa, que nessa altura serviam de pauta negocial com o centro político.

A referida Junta da Fazenda em Madri também analisou naquele ano a proposta de D. Francisco de Sousa, que enquanto governador geral já fora muito atento à exploração mineira. Em 1598, teria feito algumas diligências sobre a matéria na capitania de São Vicente; possivelmente nesse e/ou nos anos imediatos teria conseguido formar um rosário com o ouro de aluvião que teria enviado a Felipe II[38].

Neste caso, conhecem-se com mais pormenor os pareceres da junta e a própria decisão do rei (Felipe III, porque o seu pai morrera entretanto)[39]. D. Francisco, que era filho do conde do Prado e senhor de Beringel, teria se deslocado em pessoa a Madri. Não se sabe exatamente em que data terá recebido o título do conselho de Sua Majestade, mas teria sido por essa época. Em 1605, foi-lhe lançado o hábito da Ordem de Cristo[40], ordem na qual viria a ser comendador.

Note-se que antes das consultas referidas, um decreto do duque de Lerma, de 23 de dezembro de 1606, já relatava que, pelo que se estimava das minas do Brasil, e pelo que se antevia que D. Francisco podia fazer, mandava-se que ele fosse descobrir e administrar tais recursos. Para o efeito, era-lhe dado o título de capitão geral e governador das referidas minas com poderes

> en quanto a lo pertenesciente y necessário para las dichas minas, sobre todas las personas de qualquier calidad que sean que estuvieren en qualquier parte del Brazil, excepto el Governador del estado del Brazil, y comprehenda a todos los demas, aunque sean governadores de ciudades, justicias maiores y capitanes, y para el dicho efeto del descubrimiento, beneficio administracion de las minas pueda proveer, ordenar y executar lo que fuere conveniente y necessário para el dicho fin, sobre lo qual haya de ser obedescido toda replica, consulta y dilacion cesante[41].

Além disso, o mesmo decreto também o autorizava a fazer levas de índios, quer estivessem pacificados, quer não, para trabalharem nas minas.

Dessas duas mercês, segundo se mandava em dezembro de 1606, deviam ser feitos os despachos para serem assinados pelo rei.

Desta forma, quando no verão seguinte se analisaram os memoriais citados, D. Francisco partiu em posição de vantagem. De fato já estava nomeado, embora se dirigisse a outra zona do Brasil. Apenas negociava as condições num total de 24 pontos. Em primeiro lugar, pedia

> jurisdicion suprema sobre todas las personas estantes en aquellas partes de qualquier calidad y condicion que sean, hidalgos, cavalleros, justicias y mas menistros, capitanes, governadores de capitanias y Governador General de aquel estado, para que en nombre de VM obedescan sus mandados (...) sob las penas que VM uviere por su servicio[42].

Neste caso, as divergências entre a consulta do Conselho da Índia, a consulta do Conselho de Portugal e o parecer que emitia a Junta da Fazenda de Portugal não eram muito grandes. Estabeleciam que se desse a jurisdição sobre as capitanias do Rio de Janeiro, Espírito Santo e S. Vicente. Apenas a junta se dividira. A maioria pensava que D. Francisco devia ser alertado para não gastar qualquer dinheiro da Fazenda Real em benefício das minas; outros eram favoráveis a que primeiro desse conta dos gastos que efetuara como governador, que desse residência do cargo, e só depois se arbitrasse; um terceiro grupo era desfavorável à residência por impedir a jornada, pela dilação que implicava. O rei resolveu, porém, que lhe fosse atribuída a jurisdição sobre as capitanias apontadas, mas sem efetuar residência sobre o governo anterior.

D. Francisco solicitava mineiros e outros artífices especializados da América castelhana (Chile, Potosi, Margarita), da Alemanha e da Biscaia. A junta e o monarca concordaram, mas com a condição de que fosse o ex-governador a pagar o dinheiro indispensável para o efeito. Também se mostraram favoráveis ao pedido para dar terras em sesmarias e fundar cidades; apenas lhe foi imposta a condição de essas explorações e localidades pagarem o dízimo ao monarca e outros direitos e que se observassem as leis vigentes sobre a matéria.

Alegando o caso de Gabriel Soares de Sousa, D. Francisco solicitava que também ele pudesse nomear hábitos de Cristo com 20.000 e 50.000 réis de tença. Não indicava o quantitativo, mas sublinhava que seria ele a escolher as pessoas a agraciar dentre os primeiros descobridores e povoadores das minas. O Conselho de Portugal, tendo em conta o exemplo já referido, sugeria que fossem 20 hábitos, desde que os agraciados tivessem servido naquelas minas três anos e que não apresentassem defeitos para os quais fosse indispensável o recurso ao papa para obter dispensa. Seriam as máculas de sangue judeu ou mouro as que assim se pretendiam afastar. A Junta da Fazenda foi mais rigorosa a esse propósito. A maioria dos seus membros considerava que não devia ser dado tal poder a D. Francisco, "mas que conseguiendose el effecto que offrece destas minas podra consultar a VM las personas que los uvieren merecido para que VM les haga la merced que fuere servido"[43]. O monarca optou por ser favorável a que se desse o mesmo número de hábitos de Gabriel Soares (18), com três requisitos: terem servido três anos, não terem defeitos como acima se referiu e que se tenha "conseguido el efecto de las minas y si no se consiguiere le cesse esta facultad".

Quanto aos foros da Casa Real que D. Francisco pedia na quantidade que Sua Majestade entendesse, tendo presente o exemplo de Gabriel Soares, o Conselho de Portugal foi muito liberal. Propunha que o foro de cavaleiros fidalgos se lhe concedesse para 100 pessoas, tal como se fizera a Gabriel Soares, mas que também pudesse dar o de moço de câmara (5º foro na hierarquia decrescente dos 12) para outros cem indivíduos, bem como quatro foros de fidalgo e o tratamento de "Dom" para as respectivas mulheres. Os primeiros deviam ter servido previamente dois anos; os segundos, um; e, os últimos três. Além disso, deviam ter as qualidades indispensáveis.

O conselho também era favorável a outra solicitação de D. Francisco para prover durante três anos todos os ofícios de justiça e fazenda na vida dos nomeados.

A maioria da junta foi favorável aos três foros referidos, introduzindo, todavia, a cláusula "que esto se entienda haviendo effecto el descubrimiento de las minas"; quanto à provisão de ofícios, limitava-os aos de justiça, pois os de fazenda deviam ficar na posse do monarca. Note-se que no reino em geral havia mais facilidade em o rei abdicar dos de fazenda que dos de justiça. No império havia interesses econômico-financeiros óbvios. O monarca concordou com tudo, desde que houvesse descoberta de minas.

A par dessas questões, D. Francisco seguiu as atribuições feitas a Gabriel Soares e conseguiu que pudesse nomear o cargo – até o monarca prover – caso viesse a falecer no empreendimento, bem como embarcação franca para todos os povoadores que quisessem ir do reino, direito "a reduzir" índios desde que não usassem a força e a violência. Embora tivesse proposto a vintena (5%) nos quatro primeiros anos, como se usava nas minas antigas da Nova Espanha, ficou acordado que devia pagar o quinto a Sua Majestade. Também pedia o título de marquês da primeira terra que povoar, para ele e os seus descendentes, seguindo os exemplos de Francisco Barreto quando fora no reinado de D. Sebastião ao Monomotapa e de Gabriel Soares (seria a provisão secreta). Em abono das suas qualidades de nascimento e das suas pretensões, realçava sobre este último: "persona de la calidad que se sabe".

De fato, foi-lhe feita tal promessa desde que as minas rendessem pelo menos 500.000 cruzados de renda. Se o valor fosse inferior, apenas receberia 5% do rendimento das minas, valor que subia para os 30.000 cruzados se o valor das minas fosse de 600.000 cruzados, livres de custos.

Quanto a salário, D. Francisco pediu o mesmo que tinha o governador geral, 3.000 cruzados (1.200.000 réis)[44], com 20 homens de guarda e os tais 1.000 cruzados para repartir em nome do rei. Contudo, como no seu entender nas minas havia "mas occaiones en que ocuparse" pedia que este último montante passasse ao dobro[45]. Tudo isso devia sair do rendimento das minas. Tanto o Conselho de Portugal, tendo em conta a "consideração e importância do negócio", como a junta, e ainda o monarca, anuíram a todos esses pedidos. É possível que também tenha pesado na decisão o fato de esses encargos não saírem da Fazenda Real. Mesmo assim, e como já foi referido, quando comparados com o vencimento em dinheiro do vice-rei da Índia, todos aqueles montantes eram diminutos, pois em 1613 o ordenado do vice-rei era de 7.339.550 réis, e o conjunto da corte do dito personagem custava à Fazenda Real 29.989.690 réis. Só homens da guarda, tinha 60[46]. Para todos os efeitos, no Brasil, o governador dessas três capitanias passava a ter mais recursos oficiais que o governador geral, do qual ficava isento. Sendo assim, não tardaram os conflitos.

Frei Vicente do Salvador fazia notar que se esperava que D. Francisco tivesse problemas na corte da monarquia por ter dispendido muito dinheiro da Fazenda Real, mas assim não acontecera e "não tratou el-rei sinão de lhe fazer mercês". Ainda acrescentava que quando D. Francisco de Sousa chegou ao Rio e começou a tratar do governo, o capitão-mor da zona, Afonso de Albuquerque, queixou-se de que só lhe ficava o ar para gerir[47].

Em 1609, escasso tempo depois da chegada de D. Francisco ao Brasil, era D. Diogo de Meneses, governador geral, quem se lamentava amargamente da perda de poderes[48]. Para além das três capitanias do sul sobre as quais deixava de ter jurisdição – fato que, salientava, nunca acontecera a qualquer outro governador, pelo que sentia a honra lesada –, D. Francisco também fora feito superintendente de todas as minas que se descobrissem no Brasil. D. Diogo receava problemas na defesa das capitanias do sul e fazia notar o aumento de despesas com o duplicar de instituições e oficiais de justiça.

Dessa forma, embora a maior parte das atribuições feitas a D. Francisco estivessem condicionadas ao êxito das minas, o conjunto era relevante, caso se tornasse efetivo. D. António Caetano de Sousa registou, em 1748, na sua *História genealógica da casa real portuguesa*: "Concedeolhe ElRey hum grande poder, e muitas prerogativas; de sorte, que não se tinha visto tão amplo poder em algum outro Governador"[49].

## As atribuições posteriores

Seriam os amplos poderes e mercês de D. Francisco de Sousa meramente conjunturais ou fruto da sua condição de filho de titular? Esse lote de concessões se repetiria? Tentemos analisar a questão, seguindo os responsáveis pelas minas ao longo de boa parte do resto desta centúria.

Ao fazer propostas e pedidos de mercês para a exploração de minas em Angola, em 1611, Gonçalo Vaz Coutinho invocava os exemplos de seu irmão relativamente a objetivos afins com respeito ao território de Angola, de D. Estêvão de Ataíde em relação ao Monomotapa e os de Gabriel Soares de Sousa e D. Francisco de Sousa para o Brasil[50]. Esses casos, como se depreende, passaram a ser modelares, logo em 1611.

Em 1613, Salvador Correia de Sá, o velho, atendendo a que falecera D. Francisco de Sousa sem conseguir "cousa de consideração", era encarregado de averiguar as minas da capitania de São Vicente, ficando para o efeito isento do governador geral e com jurisdição sobre as capitanias do sul[51]. Levou os mesmos poderes, privilégios e mercês de D. Francisco de Sousa[52]. Como eram tão amplos e generosos, é possível que nem os tenha negociado um a um, mas sim em conjunto.

Por volta de 1616, o seu filho, Martim de Sá, estava em Lisboa e trazia muitas queixas do pai, envolvendo obstáculos à progressão da empresa. Salvador Correia de Sá sugeria ser ele, ou quem o substituísse, a poder nomear os capitães da capitania de São Vicente, "pera que assi fique mais obrigado a ajudar e acudir ao que for necessário pêra beneficio das minas"[53]. Considerava que os capitães criavam obstáculos por serem clientes do governador geral, que por seu turno não queria que ninguém ficasse isento dos seus poderes.

Como já noutras vezes já se tentara, a partir de regimento de agosto de 1618, que permitia aos moradores das capitanias de São Paulo e São Vicente a livre exploração de minas, desde que pagassem o quinto à coroa[54], boa parte dessas questões parece ter sido refreada.

Em 1640, ainda no tempo de Felipe IV, Salvador Correia de Sá e Benavides – que nascera no início da centúria e era neto de Salvador Correia de Sá – foi nomeado administrador das minas da capitania de São Vicente. Nessa altura era capitão-mor e governador da capitania do Rio de Janeiro. Em setembro do ano seguinte, D. João IV reconheceu-lhe essa administração, "assi como a teve o dito dom francisco de souza"[55]. Copiaram-se então as provisões dadas a D. Francisco[56]. Constituíam o padrão, pelos amplos poderes e mercês que poderia receber se levasse a bom termo o seu empreendimento. Quando tais documentos chegaram ao Brasil, Salvador Correia de Sá e Benavides tomou posse do governo das três capitanias do sul[57], mas o governador da Bahia quis lhe retirar tais delegações, invocando ordens régias que limitavam a sua ampla jurisdição. A coroa confirmou esses ditames do governador geral[58]. Entre outros assuntos haveria desconfiança em torno da lealdade de Salvador Correia de Sá e Benavides a D. João IV (nascera na Andaluzia e era casado com uma filha de um indivíduo que fora governador do Chile) e o acusavam de irregularidades no modo como alcançara os poderes de governador das capitanias do sul; seriam mais do que as fixadas na atribuição que lhe fora feita pelos Áustrias. O seu secretário e o seu procurador eram acusados de terem agenciado a ampliação de competência na corte, de modo a torná-las idênticas às de D. Francisco de Sousa. Uma vez mais, eram essas promessas o centro do problema[59].

No entanto, em 1644, tendo a coroa decidido que a descoberta e exploração das minas de São Paulo e capitania de São Vicente devia correr por sua conta, nomeou para administrá-las Salvador Correia de Sá e Benavides e ao seu tio, Duarte Correia Vasqueanes, residente na capitania do Rio. Nessa altura, Salvador Correia de Sá, fidalgo da Casa Real, já era general da frota do Brasil. O Conselho Ultramarino, quando analisou as nomeações acima, mostrou-se desfavorável a este último. Considerava que bastava o tio. Escorava o seu parecer em dois pontos: os conflitos de

Salvador com os moradores de São Paulo e São Vicente "e em particular porque deve querer que se lhe facão as merçes com que foi dom francisco de sousa"[60].

Apesar do reparo, um mês mais tarde o mesmo conselho discutiu as mercês que deviam ser concedidas aos dois administradores. Para o efeito, optou por opinar que a Salvador Correia de Sá se desse o seguinte: se se descobrissem minas e se dispusesse tudo o necessário para elas e que rendessem a Sua Majestade 400.000 cruzados livres, devia ele receber 4.000 cruzados por ano de juro e herdade e devia ter o senhorio e jurisdição do primeiro lugar que povoasse, quando atingisse os 50 vizinhos; se as minas chegassem aos 500.000 cruzados, ficava com a mesma renda e devia ser feito conde do dito lugar. Tudo isso com a condição expressa de que ele trataria da logística e dos mineiros à sua custa, quer para o descobrimento, quer para o resto. Foi-lhe passado alvará de lembrança dessa mercê a 8 de junho de 1644[61], certamente porque o rei concordou com tudo.

Para Duarte Correia Vasqueanes, que devia substituir o sobrinho nas suas ausências, atendendo ao cargo de general da frota, foi proposto o governo da capitania do Rio de Janeiro por seis anos e a promessa de uma comenda efetiva de lote de 120.000 réis, com faculdade de a poder nomear em seu filho. Como essa mercê estava condicionada às minas atingirem os 400.000 cruzados de rendimento anual, cinco meses depois de ser passado alvará de lembrança, foi-lhe colocada uma apostila para ressalvar que não era necessário que as minas conseguissem o rendimento de 400.000 cruzados líquidos para a Fazenda Real[62] – cláusula essa que foi negociada *a posteriori*[63].

Sendo as minas descobertas e chegando seu rendimento aos tais 400.000 cruzados, também podiam os dois administradores referidos distribuir seis hábitos, dois de cada ordem. Cada insígnia seria dada com 12.000 réis de tença e essas ficariam assentes nos rendimentos das minas (não saíam, portanto, da Fazenda Real). Deviam se destinar a quem mais fizesse pela descoberta e ajuste de todo o necessário à exploração do minério. Ainda se estabelecia que

> havendo duas pessoas, que seião Cauza de que com sua industria, trabalho, e despeza de fazenda se consiga o effeito das ditas minas, nomearão em hũa o foro de fidalgo de minha caza e na outra o abito de christo, com sincoenta mil réis de tença nas mesmas minas[64].

Também eram autorizados a nomear, nas pessoas que trabalhassem nas minas sendo moradoras nas capitanias de São Paulo e São Vicente, 50 foros de moço de câmara e outros tantos de cavaleiro fidalgo, das quais mercês os agraciados deviam obter confirmação régia.

Todas essas benesses só seriam dadas a quem tivesse servido pelo menos três anos completos, e os hábitos só podiam ser distribuídos aos que não apresentassem defeitos a exigir dispensa papal.

Pelo regimento dado nesse ano de 1644, qualquer pessoa ficava apta a explorar minas desde que pagasse o quinto ao monarca, e Salvador Correia de Sá e Benavides e o seu tio (obviamente quando o substituía) ficavam isentos do governador geral, para o efeito dos assuntos das minas (o mesmo acontecia em relação aos capitães das capitanias e câmaras). No entanto, nenhum deles era governador[65]. Esse ponto foi contestado por Salvador Correia de Sá e Benavides, que pretendia a mesma jurisdição de Francisco de Sousa "em toda a repartição do sul"[66].

O general da frota do Brasil demorou alguns meses em Lisboa tentando negociar outros pontos, quer das benesses prometidas ao tio diretamente, quer a ele e aos dois em simultâneo. Em relação aos hábitos, considerava que deviam estar distribuídos por escalões de rendimento das minas de 100.000, 200.000 e 300.000 cruzados, para criar mais estímulo. O mesmo quanto aos foros da Casa Real. Segundo ele, se as minas chegassem aos 100.000, cruzados deviam ter efeito os foros de moço de câmara e de cavaleiro fidalgo; com outro tanto, os seis hábitos; e quando rendessem 300.000 cruzados, tornava-se efetivo o hábito de Cristo com 50.000 réis de tença e o foro de fidalgo.

Por outro lado Salvador Correia de Sá discordava, entre outros pontos, da imposição de preencher os patamares de renda das minas sem ser com ouro de aluvião[67]. Apesar do seu memorial de réplica ter sido visto no Conselho Ultramarino em novembro de 1644, passados alguns dias o despacho régio mandava-o partir rumo ao Brasil e deixar essa negociação para quando começasse a pôr em prática o projeto das minas. Aparentemente com a nova dinastia e a experiência de uma parte do Brasil ocupado, as cautelas eram maiores em relação aos poderes delegados.

Em meados de 1653, ainda não se tendo dado por concluída a restauração do Brasil, discutia-se no Conselho Ultramarino a situação das minas no Brasil e o quanto convinha saber se as havia ou não. Chegavam frequentemente pedras a Portugal e pelos ensaios realizados eram boas as esperanças de obter metais preciosos[68]. D. João IV concordou que fosse enviada uma pessoa para o efeito, que tratasse de tudo à sua custa, mediante mercês condicionadas à obtenção das minas. Um membro do Conselho Ultramarino abordou Salvador Correia de Sá e Benavides, que desde outubro de 1652 se encontrava em Portugal[69], e que pareceu aceitar a proposta. Para tomar uma decisão definitiva pedia que primeiro fossem despachados os seus serviços, pois tinha cinco filhos a quem queria dar modo de vida, e os seus requerimentos encontravam-se na Secretaria das Mercês a aguardar resolução[70].

Cerca de 1654, o monarca teria ido ao ponto de mandar Salvador Correia de Sá e Benavides falar sobre a sua ida às minas a título particular, com um ministro[71], possivelmente com o secretário Pedro Vieira da Silva. Ao que parece a remuneração dos seus serviços e o ajuste de condições e recompensas, quer existissem minas, quer não (esta segunda hipótese era também objeto grande de cuidados), passaram a estar relativamente ligadas.

Uma vez mais, as mercês e regalias oferecidas condicionalmente a D. Francisco de Sousa estavam no centro das negociações. Às vezes, também se aludia às de D. Estêvão de Ataíde.

O Conselho Ultramarino, em 1656, era favorável a que lhe dessem as mesmas atribuições de 1608-1609 – inclusive quando fora provido Francisco Barreto de Meneses como governador geral da Bahia já lhe fora feita a ressalva do governo do Rio de Janeiro poder ser separado da sua jurisdição. Textualmente, era este o repto da maioria desse conselho:

> E quanto ás provisões das mercês, que se faziaõ a Dõ francisco de Sousa, se envia a V. Mgde. a copia dellas, E a penultima, que leva h a risca á margem, he o que trata do tt.º, E das condições cõ que se lhe dava, E se o Rnº conseguir o intento [a descoberta das minas], a qualquer soldado se devia dar, quanto mais a salvador Correa; nem o Consº. tem duvida, a que se lhe passem condicionaes (...) E que saõ taes as condições, que ainda com Dom francisco dar quatrocentos mil tt.ºs [cruzados de rendimento das minas] cada anno, lhe não dão titt.º[72].

Esse parecer era esclarecedor: o fato das mercês serem condicionais e as exigências enormes permitia que não suscitassem tanto receio por serem amplas.

O conde de Odemira, presidente do conselho, era favorável a que lhe fosse atribuído o título de visconde a Salvador Correia de Sá, com a condição de ele efetuar a jornada das minas à sua custa. Conforme mais tarde se explicitou, tal título seria destinado ao filho. Como a Fazenda Real podia não ter recursos para esse efeito, considerava o conde presidente que assim se devia realizar[73]. Entretanto, em 1657, o conde do Prado, neto de D. Francisco de Sousa, entravou o processo, pois também alegava o seu direito a tal descoberta e exploração.

Elucidada a questão a favor de Salvador Correia de Sá e Benavides, o Conselho Ultramarino insistiu no título de visconde para o filho.

Finalmente, em julho e setembro de 1658, a rainha optava por lhe atribuir jurisdição sobre as capitanias do sul, independente do governador da Bahia, caso a do Rio estivesse disponível ou sobre as duas restantes se aquela estivesse com governo efetivo. Também acedia ao título de visconde para o filho, caso desse o necessário para a jornada das minas e estivesse nesse serviço[74].

O resto da história é conhecido. O filho mais velho de Salvador Correia de Sá viria a tornar-se em 1666 o 1º visconde da Asseca, também devido à sua participação nas campanhas da Guerra da Restauração e não apenas pelos serviços do pai.

## Da teoria à prática: as mercês efetivas

Depois de Salvador Correia de Sá e Benavides, também D. Rodrigo de Castelo Branco, nomeado administrador geral das minas de prata de Itabaiana e Sergipe, em 1673, levou consigo faculdade para distribuir um hábito de Cristo, dois de Avis e dois de Santiago aos paulistas que o acompanhassem na descoberta[75]. Em 1693, D. Pedro II ordenava ao governador do Rio de Janeiro, António Paes de Sande, que passasse "as Cappitanias do Sul ao discobrimento das minas de Ouro e prata". Dá-lhe poder para prometer foros de fidalgo da Casa Real e de cavaleiros dela, bem como hábitos das ordens militares, com as tenças que lhe parecerem adequadas, que deviam ficar assentes no rendimento das minas, mas com a condição de só se tornarem efetivas verificada a descoberta das minas[76]. Esses mesmos poderes foram também concedidos a Artur de Sá e Meneses, em 1695, quando foi nomeado governador e capitão geral do Rio de Janeiro, São Paulo e Minas, com a incumbência de tratar da localização das minas.

Quanto aos governadores, apenas D. João de Lencastre conseguiu pela carta régia de 18 de março de 1694, num contexto no qual também tinha poderes sobre as capitanias do sul, e quando eram mais prementes as questões das minas, faculdade para prometer "carta de nobreza e uma das três ordens militares àquelas pessoas que, de livre vontade, tencionem fazer descobertas de ouro e prata". No entanto, essa mesma carta era mais chamativa que operacional, pois estabelecia que quem descobrisse

> uma mina rica, esta pertencerá ao inventor que pagará o quinto ao Real Tesouro, como já foi feito. Sem embargo me reservo [estabelecia o rei] determinar se uma mina é rica e se o inventor merece as recompensas prometidas. No caso que se apresentem pessoas que desejam me prestar serviços, deveis animá-las, fazendo-lhes

> esperanças de mercês que se podem esperar da minha generosidade, sem que contudo lhes indiqueis quais sejam.

Na realidade, a partir da atribuição de poderes para efetuar mercês a Salvador Correia de Sá, o velho, em 1613, o modelo de D. Francisco de Sousa nunca mais voltou a ser efetivamente concedido. Apesar de assentar em mercês condicionais e grandes exigências, era demasiado amplo.

A partir do último quartel do século XVII, inaugurou-se uma nova fase na questão governos coloniais / busca de minas: quem de alguma forma era encarregado de estimular a prospecção das ditas, apenas o fazia usando promessas de hábitos e foros da Casa Real; desde a faculdade delegada a António Paes de Sande, em 1693, o número desses não era limitado à partida. Eram, porém, mercês tão vagas que dificilmente se concretizavam. Curiosamente, só nessa fase um governador geral chegou a obter tais competências. Seria, porém, um exemplo pontual.

No entanto, foi essa tradição de promessas amplas que um pouco mais tarde fundamentou o "direito de conquista" que alegavam os paulistas frente aos que designavam de emboabas[77], ocasionando a guerra que ficou conhecida por esse nome.

Só em 1750, quando por um alvará em forma de lei, datado de 3 de dezembro, acabou-se com o sistema de capitação e se reintroduziram os quintos do ouro, pagos nas casas de fundição, e se estabeleceram como despacháveis alguns serviços feitos nesse quadro[78], é que esses proporcionaram mercês efetivas a um número significativo de pessoas. Muito frutífero no que respeita à obtenção de insígnias da Ordem de Cristo revelou-se, em particular, o § 4 do capítulo IX daquela lei. Por este assentava-se que quem, no intervalo de um só ano, efetuasse – em seu nome – entregas daquele metal, em qualquer casa de fundição do Brasil, equivalentes a pelo menos oito arrobas, independentemente do ouro ser próprio ou alheio, seria gratificado pela sua diligência. Na prática, a mercê que se tornou usual a troco desses serviços foi o hábito da milícia de Tomar e 12.000 réis de tença. Muitos, quando faziam o requerimento de uma recompensa por esses afazeres, comprovados através de "certidão de arrobas", já salientavam essa pretensão, o que denota o quanto muitas entregas seriam feitas tendo na mira o hábito; aliás, era frequente que as oito arrobas fossem preenchidas por inúmeras pequenas parcelas[79]. É ainda de realçar que esse alvará destacava claramente que a coroa não iria examinar quem era o proprietário efetivo do metal apresentado. Dessa forma, um número razoável de pessoas alcançou hábitos. Uma relação de indivíduos despachados pelas arrobas de ouro, entre 1760 e 1768, na secretaria de estado do reino, dava conta de 35 pessoas[80], treze delas com tenças de 40.000 réis. Só em 1766 foram dez as que conseguiram a mercê da insígnia por essa via.

É evidente que, se se comparar as pessoas despachadas com mercês para irem servir como soldados voluntários na Índia, nos mesmos anos, aquele número tornava-se diminuto, pois receberam despacho 138 indivíduos nessas circunstâncias, e em geral com tenças mais elevadas.

Note-se, para concluir, que a economia da mercê era por essência uma estratégia do centro político implicando, em geral, várias características. Desde logo, baixos custos, pois recompensar com hábitos, foros e muitas outras distinções (mesmo tenças assentes nos rendimentos das minas) acarretava menores encargos diretos para as finanças da monarquia; em segundo lugar, este dispositivo foi sendo dotado de forte plasticidade, pois tinha grande capacidade de adaptação aos interesses da coroa (mercês condicionais usadas como estímulo, por exemplo, em zonas de risco, de aventura[81]) e relativa eficácia ideológica resultante, entre outros fatores, de manobrar recursos com forte carga simbólica, e muito cobiçados. Como o centro político tratava as várias áreas do império de modo desigual, também era possível remunerar os desempenhos efetuados nos diferentes territórios de forma díspar. Desigualdade essa que, por vezes, se relacionava diretamente com as apostas conjunturais do centro metropolitano. Nesse contexto, o Brasil foi 'desfavorecido' em relação à Índia e, sobretudo, relativamente ao norte da África. Desse modo, não surpreende o tom desabrido com que as reivindicavam frequentemente os paulistas[82], pois sabiam que raramente teriam eco. Primeiro, em boa parte do século XVI, era o fato da terra de Vera Cruz não ter guerra com inimigos externos e ser uma área vista como de senhorio/exploração agrícola; por fim, seria o fato de o Brasil, de modo notório na segunda metade do século XVIII, ser encarado como um território de oportunidades. Apesar disso, terá sido fácil obter mercês por serviços no Brasil na década de 1630. No entanto, muitas promessas eram sobretudo destinadas a metropolitanos que se pretendia fossem ao Brasil colaborar na Restauração e voltassem. Os naturais tendiam a ficar de fora, pelo menos até 1750.

## Notas

1 Arquivos Nacionais da Torre do Tombo, Lisboa (ANTT), Manuscritos da Livraria, nº 1111, fl. 272 a–281 avº, § 49.

2 ANTT, Ministério do Reino, Lº 480, fl. 123; ANTT, Manuscritos da Livraria, 699, fl. 36-36 v.

3 Biblioteca Nacional de Lisboa (BNL), Pomb.122, fl. 325.

4 *Documentos remettidos da Índia ou livros das monções*, publ. sob a direcção de Raymundo António de Bulhão Pato, T. I., Lisboa, Typ. da Academia Real das Sciencias, 1880, p. 147-148, 234.

5 Cópia do alvará com tais poderes dados a Matias de Albuquerque, 4 abr. 1590 (ANTT, Ordem de Avis, Cx. 16, Mç. 18, nº 41, fl. 9).

6 Francis A. Dutra, "The Order of Santiago and the Estado da India, 1498-1750", Francis A. Dutra & João Camilo dos Santos, *The Portuguese in the Pacific*, Santa Barbara, University of California, 1995, p. 291.

7 Francisco Paulo Mendes da Luz, *O Conselho da Índia*: contributo ao estudo da história da administração e do comércio do ultramar português nos princípios do século XVII, Lisboa, Divisão de Publicações e Biblioteca/Agência Geral do Ultramar, 1952, p. 504.

8 José Ignacio de Abranches Garcia, *Archivo da Relação de Goa...*, II, Nova Goa, Imprensa Nacional, 1874, doc. 691.

9 ANTT, Conselho Ultramarino, Lº 1, fl. 47.

10 A. Faria de Morais, *Subsídios para a história de Timor*, Bastorá, Tip. Rangel, 1934, p. 48.

11 Charles R. Boxer, *The golden age of Brazil*: growing pains of a colonial society (1695-1750), reed., Manchester, Carcanet/The Calouste Gulbenkian Foundation/Discoveries Commission, 1995 (1ª ed. 1962), p. 416, n. 25.

12 Francisco Carlos Cardoso Cosentino, *Governadores Gerais do Estado do Brasil (séc. XVI e XVII)*: ofício, regimentos, governação e trajetórias, Niterói, Tese de Doutorado em História, UFF, 2005, p. 66.

13 Luís Filipe F. R. Thomaz, *De Ceuta a Timor*, Lisboa, Difel, 1998, p. 211-212.

14 Cosentino, *op. cit.*, p. 10, 65, 100.

15 Guida Marques, "O Estado do Brasil na União Ibérica: dinâmicas políticas no Brasil no tempo de Filipe II de Portugal", *Penélope*, Lisboa, nº 27, 2002, p. 19 e Cosentino, *op. cit.*, p. 129-130.

16 1.000 cruzados por ano era também quanto exigia um fundidor de prata para ir trabalhar para o Monomotapa, em 1617. Jaime Cortesão (org.), *Pauliceae Lusitana monumenta histórica*, Lisboa, Ed. Comemorativa do IV Centenário da Fundação da Cidade de São Paulo, 1961, v. II, p. 93.

17 Nessa, dizia-se literalmente: "pôsto que até aqui os governadores passados não pudessem fazer mais mercês que até duzentos cruzados cada ano". Marcos Carneiro de Mendonça, *Raízes da formação administrativa do Brasil*, Rio de Janeiro, Instituto Histórico e Geográfico Brasileiro/Conselho Federal de Cultura, 1972, v. I, p. 277.

18 Cosentino, *op. cit.*, p. 100-101, 105.

19 Foi publicado no século XIX pela primeira vez e já várias vezes reeditado: Gabriel Soares de Sousa, *Tratado descriptivo do Brasil em 1587*, comentários e edição de Francisco Adolpho de Varnhagen, 3 ed., São Paulo, Companhia Editora Nacional, 1938.

20 Frei Vicente do Salvador, *História do Brasil*, 3 ed. revista por Capistrano de Abreu e Rodolpho Garcia, São Paulo/Rio de Janeiro, Caieiras/Comp. Melhoramentos de São Paulo, *s. d.*, p. 350.

21 Documento sobre os foros publicado por Cortesão, *op. cit.*, v. I (partes V-VIII), p. 410.

22 *Idem*, p. 408-409.

23 *Idem*, p. 407.

24 *Idem*, p. 411-412.

25 *Idem*, p. 414.

26 Isto sem prejuízo das doações e privilégios de outras capitanias. *Idem*, p. 413.

27 *Idem*, p. 416.

28 Sousa, *op. cit.*, p. XVIII.

29 *Idem*, p. 2.

30 *Idem*.

31 *Idem*, p. 2-3.

32 *Idem*, p. 428-433.

33 *Idem*, p. 432.

34 D. Francisco de Sousa era o terceiro filho do III Senhor de Beringel. Servira comenda em Tânger e em 1578 foi capitão de um dos galeões da expedição de D. Sebastião a África. Foi capitão-mor da comarca de Beja. Felipe II de Espanha nomeou-o capitão da Mina, mas não teve efeito tal nomeação. Em 1591 foi mandado por governador e capitão general da Bahia. D. António Caetano de Sousa, *História genealógica da Casa Real portuguesa*, nova ed. revista por M. Lopes de Almeida e César Pegado, Coimbra, Atlântida, 1954, t. XII, parte II, p. 133-134.

35 Sobre a sua atividade, Francisco de Assis Carvalho Franco, *História das minas de São Paulo:* administradores gerais e provedores (séculos XVI e XVII), São Paulo, Conselho Estadual de Cultura, 1964, p. 13-15.

36 Arquivo Geral de Simancas (AGS), *Secretarias Provinciales. Portugal*, L° 1466, fl. 284.

37 *Idem*, fl. 287 v.

38 Vicente do Salvador, *op. cit.*, p. 374, 382.

39 AGS, *Secretarias Provinciales, Portugal*, L° 1466, fl. 299-311.

40 BNL, Ms. 938, fl. 135v.

41 Diego J. Martín Gutiérrez, *La Junta de Hacienda de Portugal*, Pamplona, Newbook Ed., 1996, p. 579.

42 *Idem*, p. 568.

43 *Idem*, p. 571.

44 No entanto, cerca de 1712, o governador das Minas, D. Brás Baltazar, teria de ordenado 10.000 cruzados (4.000.000 réis). Tiago C. P. dos Reis Miranda, "D. Brás Baltasar da Silveira: na vizinhança dos Grandes", *Revista do Arquivo Público Mineiro*, Belo Horizonte, Nova Série, Ano XLII, N° 2, 2006, p. 113.

45 Gutiérrez, *op. cit.*, p. 575.

46 AGS, *Secretarias Provinciales. Portugal*, Lº 1472, fl. 63-63v.

47 Vicente do Salvador, *op. cit.*, p. 418-419.

48 Cortesão, *op. cit.*, v. II, p. 3-13.

49 Caetano de Sousa, *op. cit.*, t. XII, parte II, p. 135.

50 Virgínia Rau & Maria Fernanda Gomes da Silva, *Os manuscritos do arquivo da Casa de Cadaval respeitantes ao Brasil*, Coimbra, Ordem da Universidade, 1955, I, p. 15.

51 Cortesão, *op. cit.*, v. II, p. 76-79.

52 *Idem*, p. 80-82.

53 *Idem*, p. 85.

54 *Idem*, p. 97-103.

55 *Idem*, p. 126.

56 *Idem*, p. 113-126.

57 *Idem*, p.129.

58 Boxer, *Salvador de Sá and the struggle for Brazil and Angola:* 1602-1686, Londres, The Atholone Press, 1952, p. 152-153.

59 Cortesão, *op. cit.*, v. II, p. 146.

60 *Idem*, p. 169.

61 *Idem*, p. 180-181.

62 *Idem*, p. 170-171, 200-201.

63 Foi negociada com outras que o monarca não terá aceite. *Idem*, p. 209-210.

64 Arquivo Histórico Ultramarino (AHU), Conselho Ultramarino, Lº 2196, fl. 41.

65 Cortesão, *op. cit.*, v. II, p. 177-180, 182-198.

66 *Idem*, p. 204.

67 *Idem*, p. 202-209.

68 *Idem*,, p. 297-299.

69 Boxer, *Salvador de Sá* ..., *op. cit.*, p. 288-289.

70 Cortesão, *op. cit.*, v. II, p. 307-309.

71 *Idem*, p. 222-223.

72 *Idem*, p. 226.

73 *Idem*, p. 227.

74 *Idem*, p. 235-236.

75 Luís Marques Poliano, *Ordens gonoríficas do Brasil:* história, organização, padrões, legislação, Rio de Janeiro, Imprensa Nacional, 1943, p. 58.

76 António Paes de Sande e Castro, *António Paes de Sande:* "o Grande Governador", Lisboa, Agência Geral do Ultramar, 1951, p. 199-200.

77 Vide sobre o assunto: Adriana Romeiro, "Revisitando a Guerra dos Emboabas: práticas políticas e imaginário nas Minas setecentistas", Maria Fernanda Bicalho & Vera Lúcia

Amaral Ferlini (orgs.) *Modos de governar:* ideias e práticas políticas no império português séculos XVI-XIX, São Paulo, Alameda, 2005, p. 397.

78 Cf. capítulo IX do citado alvará, publicado em *Collecção das leis, decretos, e alvarás, que comprehende o feliz reinado del Rei Fidelissimo D. José o I. Nosso Senhor*, Lisboa, Offic. de Antonio Rodrigues Galhardo, tomo I, 1797.

79 Um exemplo: a avaliar pelo seu requerimento, Paulo Pereira de Sousa prefez 10 arrobas, 2 onças e 5 oitavas, em 142 parcelas, entregues entre 1 de agosto de 1753 e 31 de julho do ano seguinte, cf. ANTT, Ministério do Reino, Mç. 313, doc. não numerado (consulta do Conselho Ultramarino, 23 mar. 1757).

80 AHU, Reino, Cx. 272.

81 Como seriam vistas as áreas de Minas Gerais nessa época, por exemplo – sobre essa representação e as suas implicações, vide Rodrigo Bentes Monteiro, *O rei no espelho:* a monarquia portuguesa e a colonização da América 1640-1720, São Paulo, Hucitec/Fapesp, 2002, p. 299.

82 Cf. Romeiro, *op. cit.*

# Honras e malogros: trajetória da família Camarão 1630-1730

Ronald Raminelli

Em 1691, em uma consulta ao Conselho Ultramarino, ficaram evidentes os perigos de se conceder aos índios hábitos das ordens militares. D. Lázaro Pinto, o principal de uma aldeia no Maranhão, massacrou um grupo de índios tremembés que selaram paz com o governador da capitania. O ouvidor Manoel Nunes Colares logo ordenou a prisão de D. Lázaro. O principal gozava, porém, de foro privilegiado por ser cavaleiro da Ordem de Cristo. Como a capitania não contava com um juiz dos cavaleiros, a sentença não poderia ser cumprida. Seus privilégios, então, garantiam a impunidade de seus crimes. Em Lisboa, o Conselho Ultramarino desconfiou da honra atribuída ao principal e mandou investigar se o hábito fora concedido pelo rei e por um governador. Depois de averiguar, constatou-se que não havia registro da concessão do hábito entre as mercês régias, nem a habilitação na Mesa da Consciência e Ordens. Assim, D. Lázaro poderia ser sentenciado por não dispor do foro privilegiado[1].

Esse episódio nos remete aos privilégios das ordens militares. A concessão de hábitos aos índios tornava-os indivíduos que podiam contar com honras não desfrutadas por boa parte dos moradores da América portuguesa. A possível inversão das hierarquias criava constrangimentos para governadores e capitães, acirrava as disputas locais e dificultava a ação dos missionários[2]. De modo geral, os cavaleiros e os comendadores das ordens militares recebiam pensões e o direito a foro privativo, pois eram religiosos. Por contar com o foro eclesiástico, quando se envolviam em causas criminais e cíveis, eles eram, inicialmente, julgados pelos juízes dos cavaleiros, mas podiam, em seguida, apelar à Mesa de Consciência e Ordens, e ao rei, em última instância. Mesmo depois de condenados pela Mesa de Consciência e Ordens e pelo rei, mestre das ordens, eles não poderiam receber punição pública. Se o crime fosse muito grave, perdiam a insígnia antes de receber o castigo. A mercê criava privilégios semelhantes aos desfrutados pela nobreza cristã e lusitana[3].

A concessão de hábitos ao gentio contrariava ainda um princípio religioso, pois os valentes guerreiros tupis nem sempre pautavam seus hábitos nos preceitos cristãos. Por vezes, eram denunciados por perpetuar a poligamia, as bebedeiras e os ritos contrários aos ensinamentos dos missionários. Assim, estabelecia um impasse: o monarca consolidava as alianças com as chefias indígenas, indispensáveis à manutenção dos domínios ultramarinos, mas, ao mesmo tempo, desrespeitava a tradição de negar privilégios a homens com defeito mecânico. As mercês contrariavam, mormente, os princípios de fidelidade religiosa e de pureza de sangue, preservados pela Mesa e Consciência e Ordens. A condecoração dos chefes nativos constituía, enfim, um paradoxo, razão para o número tão reduzido de índios com o título de cavaleiro das ordens militares.

## Hábitos controversos

Os impasses para a concessão de hábitos aos índios remontam ao final do período filipino, quando os primeiros guerreiros tupis receberam mercê por feitos nas guerras. A partir do episódio envolvendo D. Lázaro Pinto, torna-se interessante rever a concessão de hábitos e patentes militares aos chefes potiguares Felipe Camarão e Diogo Pinheiro Camarão[4] e a seus familiares, entre 1630 e 1730. Com a análise dessas mercês, percebe-se as estratégias empregadas pela administração colonial e pela Mesa da Consciência e Ordens para ampliar as alianças com os índios sem contrariar os impedimentos legais e os interesses dos governantes coloniais. Inicialmente, a monarquia buscava assegurar as alianças recorrendo às promessas de hábitos de cavaleiro das ordens militares, compromisso que nem sempre se cumpria. Depois se tornou comum a concessão de patentes militares, como a de sargento e capitão, que não viabilizavam foros privilegiados.

As mercês concedidas à família Camarão permitem ainda refletir como as honras e os privilégios, próprios do Antigo Regime, foram incorporados pelas chefias indígenas. Entre os tupinambás, a valentia militar, a boa oratória e a capacidade de manter várias mulheres simbolizavam o poderio do guerreiro e do chefe. O prestígio e a posição social do indivíduo, porém, não se transmitiam de pai para filho. Os parentes do chefe, sobretudo seus descendentes, certamente se beneficiavam de sua glória. No entanto, segundo os valores dos tupinambás, "este benefício traduzia mais obrigações que direitos. Ninguém veria os seus malogros compensados, por exemplo, em virtude da importância da árvore genealógica da família"[5]. Tradicionalmente, os principais tupis detinham um poder muito limitado, por vezes, restritos aos combates. Houve chefes que exerceram uma extraordinária liderança militar, mas seu poderio era muito tímido se comparado a uma alta patente portuguesa. Durante os embates, as lideranças frequentemente recorriam à tradição para deliberar. "Os caciques subordinavam-se às decisões tomadas pelos velhos nos conselhos de chefes. Essas decisões referiam-se à escolha dos inimigos, à determinação da guerra e à duração das hostilidades."[6]

A conquista e a colonização, porém, viabilizaram o fortalecimento político das lideranças militares aliadas aos portugueses. Os chefes tupis contavam com as facas, espadas e lanças de metal, sem contar falar nas armas de fogo e no poder destrutivo da pólvora. Além do avanço técnico, os chefes aguardavam recompensa pelos feitos e solicitavam, ao rei, hábitos e patentes militares. Posteriormente, suplicavam pela transferência da mesma para um filho ou um parente, alterando a lógica da tradição tupinambá. Essa negociação permitiu que a família Camarão desfrutasse, por quase cem anos, da patente de governador dos índios das aldeias de Pernambuco. Essa prática consolidou o comando de uma família sobre os índios da capitania de Pernambuco, e concedeu aos chefes potiguares o controle das milícias, compostas de diversas etnias indígenas. A nova hierarquia consolidou-se ao calor das guerras de Pernambuco, quando a monarquia precisava manter alianças e recompensar seus principais aliados indígenas.

Nos embates entre luso-brasileiros e holandeses, a participação de índios e de negros, sob o comando de Felipe Camarão e Henrique Dias, foi decisiva para as vitórias luso-brasileiras[7]. À época, a monarquia lusitana ainda enfrentava a guerra contra os castelhanos e a escassez de recursos para investir no ultramar. Nessa conjuntura francamente desfavorável, os rígidos impedimentos para a concessão de hábitos e comendas das ordens militares foram abrandados para viabilizar recompensas aos vassalos e incentivar a lealdade à monarquia lusitana[8]. O título de cavaleiro, porém, não era fator preponderante, responsável pela vitória sobre os hereges de Holanda. A resistência luso-brasileira fortaleceu-se, na década de 1640, com as notícias da independência de Portugal, a queda dos preços do açúcar e o endividamento dos colonos junto à Companhia das Índias Ocidentais[9].

Na carta régia de maio de 1633, Felipe IV de Espanha reconhecia os serviços prestados pelos índios liderados por Felipe Camarão a partir do atestado enviado a Lisboa pelo general Matias de Albuquerque. Para conservar os índios quietos e obedientes, o soberano enviava algumas mercadorias, como pano de linho, pentes, facas, tesouras, espelhos e velórios e "outras coisas semelhantes com que se obriguem a assistir na guerra". Para o principal, Antônio Felipe Camarão, tido como bom cristão e respeitado por todos os índios da capitania de Pernambuco e das demais até o Ceará, o monarca prometia, porém, a mercê do hábito da Ordem de Cristo, com 40 mil réis de renda, e uma patente de capitão-mor dos índios potiguares, com outros 40 mil réis de soldo pagos no almoxarifado dessa capitania. Entre as mencionadas graças, incluía ainda um brasão de armas[10]. Dois anos depois, chegou a Pernambuco um documento com notícias sobre o hábito da Ordem de Cristo e o título de Dom. Desde então, o chefe potiguar era nomeado de D. Antônio Felipe Camarão. Data de 1638 a notícia da mercê de uma "comenda de duzentos ducados" recebida pelo principal[11], embora a graça de Sua Majestade fosse referente ao ano de 1641. Em carta ao conde da Torre, a regente de Portugal, princesa Margarida, concedeu a prestigiosa mercê e uma cadeia de ouro, no valor de dois mil reales com uma medalha da princesa. As dádivas eram recompensas pelos serviços prestados pelo potiguar, em abril de 1638, quando se rechaçaram as investidas de Nassau para invadir a cidade de Salvador da Bahia[12].

Não se trata apenas de um lapso de três anos, mas de um feito realizado no tempo de Felipe IV da Espanha e a concessão de D. João IV, novo rei de Portugal. Assim, o compromisso do monarca espanhol foi concretizado pela monarquia restaurada, pois o hábito e a comenda da Ordem de Cristo somente seriam efetivados no governo bragantino. Na chancelaria da ordem estão atestadas as seguintes mercês:

> faço saber aos que esta minha provisão virem que confiando na bondade discrição e saber frei D. Antônio Felipe Camarão cavaleiro professo da mesma ordem, comendador da comenda dos moinhos da vila de Soure que conforme a obrigação que tem como cavaleiro que dela procurara a conservação e acrescentamento dos bens e rendas da dita Ordem em especial os que pertencerem aos ditos moinhos...[13].

Para tanto, o índio agraciado deveria, em dois anos, pagar o que devia à Ordem de Cristo; caso contrário, perderia parte da mercê. O documento da chancelária da Ordem de Cristo ainda lembrava a necessidade de se recorrer à dispensa papal como condição para se receber a mercê. Caso não alcançasse o perdão, Felipe Camarão não seria beneficiado, pois para dispor dos rendimentos provenientes da comenda em Portugal eram necessários serviços militares no norte da África.

Para além das batalhas, D. Antônio Felipe Camarão sobressaiu-se como protetor dos civis em fuga de Itamaracá e Paraíba. O cronista Diogo Lopes Santiago relatou o episódio e destacou o serviço do terço da Paraíba, de capitães da infantaria e das ordenanças da terra ao acompanhar "os moradores para os defenderem, se caso o inimigo os acometesse na jornada e o Camarão viesse na retaguarda com outros"[14].

Em seguida, para obter suprimentos, ele ainda se dirigiu ao Rio Grande, onde reuniu gado e o enviou ao "arraial de Pernambuco". Afora os suprimentos para a tropa, o feito tencionava inviabilizar, por falta de abastecimento, a permanência dos holandeses no forte Ceulen[15].

No entanto, sua liderança militar seria logo interrompida. De fato, não participou dos eventos que levaram à vitória final dos luso-brasileiros. Suas últimas façanhas foram registradas nas narrativas da primeira batalha dos Guararapes, em 19 de abril de 1648. Lá, Camarão participou de sua derradeira peleja contra os batavos. Cerca de um mês depois, aos 48 anos, "faleceu de doença", longe dos campos de guerra. "Tão fidelíssimo à nação portuguesa", soldado ardiloso, bom cristão e virtuoso, D. Antônio ouvia missa todos os dias e rezava o ofício de Nossa Senhora. Seus predicados, segundo Lopes Santiago, valeram-lhe o posto de governador dos índios do Brasil, o título de Dom e o hábito da Ordem de Cristo. Por suas lealdade e fervor religioso, ele foi "enterrado com muita honra e pompa funeral na igreja do arraial, deixando seus soldados índios mui pesarosos de sua morte"[16].

Ao construir o herói, Santiago cometeu alguns equívocos e teve alguns lapsos de memória, pois, além de esquecer a comenda, ele se enganou ao denominá-lo governador dos índios do Brasil quando, de fato, era apenas capitão-mor dos potiguares e, mais tarde, das aldeias da capitania de Pernambuco. Na derrota portuguesa em Porto Calvo (fevereiro de 1637), o cronista não deixou de mencionar a presença de D. Antônio, embora relatasse de forma obscura a sua contribuição ao evento. Aí participaram 1.180 soldados, sendo 300 índios liderados por Camarão. Devido ao número muito superior de efetivos e armas, as forças comandadas por Nassau sagraram-se vitoriosas. Ao narrar o desbarato da tropa, Santiago pouco comentou sobre o desempenho do valoroso potiguar, apenas lembrou que o "fidalgo" conduziu todos os índios de sua tropa, "senão também levou em um cavalo, com uma lança na mão, a sua mulher, Dona Clara"[17]. Menos preocupado com a construção de heróis, o donatário Duarte de Albuquerque Coelho revelou: "Os índios de Camarão provaram mal neste dia, mas não assim Henrique Dias e seus negros"[18]. Os detalhes mais sórdidos seriam fornecidos por um anônimo: "o Camarão não fez neste dia mais que se emborrachar com aguardente que lhe deram, coisa que nunca fez e com isto nenhum dos seus fez nada, não o fez assim Henrique Dias, porque com os seus procedeu muito bem"[19].

De todo modo, sua fama de herói das guerras de Pernambuco estava em todos os escritos contemporâneos à guerra. Os testemunhos não se limitam a narrar façanhas militares; Felipe Camarão conclamava a seus aliados a manter a lealdade ao monarca e aos princípios da fé católica. Dirigindo-se aos potiguares bandeados para o lado inimigo, Camarão prometeu-lhes o perdão. Para tanto, eles deveriam logo abandonar os hereges. Trazendo uma bandeira branca, eles procurariam diretamente

D. Felipe Camarão, que os integraria na luta pela liberdade divina. Essa estratégia para ampliar os aliados era, por certo, a fonte da honra alcançada por D. Antônio entre os portugueses. Ao comandar a enorme milícia potiguar, ele engordava, a cada vitória, a sua honra. Em carta dirigida aos potiguares sob o comando dos holandeses, Felipe Camarão externou a sua fidelidade à monarquia e à Igreja:

> E pensai na nossa salvação, porquanto, como verdadeiros cristãos que sois, tendes não somente de cuidar da vida, mas também da alma e deveis saber que eu, vós e todos que estão convosco somos súditos de Sua Majestade Católica o Rei de Portugal[20].

Assim, como nas crônicas luso-brasileiras, fica evidente que os índios aliados, denominados de "excelente raça", pautavam-se na lealdade ao rei e na fé católica, dois atributos inerentes aos leais vassalos portugueses. O prestígio de D. Antônio resultava, em suma, de uma tríade: fidelidade à monarquia, fervor católico e capacidade de arregimentar aliados.

Não obstante seus valorosos feitos, percebe-se uma notável falta de informação sobre as suas mercês nos registros da monarquia lusitana. O mesmo não ocorreu com seus companheiros de guerra luso-brasileiros, pois estes tiveram devidamente registradas suas recompensas. Na chancelaria da Ordem de Cristo, não existe processo de habilitação, nem a carta de hábito, nem o alvará para ser armado cavaleiro. Tendo ele defeito mecânico e sangue impuro, a dispensa papal também não foi localizada. Por certo, no intuito de preservar as alianças consolidadas pelos Áustrias, D. João IV, recém estabelecido no trono, tratou de confirmar as mercês, sem fazer as devidas portarias, provisões e registros na chancelaria. De todo modo, oficializou-se a promessa de comenda, que, por sua vez, concedia-lhe o hábito. Sobre a patente de capitão-mor dos potiguares e o brasão de armas, nada se conseguiu apurar. Em relação à comenda, em 1645, a Ordem de Cristo exigia o pagamento do serviço de demarcação, medição e divisão dos bens. Em plena guerra, Felipe Camarão talvez não tivesse recursos e nem disponibilidade para se inteirar de seu patrimônio. Por certo, faleceu, três anos depois, sem usufruir das benesses do título de comendador.

## Herdeiro de Felipe Camarão

Os registros sobre os herdeiros de Felipe Camarão, depois de sua morte, tornaram-se raros. De seu filho, sabe-se, em princípio, que o governador de Pernambuco, Francisco Brito Freire (1661-1664), recolheu-o à sua casa para doutriná-lo, como homenagem às bravuras paternas[21]. Para o maior historiador do período holandês, José Antônio Gonsalves de Mello, ele não herdou do pai esses privilégios, nem comenda, nem hábito, embora pudesse apresentar ao Conselho Ultramarino os serviços paternos que não resultaram, anteriormente, em mercê. Como as últimas não foram efetivadas, o filho poderia escrever ao monarca para suplicar recompensa pelos feitos militares do pai. De fato, a apresentação de serviços prestados por antepassados mortos era prática no momento de se pleitear hábitos das ordens militares. Muitos chefes tupis, como Araribóia, perpetuaram o prestígio alcançado em feitos militares, transferindo para os filhos patentes e controle sobre terras[22].

Muito tempo depois da morte de Felipe Camarão, precisamente em 1682, o posto de capitão-mor e governador dos índios das aldeias de Pernambuco, tradicionalmente ocupado pela família Camarão, estava vago. Antes, fora destituído D. Antônio João Camarão devido a incidentes envolvendo mortes de índios. O governador de Pernambuco, D. João de Sousa (1682-1685), decidiu punir o governador dos índios por mau procedimento. Seria acusado de fazer insultos e de consentir – em suas aldeias – com a ocorrência de assassinatos sem a devida punição. Atuou contra o serviço de Sua Alteza ao matar, de forma escandalosa e tirânica, uma índia a facada. Em seu primeiro ano de governo, D. João de Sousa, a partir de denúncia feita por missionários, deu ordem de prisão ao mencionado chefe indígena.

Depois de decretada – escreveu o governador, o chefe D. Antônio João Camarão ausentou-se de sua aldeia, largou seu posto, faltando à devida obediência ao seu superior, o governador da capitania de Pernambuco. Assistentes nas aldeias, os missionários denunciaram os graves incidentes que conduziram o governador a decretar a prisão do D. Antônio João. Assim, continua o capitão, "achei por ser muito conveniente ao serviço de Deus, bem daqueles índios prover o dito posto em pessoa de melhor zelo e doutrina"[23].

Anos depois, D. Antônio João Camarão desembarcava em Lisboa em busca de recompensas por serviços militares. Estava em companhia do seu protetor, o governador geral e almotacé-mor Antônio Luís Gonçalves da Câmara Coutinho (1690-1694). Este "o tem em sua casa e está sustentando por não ter coisa de que se valha, e que como vinha a despachasse por seus serviços, e os de seu Pai D. Antônio Felipe Camarão". Em consulta do Conselho Ultramarino ao rei D. Pedro II, fica evidente que o governador dos índios destituído por mau procedimento e assassinato estava na miséria, embora fosse filho do herói das guerras de Pernambuco. Ele não herdou a patente de governador dos índios diretamente do pai, pois o sucessor de

Felipe Camarão fora seu primo, Diogo Pinheiro Camarão. Em 1695, certamente com idade avançada, apelava às autoridades metropolitanas para alcançar mercê pelos serviços prestados pelo pai. Por não portar os documentos comprobatórios, nem o testamento paterno, não poderia solicitar os privilégios suplicados. Sendo índio pobre e incapaz de financiar a viagem de retorno a Pernambuco, o conselho concedia "uma ajuda de custo para ele, e seus dois companheiros, e uma ração para eles na Nau Nossa Senhora da Estrela que vai para a Bahia para daí passarem a Pernambuco"[24]. Em respeito aos serviços prestados por D. Felipe Camarão, seu filho recebeu somente 30 mil réis de ajuda de custo e se recolheu para Pernambuco.

As recompensas inerentes aos serviços militares escaparam das mãos do pai e do filho, pois nem mesmo a viagem a Lisboa ou o apoio do almotacé-mor foram capazes de sensibilizar o Conselho Ultramarino. Suas expectativas de honra foram malogradas, pois o monarca, em seu atributo de justiceiro, nem sempre recompensou com equidade os feitos nas guerras de Pernambuco. Assim, não restam dúvidas da habilidade e das estratégias traçadas pelas chefias potiguares para obter os símbolos de prestígio próprios das sociedades ibéricas do Antigo Regime. No entanto, em uma sociedade estamental, os bens materiais e simbólicos não eram franqueados aos súditos de sangue impuro, portadores de defeito mecânico e inclinados a hábitos controversos. Malogro semelhante também atingiu os potiguares aliados dos holandeses. Sem suas tropas e isolado nos Países Baixos, Paraupaba perdeu o principal trunfo para sustentar suas reivindicações[25].

D. Antônio Felipe Camarão foi o primeiro potiguar a receber a patente de capitão-mor e governador dos índios da capitania de Pernambuco, mercê concedida pelo soberano espanhol em 20 de agosto de 1636[26]. Com sua morte, seu primo D. Diogo Pinheiro Camarão seria agraciado com o mesmo posto. Embora Felipe Camarão tenha falecido em 1648, o novo governador dos índios seria somente confirmado, pelo soberano, na sua carta patente de 22 de junho de 1672[27]. De fato, uns poucos companheiros potiguares tiveram seus feitos reconhecidos. Para solicitar a mercê pelos serviços na guerra de Pernambuco, D. Diogo Pinheiro Camarão e mais seis índios se estabeleceram em Lisboa, acompanhados do renomado capitão-mor do Ceará, Martim Soares Moreno. Essa estratégia, por certo, era mais segura para defender seus pleitos, tanto que resultou nas mercês concedidas pela princesa D. Margarida. Ele recebeu da regente, em setembro de 1638, além de uma promessa de hábito de Avis ou Santiago, a pensão no valor de 1.250 reales, 500 pagos na Bahia e 750 em Pernambuco, depois de restaurado. Em sua habilitação à ordem militar de Avis, datada de 1639, ficam evidentes as resistências da Mesa da Consciência a conceder o hábito sem promover as devidas investigações. No entanto, ao fim e ao cabo, recebeu o privilégio[28]. A mercê era o resultado de muita peleja. No calor das guerras de Pernambuco, ele acumulou as patentes de

> capitão, sargento-mor, capitão-mor e governador dos índios da mesma capitania e suas anexas e achando-se em muitas ocasiões de guerra contra os holandeses particularmente na briga do Rio São Francisco tomada da força em que o inimigo estava retirado afora outras forças que ajudou a render nas estradas que se fizeram para o sertão e assalto dos distritos da Paraíba e nas batalhas dos Guararapes...[29].

Mesmo assim, muitos anos depois, o capitão D. Diogo Pinheiro Camarão relatou ao Conselho Ultramarino os aviltamentos que a sua tropa de índios recebia do mestre-de-campo geral Francisco Barreto. Na carta, datada de julho de 1650, ele denunciou que era tratado com pouco respeito, "com palavras muito ruins", além de sua tropa contar com soldo muito inferior ao recebido pela "infantaria branca". Por isso, pedia ao monarca que pusesse os olhos sobre os vassalos que atuaram com bravura nas guerras de Pernambuco. D. Diogo, por certo, não estava satisfeito com as honras e os privilégios inerentes ao título de cavaleiro da Ordem de Santiago, pois, em 1675, solicitou o prestigioso título de cavaleiro da Ordem de Cristo, sem receber resposta das autoridades metropolitanas.

Seu filho, D. Sebastião Pinheiro Camarão, recebeu o hábito de cavaleiro da Ordem de Santiago em 1672, no mesmo ano em que o pai alcançou a patente de governador dos índios de Pernambuco. No seu processo de habilitação, registrou-se uma verdadeira disputa entre o monarca e a mesa da Consciência e Ordens. O rei reafirmava sua estratégia de promover aliados indígenas enquanto a Mesa fazia valer as definições das ordens militares. Embora benemérito por servir ao monarca, D. Sebastião Pinheiro Camarão não poderia ser dispensado das provanças, privilégio somente concedido pelo Sumo Pontífice. A mesa zelava, então, pelo crédito e autoridade das ordens militares, pois não era justo que se perpetuassem os exemplos prejudiciais permitidos, antes da Restauração, pelo rei de Castela. Para os membros da Mesa da Consciência, a prudência guiou o rei D. João IV quando concedeu, aos índios e a outra nação semelhante, "a sua insígnia em uma moeda de ouro e em lugar do hábito que sem provança em lhe sendo não podia dar"[30].

Em 1672, pai e o filho seriam agraciados com o título de cavaleiro e com as patentes militares. A D. Diogo, Sua Majestade ratificou a patente de capitão e governador dos índios das aldeias de Pernambuco; a D. Sebastião, o soberano confirmou o posto na companhia da infantaria que ainda exercia e onde continuaria a prestar serviço. No registro de sua mercê, exaltava-se a lembrança de seus feitos, nas guerras contra os holandeses e nas pelejas contra os índios rebelados do sertão. Pelo "seu merecimento para ocupar no que houver lugar com aquela companhia de Infantaria haverá o soldo que lhe gozar e gozará de todas as honras, isenções e franquezas em razão dele lhe tocarem..."[31].

De fato, D. Diogo e D. Sebastião Pinheiro Camarão foram os chefes potiguares que melhor desfrutaram as benesses monárquicas. Lutaram nas guerras de Pernambuco e lideraram, posteriormente, as milícias indígenas. Esses serviços lhes valeram títulos de cavaleiros e cartas patentes, mercês nem sempre desfrutadas pelos governadores dos índios que se seguiram. Embora leais e combativos, os feitos dos chefes potiguares posteriores não lhes valeram a honra de ser cavaleiro de uma ordem militar. A Restauração e o fim das guerras com Castela tornaram a monarquia mais sólida e menos dependente de seus aliados das fronteiras. Os índios não mais seriam agraciados com mercê de tanto prestígio. Ao invés do hábito e do foro privilegiado, os reis preferiam conceder aos heróis de guerra uma medalha de ouro ou cartas patentes.

## Últimos governadores dos índios

Ainda que nem todos contassem com as honras e os foros privilegiados inerentes aos cavaleiros das ordens militares, os chefes da família Camarão detiveram por quase um século a patente de capitão-mor e governador das aldeias indígenas entre o rio São Francisco e a capitania do Ceará. Depois de Felipe Camarão e de seu primo, o titular da patente de governador foi Antônio João Camarão, filho do primeiro herói indígena das guerras de Pernambuco. Nomeado em 1677, Antônio João seria destituído em 1682, conforme relato acima. Com os escândalos provocados pelo último, um chefe de outra etnia recebeu a mesma patente. O novo governador dos índios, Antônio Pessoa Arco Verde, era descendente dos tabajaras[32], fiéis aliados dos portugueses desde as primeiras lutas pela conquista da Paraíba[33]. Arco Verde serviu como soldado e capitão de infantaria dos índios por 29 anos. Em vários momentos, lutou com muito zelo e valor na guerra de Palmares, "indo por cabo de tropas, nas marchas que se faziam que resultou, muitas vezes, cometer-se os inimigos a fazer-se lhe considerável dano com perda de sua gente..."[34].

Durante dez anos, portanto, a família Camarão ficou fora do comando das aldeias indígenas. Arco Verde teve promessa de título de cavaleiro da Ordem de Cristo, em 1674, e recebeu o soldo de 1.500 réis por mês em 1683, meses depois de assumir o posto de governador[35]. À época, o processo de habilitação à ordem militar ainda não tinha alcançado um bom termo, pois Arco Verde fez uma petição à Mesa da Consciência e Ordens, "em que diz que V. A. foi servido mandar-lhe lançar o hábito de São Bento de Avis na cidade de Olinda, capitania de Pernambuco, e por descuido de seu procurador nesta cidade não passaram as provisões pela chancelaria no termo da lei..."[36]. Esse incidente, por certo, atrasou o processo e impediu que o chefe tabajara obtivesse a tão prestigiosa mercê régia.

Devido à morte de Arco Verde, o posto de governador dos índios retornaria à família Camarão em março de 1694. Desde então o Registro Geral das Mercês atribui a D. Sebastião Pinheiro Camarão a carta de governador dos índios das aldeias da capitania de Pernambuco[37]. D. Sebastião teve uma folha de serviço muito extensa, pois lutou com o pai nas guerras de Restauração e participou dos terços indígenas desde tenra idade. Sua maior façanha, porém, foi se aliar, nos incidentes da década de 1710, aos mascates, em vez de lutar com os patrícios. A parcialidade da nobreza não pode contar com a liderança potiguar para intimidar os opositores, como ocorrera, outrora, na "guerra da liberdade divina". Não obstante as incisivas ordens do bispo governador, D. Manuel Álvares da Costa – um dos líderes da *fronda dos mazombos* –, D. Sebastião rejeitou o apelo para empregar suas tropas nas investidas contra a vila do Recife.

Ao perceber a resistência do governador dos índios, o coronel Leonardo Bezerra Cavalcanti prometeu-lhe "um engenho e as melhores lojas de fazendas que no Recife houvesse para repartir com os seus soldados..."[38]. Sua recusa, por certo, exprimia sua lealdade ao rei e ao governador deposto, Sebastião de Castro Caldas. Na ocasião, ao recusar a oferta do "nobre amotinado", D. Sebastião Pinheiro Camarão proferiu as seguintes palavras: "como caboclo que era não carecia de engenho". O capitão Cristovão Pais Barreto procurou também obter o apoio de D. Sebastião, mas o negócio fracassara, viabilizando um trunfo considerável ao levante dos mascates[39].

A parcialidade da nobreza não se resignou com a recusa do governador dos índios. Seus líderes escreveram-lhe uma carta e rememoraram as alianças entre os moradores de Pernambuco e os índios potiguares. Nessa pugna contra os mascates, a nobreza da terra não poderia prescindir dos leais feitos indígenas. Em carta, apelavam ao passado ilustre dos potiguares:

> Bem sabe vossa mercê o quanto se desvelaram nossos antepassados na restauração desta terra, acreditando a sua fidelidade à custa do seu sangue, vidas e fazendas, e que a vossa mercê compete muita parte dessa glória pelo assinalado das proezas do memorável pai de vossa mercê, como um dos principais restauradores dela...[40].

Assim, não obstante a invocação da *açucarocracia*, D. Sebastião abraçou a causa dos mascates. No calor dos embates, corriam rumores do altíssimo prêmio concedido ao chefe potiguar. Ele recebera dos comerciantes 1.200.000 réis de gratificação pelo apoio militar. A nobreza da terra não deixou passar em branco a alta traição e ordenou a queima das lavouras e o aniquilamento de sua aldeia de S. Miguel de Una. A represália provocou a retirada dele e de sua gente para Santo Amaro, nas Alagoas. Segundo Pereira da Costa, D. Sebastião Pinheiro Camarão faleceu muito tempo depois, em 1721, com idade provecta[41].

Antes, em 1720, ao escrever ao monarca[42], D. Sebastião solicitou afastamento das funções de governador e, para tanto, apresentava seus motivos. A cegueira e os graves achaques impossibilitavam-no de comandar, privavam-no de bem servir a sua Majestade. Com "não pequena dor do seu coração", escrevia o funcionário do Conselho Ultramarino, o chefe potiguar reconhecia sua incapacidade, embora sempre fosse zeloso, fiel soldado e leal vassalo. Após relatar a debilidade de seu corpo, considerava notórias as frágeis condições de seu serviço. Rogava, porém, a D. João V a permanência da patente e do soldo. Pedia a real atenção do monarca para a sua conservação "como capitão-mor entretido e logrando enquanto for vivo o mesmo soldo de quarenta mil réis". Para o filho, D. Antônio Domingos Camarão Arco Verde, pleiteava a patente de sargento mor. O suplicante recorria não apenas aos seus achaques e à cegueira, mas à "miséria e pobreza em que hoje se vê sem ter com que se sustente...".

Finalmente, contando com os serviços feitos naquela conquista, almejava a honra de ter seu filho no posto de governador dos índios. Para o ancião potiguar, o filho seria "homem inteligente e com precedência para imitar os seus passos e seguir a sua doutrina em tudo quanto for do real serviço e no qual este assegura a V. M....". Estava assim estabelecida a lógica da sucessão ao posto de governador, pautada no exemplo paterno, na lealdade, na linhagem da família Camarão. Mais uma vez, fica evidente que os chefes potiguares rompiam com a tradição tupi ao perpetuar seus familiares nos postos e nos privilégios.

O Conselho Ultramarino concordou com as súplicas do provecto chefe, pois sempre se mostrou útil ao real serviço, "imitando em tudo as memórias do seu pai D. Felipe Camarão tão conhecido pelo que obrou nas guerras de Pernambuco...". Embora se equivocasse quanto à filiação do governador dos índios, o conselheiro não se enganou com a lógica da sucessão e lembrou os feitos do mais notável potiguar. De fato, era muito conveniente à monarquia favorecer semelhantes índios para que a mercê servisse "de exemplo para que outros procurem adiantarem-se na que se oferecer nas ocasiões de que forem encarregados, obrando com a mesma fidelidade como se tem portado Dom Sebastião Pinheiro Camarão"[43].

Filho de D. Sebastião, o próximo governador seria D. Antônio Domingues Camarão Arco Verde, "rebento de índios notáveis", escreveria com razão Pereira da Costa, "pelas elevadas posições a que atingiram, e por seus títulos e valor pelas armas..."[44]. D. Antônio ainda contava com o sobrenome tabajara, oriundo, talvez, de seu avô, Antônio Pessoa Arco Verde, governador dos índios antes de seu pai. Sua patente de governador amparava-se não apenas na ascendência ilustre, mas nos feitos realizados como sargento-mor do terço, no zelo de seu mui leal serviço e na imitação do exemplo de seu pai[45]. Seria ele, porém, o último governador das aldeias da capitania de Pernambuco. A honra e o privilégio da família Camarão durariam apenas alguns anos depois da posse de D. Antônio Arco Verde.

Em 13 de abril de 1722, ele escreveu uma carta ao soberano D. João V e relatou a grave crise que acometia a sua autoridade. Na missiva, ele solicitava o apoio do monarca para impedir o desmantelamento de sua tropa:

> Muitos índios soldados deste Terço andam derramados por todo Pernambuco e Paraíba por inobedientes, criminosos e mal procedidos, e como pela distância me é mui dificultoso o sossegá-los, me parece que só mandando V. Majestade ao governador de Pernambuco e Paraíba que publiquem Bandos por todas as freguesias de sua jurisdição para que os capitães-mores delas tenham vigilância em não consentirem índios de meu Terço, ou das Aldeias que a mim estão subordinados em suas freguesias por mais de oito dias...[46]

De fato, rogava ao soberano para reunir seus soldados dispersos. Solicitava então ao monarca apoio para impedir que os capitães incorporassem nos terços seus índios errantes. Em particular, os terços dos paulistas promoviam acentuadas baixas, intrometiam-se e chamavam "a si para lhes assentarem praça". Quando o governador dos índios recorria a castigos para repreender um soldado, os últimos fugiam e se acoitavam entre os paulistas. Somente proibindo tal prática seria possível manter os homens sob o seu controle, vaticinou o último governador dos índios, D. Antônio Camarão Arco Verde.

Desde o início do governo, D. Antônio Arco Verde preocupou-se em compor as aldeias e em reunir a gente vagabunda encontrada no sertão, "esquecidos do serviço militar e dos exercícios de cristãos". Ele realizava essa tarefa não sem grande moléstia, pois seus intentos provocavam danos entre os moradores, particularmente quando a captura de índios reduzia o número de braços nas lavouras e propriedades. Ao mandar prender alguns casais "que andavam derramados nas partes da capitania da Paraíba para os congregar nas donde pertenciam", seus correligionários enfrentaram os potentados locais. No caminho de retorno, um capitão e um tenente do regimento do governador dos índios se depararam com o capitão-mor Antônio Ferreira de Meneses, escoltado por cinquenta homens armados, a cavalo ou a pé.

Em desrespeito às ordens do chefe Camarão Arco Verde, os índios errantes foram capturados e tirados do poder dos ditos oficiais indígenas. Com o apoio do governador da Paraíba, o capitão-mor Ferreira de Meneses acusou os oficiais indígenas de roubarem um templo, razão para ambos permanecerem durante três meses retidos na cadeia. A ambição do mencionado capitão-mor emperrava a autoridade do chefe indígena e contribuía, segundo a carta de D. Antônio, para manter os índios fora "do grêmio da Igreja os seus missionários, e da obediência do serviço de V. Majestade..."[47]. Em seus escritos, então, ainda estavam registrados, como na carta de Felipe Camarão aos potiguares, os três pilares da autoridade indígena: o poder de arregimentar soldados, as lealdades ao monarca e aos religiosos.

Embora contasse, inicialmente, com a ajuda do soberano, D. Antônio Arco Verde enfrentou duas provisões régias, entre junho e julho de 1731, onde ficavam expostas, inicialmente, as controvérsias com os missionários das aldeias e, em seguida, a recusa de seguir a ordem régia que empossava outro índio no posto de capitão-mor de uma aldeia. A provisão de julho ordenava ainda a prisão de D. Antônio Domingos Arco Verde, "não somente pelas grandes culpas e excessos de que é arguido, mas também pelo receio de que possa fazer alguma sublevação nessas capitanias com o seu desordenado procedimento"[48]. O último chefe Camarão ainda permanecia recluso quando, em 12 de janeiro de 1733, o soberano baixou uma carta régia extinguindo o cargo de governador geral dos índios. A partir dessa resolução, cada aldeia seria governada por um capitão dos índios, subordinado ao capitão-mor do distrito.

A trajetória dos governadores dos índios está, enfim, amplamente imbricada nas conjunturas políticas da monarquia lusitana. De D. Felipe, em 1630, a D. Antônio Domingos, em 1730, Portugal esteve tanto submetido às intempéries originadas das guerras da Restauração, como viveu o esplendor do reinado de D. João V. Durante cem anos, a remuneração dos índios permite concluir que, quanto mais fragilizada a monarquia, maior era o prêmio concedido aos seus vassalos. A patente militar em questão surgiu durante os primeiros embates contra os holandeses e se fortaleceu nas vitórias obtidas pela "guerra da liberdade divina". Inicialmente, a carta patente era acompanhada pelo hábito e pela comenda da Ordem de Cristo. Após a Restauração de Pernambuco, os valorosos guerreiros indígenas ganharam somente o hábito – quando não recebiam apenas a promessa de hábito.

Por certo a guerra dos bárbaros restringiu a captura de almas no sertão e provocou a consequente escassez de braços indígenas nas capitanias da Paraíba e de Pernambuco[49]. Desde então, o comando dos governadores dos índios entrou em confronto com os potentados locais. O temor de D. Antônio Camarão Arco Verde alicerçava-se na certeza de que seus subordinados fugiam de seu controle. Os chefes militares sem soldados perdiam não somente a sua capacidade de comando, mas, sobretudo, a sua competência para negociar e forjar alianças com seus superiores. Assim, a míngua dos regimentos era a míngua do comandante. O confronto entre o capitão-mor e o "último dos Camarão" permite entrever que os chefes indígenas constituíam entraves à expansão das áreas sob controle dos capitães luso-brasileiros. Por isso não seria prudente o soberano incentivá-los com patentes militares. Em suma, o declínio político da família Camarão originou-se no fortalecimento dos terços comandados pelos paulistas e pelos demais luso-brasileiros.

## Notas

1 Arquivo Histórico Ultramarino (AHU), Maranhão, cx. 7, doc. 802; Almir D. Carvalho Junior, *Índios cristãos:* a conversão dos gentios da Amazônia portuguesa, Tese de Doutorado, Campinas, Unicamp, 2005, cap. 3.

2 AHU, Maranhão, cx. 3, docs. 238, 262 e 272.

3 Francis Dutra, "Membership in the Order of Christ in the seventeenth century: its rights, privileges, and obligations", *The Américas*, n. 27, 1970. p. 6-7; AHU, Maranhão, cx. 4, doc. 418.

4 José Antônio Gonsalves de Mello, "D. Antônio Filipe Camarão", *Restauradores de Pernambuco*, Recife, Imprensa Universitária, 1967, p. 18-19.

5 Florestan Fernandes, A *organização social dos tupinambá*, Brasília/São Paulo, Editora UNB/Hucitec, 1989, p. 268.

6 *Idem*, p. 276.

7 Charles R. Boxer, *Os holandeses no Brasil*, Recife, CEPE, 2004, p. 223-285; Hermann Watjen, *O domínio colonial hollandez no Brasil*, São Paulo, Companhia Editora Nacional, 1938, p. 222-287; Evaldo Cabral de Mello, *Olinda restaurada*, Rio de Janeiro, Nova Fronteira, 1975.

8 Sobre o tema ver: Fernanda Olival, *As ordens militares e o Estado moderno*, Lisboa, Estar, 2001, p. 163-218.

9 Cabral de Mello, *op. cit.*, e "Os holandeses no Brasil", Paulo Herkenhoff (org.), *O Brasil e os holandeses*, Rio de Janeiro, Sextante, 1999. p. 20-41.

10 Registro de uma carta de Sua Majestade escrita a Matias de Albuquerque sobre os índios e Camarão. *Documentos Históricos* (DH), n. 16, Rio de Janeiro, Biblioteca Nacional, 1930, p. 466-467.

11 Duarte de Albuquerque Coelho, *Memórias diárias da guerra do Brasil*, Tradução de Paula Maciel Barbosa, São Paulo, Beca, 2003, p. 249-335.

12 Gonsalves de Mello, *op. cit.*, p. 29.

13 Arquivos Nacionais da Torre do Tombo (ANTT), Chancelaria da Ordem de Cristo, livro 36, fl. 36-36 v; livro 236, fl. 10-10 v; livro 24, fls. 447-447 v. Agradeço a Ronaldo Vainfas pela oferta desses documentos. Ver também DH, n. 17, p. 290-291.

14 Diogo Lopes Santiago, *História da guerra de Pernambuco*, Recife, CEPE, 2004, p. 426.

15 Gonsalves de Mello, *op. cit.*, p. 46.

16 Santiago, *op. cit.*, p. 528.

17 *Idem*, p. 118.

18 Coelho, *op. cit.*, p. 287.

19 Biblioteca Nacional de Lisboa (BNL), Reservados, códice 1555, fls. 209-212 apud: Gonsalves de Mello, *op. cit.*, p. 27.

20 "Missiva de Filipe Camarão aos índios", Pedro Souto Maior, "Fastos pernambucanos", *Revista do Instituto Histórico Brasileiro*, n. 75, 1ª parte, Rio de Janeiro, 1913, p. 411-414.

21 Gonsalves de Mello, *op. cit.*, p. 20-21 e 49.

22 Ronald Raminelli, "Honra malograda dos chefes potiguares" (mimeo).

23 F. A. Pereira da Costa, *Anais pernambucanos*, Recife, Fundarp, 1983, v. 3, p. 45.

24 AHU, Pernambuco, cx. 17, doc. 1675. Consulta do Conselho Ultramarino ao rei D. Pedro II, sobre o requerimento do capitão mor dos Índios da capitania de Pernambuco, D. Antônio João Camarão, pedindo ajuda de custo para regressar a mesma. 14 mar. 1695.

25 Marcus Meuwese, *For the peace and well-being of the country*: intercultural mediators and the Dutch-Indian relations in the New Netherland and Dutch Brazil: 1600-1664, Dissertation submitted to the Graduate School of Notre Dame University, Notre Dame, 2003, p. 83.

26 Costa, *op. cit.*, p. 44.

27 ANTT, Registro Geral de Mercês, Chancelaria de D. Afonso VI, livro 19, folha 464.

28 ANTT, Habilitação da Ordem de Santiago, letra D, maço 2, n. 26 (1639).

29 ANTT, Registro Geral das Mercês, D. Afonso VI, livro 19, folha 464.

30 ANTT, Habilitação da Ordem de Santiago, letra S, maço 1, doc. 14.

31 ANTT, Registro Geral das Mercês, D. Afonso VI, livro 19, folha 464.

32 Costa, *op. cit.*, p. 45.

33 Sobre a paz entre portugueses e tabajaras, ver: Regina Célia Gonçalves, *Guerras e açúcares*, São Paulo, Edusc, 2007, p. 80-82.

34 ANTT, Chancelaria de D. Pedro II, livro 51, folha 126.

35 ANTT, Registro Geral das Mercês. Ordens, livro 9, folha 279 v (20.01.1674); Registro Geral das Mercês, livro 3, folha 31 v (09.04.1683).

36 ANTT, Mesa da Consciência e Ordens, Consultas COM 179 (26.03.1683).

37 ANTT, Registro Geral das Mercês, D. Pedro II, livro 4, folhas 247-249 v.

38 Manuel dos Santos, *Calamidades de Pernambuco*, Recife, FUNDARPE, 1986, p. 96.

39 Cabral de Mello, *A fronda dos mazombos*, São Paulo, Companhia das Letras, 1995, p. 305.

40 Santos, *op. cit.*, p. 102.

41 Costa, *op. cit.*, v. 4, p. 407-409.

42 AHU, Pernambuco, doc. 2607. Consulta do Conselho Ultramarino ao rei D. João V sobre o requerimento do governador dos índios da capitania de Pernambuco... Lisboa, 12 set. 1720.

43 AHU, Pernambuco, doc. 2607.

44 Costa, *op. cit.*, v. 5, p. 329.

45 ANTT, Chancelaria de D. João V, livro 56, folha 151 v.

46 Costa, *op. cit.*, v. 5, p. 328.

47 *Idem*, p. 330.

48 *Idem*, p. 331.

49 Para a Guerra dos Bárbaros, ver: Maria Idalina Pires, *Guerra dos bárbaros:* resistência indígena e conflitos no nordeste colonial, Recife, Fundarp/Cepe, 1990.

# PARTE IV

# Da guerra à rebelião

# Charles Boxer, novas perguntas e os butins de guerra nos espaços portugueses no século XVII

Andréa Doré

A luta não termina com a vitória;
falta a volta, que é metade de um longo caminho.
*Agamêmnon*, de Ésquilo

O livro de Charles Boxer (1904-2000), *The Portuguese seaborne empire*, publicado em 1969[1], é indiscutivelmente um clássico da historiografia da expansão europeia – da expansão ibérica, especialmente – e fundamental para os estudos sobre o império português. Parto dessa obra para discutir, no âmbito da história moderna e ibérica, os diálogos possíveis entre uma tradição historiográfica e as questões relevantes e perceptíveis nas temáticas e abordagens mais recentes. Essa discussão me parece pertinente para a compreensão da relevância que o papel dos cativos, prisioneiros de guerra, adquire no contexto dessas novas abordagens.

No início de seu livro, Boxer parte da constatação de que "a característica principal da história da sociedade humana antes dos descobrimentos dos portugueses e dos espanhóis era a dispersão e o isolamento das várias sociedades humanas" e que foram esses habitantes "da orla ocidental da cristandade que uniram, *para o melhor e para o pior*, os ramos separados e distantes da grande família humana"[2]. Apesar de considerar que os efeitos das ações desencadeadas pelos ibéricos podem não ter sido positivos na sua totalidade – ele critica nessa e em outras obras a crença na ausência de segregação racial entre os portugueses, por exemplo –, Boxer interessa-se por compreender o processo pelo qual a humanidade tornou-se "consciente de sua unidade essencial"[3] e qual a participação dos portugueses e espanhóis nesse processo. Ao partir dessa premissa, no primeiro capítulo, o autor apresenta algumas questões que tentou responder de maneira original, que ainda hoje motivam as pesquisas, mas que tentamos responder a partir de pontos de vista diferentes. Ele pergunta:

> Por que os Ibéricos foram bem sucedidos numa empresa em que os Mediterrânicos tinham falhado? Por que Portugal tomou a dianteira quando os marinheiros e navios biscainhos eram tão bons como quaisquer outros na Europa? Quais foram os motivos que impulsionaram os dirigentes e os organizadores da expansão marítima portuguesa? Seguiriam esses dirigentes um plano consistente e cuidadosamente programado ou estariam preparados para adaptar os seus objetivos e métodos às circunstâncias?[4]

No entanto as propostas de Boxer, contidas nesse trabalho, assim como em *A Igreja militante e a expansão ibérica*[5], foram, é forçoso dizer, mais louvadas do que seguidas. Boxer buscou o conhecimento e o diálogo entre diferentes espaços, ofereceu inúmeras questões que lhe permitiam fazer conexões, estabelecer relações e propor problemas que as análises monográficas não são capazes de fazer. Ele também tem sido mais louvado que seguido porque nem todos dispõem de uma visão abrangente do que seria um "império", visão seguramente favorecida por sua participação nos momentos finais do império britânico; o elevado número de temas com os quais se interessou em trabalhar e o grande número de línguas que dominava são outras razões. Além disso, de maneira bem mais prática: temos uma historiografia muito mais extensa a percorrer e discutir e temos menos tempo para apresentar resultados.

Diante dessas – que podemos chamar – limitações, surge uma primeira perspectiva a considerar: fortalecer o conhecimento e o diálogo entre as produções sobre temáticas ligadas ao período moderno no Brasil e em Portugal, mas também em outros espaços portugueses que em algum momento se constituíram na África e Ásia. Nesse sentido, a proposta de Boxer, de um império português, pode ser vista como uma possibilidade de estudos, desde que efetivamente seja privilegiado o recurso à correspondência entre vários espaços[6].

Há, no entanto, uma outra razão para os novos rumos que a historiografia sobre os descobrimentos portugueses tomou e que longe estão de se caracterizar como uma limitação. Se Boxer entendia que a expansão ibérica resultou no fim da "dispersão e no isolamento das várias sociedades humanas", muitas das perguntas que os historiadores hoje se propõem a discutir visam compreender as resistências, as estratégias adotadas pelas diferentes sociedades e as nuanças que marcaram essa saída do isolamento. Seja da parte dos europeus, seja dos inúmeros grupos com os quais entraram em contato.

## Críticas à ideia de processo

Ao lado da imensa produção historiográfica de Charles Boxer – foram mais de 350 publicações, entre artigos e livros – e da produção ainda mais extensa que seus trabalhos motivaram, estão, assim, os questionamentos da história no momento presente, seguramente, diferentes daqueles que estiveram na origem dessa vasta obra.

Esses questionamentos denunciam uma insatisfação ou saturação, ou ainda um esgotamento, da ideia de uma história linear, progressista, que teve na ação dos portugueses nos séculos XV e XVI um importante episódio se consideramos que os descobrimentos quatrocentistas tiveram um papel "desbloqueante, talvez sem querer nem dar por isso"[7], para as demais nações da Europa. Por meio da perspectiva de uma história linear, consolidada no pensamento iluminista e esmiuçada pelas diferentes filosofias da história dos séculos XVIII e XIX, quando se fundamenta a chamada História Universal, a humanidade teria passado por sucessivas etapas de desenvolvimento, seguindo uma trajetória de Oriente a Ocidente, cada etapa sendo uma preparação para a seguinte[8].

As críticas a essa concepção da história que, nem é preciso dizer, está na origem das perguntas que os historiadores tentam responder, têm suas raízes já no século XVII e passaram por diversas fases. Discutir as abordagens de Boxer, escolhidas como ponto de partida, implica discutir a própria ideia de modernidade, inseparável da ideia de progresso, uma vez que os objetos estudados por ele conformam uma certa modernidade. "Contudo, *para o bem ou para o mal*, os pioneiros espirituais ibéricos tiveram papel crucial na expansão ultramarina da Europa que deu início à formação do mundo moderno", escreve Boxer no prefácio de *A igreja militante e a expansão ibérica*[9].

A ideia de progresso, de que a história traz consigo o melhoramento e a superação dos constrangimentos que atingem os homens, manifesta-se já claramente no século XVI, quando os humanistas, admiradores da Antiguidade clássica, tomaram consciência da sua superioridade em relação aos antigos. Como explica Eugénio Garin, em um artigo sobre a concepção de história no Renascimento, os humanistas sabiam do valor da sua experiência para a superação dos antigos no uso da razão:

> Tomar consciência de si e da ação humana, partir a lutar contra a barbárie medieval, definir o antigo e definir a si mesmo buscando comparações entre os antigos, tudo isso se fez ao mesmo tempo.

> Uma minuciosa e às vezes pedante pesquisa, o desejo de conhecer o verdadeiro significado de todos os escritos deixados pelos antigos, de distingui-los sem lhes confundir, depois imitá-los sem esquecer que não se trata de sua própria língua: eis sobre o que se fundava o sentido da história que o humanismo tinha em alta conta[10].

Em todas as áreas, como explica Ginzburg, os "modernos" ameaçavam as reservas ao conhecimento representadas pelos *arcana naturae, arcana Dei* e *arcana imperii* (os mistérios da natureza, de Deus, e do Estado)[11]. Nos emblemas, as imagens de Prometeu ou de Ícaro, em sua malograda tentativa de voar, foram inicialmente marcadas por um caráter reprovador para serem depois lidas como símbolos da ousadia que deveria ser incentivada e louvada porque aproximava o homem de sua independência, até que a própria figura de Prometeu passasse a ser tida como um símbolo do Renascimento[12].

Foi também como experiência da superação de muitos limites impostos pela natureza que os descobrimentos portugueses se vincularam e alimentaram a mentalidade orgulhosa de si mesma do Renascimento, uma mentalidade que se comparava aos antigos e os suplantava. Não faltariam exemplos. Diogo do Couto, no *Tratado dos feitos de Vasco da Gama e seus filhos na Índia*, escrito a pedido de D. Francisco da Gama, vice-rei da Índia, localizou em Sêneca uma profecia dos feitos portugueses: "tempo virá inda que lá nos años derradeiros em que se romperão as cadeas do occeano a ultima das terras", escreveu Couto, citando a primeira Medeia, e concluiu: "me parece que já então adivinhava este descobrimento". A superação dos antigos foi, no plano das descobertas geográficas, bastante objetiva. Com a viagem de Vasco da Gama, unia-se, enfim, "o primeyro ponto do naçimento do sol, cõ o ultimo fin de seu ponente, con que nos descobrio que esta machina do Mundo era spherica, e não plaina como tiverão para si Agosto, Lactãcio, Firmiano, Estrabo, e outros doctissimos varõis"[13]. Da mesma forma, ao corrigir a opinião dos antigos, Aristóteles e Ptolomeu, de que as zonas "tórridas" não seriam habitadas, Manoel Godinho de Erédia afirmava: "é nossa *experiência* atual desta terra que nos leva a ter uma opinião diametralmente oposta àquelas dos filósofos"[14].

Entre os poetas, como atributo das epopeias modernas, tem-se clara a vantagem lusitana em relação aos antigos. Para o humanista Damião de Góis, Homero teria na "epopéia lusíada motivo não fabuloso, mas verdadeiro para uma 'Ilíada' ou uma 'Odisseia'"[15], como também escreveu Camões (Canto I, 24, 3-8):

Se do grande valor da forte gente
De Luso não perdeis o pensamento,
Deveis de ter sabido claramente,
Como é dos fados grandes certo intento,
Que por ela s'esqueçam os humanos
De assírios, persas, gregos e romanos.

Nessa primeira batalha entre os antigos e os modernos, José Antonio Maravall afirma que a tomada de consciência da parte dos renascentistas e humanistas – ele baseia-se, sobretudo, em fontes espanholas – traria já desenvolvida a ideia de progresso que se consolidou e se tornou central no pensamento iluminista[16]. Num segundo enfrentamento entre antigos e modernos – o primeiro declarado nesses termos – teriam sido gerados outros aspectos essenciais do iluminismo setecentista. Em trabalho recente, Jean Dejean aponta que a opinião pública, as ideias de civilidade, polidez e gosto (componentes do conceito de civilização) teriam sua origem na *Querelle des anciens et des modernes*, um evento literário, das décadas finais do século XVII, que se transformou em evento político[17].

De forma paralela a esses enfrentamentos, nessas sucessivas modernidades, encontramos uma linha de pensamento – e de crítica – cujo início podemos situar em Gianbattista Vico, e que tem nos românticos seus mais importantes defensores. Críticos do progresso e da oposição entre a "razão" e as "emoções", os românticos seriam recompensáveis, segundo Isaiah Berlin, a "noção de que existe uma pluralidade de valores, de que são incompatíveis; toda esta ideia de pluralidade, do inesgotável, do caráter imperfeito das respostas e regras humanas"[18]. Nessa corrente crítica, talvez o maior representante tenha sido Johann Gottfried von Herder, não por acaso retomado na atualidade pelo novo historicismo e pelos que Anthony Pagden chama de tradicionalistas, ou comunitaristas – autores que, guardando diferenças entre si, propõem, assim como Herder e os românticos, a valorização do específico frente ao que se pretende universal[19]. Também não é por acaso que Pagden pode afirmar que "Vico (sem dúvida um autor muito citado mas muito menos lido) converteu-se ultimamente em uma das figuras centrais do debate contemporâneo em torno da herança e da identidade da Ilustração"[20].

Essa discussão ajuda-nos a entender porque fazemos perguntas diferentes das de Boxer ou buscamos respondê-las de maneira diversa. Para essas novas perguntas, alguns termos são repensados. Conceitos que implicam processos são colocados em questão, como o de romanização[21], mas também o de cristianização, no seio da qual a conversão ganha complexidade e exige que se analise cada grupo especificamente, dando ênfase às estratégias daqueles que portugueses e espanhóis pretenderam incluir na comunidade cristã[22].

Diante das questões de Charles Boxer, verifica-se que nem todas, é certo, têm sido visitadas pelos estudos recentes, e uma primeira proposta seria responder de forma afirmativa à segunda parte da questão: "Seguiriam esses dirigentes um plano consistente e cuidadosamente programado ou estariam preparados para adaptar os seus objetivos e métodos às circunstâncias?". Mas poderíamos ir além: os portugueses não estavam apenas preparados para adaptar seus objetivos, como diferentes objetivos foram sendo desenhados de acordo com os contatos que se estabeleceram com os diferentes grupos humanos. Essa premissa nos permite questionar a expansão portuguesa no singular e pode ser mais produtivo, como afirmou Marc Bloch, usar um plural, "o modo gramatical da relatividade"[23]. Ao falar de expansões não se desfaz a centralidade do poder real, mas o foco se volta para as diferentes motivações e estratégias adotadas ao longo do tempo. Privilegia-se também as atitudes do "outro", que desde a descoberta da América significou uma nova forma da própria Europa ver e construir sua identidade.

## As expansões e os vencidos

A expansão portuguesa é entendida como um campo de estudo pela historiografia portuguesa, em primeiro lugar, e pelas historiografias europeia e ocidental, em consequência. Se já na sua concepção corre-se o risco de considerá-la como um movimento unilateral – os povos com os quais entrou em contato sendo passivos, vítimas ou apenas reativos em relação a um processo protagonizado pelos europeus –, há que se ter ainda atenção ao seu caráter multifacetado. Marcados por diferentes motivações, seguindo diferentes modelos e perseguindo, igualmente, diferentes objetivos, os vários momentos da expansão portuguesa foram sendo forjados por vitórias e derrotas em situações de conflito.

A produção sobre os "vencidos *da* expansão" portuguesa é pouco numerosa por parte da historiografia ocidental, mas também se mostram escassos os estudos sobre a forma como foram tratados os vencidos *na* expansão. No primeiro caso, pode-se comparar a vasta produção em torno da *leyenda negra* espanhola com a relativa escassez no contexto português. Mesmo se tendo em conta os interesses políticos e religiosos a alimentar a divulgação da barbárie espanhola no Novo Mundo, patrocinada pelos italianos, mas principalmente por flamengos, alemães e ingleses, e apoiada nas acusações do padre Bartolomé de Las Casas, só bastante recentemente tem-se publicado trabalhos nesse sentido sobre a expansão portuguesa. Destacam-se títulos do catálogo da editora Antígona, de Lisboa, como *Ministro da noite:* livro negro da expansão portuguesa (1991), de Ana Barradas; *História dos portugueses no Malabar* (1998), do autor seiscentista muçulmano Zinadím; e *A lenda negra da Índia portuguesa*: contributo para o estudo da corrupção política nos impérios do início da Europa moderna (1994), de George Davidson Winius.

Não se considera aqui vencedores e vencidos como integrantes de grupos homogêneos, cuja posição não se altera ao longo do tempo. Muito diferente disso, o que se quer enfatizar é a alternância nessas categorias e a forma como as práticas que envolvem a comemoração da vitória, a punição dos que são vencidos ou a apropriação de elementos dos grupos subjugados se sucedem. Assim, no caso dos vencidos *na* expansão, sejam eles portugueses ou de qualquer outra origem ou religião, ao percorrer tanto fontes quanto trabalhos historiográficos sobre a ação ultramarina de Portugal, raras vezes se encontram relatos sobre o destino de mulheres e homens. A explicação mais simples pode estar na própria concepção de história defendida pela chamada "literatura da expansão": escrever a verdade sobre feitos dignos de serem lembrados. Esse era o objetivo expresso dos cronistas dos feitos portugueses. Mesmo que essa perspectiva historiográfica tenha sido superada, há temas ainda marginais. De maneira bastante pontual, poderia citar a agenda para os estudos da história da expansão europeia no período moderno, proposta por Diogo Ramada Curto em colóquio no convento da Arrábida, em 1999. O historiador apontou um *index*, com três ordens de temas ("agentes ou construtores dos impérios europeus"; "cidades e paisagens"; "canais de comunicação"). Cada um desses itens continha de oito a nove subtemas e nenhum deles apontava a temática dos prisioneiros, tema que aqui me interessa; além disso, havia muitas outras ausências[24].

O período do cativeiro é, no entanto, ironicamente, o momento de construir registros, assim como o exílio, se pensarmos na gênese da historiografia ocidental com as obras de Heródoto, Tucídides ou Políbio. Na prisão foram produzidos em todos os tempos relatos que hoje temos como fontes; de Marco Polo (*Il milione*) a Gramsci (*Cadernos do cárcere*), de Graciliano Ramos (*Memórias do cárcere*) a Dostoiévski (*Recordações da casa dos mortos*) e aos bem menos ilustres, como Galiote Pereira (*Algumas cousas sabidas da China*), um português prisioneiro na China nos anos 1550[25].

Houve, igualmente, prisioneiros ilustres que não escreveram ou ditaram suas memórias. D. Fernando, irmão do infante D. Henrique, foi feito prisioneiro em 1437 durante uma expedição portuguesa contra Tânger. Cercada pelos mouros, os portugueses só foram autorizados a se retirar para os navios depois que D. Fernando ficou como refém diante da promessa de rendição de Ceuta. O Infante Santo, como passou a ser chamado, morreu numa masmorra em Fez em 1443.

Possivelmente o evento mais extraordinário envolvendo o destino de populações portuguesas vencidas tenha sido o de Mazagão, última praça lusa no Marrocos, abandonada por ordem do marquês de Pombal em 1769, após sucessivas ameaças dos mouros à fortaleza. Decidida a entrega da praça, a população cristã residente intramuros foi "transferida" para a nova fronteira do império, o limite norte do Estado do Maranhão e Grão-Pará, onde foi fundada a Nova Mazagão[26]. Independentemente do sucesso relativo dessa empreitada, ela não deixa de ser bastante singular pela sua ambição e desperta o problema do destino de outras populações no contexto de outros enfrentamentos.

O destino dos prisioneiros no norte da África é estudado, e não o é de maneira exaustiva, como campo de ação dos trinitários. A Congregação da Santíssima Trindade para o Resgate de Cativos foi fundada na Itália em 1198 e começou a atuar em Portugal no século XIII, onde teve – até o reinado de D. Afonso V, e depois, a partir de 1561 – o monopólio dos resgates[27].

Valeria citar ao menos duas obras bastante recentes que tratam do tema dos prisioneiros e do cativeiro trazendo à tona outras questões. Ao estudar igualmente a escravidão no norte da África, Robert Davis focalizou, sobretudo, os ataques muçulmanos à Península Itálica e afirmou que a escravidão no mundo mediterrânico foi mais importante que o tráfico transatlântico – de escravos negros da África para as Américas – nos séculos XVI e XVII e se revestia, além do interesse econômico, de um caráter de revanche, "quase de *jihad*", como uma prática que visava reparar o fracasso de 1492, com a perda de Granada, e os séculos de cruzadas que o precederam[28]. Tendo como fonte relatos de prisioneiros – foi analisada mais de uma centena de textos de homens e mulheres irlandeses, ingleses e escoceses –, Linda Colley, por sua vez, objetiva identificar, por meio do tratamento dos corpos dos cativos, de que forma os não-europeus foram capazes de resistir aos britânicos, puni-los e definir sua própria forma de usá-los. A autora pretendeu combinar uma análise de larga escala, panorâmica e global, uma grande narrativa dos constrangimentos e crises enfrentadas pelos britânicos, com uma escala individual e particular, explorando micronarrativas de indivíduos que, com frequência, denunciam sua vulnerabilidade[29]. Esses trabalhos não parecem descartar as grandes perguntas, mas se interessam em privilegiar os casos marginais ao que se convencionou considerar a trajetória do Ocidente.

## Portugueses e holandeses: um episódio

No âmbito do império português, no campo dos conflitos gerados pelo ingresso de potências protestantes na disputa marítima, principalmente por meio da ação dos holandeses a partir dos primeiros anos do século XVII, o destino dos prisioneiros é apenas um dos aspectos. Nas relações estabelecidas entre vencedores e vencidos, o episódio que se analisa em seguida permite apontar como o enfrentamento e o seu desfecho eram percebidos nas suas dimensões política e religiosa. Pode-se também verificar que a celebração da vitória – ou o ritual da rendição, visto de outro lado – responde a essas duas dimensões.

Há muito a historiografia sobre a expansão portuguesa – ou expansões, para ser mais precisa – não aposta na motivação econômica como modelo explicativo das suas origens. O modelo permite outras componentes, talvez mais fundamentais, como a motivação messiânica, mais tarde consolidada, no caso da Índia, pelos anseios cruzadísticos do rei D. Manuel. Deve-se em grande parte a Luís Filipe Thomaz, defensor dessas motivações múltiplas, a forma como a historiografia tem compreendido o império português: um império em forma de rede. Valeria mencionar igualmente que Thomaz transferiu para o quadro português (especialmente no Oriente), como ele mesmo explica, uma contraposição da noção de "rede" à de "espaço" feita inicialmente por Maurice Lombard, quanto tratou do Mediterrâneo, e, em seguida, por Denys Lombard, no contexto da Ásia do sudeste. Thomaz escreve: "(...) normalmente, os impérios representam a estruturação política de determinados *espaços* geográficos, enquanto o Estado da Índia é na sua essência uma *rede*, isto é, um sistema de comunicação entre vários espaços"[30].

Rede baseada na fidelidade religiosa, cuja formação esteve na origem da empreitada indiana. "O que os trouxe aqui?", pergunta um mercador a um membro da tripulação de Vasco da Gama ao chegar a Calicute. "Cristãos e especiarias." Passagem já bastante comentada e analisada, ela ganha novo sentido quando se avança pouco mais de 100 anos e a fórmula é subvertida. Se a mesma pergunta, a partir de 1602, fosse feita aos holandeses, a resposta poderia ser apenas "especiarias", porque então já havia muitos cristãos, uma rede de portos cristãos – um rosário, como diria Thomaz –, mas cristãos que longe estavam de facilitar os interesses holandeses. Nesse meio tempo, as diferenças no interior da cristandade haviam provocado uma cisão na categoria "cristãos". O foco dos holandeses foi seguramente o "rosário cristão-católico", mas não buscando aliados e parceiros comerciais como imaginava a ingenuidade de Vasco da Gama e sua tripulação, mas para os substituir, subtraí-los do controle das especiarias.

A leitura das fontes que abordam conflitos armados entre portugueses e holandeses nos espaços ibéricos indica que tanto soldados quanto religiosos expressavam a oposição em termos políticos e em termos de fé. Num contexto de União Ibérica, os holandeses eram vistos como traidores do rei – de Espanha – e infiéis à verdadeira Igreja, como claramente se percebe nos discursos de homens de armas e de missionários. Destacaria três momentos: o que antecede o conflito ou assalto propriamente; o saque; e, finalmente, o tratamento dado aos vencidos.

Há um momento preciso nos relatos dos conflitos em que a retórica é adotada para expressar as motivações do confronto. De ambos os lados, repetem-se tópicas destinadas a animar os soldados. Discurso duas vezes construído – pelo autor da fala, ou "prática", como é chamada, e depois pelo autor do relato –, nele se atribui a ameaça externa a um castigo divino frente aos pecados dos homens; menciona-se a bravura e o elevado número de soldados no lado oposto; as dificuldades e a coragem dos soldados aliados. No caso das "práticas" portuguesas contra os holandeses, um outro elemento surge de forma acentuada: o inimigo contra o qual se arrisca perder a vida é inimigo duas vezes. Assim, o soldado Antonio Durão, presente nos cercos holandeses a Moçambique em 1607 e 1608, escreveu que o governador D. Estevão de Athayde "estava muy confiado na bondade de D's, que lhe avia dar gloriosa victoria contra os inimigos de sua ygreja, rebeldes a seu Vigario, e a seu Rey" e "esperava aver de fazer de tudo o que pudesse pello zello de sua fé, pello serviço de seu Rey, e por sua propria honra, e crédito: pois por todas estas couzas se peleiava naquella Ocazião"[31]. Explicitamente, colocavam-se em jogo as ideias da República cristã, da monarquia católica e da nobreza.

O padre Fernão Queiroz, autor da *Conquista temporal e espiritual do Ceylão*, também relatou que o capitão-mor do campo, Francisco de Mendonça Manoel, antes de uma saída da fortaleza de Gale, cercada pelos holandeses, fez uma breve prática:

> Presente nos é a todos que com a mesma ação e valor servimos a dois Senhores, posto que muito desiguais; a Deus, pelejando contra hereges, pela Fé, a el Rey, batalhando contra inimigos, pela fidelidade[32].

A mesma conformação verificou-se no Recife anos depois, quando do ataque holandês, já após a Restauração. Em janeiro 1654, o mestre de campo João Fernandes Vieira, fez a seguinte prática, iniciando a batalha:

> Companheiros, bem sabeis que o intento com que começamos esta guerra nam foi livrar de estranha sogeiçam a terra em que nacemos, nem a nós do cativeiro em que nos puseram nossos peccados, mas foi o nam nos deixarem viver nelle, com liberdade, & segurança em nossa Religião, extendendo estes tyranos a jurisdiçam, & vassallagem das pessoas ao senhorio das almas (...) moveonos a injuria que a nossa vista padecião, & padecem os Altares sagrados, as Imagens Sanctas, & os Templos que nossos mayores dedicaram a assistência,

> & serviço de Deos, reduzidos à estancia de brutos, profanados com tantas afrontas[33].

Na realidade não houve proibição ao culto católico em Pernambuco. No entanto, enquanto foi concedida liberdade de consciência aos habitantes do Nordeste, essa não estava garantida pelas cláusulas da capitulação do Maranhão. Mais do que os portugueses ou brasileiros, os holandeses temiam os católicos, inclusive entre suas próprias fileiras, representados principalmente por franceses[34]. E chegamos, aqui, ao segundo momento de conflito: o saque da praça vencida e o destaque à destruição das imagens de culto. A injúria que a destruição das igrejas e das imagens sagradas representa aos portugueses merece ainda um estudo, prova da eficácia da estratégia imagética da Contra Reforma. Eram momentos que faziam estremecer pregadores e soldados. Vieira em seu célebre *Sermão pelo bom sucesso das armas de Portugal contra as de Holanda* alertava a Deus sobre os perigos da tomada da Bahia pelos holandeses nos seguintes termos:

> Entrarão os hereges nesta igreja e nas outras; arrebatarão essa custódia, em que agora estais adorado dos anjos; tomarão os cálices e vasos sagrados, e aplicá-los-ão a suas nefandas embriaguezes; derrubarão dos altares os vultos e estátuas dos santos, deformá-las-ão a cutiladas, e metê-las-ão no fogo; e não perdoarão as mãos furiosas e sacrílegas nem às imagens tremendas de Cristo crucificado, nem às da Virgem Maria. (IV)

O temor de Vieira encontrava eco nos relatos de um longo período de confrontos, em diferentes partes do império. O soldado de Moçambique Antonio Durão descreveu:

> As Imagens de Chro N.Sor e sua bentiss.a may, e dos Santos que nas Igrejas auia com todas a cruzes que dentro ou fora dellas acharão despois de muytos desacatos que destes hereges receberão, foram abrazados no inçendio comum onde tambem lançarão tudo o que seruia nas Igrejas E pertencia ao Culto diuino[35].

São numerosas as descrições das afrontas. "O que sobretudo senti", escreve o padre Antonio Francisco Cardim, capturado pelos holandeses em 1652, "e me cortou o coração, foi ver quebrar um retábulo de Nossa Senhora que estava no mastro da mizena". Também no ataque a Columbo, segundo o relato anônimo do cerco de 1652-56,

> os Hereges (...) tomaram huma Imagem do Apostolo S. Thome, e cortando-lhe os braços, orelhas, e nariz, pondo por alvo de suas ballas; e pregando lhe no corpo muito pregos o meterão em hum morteiro em lugar de Granada, fizerão tiro com elle[36].

Depois da rendição da cidade, "os religiosos mais acautelados esconderam em lugares occultos, imagens, e cousas consagradas; despindo os altares, e Igrejas pelas não verem profanadas das mãos sacrilegas de Hereges"[37]. Nas próprias condições definidas após a capitulação portuguesa, o destino dos objetos sagrados encabeça a lista. Os religiosos e eclesiásticos poderiam levar consigo as imagens, relíquias e tudo o que pertencia ao serviço das igrejas[38].

Este seria justamente o terceiro momento a destacar: o momento após a rendição ou desfecho do conflito. Para o estudo desse terceiro momento, destacam-se alguns episódios da perda da ilha de Ceilão para os holandeses entre os anos 1640 e 1656. Em primeiro lugar, percebe-se uma diferença no tratamento dispensado aos vencidos quando se trata de uma praça conquistada pelo assalto e quando foi obtida por rendição.

A fortaleza de Gale, perdida aos holandeses em 1640, é exemplar do primeiro caso. Da população sobrevivente intramuros, os naturais da terra – a "gente preta de guerra" – fugiram para as aldeias ou foram lançados fora da praça pelos holandeses. Na relação entre os europeus, os vencedores aparentemente agiam de três formas. Decidiam pela morte dos vencidos, quando os holandeses, por exemplo, tinham a ordem de "não dar quartel aos sitiados", como parecia ser o destino em Gale. A segunda possibilidade seria trocar os homens mais importantes e suas famílias por outros prisioneiros do lado inimigo. Cito aqui duas cartas – uma de cada lado do conflito – que tratam da negociação para a troca de prisioneiros no Ceilão. Em uma delas, o comando holandês respondia a uma carta lamuriosa de soldados holandeses prisioneiros garantindo o envio de algum refresco: uma garrafa de vinho espanhol e um pedaço de carne e toucinho. Prometia ainda que oito portugueses poderiam ser trocados por oito holandeses. Depois da troca, os holandeses libertados relataram que não haviam sido tão maltratados. Tiveram a mesma porção de arroz que os soldados do rei e que, assim como os demais habitantes da fortaleza, alimentaram-se de carne de elefante, além de cães, gatos e ratos[39].

A terceira forma de tratamento, a mais comum, era embarcar os portugueses e enviá-los a outras praças. No caso das derrotas ocorridas ao longo da costa do Ceilão, os homens e mulheres eram transportados principalmente para Batavia, sede da Companhia Holandesa das Índias Orientais, localizada na ilha de Java (atual Jacarta, capital da Indonésia), ou à costa do Coromandel, onde os holandeses tinham em Negapatão seu principal porto[40].

Na fortaleza de Gale, invadida e tomada, a gente portuguesa foi reunida nas igrejas. No dia seguinte foram embarcados os religiosos, soldados e os *casados* portugueses e suas famílias[41]. Em seguida, o périplo pelos portos da Índia, a fim de exibir o butim de guerra. Relata Queiroz: "E pera que esta vitoria desse mayor brado na India, em vingança de muita gente que perderão, repartirão os que ficarão pelas 13 velas que ali tinhão, acompanhadas de 27 chalupas e lanchas"[42]. Três das naus foram a Batavia, outras a Malaca, uma a Achem, no extremo norte da ilha de Sumatra, outra para Masulipatão, duas foram tomar elefantes em Batecalou, na mesma ilha de Ceilão. Muitos prisioneiros, segundo Queiroz, morreram nessa peregrinação e ainda por lhes terem dado *chunambo* ou cal de ostra no arroz.

A última nau a deixar Gale levava os feridos do hospital, dos quais poucos sobreviveram. Morreram ainda, na viagem para Batavia, mulheres, crianças e capitães, soldados e casados, que Queiroz enumera. Os relatos não dão detalhes da forma como viajavam esses prisioneiros nas naus holandesas, mas podemos supor que não diferisse das condições daqueles que circulavam pela costa brasileira, "amarrados e presos no fundo do porão", como relata Pierre Moreau, nos anos 1640[43]. Ao chegar a Batavia, Queiroz denuncia o tratamento inadequado e desrespeitoso. Viam-se as mulheres,

> vestidas com pobres panos, descalças pelas ruas, e metidas na dos escravos em pobres palhotas; postas cada dia em leylão, mandando as muitas vezes ajuntar, já pera as contarem, logo para lhe darem uma esteyra, depois para lhe darem um prato, ou hua tigela; e outra vez hum pano da mais triste escrava, sem outra roupa, com que se cobrissem[44].
>
> Os religiosos e soldados foram metidos no tronco, entre Jaos; e os soldados com correntes de dous em dous, servirão nas obras dos muros, cheos de pancadas. Os casados na mesma forma metidos em bragas, acharão por hospedagem huma estrebaria, aonde suas

> mulheres repartião com eles da pobreza, e esmolas que lhes davão. Os doentes foram depositados em hum hospital, que entre eles he a mesma miséria.

Na sequência da descrição dessas atitudes, que tanto para holandeses quanto para portugueses são lidas como humilhações, castigos, punições, desonras, Queiroz prossegue: "mandou o concelho, que todos os meninos, e meninas orfãos, com as viuvas, fossem recolhidos na casa dos orfãos, e doutrinados na seyta de Calvino."[45]

Assim como a destruição das imagens, essa decisão provocou grande indignação:

> A execução desta ordem, levantou hum pranto irremedeavel na rua dos escravos, naquelas mulheres Catholicas; e tal, que aos mesmas infiéis movia a compaixão. Levarão nos a rasto, e à força de pancadas (...), para ouvirem suas pregações, e assistirem as suas rezas. A todos prohibirão contas e imagens[46].

O tratamento era diferente quando havia rendição, bandeira branca e negociações segundo o costume da guerra, como apontam as fontes, mesmo que não se esclareça se havia alguma lei precisa a reger os acordos. Geoffrey Parker explica que as leis de guerra na Europa desde a Idade Média – e, neste caso, em se tratando de um conflito entre potências europeias, a elas se deveria recorrer – tinham como base cinco fontes. Em primeiro lugar, uma série de textos prescritivos: a Bíblia, leis romanas, os escritos de Santo Agostinho e a *Summa* de Santo Tomás de Aquino. A segunda fonte seria a Paz de Deus que, a partir do século XI, estabelecia o princípio de que o fraco que não pudesse causar mal também não poderia ser molestado, enquanto a Trégua de Deus visava restringir os conflitos armados entre cristãos a certos dias da semana. Terceiro, os exércitos passaram a definir suas próprias normas de conduta (obediência aos superiores, lealdade, vigilância etc.), códigos que criaram uma impressionante continuidade, levando as ofensas a serem punidas "de acordo com os costumes e as leis de guerra", sem que estas fossem especificamente mencionadas. Como quarta fonte, tem-se que esses costumes consistiram em precedentes criados pela própria conduta da guerra, à qual teóricos e homens de armas se referiam para ponderar ou justificar suas decisões. E como quinto fundamento, os próprios participantes nos conflitos passaram a considerar as vantagens de restrições capazes de reduzir os perigos, uma certa "etiqueta contratual de beligerância"[47]. Em diferentes cláusulas das capitulações acordadas entre portugueses e holandeses, podemos reconhecer as diferentes motivações baseadas nos princípios das Leis de Guerra: direito divino e direito natural, preceitos religiosos, leis e costumes militares.

A dois dias de viagem de Gale, tomada então pelos holandeses, encontrava-se o forte de Caleture, que foi rendido pelo diretor-geral Gerard Hulft, em outubro de 1655, conforme relata Baldeus. Entre a perda de uma e outra fortaleza, houve a Trégua dos 12 anos, assinada entre Holanda e Portugal, já então restaurado com a aclamação de D. João IV[48]. As negociações em torno dessa trégua ajudam a compreender os novos termos com que são tratados os vencidos. No dia 14 de outubro, pela manhã, as forças holandesas viram um oficial português, com uma bandeira branca, sair do forte. Ele trazia uma carta do capitão Antonio Mendes de Aranha, pela qual este se dizia disposto a negociar, "de acordo com o costume de guerra", para o que enviava uma pessoa de confiança[49]. As capitulações concluídas a seguir definiam o momento simbólico da entrega da praça e o destino dos homens e de seus bens. Os soldados marchariam com suas mechas apagadas, balas em boca e insígnias expostas. Os principais oficiais e o capitão seriam transportados durante aquela monção para Goa, capital do Estado da Índia; os demais oficiais e soldados iriam para Batavia, e de lá para Portugal, a cargo da companhia. Todos os oficiais e soldados poderiam levar consigo suas bagagens, mas seus escravos deveriam ser deixados sob as ordens do general holandês. Todos os ornamentos das igrejas deveriam ser retirados. Todos os casados com mulheres portuguesas ou mestiças seriam conduzidos a Columbo ou a outro local que desejassem, mas os naturais da terra, casados ou não, permaneceriam prisioneiros de guerra. Os clérigos teriam a mesma liberdade dos altos oficiais e seriam levados de Caleture no mesmo dia. Todos os altos oficiais e capitães teriam liberdade de levar consigo suas espadas. A guarnição portuguesa, que consistia então de 255 homens, marchou para fora do forte, fez suas reverências com suas insígnias como de costume e os soldados foram desarmados[50].

Na principal fortaleza portuguesa no Ceilão, Columbo, o cerco durou oito meses, de setembro de 1655 a maio de 1656. Há vários relatos da perda dessa praça. Na tarde do dia 10 de maio, os holandeses viram uma bandeira branca sendo acenada da fortaleza portuguesa[51]. Ali como em Captiture, os holandeses pretenderam com rapidez extirpar os símbolos da religião católica, e preservaram a hierarquia entre os homens, garantindo que seriam tratados "conforme a dignidade de cada um". O primeiro item das capitulações aceitas pelos holandeses, em nome do rei de Ceilão e dos Estados das Províncias Unidas, previa que, uma vez entregue a praça, os religiosos e eclesiásticos poderiam levar consigo as imagens, relíquias, ornamentos, e tudo o que pertencia ao culto divino e serviço das igrejas. As capitulações estabeleciam ainda que: os capitães gerais passariam logo que quisessem à costa do Coromandel e poderiam levar seus escravos, escravas e criados, com todos seus bens, ouro, prata, anéis, pedraria e dinheiro; o capitão da cidade, o capitão mor do campo, o vedor da fazenda, o sargento-mor e a família do capitão da cidade falecido seriam tratados conforme a dignidade de cada um, podendo levar seus bens (ouro, prata, dinheiro, roupa, tapeçaria); os capitães reformados de infantaria sairiam com suas insígnias, e iriam para a costa do Coromandel, "sendo tratados conforme suas calidades", e poderiam tirar tantos bens e móveis quantos seus escravos ou forros, cujo número seria definido pelo governador general, pudessem levar; a infantaria sairia com seu fato, bandeiras largas, mechas acesas, balas em boca, tocando caixas e renderiam as armas no alojamento do governador belga; os portugueses desobrigados iriam para a Europa e os casados, ou filhos da Índia, para a costa do Coromandel, tendo, entretanto, o sustento da Companhia Holandesa das Índias Orientais; se alguém quisesse ficar à obediência da Companhia seria tratado com todo o favor e cortesia, conforme suas qualidades, possuindo seus bens e móveis. Se em algum momento quisessem sair da terra ficariam os bens de raiz na posse dos governadores da praça; e os cidadãos casados, portugueses de qualidade, e seus filhos, que ficassem em Columbo, quando dali saíssem seriam tratados como os outros oficiais maiores; porém os casados, e naturais da terra, ficariam sob as ordens do governador holandês. À entrega da cidade, os oficiais casados, soldados, infantes, mulheres e meninos, ficariam sob a proteção do governador holandês, sem que ninguém lhes molestasse; os barcos que chegassem àquela barra até 30 de maio seriam informados da rendição da praça e voltariam seguros[52]. As capitulações foram aceitas pelos portugueses e confirmadas em 12 de maio de 1656.

João Ribeiro, presente à perda de Columbo, escreveu em seu *Fatalidade histórica da ilha de Ceilão* que pelas três horas da tarde desse mesmo dia, setenta e três homens de guerra, o que restou da guarnição da fortaleza, saíram da cidade "em marcha à defilada por entre huma multidão de naturaes, que por hum e outro lado nos estavão vendo"[53] e foram ter com o capitão general das tropas holandesas. Após o espanto e a "notável tristeza" com que os holandeses receberam a notícia de que só aqueles portugueses haviam resistido ao longo cerco, Ribeiro relata a forma com que foram tratados, postos "em humas boas casas, que tinhao a commodidade de huma horta murada, e na porta poz de guarda huma esquadra, cujos soldados nos servião com boa vontade, trazendo-nos o que nos era necessário"[54]. Foram depois alojados na igreja do colégio da Companhia e tiveram autorização para negociar o que quisessem antes de serem embarcados dali a três dias para Negapatão, na costa do Coromandel. Em agradecimento pela vitória, um dia de ação de graças foi marcado para o domingo seguinte, quando o reverendo fez um sermão na igreja de São Francisco, a partir de então Igreja da Cidade (Town Church)[55].

## Práticas da vitória: punição e incorporação

Na busca por compreender a percepção que ambos os lados têm dos conflitos, surgem algumas questões. O quadro se torna mais complexo porque estamos diante de uma situação híbrida, de conflito político, regido por códigos específicos e respeitados por nações que se reconhecem como tal; e um conflito religioso que, no discurso, é colocado como ponto principal e ocupa, ao mesmo tempo, um espaço privilegiado nos sentimentos de unidade de cada um dos grupos.

Do ponto de vista religioso, podemos recorrer a Natalie Zemon Davis e sua explicação para o comportamento de católicos e protestantes quando das guerras religiosas na França do século XVI. O que ela chama de "ritos de violência"[56] tinha a intenção de purificar a comunidade religiosa e humilhar o inimigo, tornando-o menos perigoso. O ataque às imagens – do ponto de vista do agressor – é compreendido, assim, como um "rito de purificação ou, paradoxalmente, de profanação, cujo objetivo era reduzir a impureza ao devolver as coisas profanas (...) ao mundo profano ao qual elas pertenciam"[57]. Ao mesmo tempo, haveria a preocupação com a "a restauração da unidade do corpo social", com a "liquidação dos 'vermes' heréticos"[58].

A decisão de levar mulheres e crianças órfãs para serem educadas na doutrina protestante foge ao padrão do tratamento dado aos vencidos e se insere na componente religiosa do conflito. Se os portugueses consideram uma humilhação ser forçado a ouvir as rezas calvinistas, vendo-a como uma contaminação (é nesses termos que se coloca a questão; assim, por exemplo, Duarte Nunes do Leão, em 1610 escreve que a constância na fé dos portugueses se provaria pelo fato de que "andando as heresias de Luthero (...) semeadas em tantas provincias (...) sempre Portugal (...) se conservou sem infeccionar de algum mau contágio"[59]), os holandeses não podem ver da mesma forma. Não pode ser um castigo, uma humilhação oferecer às crianças e às mulheres a salvação, o conhecimento da verdadeira fé. Não caberia, porém, nesse caso, entre portugueses e holandeses, falar de restauração do corpo social. O que nos parece é que a percepção dos holandeses é diferente, não se trata de um castigo, mas do tratamento adequado a essa categoria de prisioneiros. Mulheres e crianças não podem responder por si, são almas dependentes de uma autoridade masculina - o marido (ausente), a coroa (vencida) e, finalmente, Deus (desta vez pelas vias verdadeiras do protestantismo).

Mas nada é assim tão esquemático. De um lado, é importante acrescentar que o proselitismo religioso – católico ou protestante – não dispensava ninguém. Dos prisioneiros holandeses capturados durante o cerco de Columbo poucos sobreviveram, porque feridos, "se bem que muitos alcançarão a vida verdadeira, reduzindo-se a nossa Santa fee por industria dos Padres da Companhia"[60]. E, de outro lado, nem sempre as almas das mulheres era o que interessava mais aos holandeses. Mais uma vez é Queiroz quem relata: ao tomar Jafanapatão, "nunca na India fez o Olandez mayores afrontas à nação Portugueza". Os casados foram levados para Batavia, com alguns soldados, deixando por algum tempo as viúvas, e donzelas, para "as reduzir a seu intento". Desse encontro se afirma, escreve, "que algumas filhas de homens graves, obrigadas destes apertos, consentiram casar com hereges, e alguns escravos se perverterão"[61].

Pode-se identificar que o tratamento dado aos vencidos é um dos aspectos, ou dos momentos, do enfrentamento militar, precedido do saque e da batalha propriamente. Da mesma forma, o destino desses vencidos é bastante variado, da passagem ao estatuto de prisioneiros à incorporação nas tropas de guerra, incluindo a conversão forçada e o casamento. Ampliando ainda mais os resultados dos conflitos, verifica-se que o exercício da vitória se desdobra em diferentes práticas de punição dos grupos derrotados, assim como em formas de incorporação de elementos desses grupos pelos vencedores e que foram realizadas durante a expansão portuguesa, tenham sido elas protagonizadas ou não por portugueses. Em outras palavras, verificam-se práticas da vitória com diferentes significações materiais e simbólicas. Ao lado da identificação dos usos que se faz dos prisioneiros após os conflitos, caberia igualmente identificar outros aspectos: os usos que se faz dos objetos de culto, dos templos e das edificações de maior importância, e a forma como as vitórias e derrotas dos portugueses se transformam em fortalecimento ou descrédito do "nome de Portugal" frente aos reinos asiáticos, africanos ou tribos da América portuguesa[62].

## Notas

1 Esse livro foi traduzido pela primeira vez para o português em 1977. Charles Boxer, *O Império colonial português*. Há uma recente edição brasileira: *O império marítimo português*, Trad. Anna Olga de Barros Barreto. São Paulo, Companhia das Letras, 2002.

2 Ed. Portuguesa: Lisboa, Edições 70, 1981, p. 25. Grifo meu.

3 *Idem*, p. 26.

4 *Idem*, p. 41.

5 *The church militant and Iberian expansion* foi lançado em 1978 e traduzido em Portugal como *A igreja e a expansão ibérica*, Lisboa, Edições 70, 1990. A edição brasileira é de 2007, tradução de Vera Maria Pereira (São Paulo, Companhia das Letras).

6 Os trabalhos e as edições resultantes de encontros entre pesquisadores dão mostras da riqueza desses diálogos. Para algumas obras coletivas surgidas recentemente, ver: Júnia Furtado (org.), *Diálogos oceânicos:* Minas Gerais e as novas abordagens para uma história do império ultramarino português, Belo Horizonte, Editora da UFMG, 2001; João Fragoso, Maria Fernanda Bicalho & Maria de Fátima Gouvêa (orgs.), *O Antigo Regime*

*nos trópicos:* a dinâmica imperial portuguesa (séculos XVI-XVIII), Rio de Janeiro, Civilização Brasileira, 2001; João Fragoso, Manolo Florentino et allii (orgs.), *Nas rotas do império:* eixos mercantis, tráfico e relações sociais, Vitória/ Lisboa, EDUFES/ Instituto de Investigação Científica Tropical, 2006; Ronaldo Vainfas, Georgina Silva dos Santos & Guilherme Pereira das Neves (orgs.), *Retratos do império:* trajetórias individuais no mundo português nos séculos XVI a XIX, Niterói, EdUFF, 2006.

7 Luís Filipe Thomaz, "Expansão portuguesa e expansão europeia: reflexões em torno da gênese dos descobrimentos", *De Ceuta a Timor*, Lisboa, Difel, 1998, p. 41.

8 A respeito do lugar que caberia ao Oriente no discurso histórico eurocêntrico e o papel atribuído a Portugal "no cumprimento da epopeia 'indo-europeia'" pelo pensamento português na segunda metade do século XIX, Fernando Catroga, "A história começou a Oriente", *O orientalismo em Portugal:* séculos XVI-XX, Lisboa, CNCDP/ Inapa, 1999, p. 197-232.

9 São Paulo, Companhia das Letras, 2007, p. 9. Grifo meu.

10 Eugénio Garin, "L'Histoire dans la pensée de la Renaissance", *Moyen Âge et Renaissance*, Paris, Gallimard, 1969, p. 160.

11 Carlo Ginzburg, "O alto e o baixo: o tema do conhecimento proibido nos séculos XVI e XVII", *Mitos, emblemas, sinais*, São Paulo, Companhia das Letras, 2003, p. 95-118.

12 Garin, *op. cit.*, p. 164.

13 José Manuel Azevedo e Silva & João Marinho dos Santos (orgs.), *Diogo do Couto, Tratado dos Feitos de Vasco da Gama e seus filhos na Índia*, Lisboa, Cosmos, 1998, p. 21-22.

14 Manuel Godinho de Erédia, *Eredia's description of Malaca, Meridional India, and Cathay.* Translated from the Portuguese with notes by J. V. Mills and new introduction by Cheah Boon Kheng, Kuala Lumpur, MBRAS, 1997, Part I, chapter 18. Grifo meu. O papel desempenhado pelos portugueses nesse contexto é bastante estudado. Citaria apenas uma pequena coletânea de textos a ilustrar essa perspectiva: João de Castro Osório (org.), *A revolução da experiência:* Duarte Pacheco Pereira e D. João de Castro, Lisboa, Edições SNI, 1947.

15 Damião de Góis, "Três comentários acerca da segunda guerra de Cambaia", *Opúsculos históricos*, Porto: s.ed., 1945, p. 215. A respeito da épica portuguesa e da superação dos antigos, Maria Leonor Carvalhão Buescu, "*Os Lusíadas* e o exotismo literário", *Épica. Épicas. Épica camoniana*, Lisboa, s.ed., 1997, p. 36-38; e Nair de Nazaré Soares, "A historiografia do Renascimento em Portugal: referentes estéticos e ideológicos humanistas", Thomaz, (org.), *Aquém e além da Taprobana*, Lisboa, CHAM, 2002, p. 25-27.

16 José António Maravall, "Hacia uma visión secularizada e inmanente del avance historico", *Antiguos y modernos*, Madri, Alianza, 1986, p. 581-611.

17 Jean Dejean, *Antigos contra modernos:* as guerras culturais e a construção de un fin de siècle, Rio de Janeiro, Civilização Brasileira, 2005.

18 Isaiah Berlin apud Anthony Pagden, *La Ilustración y sus enemigos:* dos ensayos sobre los orígenes de la modernidad, Barcelona, Península, 2002, p. 18.

19 Sobre a relação entre Herder e o novo historicismo, Catherine Gallagher & Stephen Greenblatt, *As práticas do novo historicismo,* Bauru, Edusc, 2005, p. 11-30. Pagden analisa a influência de Herder no pensamento atual no primeiro ensaio, "La identidad humana", *La Ilustración ..., op. cit.*, p. 31-78.

20 No segundo ensaio "El cosmopolitismo ilustrado", *Idem,* p. 85.

21 Para um questionamento desse conceito, ver Richard Hingley, *Globalizing Roman culture:* unity, diversity and empire, Londres & Nova York, Routledge, 2005.

22 Há inúmeros trabalhos nessa perspectiva, em diferentes espaços, portugueses e espanhóis. Para o caso do Brasil, Vainfas, *A heresia dos Índios:* catolicismo e rebeldia no Brasil colonial, São Paulo, Companhia das Letras, 1995; e Serge Gruzinski, *La colonización de lo imaginario,* México, Fondo de Cultura Económica, 1993, para a América espanhola. E ainda Vainfas & Marina de Mello e Souza, "Catolização e poder no tempo do tráfico: O reino do Congo da conversão coroada ao movimento antoniano, séculos XV-XVIII", *Tempo,* nº 6, Rio de Janeiro, Departamento de História da UFF, p. 95-118; Carlos Almeida, "A primeira missão da Companhia de Jesus no reino do Congo (1548-1555)", *D. João III e o império,* Actas do Congresso Internacional comemorativo do seu nascimento, Lisboa/Tomar, CHAM, junho 2002, p. 865-888; John Thornton, "The development of an African catholic church in the Kingdom of Kongo, 1491-1750", *Journal of African History,* nº 25, 1984, p. 147-167; Inês Zupanov, "Do sinal da cruz à confissão em Tâmul: gramáticas, catecismos e manuais de confissão: missionários na Índia meridional (séculos XVI-XVII)", António Manuel Hespanha (org.), *Os construtores do Oriente português,* Porto, CNCDP, 1998, p. 156-162. Procurei também tratar desse tema no artigo "As atuações no reino do Congo e na costa da Pescaria: aproximações para o estudo do império português no século XVI", Andréa Doré, Luis Filipe Silvério Lima & Luiz Geraldo Silva (orgs.), *Facetas do império na história:* conceitos e métodos, São Paulo, Hucitec, 2008, p. 227-243.

23 Marc Bloch, *Introdução à História,* Lisboa, Publicações Europa-América, 1965, p. 28.

24 Diogo Ramada Curto, "The European expansion during the Early Modern Period", *Mare Liberum,* nº 20, 2000, p. 31.

25 Galeote Pereira, *Algumas cousas sabidas da China*: introdução, modernização do texto e notas de Rui Manuel Loureiro, Lisboa, CNCDP / Ministério da Educação, 1992.

26 Um trabalho recente trata da transferência dessa população: Laurent Vidal, *Mazagão:* la ville que traversa l'Atlantique (Du Maroc à l'Amazonie) 1769-1783, Paris, Flammarion, 2005. Edição portuguesa: Lisboa, Teorema, 2007.

27 Paulo Drumond Braga, "Os trinitários e o resgate de cativos: o caso de 1728-1729", *Congresso Internacional de História*: missionação portuguesa e encontro de culturas, Actas: V. III: Igreja, sociedade e missionação, Braga, Universidade Católica Portuguesa / CNCDP / Fundação

Evangelização e Culturas, 1993, p. 485s. Sobre os cativos nos reinos muçulmanos, Isabel M. R. Mendes Drumond Braga, *Entre a cristandade e o Islão (séc. XV-XVIII)*, Ceuta, Instituto de Estudos Ceutíes, 1998.

28 Robert Davis, *Esclaves chrétiens, maîtres musulmans*: l'esclavage blanc en Méditerranée (1500-1800), Paris, Actes Sud, 2007, p. 10 (A edição original norte-americana é de 2003).

29 Linda Colley, *Captives*: Britain Empire and the world 1600-1850, Nova York, Anchor Books, 2004, p. 12-17.

30 Thomaz, "Estrutura política e administrativa do Estado da Índia no século XVI", *De Ceuta a Timor, op. cit.*, p. 208.

31 Antonio Durão, *Hystorya dos cercos que os olandezes puzerão a Fortallezza de Mosambique o anno de 607 e 608, sendo capitão e governador della Dom Estevão de Atayde*, Goa, 1609, introdução e notas de A. Meyrelles Souto, *Studia*, nº 12, Lisboa, 1963, fl. 25 v.

32 Fernão de Queiroz, *Conquista temporal e espiritual de Ceylão*, Colombo, H. C. Cottle Government Printer, 1916, p. 682.

33 *Breve relaçam dos últimos sucessos da guerra do Brasil, restituição da cidade Mauricia, Fortalezas do Recife de Pernambuco, & mais praças que os olandeses occupavão naquelle Estado*, Lisboa, 1654, José Antonio Gonsalves de Mello, *A rendição dos holandeses no Recife (1654)*, Recife, IPHAN/ MEC, 1979, p. 123.

34 Mello, *Tempo dos flamengos*, Rio de Janeiro, Topbooks/ UniverCidade, 2001, p. 251-253.

35 Durão, *Hystorya dos cercos ..., op. cit.*, fl. 68 v e 69.

36 M. A. H. Fitzler (org.), *O cêrco de Columbo*, Coimbra, Imprensa da Universidade, 1928, p. 164.

37 *Idem*, p. 186.

38 Queiroz, *op. cit.*, p. 811-812.

39 Philippe Baldeus, *A description of Ceylon*, Amsterdã, 1672, John Churchuill, *A collection of voyages and travels*, 1732, v. 3, chap. XXXVIII, p. 681.

40 Queiroz, *op. cit.*, p. 696.

41 Os homens embarcados na Carreira da Índia eram missionários sob o patrocínio do padroado, ou leigos que partiam como soldados. Os fidalgos e soldados que se casavam nas Índias com mulheres da terra, então convertidas, passavam a ser denominados *casados*, eram geralmente autorizados a deixar o serviço real e passavam a praticar agricultura de subsistência ou o comércio. Usufruíam, no entanto, de alguns privilégios na realização dos negócios, como isenção de impostos ou taxas mais reduzidas. Em algumas praças, recebiam terras para o cultivo. Mesmo não sendo mais homens de armas, os *casados* eram convocados para defender os enclaves portugueses em momentos de conflito. Boxer, *O império colonial ..., op. cit.*, p. 283 s.

42 *Idem*, p. 697.

43 Pierre Moreau, *História das últimas lutas no Brasil entre holandeses e portugueses* (1644-1648), 1651, CD-Rom, Nova Lusitania, p. 111 s.

44 Queiroz, *op. cit.*, p. 698.

45 *Idem*, p. 699.

46 *Idem*.

47 Geoffrey Parker, *Success is never final:* empire, war, and faith in Early Modern Europe, Nova York, Basic Books, 2002, p. 146 s.

48 Sobre a repercussão dessas negociações no Ceilão, George Davison Winius, *The fatal history of Portuguese Ceylon*, Cambridge/ Massachusetts, Harvard University Press, 1971, p. 49-86.

49 Baldeus, *op. cit.*, cap. XXIII, p. 646.

50 *Idem*, p. 647.

51 Após a bandeira branca, os portugueses enviaram um capitão com uma mensagem para abrir as negociações. *Idem*, p. 684.

52 Queiroz, *op. cit.*, p. 811 s.

53 João Ribeiro, *Fatalidade:* história da ilha de Ceilão, Lisboa, s. ed., 1836, p. 201.

54 *Idem*, p. 202.

55 Baldeus, *op. cit.*, p. 687.

56 Natalie Zemon Davis, "Ritos de violência", *Culturas do povo:* sociedade e cultura no início da França moderna, Rio de Janeiro, Paz & Terra, 1990, p. 149.

57 *Idem*, p. 135.

58 *Idem*.

59 Duarte Nunes do Leão, *Descrição do reino de Portugal*, Lisboa, Centro de História da Universidade de Lisboa, 2002, p. 274 (fl. 125 v). A primeira edição deste texto é de 1610.

60 Fitzler, *op. cit.*, p. 160.

61 Queiroz, *op. cit.*, p. 824.

# As guerras comerciais no século XVII: uma "longa guerra" entre as potências europeias

Luiz Carlos Soares

## A expansão europeia e as guerras comerciais

Com a expansão marítima portuguesa e espanhola, o Mar Mediterrâneo – "o velho lago comercial europeu", no dizer de Valentin Vasquez de Prada – "deixou de ser o centro nevrálgico da economia européia"[1]. A abertura de novas rotas de navegação pelo Oceano Atlântico para a África e o Oriente, pelos portugueses, e para as Américas, pelos espanhóis, deslocou para este oceano o eixo de navegação. E possibilitou o intercâmbio comercial europeu com os diversos continentes, criando-se efetivamente um mercado mundial e se estabelecendo a supremacia dos países da Europa ocidental nesse comércio de dimensão global, que se "prolongou por séculos", como assinalou Fernand Braudel[2]. Assim, a expansão comercial europeia – que trouxe em seu bojo o contato direto com os povos africanos e asiáticos e a colonização do continente americano – significou, de acordo com Leopoldo Zea, o início de um processo de *universalização da história*, com o fim das histórias estritamente "locais" ou "regionais"[3].

É importante salientar que esse processo de expansão comercial e marítima europeia, no seu início e no seu desdobramento, não foi pacífico e significou a guerra, a conquista e a submissão de outros povos e interesses na África, no Oriente e nas Américas. No Oceano Índico, os portugueses tiveram que superar as embarcações mercantes e militares árabes, antigos aliados dos venezianos, tendo que recorrer também à violência para estabelecer relações comerciais com cidades da Índia, da China e de outras regiões orientais. Nas Filipinas, os espanhóis tiveram que enfrentar uma grande resistência das populações autóctones e superá-las militarmente para estabelecer o seu domínio[4]. Nas Américas, as conquistas espanholas e o início da colonização portuguesa no Brasil também significaram o conflito e a violência para o controle dos territórios, o que levou o frei Bartolomeu de Las Casas a denunciar o massacre das populações indígenas pelos conquistadores espanhóis e a afirmar que isso significava a autêntica "destruição de um mundo"[5].

No início do século XVI, com a abertura das novas rotas atlânticas, a cidade italiana de Veneza perdeu a hegemonia comercial, que desfrutara desde o século XII, para um novo eixo mercantil que aglutinava as cidades de Lisboa, Sevilha e Antuérpia (no sul dos Países Baixos, que eram dominados pela Espanha). Portugal passou a controlar o tradicional comércio das especiarias e de outros produtos orientais, tendo Lisboa como o centro deste comércio, e a Espanha teve o controle do comércio das suas novas colônias americanas, sobretudo naquilo que se relacionava com o ouro e a prata do Novo Mundo, que propiciaram a este país uma situação de riqueza e poder internacional, nunca dantes vista, no "Século de Ouro" espanhol. Por sua vez, Antuérpia se destacou, durante todo o século XVI, como um entreposto avançado do comércio português e espanhol, distribuindo seus produtos nas diversas regiões do norte europeu (incluindo, aí, as mais remotas regiões do Mar do Norte e do Mar Báltico) e vendendo as diversas mercadorias destas regiões (sobretudo os produtos industriais) para os países ibéricos e suas colônias. Antuérpia tornou-se, assim, o primeiro grande centro comercial e financeiro mundial, sendo nela instalada a primeira bolsa de capitais da história[6].

Utilizando a terminologia de Braudel, poderíamos dizer que *Antuérpia se transformou no centro da "economia-mundo europeia e ocidental"*, posição que pertencera à Veneza até o início do século XVI. Se o significado da ideia braudeliana de *economia mundial* indica que se refere à economia de "todo o mundo" ou a um "mercado universal" (expressão retirada do economista Sismondi), o conceito de *economia-mundo* se vincula exclusivamente "a um fragmento do mundo", ou de forma mais precisa, a "uma parte do planeta economicamente autônoma, capaz de prover a maioria das suas necessidades" e cujas "relações internas e externas [lhe] dão uma certa unidade orgânica"[7].

Evidentemente, *essa economia-mundo europeia*, capitaneada por Antuérpia, vinculou-se a outras "economias-mundo" – como, por exemplo, a *economia-mundo asiática*, capitaneada pela Índia –, e, em virtude da própria supremacia comercial e militar das potências europeias, impôs a sua hegemonia, subordinando-as aos interesses mercantis ocidentais. Por outro lado, a "economia-mundo europeia" possuía as suas áreas "centrais" (que eram os países que comandavam a própria expansão comercial), mas tinha vinculada a ela uma imensa "periferia", composta tanto pelas áreas nórdicas e bálticas europeias, como pelas colônias do Novo Mundo[8].

Embora as relações entre Portugal e Espanha tivessem apresentado algumas tensões na ocasião da chegada de Cristóvão Colombo às ilhas caribenhas, pode-se dizer que, no decorrer do século XVI, houve uma grande acomodação de interesses que foi propiciada pela assinatura do Tratado de Tordesilhas, em 1494, que demarcou as áreas de atuação marítimo-territorial das duas potências ibéricas. Essa acomodação de interesses levou, inclusive, as duas potências a estabelecerem a cidade de Antuérpia como seu centro financeiro e redistribuidor e, num momento em que aumentavam as contestações das demais potências europeias aos direitos demarcatórios de Tordesilhas, a formarem uma *união das monarquias ibéricas* (1580), sob o reinado de Felipe II e da casa de Habsburgo.

A contestação ao "testamento de Adão", como o rei Francisco I, da França, referiu-se ao Tratado de Tordesilhas, e esteve na base dos principais antagonismos e conflitos travados entre as potências europeias no século XVI. França, Inglaterra e a República das Províncias Unidas dos Países Baixos (Holanda) procuraram sabotar a hegemonia comercial ibérica através da pirataria, da pilhagem, do contrabando e da conquista dos territórios lusos e espanhóis, atribuídos por Tordesilhas[9]. Por outro lado, essas potências começaram a desenvolver uma série de medidas para "proteger" os seus mercados – fossem eles internos ou coloniais – no sentido de maximizar seus ganhos ou lucros e não enfrentar déficits em suas balanças comerciais. Vender muito mais que comprar no exterior, garantindo-se uma balança comercial favorável e o maior acúmulo possível de reservas de metais preciosos (ouro e prata), através de mecanismos monopolistas ou do *exclusivo comercial*: essas eram as principais estratégias das *políticas mercantilistas* que os principais Estados europeus ocidentais adotaram a partir do século XVI. As políticas mercantilistas e o monopólio comercial se tornaram, assim, os principais elementos das disputas de mercados desenvolvidas pelas potências europeias, recorrendo à guerra, com bastante frequência, para a manutenção de territórios e mercados ou sua expansão[10].

Desde os primeiros momentos da expansão portuguesa na África, no século XV, desenvolveu-se amplamente uma estratégia comercial com a *perspectiva metalista* ou *bulhionista*, valorizando o acúmulo de metais preciosos dentro da fronteira de um país ou, mais precisamente, de uma *metrópole europeia*. Todavia, essa perspectiva metalista tornou-se uma quase obsessão a partir da exploração das minas de ouro e prata nas colônias espanholas das Américas. Como assinalou Pierre Vilar, o ingresso maciço do ouro e da prata americanos provocou um enorme impacto nas economias da Espanha e dos demais países europeus, no século XVI, que se traduziu na ocorrência de uma *revolução monetária*, que, por sua vez, gerou uma *revolução dos preços*. Esta última se caracterizou por um *processo inflacionário crescente* que teve sua origem numa "alta geral dos preços", verificada não apenas nos países do Velho Mundo, mas também estendendo às colônias das principais potências europeias e aos mercados africano e asiático[11].

A entrada maciça de ouro e prata e o processo inflacionário provocaram uma grande reorganização produtiva na Espanha na segunda metade do século XVI, com a destruição de setores importantes da atividade industrial e a apropriação de grande parte das rendas geradas na exploração colonial pela nobreza e pela grande burguesia comercial, que nutriam uma atitude "parasitária" em relação aos recursos coloniais, sobretudo o ouro e a prata americanos, imaginados como inesgotáveis. Pierre Vilar chegou a mencionar um processo de "resistência interna do feudalismo" que acabou gerando o "parasitismo" das classes dominantes e a supremacia aristocrática na ocupação de territórios e cargos administrativos nas colônias espanholas. Já em meados do século XVI, na época de Carlos V (o primeiro monarca Habsburgo que controlava os tronos da Áustria e da Espanha), quando o ouro e a prata já chegavam à Espanha em grandes quantidades, os problemas econômico-estruturais desse reino começaram a ser sentidos. Tais problemas foram ainda agravados pela política externa "imperial" do monarca, que determinava a realização de gastos militares, cada vez mais crescentes, fora da Espanha, implicando numa situação deficitária também crescente[12].

Os elevados gastos militares para a manutenção do império habsburgo-espanhol superavam as rendas geradas principalmente no mundo colonial americano e essa situação perdurou até o século XVII. Na época de Carlos V, o império espanhol já englobava áreas em diversos continentes, o que o caracterizava como o primeiro império de dimensão mundial. Em 1580, com a união monárquica de Espanha e Portugal, sob Felipe II, a extensão desse império ficou ainda maior, com a incorporação da América portuguesa e das demais possessões lusas da África e do Oriente, formando-se o que muitos chamavam de um "império dos três oceanos", "onde o sol nunca se punha". Evidentemente, aumentaram ainda mais os gastos, para a manutenção desses vastíssimos domínios diante das investidas das demais potências europeias, interessadas em se apoderar territorialmente de regiões desse império e/ou controlá-las comercialmente[13].

Outra razão para essa "sangria" espanhola estava relacionada às próprias mudanças econômicas internas, com a desativação das atividades artesanais de grande porte e, mesmo, de uma manufatura incipiente. Na primeira metade do século XVI, os produtos industriais produzidos na Espanha satisfaziam basicamente as necessidades da sua população e também eram exportados para as suas áreas coloniais. Todavia, na segunda metade desse século, o elevado processo inflacionário – que, segundo Pierre Vilar, foi mais intenso na Espanha que em outros países europeus – gerou uma alta desproporcional dos preços dos produtos industriais, que acabou tornando "desvantajosa" a produção industrial interna e gerou a sua desativação. Assim, os produtos industriais passaram a ser importados de outros países europeus, o que contribuiu para o crescente déficit da balança comercial espanhola e a perda de boa parte das reservas de ouro e prata americanos para esses países. Antes do fim do século XVI começou a se verificar uma dependência espanhola em relação a outros países europeus de maior tradição e produção industrial, e, como apontou Vilar, diversos economistas espanhóis contemporâneos perceberam que o país se encontrava, *em relação ao estrangeiro, na situação que as Índias se encontravam em relação a [ele]*. Este historiador assinalaria ainda, reproduzindo a ideia de Jean Bodin, que a "Espanha tomou consciência de ser *as Índias do estrangeiro*"[14].

Pode-se dizer que, na segunda metade do século XVI, Portugal enfrentou um processo de mudanças internas muito semelhante ao que ocorreu na Espanha. As rendas geradas pelo monopólio do comércio com as Índias orientais – e, em menor escala, com o Brasil e possessões africanas (nestas, principalmente, no nascente tráfico atlântico de escravos) – geraram um sentimento de abundância entre os portugueses, que acabou propiciando o surgimento de uma atitude "parasitária" da nobreza e da grande burguesia comercial no sentido de usufruir indefinidamente dessas riquezas. Portugal também foi afetado pelo mesmo processo inflacionário que sacudiu a vizinha Espanha, o que determinou uma alta nos custos dos produtos de sua indústria e a sua desativação, diante da impossibilidade de concorrer com os produtos industriais estrangeiros, vendidos a preços menores no mercado português. Portugal passaria a enfrentar a mesma situação de dependência vivenciada pela Espanha e veria sua balança comercial se tornar deficitária, escorrendo as riquezas geradas pelo comércio colonial para outros países. Quando do início da União Ibérica, a crise portuguesa estava bem mais acentuada que a espanhola, inclusive, em virtude de que os domínios lusos no Oriente sofriam constantes ataques dos rivais europeus, sobretudo holandeses, que aumentariam mais ainda devido à guerra destes contra os espanhóis[15].

Na realidade, o processo de guerras da Holanda ou Províncias Unidas dos Países Baixos contra a Espanha Habsburgo (*Guerra Batavo-Espanhola*) pode se dividir em diversas fases ou períodos. Há historiadores que, inclusive, sustentam que as rivalidades entre os dois países, com um período intermediário de trégua, teriam durado 80 anos (*Guerra dos Oitenta Anos*), iniciando-se em 1568, com *a revolta das sete províncias do norte dos Países Baixos contra o domínio espanhol*, e se estendendo até 1648, com o fim da *Guerra dos Trinta Anos*. Inicialmente, as forças espanholas conseguiram reprimir a *revolta holandesa*, mas, em 1572, esta ressurgiu fortemente e levou à independência e à formação da República das Províncias Unidas dos Países Baixos ou República da Holanda. Evidentemente, os espanhóis não reconheceriam essa independência e os conflitos continuariam até 1609, quando foi firmada uma trégua entre os dois países, que se estendeu até 1621 (*Trégua dos Doze Anos*), irrompendo novamente a guerra entre as duas potências, já no contexto da *Guerra dos Trinta Anos*. A independência holandesa só foi reconhecida pela Espanha após 1648, com a sua derrota nesta última guerra[16].

Na base dos conflitos entre os holandeses e espanhóis, estavam diversos fatores de natureza econômica, política e religiosa, que causaram tensões e antagonismos de interesses. Do ponto de vista religioso, há que se mencionar que, embora houvesse uma diversidade de religiões no pequeno território holandês (catolicismo, calvinismo, luteranismo, judaísmo), o culto calvinista era majoritário e pregava tolerância em relação às outras religiões, em nome, principalmente, dos interesses comerciais e financeiros do país. Economicamente, pode-se dizer que a posição de liderança de Antuérpia, como centro financeiro e entreposto do comércio luso-espanhol, ofuscava os interesses das províncias do norte e, sobretudo, da comunidade de comerciantes e financistas que viviam em Amsterdã (a maior cidade daquela região), que competia com a cidade do sul. Existia ainda a dificuldade dos comerciantes de Amsterdã participarem do comércio com a Espanha ou suas áreas coloniais em virtude das restrições impostas pelo sistema de monopólios espanhol: o regime de frotas, o porto único de Sevilha, a centralização da redistribuição comercial em Antuérpia etc. Como alternativas, existiam o contrabando e a disputa direta através das guerras e das conquistas coloniais, que foram implementadas pelos holandeses, procurando ocupar territórios nas Américas e no Oriente. Obviamente, a situação de subordinação política à Espanha tinha que ser eliminada para que os holandeses pudessem realizar sua expansão comercial e colonial. Com uma nova organização política, baseada nos Estados Gerais, tendo à frente à figura de um *Stadtholder* e a supremacia da casa de Orange-Nassau, a Holanda estaria livre para impor a sua hegemonia marítimo-comercial e formar seu império colonial[17].

A Espanha também enfrentou dificuldades em Antuérpia, que foi tomada pelos calvinistas em 1577 e recuperada pelas tropas espanholas somente em 1584. Essa situação de guerra praticamente determinou a redução das atividades comerciais e financeiras da cidade, com a emigração em massa dos comerciantes, financistas e seus representantes para Amsterdã e Hamburgo, radicando-se na cidade holandesa os grupos mais importantes. Aos poucos, apesar da continuação dos conflitos, Amsterdã foi assumindo a posição de centro comercial e financeiro que pertencera outrora à Antuérpia, posição que foi consolidada no início do século XVII, com o avanço holandês no mercado mundial através do controle da navegação nas regiões nórdicas e no Mar Báltico (que se tornaria um "lago batavo") e da conquista gradativa das posições portuguesas no comércio das especiarias e dos demais produtos orientais. Tanto é que a Espanha, em 1609, desgastada pelo longo conflito com os holandeses e sentindo mais fortemente os efeitos da crise econômica que começava a enfrentar, foi obrigada a assinar uma trégua com a República dos Países Baixos – que, na prática, era um reconhecimento semioficial da independência holandesa – e, além disso, teve que atender à exigência de desativação do comércio exterior do porto de Antuérpia[18].

Desse modo, Amsterdã tornou-se o principal centro comercial e financeiro da Europa e do planeta, posição que conservou durante todo o século XVII. Na terminologia braudeliana, isso significa que *Amsterdã passou a desempenhar o papel de centro da economia-mundo europeia*. Por outro lado, a capital política holandesa, Haia, ocuparia uma posição estratégica na política e na diplomacia europeias do século XVII. No mesmo ano em que foi firmada a trégua com os espanhóis, Hugo Grotius, no seu livro *Mare Liberum* (1609), formulou a doutrina marítimo-comercial baseada no princípio da liberdade dos mares e do comércio entre os diversos países, que seria seguida pelos Estados Gerais holandeses, embora, obviamente, estes procurassem defender seus mercados (internos e externos) com uma rígida política de monopólios[19].

Antes mesmo de firmada a trégua com a Espanha, os Estados Gerais holandeses, colocando em prática uma nova faceta da política mercantilista, já haviam autorizado a criação da *Companhia das Índias Orientais*, que começou a operar, em 1602, como uma sociedade de comerciantes, mas foi estatizada em 1612, quando expiraram os privilégios outorgados a seus fundadores. A partir daí, a Companhia das Índias Orientais tornou-se, como dizia Valentin Vazquez de Prada, "um organismo do Estado e o seu chefe uma autoridade militar com plenos poderes e meios bélicos para declarar guerra e administrar os territórios arrebatados aos portugueses" e espanhóis, no Oriente. Os holandeses se estabeleceram na ilha de Java e, em 1619, fundaram a cidade de Batavia, que foi o seu centro comercial no Oceano Índico. Com uma frota numerosa e um dispositivo de mais de 15.000 homens, Batavia também foi a base militar para a expansão do poderio holandês na região, que levaria a Companhia a se apoderar de Málaca, em 1641, do Ceilão e de alguns territórios lusos na Índia, em 1658, além de realizar diversos ataques às Filipinas, que se mantiveram, todavia, sob o controle espanhol. A Companhia das Índias Orientais teve uma trajetória de êxitos comerciais e contribuiu consideravelmente para a "Era de Ouro" da república holandesa no século XVII, sobrevivendo até o final do século seguinte[20].

Com a eclosão da Guerra dos Trinta Anos e a retomada da guerra contra a Espanha, em 1621, os Estados Gerais autorizaram a criação de uma nova companhia estatal, com os mesmos privilégios e forma de organização daquela mais antiga que operava no Oriente. Esta foi a *Companhia das Índias Ocidentais*, que estabeleceu a sua base de operação em Curaçau, nas Antilhas, com um primeiro objetivo de realizar o contrabando com os domínios espanhóis e portugueses. A Companhia ocupou o Suriname e, por duas vezes, tentou ocupar as áreas açucareiras do nordeste brasileiro, com a invasão a Salvador (1624-1625) e a invasão e tomada de Pernambuco (1630-1654). A Companhia das Índias Ocidentais, na época em que Maurício de Nassau desempenhava a função de governador geral do Brasil holandês, também ocupou São Tomé do Príncipe e Angola (1640-1648), que eram pontos importantes de fornecimento de escravos na costa africana. A Companhia das Índias Ocidentais ocupou ainda áreas na América do Norte, fundando as cidades de Forte Nassau, em 1615, e Nova Amsterdã, em 1624, respectivamente, no vale e no estuário do rio Hudson. Como os holandeses foram expulsos das praças africanas (1648) e do nordeste brasileiro (1654), pelos portugueses, e ainda de Forte Nassau e Nova Amsterdã (1664), pelos ingleses, sobraram-lhes apenas o domínio de algumas poucas ilhas antilhanas e do Suriname. Esses insucessos contribuíram para aumentar os prejuízos da Companhia, levando-a a uma crise financeira que obrigou o Estado holandês a suprimi-la em 1684[21].

Além dos conflitos com os holandeses, a Espanha teve que enfrentar uma longa guerra contra a Inglaterra, entre 1585 e 1604 (*Primeira Guerra Anglo-Espanhola*), envolvendo disputas comerciais e territoriais. A guerra começou quando Felipe II reinava na Espanha e Elisabete I ocupava o trono da Inglaterra. As primeiras vitórias foram inglesas, com um ataque à cidade espanhola de Cádiz (1587) e a destruição da "Invencível Armada" de Felipe II (1588), nas costas da Escócia. Entretanto, as forças navais espanholas foram reorganizadas, com uma frota muito mais forte que a anterior, e isso impediu os ataques dos corsários às embarcações que iam ou vinham das Américas, além de dificultar a ação dos navios de guerra ingleses ou holandeses. Nos anos 1590, com a reorganização da sua armada, a Espanha pôde, inclusive, transportar para Sevilha, com segurança, uma quantidade de ouro e prata três vezes maior que na década anterior. Em 1596, numa ação conjunta, forças navais inglesas e holandesas atacaram o porto de Cádiz, mas sem qualquer desdobramento prático para o avanço de suas posições no conjunto da guerra. Para a Inglaterra, o conflito se arrastava sem um desfecho satisfatório, exaurindo-a financeiramente e dificultando suas possibilidades de expansão comercial e colonial nas Américas e no Oriente. Para possibilitar um processo de expansão efetiva, a rainha Elisabete I, em 1600 (três anos antes de sua morte), autorizou a criação de uma companhia de comércio para operar no Oriente: a honorável *Companhia das Índias Orientais*, que estendeu sua ação também à África. Depois disso, em 1604, seu sucessor da casa dos Stuarts, Jaime I, foi obrigado a negociar a paz com o rei espanhol, Felipe III, firmando com ele o *Tratado de Londres*[22].

Na realidade, as duas guerras praticamente simultâneas que a Espanha foi obrigada a travar, com a Holanda e a Inglaterra, até o início do século XVII, tiveram efeitos consideráveis sobre a economia do país ibérico, contribuindo consideravelmente para o aumento do déficit da sua balança comercial. Embora seu poderio naval não tivesse sido ainda de todo afetado, verificou-se um grande desgaste político e militar da Espanha, o que contribuiu para o acirramento da crise econômica e social que o país começou a vivenciar no início do século XVII. Foi a percepção dessa crise que estimulou Holanda, França e Inglaterra a lançarem, no decorrer desse século, novos ataques aos domínios espanhóis, ampliando a guerra e inserindo-a numa escala muito maior que a dos conflitos iniciados no século XVI. Pode-se dizer que o século XVII foi um período de guerra quase permanente entre as potências europeias em sua disputa pela hegemonia comercial e no controle de vastos domínios coloniais, situação que ainda teve como fator complicador os conflitos religiosos que se iniciaram nos estados alemães e envolveram os outros países europeus.

Para alguns historiadores, o século XVII é um período de *crise geral* da sociedade europeia e os conflitos que ocorreram devem ser entendidos no contexto dessa crise. Historiadores como Eric Hobsbawm e Pierre Vilar deram grande destaque a essa *crise geral* e chegaram a afirmar que ela foi de fundamental importância para a ocorrência de uma série de fenômenos vinculados ao desenvolvimento econômico-social dos países europeus, principalmente às formas de reação à crise que levaram muitos países a uma longa estagnação e outros poucos a acelerar as mudanças estruturais que estiveram na base da formação do capitalismo[23].

As diversas guerras do século XVII não foram os únicos fatores responsáveis pela *crise estrutural* da sociedade europeia, mas não podemos deixar de assinalar que elas e seus efeitos mais imediatos contribuíram significativamente para o aprofundamento dessa crise. Por exemplo, as guerras entre as diversas potências europeias, para ampliação de mercados e territórios coloniais, despendiam enormes somas e, muitas vezes, seus governos, para cobrir os gastos realizados, utilizavam-se do recurso da elevação dos tributos existentes ou da introdução de novos, o que afetava violentamente as populações urbanas e rurais, motivando revoltas de trabalhadores urbanos e do campesinato. Um elemento importante para o aprofundamento da "crise geral" foi também a escassez das minas de ouro e prata da América espanhola que forneciam a grande maioria dos metais preciosos utilizados na circulação monetária da Espanha e dos países europeus que comerciavam intensamente (principalmente produtos industriais) com ela. Num momento de ampliação do comércio intraeuropeu e intercontinental, a escassez de metais preciosos não apenas dificultou a circulação e o intercâmbio monetários, como também limitou as próprias possibilidades de expansão das principais potências, que se lançaram aos diversos tipos de conflito e à adoção de rígidas medidas mercantilistas e protecionistas para o controle de seu comércio interno e externo e da sua balança comercial[24].

## A "longa guerra" do século XVII

Na sequência de nossa análise, vamos abordar exclusivamente a problemática das guerras travadas no século XVII e os seus impactos sobre as relações comerciais e econômicas entre os países europeus. Verificaremos também que essas guerras apresentaram uma certa permanência de elementos econômicos, políticos e religiosos que estiveram na origem das guerras do século anterior, embora esses elementos estivessem inseridos em um novo contexto histórico. Por outro lado, apesar de interregnos temporais, as guerras do século XVII também apresentaram uma clara continuidade que as poderia caracterizar como uma longa guerra ou uma mesma guerra com características e fases distintas, mas integrantes de um mesmo processo conflituoso de disputas comerciais, políticas e territoriais.

Evidentemente, o primeiro conflito que focalizaremos será a *Guerra dos Trinta Anos*, que envolveu quase toda a Europa, entre 1618 e 1648[25]. Não se tratou de uma guerra contínua, ao longo do mencionado período; houve algumas fases de maior ou menor envolvimento dos diversos países europeus, mas, a partir dos anos 1630, ela teve a dimensão de uma *guerra total*. Nesse momento, pôde-se perceber que as razões das intervenções de algumas potências não se prendiam unicamente a motivos religiosos ou ao apoio às facções religiosas beligerantes na Alemanha, mas indicavam claramente os interesses dessas potências em relação ao comércio intraeuropeu (interior do continente e regiões dos Mares do Norte e Báltico) e o comércio transoceânico com o Oriente, as Américas e a África. Talvez até pudéssemos caracterizar a Guerra dos Trinta Anos, efetivamente, como uma primeira guerra mundial, no sentido de que ela foi um conflito travado dentro de um contexto econômico-comercial já globalizado ou mundializado, cujos efeitos trouxeram mudanças de curto e longo prazos para as sociedades da Europa e de outros continentes do planeta[26].

A primeira fase da guerra (1618-1624), também chamada de *período palatino-boêmio*, correspondeu à luta entre os estados protestantes (majoritariamente luteranos) contra os estados católicos da Alemanha e a Áustria Habsburgo, por conta da sucessão do Sacro Império Romano-Germânico. Os estados protestantes se recusaram a aceitar a eleição do imperador austríaco Fernando II (católico radical), coroando, em contraposição, Frederico V, rei da Boêmia.

A segunda fase (*período dinamarquês*, 1624-1629) foi marcada pela continuidade da luta entre católicos e protestantes alemães. Porém, começou a apresentar uma dimensão mais abrangente, na medida em que os estados protestantes passaram a estabelecer alianças com outros países, como a Holanda (calvinista), a Inglaterra (anglicana) e a França de Luiz XIII. Embora católica, a França seguia a política externa do cardeal de Richelieu, seu primeiro-ministro, que contestava a hegemonia dos Habsburgos no continente europeu, materializada no controle dessa casa sobre os tronos da Áustria e da Espanha e no controle de territórios como o sul dos Países Baixos e o Franco-Condado, reivindicado pelos franceses. Nessa fase do conflito, também começou a se destacar a figura do conde-duque de Olivares, primeiro-ministro do monarca espanhol Felipe IV, que coordenou a ação das forças Habsburgo nos Países Baixos e na Alemanha, até o início dos anos 1640. Todavia, o auxílio mais direto que os estados protestantes alemães receberam veio da Dinamarca luterana, comandada pelo rei Cristiano IV (também monarca da Noruega), mas isso não foi suficiente para deter o avanço da coalizão austro-espanhola.

A terceira fase (*período sueco*, 1629-1635) revelou um envolvimento mais claro da França no conflito. Todavia, o enfrentamento direto aos Habsburgos ficou por conta da Suécia luterana, cujo rei Gustavo Adolfo via na aliança com a França de Richelieu uma possibilidade efetiva para garantir a expansão e hegemonia suecas na região do Mar Báltico.

A quarta e última fase (*período francês*, 1635-1648) correspondeu ao envolvimento direto da França de Richelieu no conflito contra a Áustria e a Espanha, espalhando-se a guerra por todo o continente europeu e adquirindo uma clara dimensão de disputa por domínios coloniais nas Américas e no Oriente. A França formou uma forte coalizão com a Holanda calvinista, a Suécia luterana e os principais estados protestantes alemães, para combater os exércitos e as forças navais dos Habsburgos. A luta se arrastou, com vitórias parciais de um ou outro lado, até que, depois do cerco de Praga (realizado por tropas suecas), do cerco de Munique (realizado por tropas francesas e suecas), da vitória francesa na batalha de Lens e da iminente invasão de Viena, o imperador Fernando de Habsburgo foi obrigado a capitular.

O *Tratado de Westfália* (24 de outubro de 1648) pôs fim, oficialmente, ao conflito e impôs as condições de paz da coalizão vitoriosa, iniciando-se um longo período de hegemonia política francesa na Europa continental. Na realidade, esse tratado se constituía de três tratados independentes, estabelecendo o armistício e os seguintes acordos geopolíticos: 1) Suíça e Holanda (República das Províncias Unidas dos Países Baixos) tiveram sua independência reconhecida; 2) o poder do imperador Fernando III foi reduzido, enquanto os príncipes e membros do Sacro Império (*Reich*) tiveram seu poderio ampliado; 3) o Sacro Império continuou a existir, mantendo-se como uma "federação" de estados alemães; 4) o catolicismo e o protestantismo passaram a ser considerados como denominações religiosas com os mesmos direitos.

Os efeitos mais imediatos da guerra sobre os diversos estados alemães foi o pior possível, com sua população reduzida ao longo do conflito de 16 milhões para oito milhões de habitantes. Por outro lado, no Sacro Império Romano-Germânico, constituído por cerca de 350 estados (territórios) soberanos, não restaria qualquer sentimento de identidade comum, verificando-se o seu enfraquecimento e a perda de sua relevância política (embora continuasse a existir formalmente até 1806). Apenas alguns desses estados conseguiram manter um *status* de importância, como a Áustria e a Baviera (pelo lado católico), a Prússia e Hanover (pelo lado protestante luterano). Entretanto, a Áustria entrou em processo de declínio acentuado e teve que abandonar suas antigas pretensões imperiais em relação ao Sacro Império Romano-Germânico e ao continente europeu. Além disso, uma parte importante dos territórios alemães, a região da Alsácia, foi anexada pela França, a grande potência vitoriosa, o que significou o primeiro passo na tentativa de estabelecimento de sua hegemonia na Europa continental.

Após a Guerra dos Trinta Anos, a Prússia e a Suécia emergiram como potências europeias, mas tiveram seus interesses econômicos e políticos circunscritos a um âmbito mais regional no continente europeu, ficando em segundo plano em relação à França, que se consolidou como a grande potência terrestre continental, e à Holanda e à Inglaterra, que se destacaram como as maiores potências marítimas e comerciais. Por outro lado, não podemos esquecer que a Espanha Habsburgo, também como uma das grandes potências derrotadas, começou a vivenciar um processo de declínio político, econômico e militar, embora ainda conservasse um vasto império colonial.

Esse império espanhol, contudo, já não tinha a mesma dimensão da época da União Ibérica, que findou com a Restauração da monarquia portuguesa, em 1640, e a ascensão ao trono de D. João IV e da casa de Bragança. Para recuperar sua independência enquanto reino e a total autonomia na sua atuação comercial e colonial, Portugal teve que enfrentar e superar as tropas espanholas e para isso firmou imediatamente a *Trégua de Dez Anos* com a Holanda, recebendo também o apoio da França. Esta trégua com a Holanda seria mais tarde rompida em virtude da eclosão da insurreição pernambucana, em 1645, e do apoio português à revolta dos luso-brasileiros contra os holandeses da Companhia das Índias Ocidentais, que teve como resultado a expulsão dos últimos do território brasileiro e a recuperação das zonas produtoras açucareiras do Nordeste como áreas coloniais portuguesas. Todavia, as negociações de paz de Portugal (já sob o reinado de Afonso VI) com a Holanda, mediadas pelo rei inglês Carlos II, estenderam-se até 1661, sendo concluídas com o Tratado de Haia, firmado nesse ano. Por este tratado, Portugal assumia as dívidas dos luso-brasileiros para com a Companhia das Índias Ocidentais, tendo que pagar uma elevada indenização de quatro milhões de cruzados, em dinheiro, açúcar, tabaco e sal, além de conceder aos holandeses a posse formal de Málaca, Molucas e outras importantes possessões no Oriente, ocupadas por eles no século XVII[27].

Retornando à Paz de Westfália, pode-se dizer que esse acordo não conseguiu pôr fim aos conflitos travados pelas potências europeias que desenvolviam uma acirrada disputa pelo domínio dos mares, do comércio intercontinental e dos territórios coloniais. Diversas guerras eclodiram posteriormente e deram continuidade aos conflitos que vinham ocorrendo desde o século anterior, mas com novas facetas que agora incluíam a luta ferrenha entre antigos aliados. A região do Mar Báltico também foi sacudida por uma série de guerras envolvendo as potências regionais em suas disputas comerciais e territoriais. Infelizmente, não teremos condições de tecer maiores considerações sobre esses conflitos, fazendo apenas o seu registro: a *Guerra Russo-Polonesa* (1654-1667); a *Guerra Sueco-Polonesa* (1655-1660); a *Guerra*

*Sueco-Brandenburguesa* (1655-1656); a *Guerra Russo-Sueca* (1656-1658); a *Guerra Sueco-Dinamarquesa* (1656-1660); e a *Guerra da Scania* (1675-1679). A *Guerra Sueco-Dinamarquesa* motivou a intervenção da Holanda contra a Suécia (*Guerra Sueco-Holandesa*, 1658-1660), em defesa da Dinamarca, sua tradicional aliada, que controlava um dos lados da estratégica entrada do Báltico. Nesse conflito, a Suécia teve o apoio da França. Praticamente a mesma correlação de forças se manteria na *Guerra da Scania*, travada entre a Suécia, apoiada pela França, e a coligação dinamarquesa-norueguesa, apoiada pela Holanda[28].

Voltemos, pois, aos conflitos entre as grandes potências, após a Paz de Westfália[29], e comecemos por um dos mais significativos. A Inglaterra, que não teve um envolvimento mais direto na Guerra dos Trinta Anos e, nos anos 1840, passou por um doloroso processo interno de guerra civil (*Revolução Puritana*), teve que combater a Holanda na *Primeira Guerra Anglo-Holandesa* (1652-1654), em virtude da aprovação do *Act of Navigation* [Lei de Navegação] por seu parlamento, em 1651, influenciado pelo governo revolucionário de Oliver Cromwell. O *Act of Navigation* se inspirava claramente na doutrina defendida por John Selden, em seu livro *Mare clausum* (1635), que refutava enfaticamente o princípio da liberdade dos mares e do comércio, formulado por Hugo Grotius, e defendia a tese das "águas juridicionais", reclamando para a Inglaterra "direitos exclusivos nos mares que cercavam as ilhas britânicas, desde o golfo da Gasconha às costas norueguesas"[30]. Com essa lei de 1651, os ingleses procuravam afastar o domínio holandês do comércio com seus portos e possessões, o que provocou uma forte reação dos batavos e diversos enfrentamentos das frotas dos dois países no Canal da Mancha e no Mar do Norte, com um resultado final não muito bem definido militarmente.

Percebendo o desgaste dos dois países protestantes, que foram anteriormente aliados, enquanto a Espanha católica estava livre para se reorganizar, Cromwell propôs negociações aos Estados Gerais holandeses e, em 8 de maio de 1654, a paz foi estabelecida com a assinatura do *Tratado de Westminster*. Formalmente, os holandeses aceitavam os termos da Lei de Navegação e reconheciam o direito inglês de controle sobre seu comércio de exportação e importação, embora isso não tenha significado o fim das disputas comerciais que deram origem à guerra. Além disso, também foi firmado um acordo secreto, o *Act of Seclusion* [Ato de Isolamento], no qual se proibia os holandeses de apontarem Guilherme III de Orange como *Stadtholder*, em função do apoio que seu avô, Frederico Henrique, e seu pai, Guilherme II, deram a Carlos I e aos realistas na ocasião da guerra civil inglesa. Esse acordo secreto pode ser considerado como uma exigência de Cromwell, mas foi amplamente apoiado por Johan De Witt, então jovem líder republicano que ocupava o importante cargo de "Grande Pensionista"[31].

Concluída a guerra com a Holanda, no mesmo ano de 1654, Cromwell voltaria suas atenções para o país considerado o maior inimigo dos protestantes, a Espanha católica. Diversos ataques ingleses à frota e aos navios comerciais espanhóis foram realizados, o que obviamente provocou a reação do país católico e o enfrentamento, em diversas batalhas, no Mar do Caribe e nas costas espanholas, caracterizando uma *Segunda Guerra Anglo-Espanhola* (1654-1660). Além do interesse em se apoderar de carregamentos de ouro e prata, transportados pelos navios espanhóis, a Inglaterra, agora, também nutria um interesse territorial efetivo com a ocupação de diversas ilhas caribenhas com o intuito de desenvolver a produção do açúcar, que, em meados do século XVII, tinha se tornado um dos principais produtos de exportação das áreas coloniais americanas. Em 1655, Cromwell chegou a estabelecer uma aliança militar com a França católica, do cardeal Mazarino (primeiro-ministro do jovem monarca, Luiz XIV), que, de certo modo, impedia este país de ajudar os Stuarts na sua pretensão de recuperar o trono inglês e, ao mesmo tempo, ajudava os franceses a combater a Espanha em seus territórios dos Países Baixos, sobretudo na região de Flandres. As forças anglo-francesas de mar e terra finalmente venceram os espanhóis em Flandres, em 1658.

No ano seguinte, a França se retiraria da guerra e firmaria com a Espanha a *Paz dos Pirineus*, mas, somente com a restauração monárquica em 1660 e a ascensão do Stuart Carlos II, um tratado de paz foi firmado (em setembro de 1660) entre a Inglaterra e o país ibérico. A Inglaterra manteria sua possessão sobre as ilhas caribenhas conquistadas, principalmente a Jamaica, que era a maior delas e se tornaria uma grande produtora açucareira. Todavia, somente em 1670 a Espanha reconheceria formalmente a posse da Jamaica pela Inglaterra. Enfraquecida do ponto de vista econômico, político e militar, a Espanha não recuperaria jamais a força e a influência que tivera antes do início da Guerra dos Trinta Anos.

Na realidade, a guerra entre a França e a Espanha foi uma continuação do conflito existente desde 1635, quando aquele país interveio diretamente na Guerra dos Trinta Anos. Efetivamente, tratava-se de uma segunda fase (1648-1659) da guerra particular que os dois países já vinham travando. Além dos desgastes provocados por uma longa guerra, os dois países ainda tiveram que enfrentar lutas internas e guerras civis como a *Fronda* na França (1648-1653) e a revolta catalã, que começou em 1640 e só terminou em 1659, na ocasião da *Paz dos Pirineus*. A França não apenas apoiou a Revolta catalã, como também interveio diretamente, procurando ocupar o território catalão. Em 1652, em virtude do desgaste provocado pela atuação em diversas frentes de guerra, a França renunciou definitivamente de grande parte da Catalunha, mantendo apenas a posse sobre a região de Roussillon. Com a Paz dos Pirineus, os franceses obtiveram o direito de repartir a ilha Hispañola com a Espanha e fundaram, em 1664, a colônia de São Domingos (posteriormente chamada de Haiti), que se tornou uma das mais importantes áreas produtoras de açúcar do Caribe. No território europeu, os franceses ocuparam áreas dos Países Baixos espanhóis e a região do Franco-Condado, que era controlada pelos Habsburgos. Para a Espanha, a derrota para a coligação anglo-francesa foi dramática, pois contribuiu enormemente para aprofundar a crise que o país vinha enfrentando desde o início do século XVII.

A restauração monárquica na Inglaterra não reduziu as disputas comerciais e territoriais que esse país tinha com a Holanda. Logo no início do reinado de Carlos II, em 1660, o parlamento inglês aprovou *uma nova Lei de Navegação* e reafirmou as proibições comerciais à Holanda, estimulando novamente o clima de guerra contra esse país. Novas medidas comerciais e tarifárias foram aprovadas pelo Parlamento em 1663 (*Staple Act*), reduzindo mais ainda o acesso holandês aos portos da Inglaterra e de suas colônias. Nesse mesmo ano, Carlos II autorizou a formação da *Companhia dos Reais Aventureiros no Comércio com a África* (transformada, em 1672, na *Real Companhia da África*), que traficava escravos e outros produtos desse continente. Em 1664, o monarca inglês também autorizou a criação da *Real Companhia das Índias Ocidentais*, com objetivo claro de atuar comercialmente nas Antilhas e em todo o Mar do Caribe e enfrentar a concorrência holandesa e dos franceses e espanhóis.

Em 1665, as forças inglesas realizaram um ataque surpresa à colônia holandesa da América do Norte, conquistando sua cidade mais importante, Nova Amsterdã, que teve seu nome mudado para Nova York. Somente depois desse ataque a Inglaterra decretou formalmente guerra à Holanda. Embora os holandeses já estivessem se preparando para um conflito em grande escala e reorganizando a sua esquadra, eles não tiveram condições de prever e se prevenir de um ataque inglês naquela região do Novo Mundo. Passado o susto inicial, reagiram e enfrentaram a armada inglesa em diversas batalhas no Mar do Norte. Em 1667, os navios de guerra holandeses chegaram a penetrar no rio Tâmisa (o famoso *Ataque a Medway*) e destruíram praticamente toda a esquadra inglesa ali ancorada, com exceção da nau capitânia *HMS Royal Charles*, que foi capturada e conduzida, como troféu, para Amsterdã, o que representou uma terrível humilhação para a orgulhosa marinha inglesa e para o país.

Além de uma dispendiosa *segunda guerra contra os holandeses*, que contribuiu para uma grande crise financeira, a Inglaterra enfrentou, em 1665, dois problemas inesperados: a peste negra, que tinha atingido a Holanda no ano anterior e assolou Londres e outras importantes cidades do país, até o ano seguinte; e o *grande incêndio*, que destruiu quase que totalmente a capital do país. Obviamente, como a reconstrução de Londres e a necessidade de adoção de medidas para combater a peste requisitariam enormes recursos do combalido tesouro inglês, cujos gastos estavam sendo direcionados (há muito anos) para as guerras, não havia alternativa para o monarca e o Parlamento senão o início de negociações com a Holanda para estabelecer a paz. Assim, em maio de 1667, os dois países firmaram a *Tratado de Breda*, através do qual os ingleses obtiveram o controle da recém-conquistada Nova York, os holandeses mantiveram a possessão da colônia açucareira do Suriname e estes últimos, embora não conseguissem anular plenamente a Lei de Navegação, foram beneficiados com o abrandamento de alguns de seus dispositivos e puderam retomar (obviamente, numa escala mais reduzida) o comércio com os portos ingleses, encerrando-se, assim, a *Segunda Guerra Anglo-Holandesa* (1665-1667).

A França e a Espanha voltaram a se enfrentar num conflito mais curto conhecido como a *Guerra da Devolução* (1667-1668). Esse conflito se iniciou logo após a morte do rei da Espanha, Felipe IV – que, inclusive, era pai de Maria Teresa, esposa do rei da França, Luiz XIV, que aproveitou a oportunidade para tentar submeter todo o território dos Países Baixos espanhóis ao domínio francês. O exército francês, reorganizado pelo ministro Colbert, obteve vitórias significativas, como o cerco e a ocupação da cidade de Lille, e isso alarmou os holandeses, que temiam o controle total da França sobre aquelas áreas dos Países Baixos e, consequentemente, seu fortalecimento militar e comercial. Pouco antes, em 1664, Colbert criara, inclusive, *as Companhias das Índias Orientais e Ocidentais*, para realizar o comércio internacional francês. Para evitar o fortalecimento da França, a Holanda chegou a firmar, em janeiro de 1668, um acordo de *Tríplice Aliança* com a Inglaterra e a Suécia, ameaçando também se juntar a seus antigos inimigos espanhóis se o exército francês efetuasse um avanço territorial maior em relação às posições já conquistadas. Com esse impasse, pouco depois, Luiz XIV foi obrigado a aceitar a solução proposta pela Tríplice Aliança e assinou com a Espanha o *Tratado de Aix-la-Chapelle*, que garantiu apenas a posse das áreas conquistadas, renunciando a uma ocupação total dos Países Baixos espanhóis, e ainda teve que devolver o Franco-Condado à casa de Habsburgo.

Com esse resultado, os governantes franceses se sentiram altamente traídos pelos holandeses, argumentando que estes abandonaram uma antiga aliança, que fora fundamental, inclusive, para a manutenção da independência política da República das Províncias Unidas dos Países Baixos. Mas, na realidade, em 1667, antes mesmo que a Holanda firmasse a Tríplice Aliança, com a Inglaterra e a Suécia, o poderoso ministro Colbert já tomava algumas medidas para tentar afastar os holandeses do controle do comércio exportador e importador realizado nos portos franceses, impondo pesadas tarifas aduaneiras aos produtos importados e trazidos em embarcações estrangeiras. Evidentemente, os holandeses pressentiram de imediato que as novas estratégias comerciais e expansionistas de Luiz XIV e Colbert poderiam prejudicar seus interesses regionais e globais e partiram para conter o sucesso da nova política francesa, impondo também elevadas tarifas aduaneiras aos produtos franceses que entravam em seus mercados. Essa guerra tarifária estava apenas anunciando o aprofundamento de um conflito maior, que levaria os dois países a um enfrentamento militar direto entre 1672 e 1678 (*Guerra Franco-Holandesa*).

Todavia, a realidade das relações econômicas, políticas e militares não era nada simples e flutuava de acordo com os interesses momentâneos de cada país europeu, mesmo que eles estivessem subordinados a uma estratégia de longo prazo. Um exemplo disso foram as frágeis e efêmeras alianças político-militares que os diversos países europeus estabeleceram (como, por exemplo, a Tríplice Aliança de 1668), que eram o reflexo de uma espécie de "guerra de todos contra todos". A mesma Inglaterra que se unira à Holanda contra a França na Tríplice Aliança, em 1670, com a chancela do rei Carlos II, assinou um tratado secreto com Luiz XIV, o *Tratado de Dover*, que estipulava uma união anglo-francesa numa eventual campanha militar de punição aos holandeses. Isso parecia muito mais lógico para os interesses ingleses e franceses de longo prazo e refletiria um novo quadro de equilíbrio de poder europeu e mundial, a partir do final do século XVII. A eventual guerra da Inglaterra e da França contra a Holanda tornou-se real a partir de 1772 e aqueles dois países ainda tiveram o apoio de dois estados alemães católicos – o bispado de Munster e o arcebispado de Colônia. A república holandesa também construiu uma inusitada aliança que incluía o imperador do Sacro Império Romano-Germânico, o eleitor de Brandenburgo e o rei Carlos II da Espanha católica – esta, temerosa de que os franceses avançassem sobre seus domínios nos Países Baixos.

Por outro lado, no início dos anos 1670, a república holandesa enfrentava grandes problemas políticos internos, pois desde a Paz de Breda, com a Inglaterra, Johan De Witt (o *Grande Pensionista*), que capitalizara o tratado de paz como seu triunfo político pessoal, teve o seu poder político ampliado a ponto de sugerir, a quatro províncias que o apoiavam, um *Édito Eterno* em que se abolia definitivamente o cargo de *Stadtholder*. Além disso, percebendo a fragilidade momentânea dos ingleses, em 1668, De Witt pressionou-os a firmar o acordo da Tríplice Aliança, ao mesmo tempo em que solidificava seu poder político pessoal. Entretanto, a ascensão do *Grande Pensionista* e a abolição do cargo de *Stadtholder* não foram vistas com bons olhos por setores políticos importantes da vida holandesa e, quando o país sofreu o ataque conjunto anglo-francês em 1672, não só se evidenciou o fracasso da política de alianças adotada quatro anos antes, como também De Witt começou a sofrer uma forte oposição dos Estados Gerais, que terminou com um plano bem sucedido para assassiná-lo. Imediatamente após a morte de De Witt, os Estados Gerais reinstituíram o cargo de *Stadtholder* e convocaram Guilherme III de Orange para assumi-lo, o que se deu em julho de 1672. Contudo, as lutas políticas internas e o enfrentamento de uma nova e desgastante guerra evidenciaram os primeiros sintomas de declínio da república holandesa. Não é mero acaso que o ano de 1672 seja considerado como o *Annus Horribilis* ou o *Ano do Desastre* pela tradição histórico-nacional holandesa.

Como indicamos acima, a aliança militar anglo-francesa concretizou-se em 1672, quando as marinhas dos dois países realizaram um ataque conjunto à Holanda com o objetivo de bloquear seu litoral e dificultar sua navegação comercial. Além disso, um exército de mais de 130.000 homens, comandados pelo próprio Luís XIV, invadiu o território da Holanda, chegando a cercar a cidade de Maastricht e a tomar, temporariamente, a cidade de Utrecht. Todavia, essas tentativas foram infrutíferas, pois os holandeses não só resistiram aos diversos ataques, como também obtiveram quatro importantes vitórias navais contra as forças coligadas. Inclusive, os diques que protegiam o país foram abertos e inundaram boa parte dele, dificultando o avanço das forças terrestres comandadas por Luís XIV, que foram obrigadas a recuar das posições alcançadas. Posteriormente, diversas batalhas terrestres foram travadas, mas as tropas francesas não conseguiram qualquer avanço territorial mais significativo e nem chegar a Amsterdã, que era seu objetivo maior.

Essa guerra para a Inglaterra, que pode ser considerada como a *Terceira Guerra Anglo-Holandesa* (1672-1674), não duraria muito. O reino de Carlos II não conseguira superar os problemas financeiros iniciados na década anterior e ainda se envolvera num novo conflito sem qualquer perspectiva clara de vitória, aumentando consideravelmente a crise em que o país vivia. Além da retomada da colônia na América do Norte pelos holandeses (renomeada de Nova Amsterdã), as embarcações comerciais inglesas foram impedidas de realizar o lucrativo comércio com os países do Mar Báltico em virtude do forte bloqueio naval da região, empreendido pelos navios de guerra batavos. Além disso, setores majoritários do Parlamento temiam que a aliança com a França fizesse parte de um plano dos Stuarts para reconverter a Inglaterra ao catolicismo. Em virtude das pressões e da recusa do Parlamento em aprovar a concessão de mais recursos financeiros para essa guerra, Carlos II foi obrigado a negociar a paz com a Holanda e, em 19 de fevereiro de 1674, um *Segundo Tratado de Westminster* foi assinado pelos dois países. Por esse tratado de paz, os ingleses recuperaram a colônia norte-americana (renomeada de Nova York) e os holandeses continuaram a manter a posse sobre o Suriname, mas foram obrigados a pagar àqueles uma indenização de dois milhões de guildas (florins).

Terminado o terceiro conflito com a Inglaterra, Guilherme III de Orange ainda insistiu com Carlos II (que era seu tio) para que fosse firmada uma nova aliança anglo-holandesa e o monarca inglês entrasse em guerra contra a França de Luiz XIV. Carlos II recusou a oferta e percebeu que a equidistância seria uma atitude mais estratégica e muito mais benéfica para os interesses da Inglaterra, pois, além da possibilidade de atuar como negociador, a continuidade do conflito entre holandeses e franceses poderia levar os dois países a um desgaste econômico e militar maior, o que de fato aconteceu. Além disso, Carlos II ainda forçou sua sobrinha Mary (Maria) a se casar com Guilherme III, casamento que seria visto como uma solução política posteriormente, quando da queda de seu irmão e sucessor, Jaime II, provocada pela *Revolução Gloriosa* (1688-1689).

Apesar da retirada inglesa, em 1674, a França continuou sua guerra contra a Holanda, mas, na realidade, as batalhas mais importantes já haviam acontecido antes dessa retirada. Depois do fracasso francês na tentativa de ocupação do território holandês, em 1673, Luiz XIV foi obrigado a abandonar seus planos; pode-se dizer que a continuidade da *Guerra Franco-Holandesa* não passou de uma série de atritos ou pequenos conflitos que aconteceram nas fronteiras francesas. Essa situação prolongou-se até o estabelecimento da paz entre França e Holanda, em 1678, quando os dois países firmaram o *Tratado de Nijmegen*. Por esse tratado, os franceses obtiveram novamente a posse do Franco-Condado e de diversas áreas dos Países Baixos espanhóis, enquanto os holandeses conseguiram manter intacto o seu território e ainda obrigaram a França a fazer uma série de concessões comerciais, abrandando o rígido monopólio e reduzindo tarifas alfandegárias.

Objetivamente, ao final de um longo período de conflitos, a república holandesa não conseguiu manter a incontestável hegemonia marítimo-comercial de que desfrutou até os anos 1670. A Companhia das Índias Orientais continuou atuando no comércio de grande escala com a Índia, China e demais regiões asiáticas. Assim como seus comerciantes negociavam também nas Américas e na África, transportando açúcar, rum, escravos etc. Amsterdã ainda se manteve, até o início do século XVIII (provavelmente até os anos 1720), como a cidade mais rica da Europa e do mundo, quando foi, então, *desbancada pela emergente Londres, que se tornaria, a partir daí, o novo centro da economia-mundo europeia*, na compreensão de Fernand Braudel. Depois que o *Stadtholder* Guilherme II de Orange tornou-se rei da Inglaterra, em 1689, com o triunfo da *Revolução Gloriosa*, os comerciantes e financistas holandeses transferiram parte de seus negócios para a cidade de Londres, num claro indício de que uma grande mudança nas relações comerciais mundiais estava começando a se manifestar. Tratava-se, agora, de uma nova aliança comercial e financeira que foi extremamente importante para o alavancamento da economia e do comércio da Inglaterra para uma posição de hegemonia que foi conquistada no século XVIII. A Holanda passou a fazer parte da enorme rede comercial que a Inglaterra construiu ao redor do mundo no século XVIII, embora os ingleses tenham se voltado, contra esse país, mais uma vez. No final desse século, na *Quarta-Guerra Anglo-Holandesa* (1780-1784), o que causou espanto e um sentimento de incredulidade em meio aos comerciantes e financistas holandeses[32].

Entretanto, a Inglaterra não construiria o seu império comercial e financeiro, no século XVIII, sem enfrentar a competição e frequentes guerras contra a França[33]. Essa rivalidade, de certo modo, já estava dada no final do século anterior, pois o antigo *Stadtholder* holandês e agora rei da Inglaterra, Guilherme III de Orange, não esquecera a rivalidade com a França de Luís XIV e os interesses políticos e comerciais antagônicos desse país. No século XVIII, novos conflitos ainda estariam por vir – como, por exemplo, a *Guerra da Sucessão Espanhola* (1702-1714), a *Guerra dos Sete Anos* (1756-1763) e a *Guerra Anglo-Francesa* (1793-1815)[34] –, opondo a Inglaterra e a França e seus aliados, dando continuidade, num novo contexto, às guerras comerciais em escala mundial que, desde o início da expansão marítima, vinham marcando consideravelmente o desenvolvimento econômico dos países da Europa ocidental. Não seria absurdo dizer que esses países desenvolveram *uma guerra comercial permanente que se constituiu no fundamento do seu processo de expansão e busca pela plena hegemonia do comércio e da navegação mundiais.*

## Notas

1 Valentin Vazquez de Prada, *História económica mundial,* Porto, Livraria Civilização Editora, 1972, v. I, p. 259.

2 Fernand Braudel, *Civilization & capitalism, 15th-18th century:* the structures of every day life, Londres, Fontana Press, 1985, v. I, p. 402.

3 Leopoldo Zea, "El descubrimiento de la América y la universalización de la historia", *El descubrimiento de América y su impacto en la historia,* México, Fondo de Cultura Económica, 1991, p. 5-6.

4 Sobre a expansão comercial e marítima europeia e o papel da guerra de conquista neste processo, ver: Carlo M. Cipolla, *Canhões e velas na primeira fase da expansão europeia (1400-1700),* Lisboa, Gradiva, 1989, especialmente p. 85-123 (capítulo II, "Canhões e velas no ultramar").

5 Sobre a percepção de Bartolomeu de Las Casas, acerca do massacre das populações indígenas, em suas obras mais conhecidas (*Brevísima relación de la destrucción de las Indias* e *historia de las Indias,* concluídas respectivamente em 1542 e 1562), ver: Tzvetan Todorov, *A conquista da América:* a questão do outro, São Paulo, Martins Fontes, 1988, especialmente p. 123-179 (capítulo III – "Amar").

6 Prada, *op. cit.*, p. 260 e 282-284; e Braudel, *op. cit.*, p. 143-157; e *op. cit.*, *The perspective of the world*, v. III, p. 151-153 e 167-168. Mais especificamente sobre o processo de expansão marítimo-comercial portuguesa, ver: Vitorino Magalhães Godinho, *História econômica e social da expansão portuguesa*, Lisboa, Terra Editorial, 1947 e *L'économie de l'empire portugais aux XVe. et XVIe. siècles*, Paris, Sevepen, 1969; e Frédéric Mauro, *Portugal et l'Atlantique au XVII siècle (1570-1670)*, Paris, Sevepen, 1960. Um estudo clássico de longa duração sobre o império colonial português é o livro de Charles Boxer, O *império colonial Português (1415-1825)*, Lisboa, Edições 70, 1981.

7 Braudel, *op. cit.*, v. III, p. 22-23.

8 *Idem*, p. 143-148; e Prada, *op. cit.*, p. 259-260 e 264.
9 *Idem*, p. 267-268; e Pierre Vilar, *Crecimiento y desarrollo:* economia y historia: reflexiones sobre el caso español, Barcelona, Planeta/De Agostini, 1993, p. 132.
10 Braudel, *op. cit.*, *The wheels of commerce*, v. II, p. 53, 544-545 e 549; e v. III, p. 53, 287, 294 e 392. Sobre a política mercantilista e os monopólios comerciais, ver também: Fernando A. Novais, "A crise do antigo sistema colonial", *Portugal e Brasil na crise do antigo sistema colonial (1777-1808)*, São Paulo, Hucitec, 1979, p. 57-116.
11 Vilar, *op. cit.*, p. 106-107, 132 e 146-162. Para um estudo mais específico sobre os metais preciosos e sua relação com a história monetária, ver também Vilar, *Ouro e moeda na história (1450-1920)*, Rio de Janeiro, Paz & Terra, 1981.
12 Vilar, *Crecimiento y desarrollo*, *op. cit.*, p. 130, 147-148, 333-334, 340.
13 *Idem*, p. 136-137, 148 e 333 e Braudel, *op. cit.*, v. III, p. 34 e 86. Sobre o império espanhol e a sua atuação comercial e política na região do Mar Mediterrâneo, ver o estudo clássico de Braudel, *El Mediterraneo y el mundo mediterranico en la época de Felipe II*, México, Fondo de Cultura Económica, 1953, 2 v.
14 *Idem*, p. 149, 156-158, 339-340, grifos do próprio autor.
15 Sobre a crise portuguesa na época da União Ibérica, ver as obras já citadas de Godinho, Para um estudo mais específico sobre a história monetária lusa, ver também de Godinho, *Prix et monnaies au Portugal*, Paris, Sevepen, 1955.
16 Braudel, *Civilization & capitalism*, *op. cit.*, v. III, p. 185, 196, 208-210, 213, 232 e 517. Sobre a "Revolta Holandesa" e a longa rivalidade entre Holanda e Espanha, ver também Pieter Geyl, *The revolt of the Netherlands, 1555-1609*, London, Williams & Norgate, 1932; Geoffrey Parker, *The Dutch revolt*, London, Penguin Books, 1977; e Jonathan Israel, *The Dutch republic:* its rise, greatness, and fall: 1477-1806, Oxford, Clarendon Press, 1988.
17 Braudel, *Civilization & capitalism*, *op. cit.*, v. III, p. 151, 180, 184-185, 194, 203-209, 211-221, 232-235; e Prada, *op. cit.*, p. 265-268. Sobre a organização política da Holanda e as disputas entre os diversos grupos e facções desse país, ver Geyl, *The Netherlands divided, 1609-1648*, Londres, Williams & Norgate, 1936; e Israel, *op. cit.*
18 Braudel, *Civilization & capitalism*, *op. cit.*, v. III, p. 185, 190-191, 195, 204, 207, 209, 211-216, 232, 251-252; e Prada, *op. cit.*, p. 260, 280, 284-286. Ver também Geyl, *op. cit.*; e Parker, *op. cit.*
19 Braudel, *Civilization & capitalism*, *op. cit.*, v. III. p. 180, 184, 203-205; e Prada, *op. cit.*, p. 286.
20 *Idem*, mesmas referências da nota anterior.
21 *Idem*, mesmas referências da nota anterior.
22 Jaime I ainda autorizaria a criação da Companhia da Virginia, em 1606, e seu sucessor, Carlos I, a Companhia da Baia de Massachusetts (1629), que operariam nas colônias da América do Norte. Para referências mais gerais sobre a Guerra Anglo-Espanhola de 1585-1604, ver Braudel, *Civilization & capitalism*, *op. cit.*, v. III, p. 169-170; e Vilar,

*Crecimiento y desarrollo*, *op. cit.*, p. 158, 266-267, 333. Sobre as forças navais espanholas, ver especificamente Winston Graham, *The Spanish armadas*, Londres, Penguin Books, 2001. Um estudo sobre a Guerra Anglo-Espanhola é o livro de Peter Earle, *The last fight of the revenge*, Londres, Methuen, 2004. A ascensão e a trajetória da marinha britânica podem ser estudadas em Paul. M. Kennedy, *The rise and fall of british sea mastery*, Londres, Penguin Books, 2001; e Arthur Herman, *To rule the waves*: how the British Navy shaped the modern world, Nova York, Harper Collins, 2004.

23 Para uma discussão mais geral sobre a "crise do século XVII", ver Eric J. Hobsbawm, "La crisis general de la economía europea en el siglo XVII" e "El siglo XVII en el desarrollo del capitalismo", *En torno a los orígenes de la Revolución Industrial*, Buenos Aires, Siglo XXI, 1972, respectivamente p. 7-68 e 71-88; e Vilar, "Prologo" e "El tiempo del Quijote", *Crecimiento y desarrollo*, *op. cit.*, respectivamente p. 7-16 e 332-346.

24 Hobsbawm, *op. cit.*, p. 27-37; e Vilar, *Crecimiento y desarrollo*, *op. cit.*, p. 131, 158, 332-335; e *Ouro e moeda na história (1450-1920)*, *op. cit.*, p. 191-207.

25 Para um estudo mais específico e detalhado sobre a Guerra dos Trinta Anos, ver: Parker (org.), *The Thirty Years' War*, Londres/Nova York, Routledge, 1997. Um ensaio interpretativo sobre esse conflito é o artigo de Henrique Carneiro, "Guerra dos Trinta Anos", Demétrio Magnoli (org.), *História das guerras*, São Paulo, Contexto, 2006, p. 163-187. Sobre as importantes figuras do cardeal de Richelieu e do conde-duque de Olivares, respectivamente, primeiros-ministros da França e da Espanha, durante boa parte do período de guerra, pode-se destacar o livro de John H. Elliott, *Richelieu y Olivares*, Barcelona, Crítica, 2001. Obras mais gerais sobre as guerras europeias, que também focalizam a Guerra dos Trinta Anos são os estudos de Geoffrey Symcox, *War, diplomacy, and imperialism*: 1618–1763, Londres, Macmillan, 1974; John Childs, *Warfare in the seventeenth century*, Londres, Cassel & Co, 2001; e William H. Fowler, *Empires at war*, Vancouver, Douglas & McIntyre Ltd, 2005. Foi com base nessas referências bibliográficas que redigimos os parágrafos seguintes sobre a Guerra dos Trinta Anos e seus efeitos econômicos, políticos e militares para as populações europeias e de outros continentes.

26 A ideia da Guerra dos Trinta Anos como uma primeira guerra mundial foi por nós apresentada em um trabalho anterior em que estudamos o fenômeno da guerra, a partir da expansão marítima e comercial europeia do século XVI, como um processo de longa duração nas sociedades ocidentais e no mundo. Nesse artigo, bastante provocativo, consideramos a Guerra dos Sete Anos, as Guerras Napoleônicas, a Guerra de 1914-1918 e a Guerra de 1939-1945, também respectivamente, como a segunda, a terceira, a quarta e a quinta guerras mundiais. Ver Luiz Carlos Soares, "História, guerra e paz: a guerra capitalista permanente", José Miguel Arias Neto (org.), *História, guerra e paz. XXIII Simpósio Nacional de História*, Londrina, ANPUH – Mídia, 2007, p. 7-55.

27 Para indicações gerais sobre a "Restauração portuguesa", o "Brasil holandês" e a "insurreição pernambucana", ver Braudel, *Civilization and capitalism*, *op. cit.*, v. III, p.

59-60, 205, 211 e 233-234. Para referências mais específicas sobre esses assuntos, ver: Mario Neme, *Fórmulas políticas no Brasil holandês*, São Paulo, DIFEL, 1971; Eduardo d'Oliveira França, *Portugal na época da Restauração*, São Paulo, Hucitec, 1997; Evaldo Cabral de Mello, *Olinda restaurada*: guerra e açúcar no Nordeste, 1630-1654, Rio de Janeiro/ São Paulo, Forense Universitária/ Edusp, 1975; e *O negócio do Brasil*: Portugal, os Países Baixos e o Nordeste 1641-1669, Rio de Janeiro, Topbooks, 1998.

28 Sobre as guerras na região do Mar Báltico, ver Jill Lisk, *The struggle for supremacy in the Baltic*: 1600-1725, Nova York, Funk & Wagnalls, 1967; e Robert I. Frost, *The Northern wars, 1558-1721*, Londres, Longman, 2000.

29 Sobre as rivalidades entre as diversas potências europeias e os conflitos que elas travaram após a Guerra dos Trinta Anos, ver as seguintes obras Israel, *op. cit.*; Symcox, *op. cit.*; Childs, *op. cit.*; Fowler, *op. cit.*; Derek Mckay & H. M. Scott, *The rise of the great powers 1648–1815*, Londres, Longman, 1984; Geoffrey Holmes, *The making of a great power*: late Stuart and early Georgian Britain, Londres/ Nova York, Longman, 1993; e John A. Lynn, *The French wars 1667-1714*, Londres, Osprey Publishing, 2002. Foi com base nessas referências bibliográficas que redigimos os parágrafos seguintes sobre os diversos conflitos europeus pós-Guerra dos Trinta Anos.

30 Prada, *op. cit.*, p. 286.

31 O *Grande Pensionista* era o poderoso advogado e assessor jurídico dos Estados Gerais, que recebia uma remuneração do Estado (daí a origem do nome do cargo), também encarregado dos negócios exteriores da república holandesa.

32 Braudel, *Civilization & capitalism*, *op. cit.*, v. III. p. 261-263, 352-353 e 365-368; Prada, *op. cit.*, p. 285-287. Sobre o declínio comercial da Holanda e de sua capital, Amsterdã e a ascensão da Inglaterra e de sua capital, Londres, ver também as seguintes obras: Israel, *op. cit.*; Kennedy, *op. cit.*; e Herman, *op. cit.*

33 Sobre as rivalidades entre a Inglaterra e a França a partir do final do século XVII, ver as seguintes obras: Symcox, *op. cit.*; Fowler, *op. cit.*; Mckay & Scott, *op. cit.*; Holmes, *op. cit.*; Lynn, *op. cit.*; Kennedy, *op. cit.*; Herman, *op. cit.*; e Robert & Isabelle Tombs, *That sweet enemy*: the French and the British from the Sun King to the present, Londres, William Heinemann, 2006.

34 A Guerra Anglo-Francesa, de 1793 a 1815, iniciou-se bem antes da ascensão de Napoleão Bonaparte ao poder, na França, o que se deu em 1799. Depois disso, a Guerra Anglo-Francesa acabou se confundindo com o conflito generalizado entre as potências europeias (Guerras Napoleônicas), provocado, sobretudo, pela política expansionista napoleônica sobre o continente.

# Da Catalunha a Vila Rica: troca de soberania e experiências modernas no Brasil colônia

Luciano Figueiredo

Na América portuguesa rasgaram-se as páginas dos manuais de bom governo e se trincaram os espelhos de príncipes. Para as monarquias europeias à frente de impérios, respeitar as regras de ouro de uma administração justa para com os direitos dos súditos significava arruinar o afluxo torrencial de rendimentos coloniais; para os habitantes dos territórios ultramarinos, aceitar as investidas dos funcionários régios representava abdicar das prerrogativas asseguradas pela natureza divina do pacto de sujeição política. E se verem reduzidos à condição de povos bárbaros, colonos, e não de súditos leais e cristãos.

No Novo Mundo esgotaram-se também os recursos da persuasão monárquica com a nova experiência política a que a época moderna assistiu desde o século XVI: equilibrar a administração de extensões territoriais submetidas à exploração mercantilista com os direitos, tradições e expectativas dos súditos ali residentes. A equação não fechava. Prova disso foi a intensidade com que a luta política ocorreu na América tomando a forma de rebeliões constantes ou de expedientes de resistência corporativa ou mesmo individual. Governar colônias com justiça, sob os quadros ideais de uma gestão republicana, parecia um pesadelo.

## Tradições retóricas

Os confrontos eram ocasiões de grande eloquência. Caudalosos rios de tintas correram e enorme esforço retórico foi consumido a fim de traduzir para o soberano a aflição que se vivia alhures. As palavras poderiam vir acompanhadas da dramaticidade litúrgica das rebeliões com seus gritos, enfrentamentos armados pelas ruas, ameaças e repressão sanguinária. Ou não.

Às vezes a mobilização coletiva e suas ameaças pareciam desnecessárias diante da contundência das palavras. Um "manifesto" que circula em 1700 sob a forma de profecias, assinado por certo "Engenho de Rio de Janeiro", é prova disso. Ali, queixava-se o indignado luso-brasileiro diante da profusão de impostos que era obrigado a pagar:

> Tributos no sal, nos vinhos, aguardentes, azeites, couros e tabacos, e dez por cento de tributos nas fazendas de mar em fora para sustentar o Presídio! E passa isso em uma conquista, onde os estrangeiros já puseram as mãos, e cada hora põem as quilhas, e há Tribunal da Prudência que isto despache. Aqui del-rei, aqui del-rei [i.e socorro!] que nos acuda, que isto não[1].

Em outra passagem não menos contundente, atiça conselheiros régios:

> Estes são os ministros dessa era que tem por máxima, e conduta irrefragável: "venha para cá o ouro de sua majestade que lhe queremos pôr a mão por cima, e os bugios [i. e macacos, em sentido figurado] do Brasil que se esfolem, e das próprias peles paguem os presídios, que há de defender as suas terras como se elas não foram conquistas do mesmo Rei pio, e cristão". (...) acorda meus senhores e senão não nos dará Deus ouro para dourarmos os nossos coches, que eu não sei donde ele venha senão das conquistas (...)[2].

Nesse registro e em muitos outros, percorria-se um inventário de fórmulas textuais que mapeavam com exatidão os constrangimentos que a colonização impunha: limitações ao exercício de cargos na república por parte dos moradores das capitanias, justiça inoperante e lenta, empobrecimento, avareza na liberalidade régia, lançamento de tributos sem consulta, excessos e desordem na Fazenda Real, tirania das autoridades coloniais, dificuldade de representação junto ao soberano e aos tribunais reinóis. Tudo isso apresentado com a linguagem do padecimento de ruínas e misérias e pela noção do afastamento em que viviam em relação ao soberano[3].

Para contrabalançar, os súditos do Brasil apresentavam-se empenhados no luzimento da monarquia e do reino. Afinal, sob o ideal do bem comum que organiza as relações políticas, o patrimônio e a prosperidade dos vassalos inexistem se não for para servir ao rei, tutor da felicidade dos povos. Expressão vigorosa dessas noções conduz ao enunciado "à custa do sangue, vidas e fazendas" que aparece com grande regularidade nos discursos que assinalam o desassossego dos moradores.

Em uma petição encaminhada à soberana dona Maria I, os sertanejos do interior do Brasil erigem de modo edificante sua figura de "suplicantes [que] têm descoberto, conquistado, e povoado o mesmo sertão à sua custa com o maior desvelo, cuidado, e risco das próprias vidas ...", ante as destruições dos gentios, dos "tigres, onças e outras feras, que lhes matam a criação ..."[4].

Antes disso, em Pernambuco, a açucarocracia empregaria a mesma fórmula: valorizar seus empenhos na expulsão dos holandeses. "À custa do sangue, vidas e fazendas" elaboram o discurso político do nativismo nobiliárquico para justificar o direito de seu domínio político da capitania, sobretudo através da câmara de Olinda[5].

De qualquer modo, uma coisa era clara para os súditos portugueses na América: ali se devia respeitar sua condição de "vassalos naturais", merecedores de direitos que deveriam presidir a boa relação com o soberano. Quando, em 1688, os homens bons da Bahia escrevem ao seu procurador na corte portuguesa, aflitos com os prejuízos causados pelo monopólio, não perdem a oportunidade de assinalar a concepção que têm de seus direitos uma vez que "não somos vassalos conquistados senão muito obedientes..."[6].

## Com a faca entre os dentes

Os artifícios retóricos podiam traduzir o apelo desesperado por direitos legítimos feridos mas, quando seguidos de protestos de rua e ações coletivas, assumiam a expressão de projetos de intervenção e mudança mais perigosos.

A experiência política dos súditos da coroa lusitana espalhados pelo Novo Mundo, que batalhavam para equilibrar virtudes e dividendos materiais, era de confronto permanente com as ordens emanadas do reino. Em revoltas que transcorreram nos séculos XVII e XVIII no Rio de Janeiro, Bahia, Minas Gerais e Rio Grande do Sul, a conquista momentânea do poder por parte dos amotinados implementou ações que desafiaram as condições do sistema colonial[7].

Nessas contestações, operam-se mudanças que subvertem as formas tradicionais de organização do governo político. Para ultrapassar os limites de representatividade dos moradores no governo local, implementam a ampliação da participação e da representação, assim como, por vezes, incorporam setores sociais desqualificados. Foi aquilo que chamaram de parlamento.

No Rio de Janeiro, após a tomada da câmara pelos rebeldes em 1660, a melhoria da representatividade política foi buscada na inclusão de homens das regiões do recôncavo, estabelecendo-se junto à câmara um conselho de "quarenta cidadãos... dos mais antigos", que seriam chamados a decidir sobre diversas matérias de governo[8]. Foram eles que governaram a cidade por vários meses, "com os oficiais camaristas eleitos a seu jeito e vontade", como um parlamento, nas palavras do monsenhor Pizarro[9].

A ideia pegou também nas Minas. Nos idos de 1720, em Vila Rica, uma rebelião anunciou a proposta de adotar uma "república" de homens virtuosos, semelhante ao modelo veneziano; "a República que os cabeças queriam formar de vinte e quatro pessoas"[10]. Nos motins que tomaram conta do sertão do rio São Francisco em 1736, um dos oficiais encarregados da repressão denuncia "a ideia de um Parlamento que se intentou fazer agora", vituperando, "que esta gente não são vassalos del rei de Portugal mas Turcos".

As rebeliões ampliavam a representatividade à maior gestão da ordem comunitária, tornando mais diligentes as decisões, mais representativa a participação dos grupos sociais, mais equilibrada em relação aos costumes das elites locais, menos sujeita ao despotismo das autoridades nomeadas pela metrópole.

Também o monopólio comercial, base de funcionamento do sistema de colonização[11], não escapa do ataque dos rebeldes, que projetam em alguns momentos a ideia de estabelecer um "porto franco", livrando os comerciantes da regulamentação do "exclusivo metropolitano". Na revolta de Vila Rica de 1720, que condenou o método das casas de fundição então anunciado para a cobrança do quinto e uma série de outras injustiças que atingiam a comunidade, propôs-se uma aliança com o Rio de Janeiro que assegurasse o livre comércio dos produtos de Minas.

A resistência ao monopólio revestia-se de insubordinação política. Já o Conselho Ultramarino diagnosticara os riscos que a obrigatoriedade do comércio exclusivo causava à fidelidade com o rei. Antônio Rodrigues da Costa – mais uma vez ele – preocupado com a generalização do contrabando, atinou para os danos que esse causava

> à união e conservação da monarquia (...) por que a conveniência que os vassalos do Brasil experimentam nesta negociação com os navios estrangeiros os faz desejar que lhe franqueiem os portos às nações estranhas, e a aborrecer o governo que lho impede, e a desejar outro que lho permita, de que não pode deixar de se recear ou a ruína ou a

> divisão da monarquia, porque além de outros estímulos e motivos que têm para desejarem governar-se sem subordinação a Portugal, que já começaram a brotar em Pernambuco [revolta dos Mascates, 1710-11], se lhes acresce este que é comum a todos os grandes e pequenos, pois todos são interessados em comprarem por menor preço o de que necessitam para o sustento da vida, e para o luxo é muito para recear que aqueles vassalos cometam o desatino de se separarem da cabeça da monarquia o que temem muitas pessoas prudentes que trataram e tentearam os ânimos daqueles vassalos (...).[12]

## Alta traição

Justamente essa tópica presente nos discursos e nos projetos dos súditos na América nos interessa aqui: a indicação da possibilidade de trocar a soberania portuguesa por outra. Ou, como se costumava dizer, o "recurso à outra coroa". Tratava-se do pior dos crimes em uma monarquia. O arguto conselheiro ultramarino não se assustava à toa.

À diferença dos outros enunciados, que estavam presentes nos manifestos e papéis que redigiam os rebeldes, este nascia dos documentos redigidos pelas autoridades afrontadas.

A historiografia não recebeu com conforto esse enunciado. Sérgio Buarque de Holanda, ao mencionar as sedições coloniais e esses projetos de rompimento, assinalou com estranheza e pouca credibilidade que "essa malquerença entre súditos de um mesmo rei, filhos de uma só pátria, pudera chegar, em alguns casos, até a ideia de secessão. Mas eram casos esporádicos e de pouco eco fora dos círculos onde surgiram"[13]. Reconhece, contudo, que eram

> mais raros, ainda que altamente significativos, pois além de envolverem um pensamento de infidelidade à coroa, que é como se definia então a palavra "inconfidência", já parecem supor um desapego da velha cepa lusitana, são aqueles em que ao intento da secessão soma-se o da vassalagem a um príncipe estranho, com todas as consequências que desse ato possam resultar[14].

Evaldo Cabral de Mello, ao se deparar com o mesmo fenômeno na "Fronda dos mazombos" do Recife, quando se sopra durante uma confissão que os rebeldes buscariam apoio francês[15], não vacila em classificar a proposta como uma utopia.

Quase todas as rebeliões que acontecem na América são perseguidas pela suspeita de que os amotinados ameaçam sair do abrigo da monarquia portuguesa. Ainda em Pernambuco, quando da expulsão dos holandeses, os colonos elaboram a partir de 1654 a proposta de romper com Portugal se não fossem reconhecidos os empenhos particulares na guerra em troca de direitos justos na participação e governo da capitania. A ameaça de recurso à outra soberania seria utilizada doravante sempre que os conflitos com Portugal se estreitassem[16].

Na resistência armada promovida no Rio em 1660 contra Salvador Correia e sua camarilha, ventilou-se a notícia do apoio militar de tropas de infantes espanhóis e holandeses, naquele momento sediadas na bacia do Prata. Chegam aos ouvidos dos conselheiros ultramarinos palavras de impacto a esse respeito:

> ... que os amotinados cada vez mais se fazem insolentes e publicam [i. e tornam público] que sendo-lhes necessário para a sua conservação fazerem-se mouros, o hão de fazer, e também se entende que por mar e por terra, querem avisar a Buenos Aires e ao Rio da Prata donde assiste um mestre de campo de Flandres com 600 infantes de presídio, e também sabemos que dando dali rebate às suas cidades que tem em o sertão foi socorrido com 4000 homens em os navios holandeses, e de Sevilha, que sempre continuam aquele porto...[17].

No Maranhão, durante o conflito promovido pela família dos Beckman contra os jesuítas e a Companhia de comércio em 1684, há suspeitas de que buscariam o amparo de algum príncipe estranho, contando com o apoio dos franceses[18].

Bem mais tarde, nas ruas de Salvador em 1710, no transcurso do motim do Maneta, ressurge em pasquins novamente a ameaça de "reconhecer vassalagem a outro Senhor se não fosse suspensa a execução dos novos tributos"[19]. Pedro Calmon, em sua *História do Brasil*, considera que a ameaça de aceitação de outro príncipe é sugerida pela invasão de Duclerc no Rio de Janeiro caso seus moradores continuassem oprimidos. Registra até uma viagem de vários afortunados da Bahia para a Inglaterra, levando "grossos cabedais em ouro e tabaco para negociarem..."[20].

Mesmo durante os conflitos que opuseram paulistas e emboabas em Minas Gerais na primeira década do século XVIII, manifestaram-se nos discursos fortes indícios de ideias semelhantes de rompimento com Portugal[21].

Uma conjura da elite no Pará 1728-29 assinalou também a busca de apoio francês. Ao que parece, Palheta conspira contra Portugal em favor da França[22]. A situação se repetiria aí em 1755. Toda a Amazônia seria entregue, conforme escrevem os moradores, a S. M. Cristianíssima, utilizando como intermediários as autoridades da Caiena[23].

No distante continente do Rio Grande de São Pedro, durante um violento motim de soldados Dragões em 1742, "alguns eram de opinião a passar ao lado do rei da Espanha" e insuflavam os demais[24].

A despeito da quantidade de evidências sempre devemos considerar a argúcia dos colonos, capazes de capitalizar politicamente os temores da metrópole diante das potências que rodeavam as regiões da América, e desconfiar da fabricação de uma suspeita pesada como essa que poderia fazer a metrópole ceder às demandas dos rebeldes.

## Os "exemplos da Catalunha" no velho Novo Mundo

Mesmo assim, tanto essa possibilidade, como o estranhamento de Sérgio Buarque e a rejeição de Evaldo Cabral de Mello à consistência da proposta, não devem desconhecer o que se passava léguas dali no Velho Mundo.

A crise do império espanhol do século XVII motivou rebeliões com forte apelo patriótico em Portugal, Catalunha, Nápoles, Países Baixos. Em todas elas as elites flertaram com o irredentismo, buscando conquistar autonomia e se separar da cabeça da monarquia. Suas justificativas e as fontes de descontentamento eram muito semelhantes ao que se viu na América portuguesa.

Depois da guerra de Restauração em Portugal entre 1637 e 1640, que devolve a autonomia ao reino, explode em 1640 uma violenta revolta na Catalunha com a participação das elites e de movimentos populares. Havia vinte anos a região vinha sofrendo com epidemia, fome e guerra agravados pelas exigências fiscais de Madri para financiar o equilíbrio do império. A nobreza local encontrava-se extremamente insatisfeita, sentindo-se negligenciada na ocupação dos empregos no serviço régio, e criticava o governo ineficaz e tirânico. Inspirados no exemplo dos Países Baixos, rebeldes à Espanha, organizam uma conflagração geral e enfrentam o centralismo de Castela, que buscava uma espécie de "nacionalização castelhana da monarquia" capitaneada por Olivares, reduzindo os reinos que compõem a Espanha ao estilo e leis de Castela[25].

Em maio e junho de 1640, as tensões político-constitucionais explodem com revolta camponesa e popular diante da opressão dos alojamentos para soldados espanhóis e da fiscalidade exigida pelo Estado espano-castelhano. A nobreza e os dirigentes catalães promovem dissimuladamente as revoltas de Barcelona, apesar do desacordo latente entre elites e grupos populares.

Começam as tratativas da elite catalã com a França para conseguir obrigar Olivares a negociar. Em 1641 a Catalunha se transforma em república sob a proteção da França, jurando fidelidade ao rei de França Luis XIII. A lição calaria fundo nos eruditos daquele tempo.

Essa e outras rebeliões contra a dominação espanhola transformam em valor positivo a resistência contra a tirania, conforme defendeu Rosario Villari ao tratar da política no século XVII[26]. Em Nápoles em 1647, sob essa mesma conjuntura, elaboram-se justificativas para romper com a Espanha. Tratava-se de fundamentos patrióticos ancorados na ideia de que "a monarquia espanhola havia provocado a ruptura" do pacto constitucional, restando à comunidade do reino de Nápoles a opção pela fidelidade à pátria e não ao rei espanhol[27].

O risco à fidelidade não parece circunstância distante da América portuguesa. Homens de seu tempo, os atilados governadores e conselheiros sentiram sua ameaça, expressa nas referências que aproximavam as contestações no Brasil ao caso recente na Catalunha. A revolta do Rio de Janeiro de 1660, a primeira depois da Restauração de 1640 em que se assiste ao controle de um governo local por súditos sublevados que depuseram a autoridade acusada de tirania, foi associada ao que se passou na Catalunha contra o domínio espanhol. Afirmou uma das autoridades atacadas que "pelos mais exemplos de Catalunha se pode temer semelhantes desordens em gentes de poucas obrigações, movidos de desesperação, ou do temor"[28]. Outra ocasião em que isso ocorreu foi em Minas Gerais nos idos de 1720. O conde de Assumar admitiu ter sido aquela uma "conspiração mui semelhante a da Catalunha"[29].

Referidas ou não a exemplos contemporâneos, algumas rebeliões levantaram suspeita de irredentismo. No sertão de Minas, quando das revoltas de 1736, desconfiava-se de projetos dessas dimensões. Diante da patente fragilidade da soberania portuguesa naquela região, suspeitava-se que "o desígnio desta canalha [os amotinados] não é só o pertender [sic] a absolvição da capitação [novo método de cobrança do quinto do ouro] nem perdão de suas sublevações, mas usurpar a el Rei o domínio das Minas".

Mais grave era o fato de que tais suspeitas se passavam em um ambiente em que se acentuam as críticas ao soberano. O aparecimento em 1733, em Alagoas de um jovem padre que se intitulava "Sereníssimo Príncipe do Brasil" e concedia honras e mercês, nomeando marqueses e condes que se uniam contra a soberania portuguesa, reforçava, ainda que de maneira episódica, as fissuras nas relações dos súditos da

América com o soberano[30]. No século anterior, o paulista Antônio Dorta fora acusado de ofender D. João IV, ao chamá-lo "rei de copas ou de comédia", e de exaltar o rei espanhol[31]. Em Minas Gerais nos idos de 1761, logo em seguida à expulsão dos jesuítas de Portugal, magistrados e padres da vila de Curvelo são suspeitos de conspirar contra D. José I. Em pasquins afirmavam "Que o dito soberano Monarca era qual outro, ou pior que Nero = Que por estar demente, ou pateta, sujeitava o despotismo do seu governo ao homem mais cruel do mundo, qual era o Ilustríssimo, e Excelentíssimo Marquês de Pombal"[32].

Em pasquins que circulam nos sertões da capitania de Minas Gerais, durante os furores sertanejos de 1736, em uma paródia da oração do pai-nosso criticando a cobrança do quinto do ouro, a figura do rei é desafiada. Na paródia, pediam que o soberano fosse até Minas a fim de ver as aflições dos súditos, e o advertiam para com suas obrigações de rei-provedor, "Não queirais fazer-se celeiro/ do suor de tais vassalos". Em certo momento, insinuavam franca desobediência: "E sabeis que com a vontade estreita / os pobres vos obedece [sic]/ porque vossa crueldade merece/ Não se faça a vossa vontade"[33]. De outra parte, pouco tempo depois nas mesmas Minas, sob a trama que envolve Pedro Hanequim, a suposta conspiração que planejava aclamar na América o infante D. Manuel, irmão de D. João V, rompendo-se com o domínio de Portugal, parecia indicar alternativas políticas inquietantes[34].

O fenômeno parece indicar a emergência na América portuguesa de condições críticas semelhantes àquelas que motivaram as revoltas antiespanholas. A experiência da conquista desacompanhada pelas frustrações dos súditos ao verem respeitados seus direitos alimentava os nativismos por parte das elites coloniais. Os pernambucanos, como já foi salientado, enalteceram suas virtudes projetadas no sucesso da luta de expulsão dos holandeses, elaborando o "discurso político do primeiro nativismo pernambucano"[35]. Os paulistas, por seu turno, com a descoberta das minas de ouro, instituem argumentação a fim de elaborar uma identidade positiva, em um esforço calculado e desmedido de sacudir a pecha de rebeldes e desleais que traziam[36]. Isso não parava aí.

A afirmação de identidades coloniais, manifesta em diferentes circunstâncias conforme a região, reforça os vínculos específicos com a "pátria", entendida como lugar de nascimento. À pátria se contrapõem os desgastes provocados pelos desgovernos de Portugal na América, justificados pelas noções de violação do pacto constitucional e dos direitos dos vassalos diante da fiscalidade excessiva, das diversas formas de injustiça e do sentimento de desproteção.

O modelo de rompimento produzido pela Catalunha era inspirador e abria uma avenida de possibilidades.

## Uma utopia napolitana

Ainda que em ruínas, o edifício institucional e as formas da cultura política na América portuguesa haviam sido cimentados com elementos teológico-políticos da realeza. A iniciativa dos súditos ultramarinos era antes uma busca voluntária de proteção sob outra sujeição monárquica. Não se tratava de um rompimento seguido de independência, isso sim uma utopia. Nem por isso a ideia deve ser levada menos a sério.

Acompanhar exemplos como dos reinos de Nápoles, Catalunha e da Sicília, ou desejar deixar a fidelidade de Sua Alteza Real, revelou o grau da crise e das tensões que alcançaram a colonização em algumas regiões da América. Assinalou, por outro lado, a densidade das formulações e das práticas políticas que tiveram lugar sob os impasses da experiência da colonização no Novo Mundo.

Tudo aproximava Vila Rica da Catalunha, ou, quem sabe, até do reino rebelde de Nápoles.

## Notas

1 "Manifesto do encoberto e o encoberto manifesto para guia de tontos, espelho de cegos, e despenhadeiro de cobiçosos. Dedicado aos presos do Limoeiro de Lisboa. Composto por um engenho de Rio de Janeiro. Ano de 1700", Londres, British Museum. Additional Papers, nº 15195, f. 248-255. O documento é dedicado "aos presos do Limoeiro de Lisboa".

2 *Idem.*

3 Sobre o tema dos discursos de contestação, ver nosso "Narrativas das rebeliões: linguagem política e ideias radicais na América portuguesa moderna", *Revista de História*, n. 57, São Paulo, Departamento de História da USP, mar-maio 2003, p. 6-27.

4 Petição dos moradores do sertão da América à rainha Dona Maria I. s. l. [1776], Arquivos Nacionais da Torre do Tombo, (ANTT) Lisboa, Papéis do Brasil, Avulsos nº 3, doc. nº13, fl. 141.

5 Evaldo Cabral de Mello, *Rubro veio:* o imaginário da restauração pernambucana, Rio de Janeiro, Nova Fronteira, 1986, particularmente cap. 3, "À custa de nosso sangue, vidas e fazendas", p. 100-150.

6 "Carta dos Homens Bons da Bahia ao procurador da Corte. Salvador, 12 de agosto de 1688". Publicado em Luiz Monteiro da Costa, *Na Bahia colonial:* apontamentos para história militar da cidade do Salvador, Bahia, Liv. Progresso Ed., [s.d], p. 114.

7 Para um painel resumido das revoltas ver Luciano Figueiredo, *Rebeliões no Brasil colonial*, Rio de Janeiro, Jorge Zahar Editor, 2005.

8 Correição da Câmara da cidade do Rio de Janeiro, 3 dez 1661, publicado em José Vieira Fazenda, "Bernarda (1660-1661)", Antiqualhas e memórias do Rio de Janeiro, *Revista do Instituto Histórico e Geográfico Brasileiro*, t. 89, Rio de Janeiro, 1921, p. 19 e segs.

9 José de Souza Azevedo Pizarro e Araujo, *Memórias históricas do Rio de Janeiro*, Rio de Janeiro, 1820, livro 3, p. 207.

10 Publicado em Feu de Carvalho, *Ementário da história de Minas:* Felipe dos Santos na sedição de Vila Rica, *1720*, Belo Horizonte, Edições Históricas, [s.d.], p. 176.

11 Fernando A. Novais, *Portugal e Brasil na crise do antigo sistema colonial, 1777-1808*, São Paulo, Hucitec, 1979.

12 "Parecer do Conselho Ultramarino acerca da carta do marquês de Angeja, vice-rei e capitão geral do Estado do Brasil, de 26/08/1714", *Documentos históricos*, Rio de Janeiro, Biblioteca Nacional, 1952, v. 96, p. 179-180. Citação: p. 180

13 Sérgio Buarque de Holanda, "A herança colonial: sua desagregação", *História geral da civilização brasileira*, São Paulo, Difel, 1976, v. 3, p. 9.

14 *Idem.*

15 Mello, A *fronda dos mazombos:* nobres contra mascates, Pernambuco 1666-1715, São Paulo, Companhia das Letras, 1995.

16 Mello, *Rubro veio..., op. cit.*

17 Carta do provedor-mor da Fazenda do Estado do Brasil Lourenço de Brito Correa... Bahia, 23 de abril de 1661. Arquivo Histórico Ultramarino (AHU), Rio de Janeiro, Eduardo de Castro e Almeida, doc. 850, publicado parcialmente em Eduardo Castro e Almeida (org.), 1917, v. 39, p. 92.

18 Manuel de Oliveira Lima, *Formação histórica da nacionalidade brasileira*, Rio de Janeiro, Topbooks, 1997, p. 137.

19 Carta do governador Pedro de Vasconcelos e Sousa ao Rei. [s.d.], citada por Alberto Lamego, "Os motins do maneta na Bahia", *Revista do Instituto Histórico e Geográfico da Bahia*, n. 55, Salvador, 1929, p. 357-360.

20 Pedro Calmon, *História do Brasil*, Rio de Janeiro, José Olympio, 1953, p. 997.

21 Ver Adriana Romeiro, *Um visionário na corte de Dom João V:* revolta e milenarismo nas Minas Gerais, Belo Horizonte, Editora da UFMG, 2001, p. 245.

22 Holanda, *op. cit.*, p. 10. Em "A inconfidência baiana" o mesmo menciona Arthur Cezar Ferreira Reis, Holanda, op. cit, v. 2, p. 411, com base em documentos da "Biblioteca e Arquivo do Pará", no códice "Registro Geral - 1727-1736".

23 Holanda, *op. cit.*, v. 3, p. 10.

24 Apud Maria Luiza Bertuline Queiroz, *A vila do Rio Grande de São Pedro (1737-1822)*, Rio Grande, Editora da Fundação Universidade do Rio Grande, 1987, p. 74. Ao que parece o trecho é citação de carta do governador Silva Paes a Gomes Freire, 6 abr. 1742.

25 John Elliott, *La rebelión de los catalanes:* un estudio sobre la decadencia de España (1598-1640), México, Siglo XXI, 1986.

26 Rosario Villari, "O rebelde", *O homem barroco*, Lisboa, Presença, 1995, p. 95-114.
27 Villari, *Per il Re o per la Patria*: la fedeltá nel Seicento (con "il Cittadino Fedele" e altri scritti politici), Roma, Laterza, 1994, p. 25.
28 Carta do provedor-mor da Fazenda do Estado do Brasil, Lourenço de Brito Correa. Bahia, 23 abr. 1661. Apud Luis Norton, *A dinastia dos Sá no Brasil*, São Paulo, Companhia Editora Nacional, [s. d.], p. 336-337.
29 Apud Carla Maria Junho Anastasia, *Vassalos rebeldes, violência coletiva nas Minas na primeira metade do século* XVIII, Belo Horizonte, C/ Arte, 1998, p. 52.
30 Stuart Schwartz, 'Gente da terra braziliense da nasção': pensando o Brasil: a construção de um povo", Carlos Guilherme Mota (org), *Viagem incompleta 1500-2000:* a experiência brasileira: formação: histórias, São Paulo, Editora Senac, 2000, p. 116-118.
31 Consulta do Conselho Ultramarino sobre a devassa que veio do Brasil. Lisboa, 2 mar 1655. AHU, Bahia, Luiza da Fonseca, doc. nº 1589.
32 Apud Laura de Mello e Souza, *Norma e conflito, aspectos da história de Minas no século XVIII*, Belo Horizonte, Editora da UFMG, 1999, p. 102.
33 Figueiredo, "Furores sertanejos na América portuguesa", *Revista Oceanos*, n. 40, out-dez 1999, Lisboa, CBCDP, p. 127-142.
34 Romeiro, *op. cit.*
35 Mello, *A fronda dos mazombos...*, *op. cit.*, p. 100.
36 John Manuel Monteiro, "Os caminhos da memória: paulistas no Códice Costa Matoso", *Varia História*, v. 21, Belo Horizonte, Departamento de História da UFMG, 1999, p.86-99.

# PARTE V

# Letras e saberes

# Cruzando mares: drogas medicinais do Brasil no império português

Daniela Buono Calainho

## A expansão portuguesa e as novas drogas coloniais

O esplendor do movimento renascentista na Europa desdobrou-se num movimento que poderíamos chamar de "renascimento farmacológico". Desde fins do século XV, a redescoberta da botânica e da classificação das plantas se impôs, com a grande difusão dos herbários, publicações que tratavam dos três domínios naturais – o vegetal, o animal e o mineral –, reunindo os conhecimentos herdados da Antiguidade clássica e da Idade Média. Foram obras que espelharam o nascimento de duas ciências que no século XVI se interpenetraram, a botânica e a farmácia, que por sua vez também imprimiram sua marca na história da medicina.

O desvendamento do mundo natural no século XVI foi estimulado pela redescoberta dos autores greco-romanos que escreveram sobre o tema, como Aristóteles, Teofrasto, Galeno, e, mais especialmente Dioscórides e Plínio, ambos reeditados e comentados por vários autores, sobretudo os italianos[1]. O herborismo renascentista também ganhou da Alemanha grandes contribuições. Em Portugal, o destaque coube ao médico Amato Lusitano, ou João Rodrigues Castelo Branco (1511-1568), pioneiro na observação da botânica peninsular, que se consagrou pela *Dioscorides Anazarbei*, de 1553. Ricamente ilustrada, a publicação se debruçou sobre a flora portuguesa, os minerais e os animais exóticos, tendo grande influência nas futuras obras de botânica[2].

A expansão marítima portuguesa propiciou o descortinar, aos olhos do europeu, de um mundo novo. Desbravando oceanos, a descoberta de uma nova geografia mostrou ao Velho Mundo lugares até então desconhecidos, ou mal conhecidos, como a África, o Oriente e a América, inaugurando uma nova fase da vida europeia. Essa expansão cosmográfica impunha pouco a pouco uma necessidade de classificação do mundo conhecido, tanto das suas gentes como de sua natureza[3].

A exuberância da flora e da fauna colonial ofereceu um sem número de produtos, que contribuíram para a história da botânica, da zoologia e da farmácia na Europa. Cruzando o Atlântico, caminhando pela costa ocidental da África, chegando ao Oceano Índico, desembarcando no Brasil, cronistas, viajantes, clérigos e funcionários da coroa portuguesa registraram informações preciosas acerca da natureza desse novo mundo, enriquecendo sobremaneira a farmacopeia e a botânica europeia ao longo do tempo.

O poder econômico do comércio de drogas e especiarias estimulou, a partir do século XVI, um novo tipo de consumo alimentício, farmacológico, olfativo e sensorial, caracterizando uma nova dimensão de interligação entre a Europa e as terras recém-descobertas e exploradas. Portugal lançou-se a essas riquezas abarrotando seus navios: pimenta da Índia, canela do Ceilão, cravo das Molucas, noz-moscada, ópio, cravo, gengibre, tabaco, açúcar, café, chá, chocolate, variadas plantas terapêuticas etc[4]. Ao impacto mercantil dessas riquezas, seguiu-se um impacto nos sentidos; muitos desses artigos passaram a ser vistos, assim, como "fetiches sensoriais", pela diversidade de cheiros, cores, sabores e efeitos alucinógenos e afrodisíacos que propiciavam[5].

O saber botânico no século XVI recebeu contributos enormes com a atuação dos espanhóis Francisco Hernandez e Nicolas Monardes, do moçambicano Cristóvão da Costa e ainda dos portugueses Tomé Pires e Garcia da Orta. Boticário régio, Tomé Pires foi para a Índia em 1511, onde atuou como feitor e vedor das drogarias e escreveu a *Suma oriental*, texto pioneiro na descrição do Oriente. Em 1516, na cidade de Cochim, informou numa carta ao rei D.Manuel a origem e as características de várias drogas asiáticas, o que o levou a ser escolhido para chefiar, nesse mesmo ano, uma embaixada à China, onde morreu em 1540.

Mas a obra mais importante para o conhecimento da botânica e das drogas do Oriente foi o *Colóquio dos simples e drogas e coisas medicinais da Índia*, escrito pelo afamado médico Garcia da Orta, publicado em 1563 na cidade de Goa. Cristão-novo, descendente de judeus expulsos da Espanha, nasceu em 1500, e com cerca de 23 anos terminou seus estudos de medicina em Salamanca e Alcalá de Henardes, em Castela. Alguns anos depois, ingressou como professor de lógica na Universidade de Coimbra, procurando sempre instigar em seus alunos o espírito crítico e o gosto pelos desafios do conhecimento. Inquieto, ávido por vivenciar de perto o que escutava dos relatos de viajantes sobre outros mundos, plantas e novas gentes, abandonou a carreira universitária e partiu para a Índia em 1534 – temeroso também das perseguições religiosas inquisitoriais, enquanto cristão-novo que era. Acompanhou Martim Afonso de Souza – à época, nomeado vice-rei em Goa – e atuou nessa cidade como médico até seu falecimento, em 1570. Orta viu-se em meio a um turbilhão de novas informações, de culturas distintas, de religiões até então desconhecidas. Deparou-se com o comércio tradicional das especiarias e partilhou do processo de enraizamento português no Oriente. Sua profissão fê-lo conhecer médicos árabes e hindus, lidar com moléstias completamente desconhecidas em Portugal e ainda participar da primeira autópsia realizada em Goa, em um indivíduo vitimado em uma epidemia de cólera, em 1543. Mais uma vez mudaria sua vida de rumo, trocando seus doentes pela observação e estudos de uma desconhecida matéria médica: plantas medicinais e comestíveis, resinas, secreções de animais, minérios.

Grande estudioso, iniciou uma plantação de ervas medicinais, entrou no comércio de drogas e saiu em viagens pelas possessões portuguesas na região buscando informações sobre plantas, doenças, remédios, e os comparando aos conhecimentos tradicionais que trazia da Europa. Foi assim que surgiram os *Colóquios*, escritos em forma de um diálogo fictício entre Ruano, médico espanhol recém-chegado da Península, e o próprio Orta. A obra foi uma sistematização de anos de observação empírica do que era o Oriente, dividindo-se em 57 partes, com estudos de drogas orientais, sobretudo as de origem vegetal, como o aloés, o benjoim, a cânfora, o ópio, o ruibarbo, dentre outras. Seu autor dedicou-se à análise de propriedades terapêuticas, origem e característica de muitos fármacos orientais, tendo sido o primeiro europeu a realizar tal feito, rompendo com o tradicionalismo dos textos clássicos. Essa obra fundamental de Garcia da Orta, escrita originalmente em português, ganhou traduções a várias línguas, sendo a primeira o latim, de autoria do botânico francês Charles de L'Escluze, ou Clúsio, publicada em Antuérpia em 1567. Sua difusão e procura pela Europa foi grande, tornando-se uma referência internacional, contando com outras edições revistas e ampliadas, além de influenciar outras publicações[6]. Uma delas foi de autoria do médico português Cristóvão da Costa, o *Tractado de las drogas y medicinas de las Índias Orientales*, publicado em Burgos, na Espanha, no ano de 1578. Costa conhecera Garcia da Orta na Índia, em 1559, e escreveu sua obra com base na do colega de ofício.

O conhecimento da América também levou a grandes transformações no saber acerca do mundo natural. O Brasil foi objeto dos mais notáveis relatos, a exemplo de estrangeiros como Hans Staden, em 1557, e André Thevet em *Lez singularitez de la France Antarctique*, de 1558, que, para além de descreverem os costumes ameríndios, dedicaram-se também à descrição de algumas plantas aqui encontradas. No entanto, relato bem mais rico foi o escrito por Gabriel Soares de Souza em 1587, o *Tratado descritivo do Brasil*. Aportando em Salvador, na Bahia, em 1569, tornou-se grande senhor de engenho, e descreveu a geografia e a flora da região do Recôncavo baiano, os costumes dos indígenas e as plantas medicinais utilizadas por eles.

Mas os escritos de letrados leigos sobre o Brasil no século XVI foram poucos, cabendo aos religiosos da Companhia de Jesus uma produção literária muito maior, sob a forma de crônicas, tratados e de variada correspondência, que trocavam entre si e o Provincial da Companhia[7]. Estabelecidos em Portugal, coube aos jesuítas a tarefa missionária e educacional em seus domínios ultramarinos, mas atuaram também na cura de doenças e epidemias, fundando hospitais, estudando as plantas curativas das regiões em que se estabeleceram e mantendo eficientes boticas e enfermarias em seus colégios na Europa, África, Oriente e Brasil. Merecem destaque as boticas dos colégios jesuíticos no Oriente, especialmente em Goa e em Macau, bem como os missionários que para lá se dirigiram, hábeis nas artes médicas e, ao longo do tempo, grandes conhecedores das drogas medicinais da região[8].

No Brasil, Fernão Cardim, José de Anchieta e Manoel da Nóbrega foram pródigos em descrições da natureza exuberante com a qual se depararam no cotidiano de sua missão catequética. Cardim, por exemplo, descreveu as propriedades curativas de várias espécies de plantas e árvores medicinais em seu livro *Tratados da terra e gente do Brasil*, escrito entre 1583 e 1601, quando desempenhou o cargo de secretário do padre visitador Cristóvão de Gouveia[9].

As boticas dos colégios jesuíticos foram inigualáveis em qualquer parte onde foram estabelecidas. Os medicamentos vinham de Portugal, mas a pouca frequência de chegada dos navios e as eventuais perdas por deteriorização nas embarcações e nos portos obrigaram os padres, ao longo do tempo, a voltarem-se para os recursos naturais oferecidos pela terra, ajudados pelos conhecimentos dos indígenas, de importância fundamental para a aquisição desses saberes. Muitos daqueles que se aventuraram a descrever e tentar decifrar as plantas e ervas medicinais, fossem leigos ou religiosos, como os jesuítas, tiveram de lidar com "a natureza bruta" do indígena, nas palavras de Nóbrega, que, com seus ritos religiosos, protagonizados pelos pajés, foram demonizados em suas práticas curativas. Heréticas, pagãs, eram vistas de modo deletério pelos colonizadores.

Os jesuítas foram exímios observadores da fauna e da flora brasileira, identificando variadas espécies e cultivando aquelas de efeitos curativos. Estudavam seu modo de ação para os inúmeros males que assolaram a população colonial, elaborando fórmulas e receitas, organizadas metodicamente com nome do colégio onde foram criadas, autor, ingredientes utilizados, peso e finalidade. Destacou-se a célebre *Triaga brasílica*, composta de dezenas de ervas, plantas, raízes, gomas, sais minerais e óleos, para curar qualquer peçonha e mordedura de animais venenosos, além de outras variadas enfermidades. De largo consumo no Brasil e na Europa, vendida a altos preços, foi elaborada no colégio da Bahia e gerou recursos consideráveis para essa instituição.

Os inacianos também levaram para a Europa o conhecimento das virtudes terapêuticas de variadas plantas encontradas na América, a exemplo da *quina*, conhecida como "mezinha dos padres da Companhia de Jesus", e ainda a *ipecacuanha*, cujas virtudes foram divulgadas em 1625 por um manuscrito de autoria de Fernão Cardim.

As descrições e a difusão de informações sobre as plantas do Novo Mundo prosseguiam nos Seiscentos, no mesmo espírito do século anterior, explicitando seus caracteres externos e suas virtudes, muitas vezes ancoradas no uso que delas faziam os índios e na forma como as denominavam. Citemos o notável Guilherme de Piso, que em 1633 aportou em Pernambuco, no tempo do domínio holandês. Contratado pela Companhia das Índias Ocidentais como médico do conde de Nassau, aproveitou a ocasião para dedicar-se a estudos que resultaram nos primeiros escritos de sua *História naturalis brasiliae*, publicada em 1648[10]. Entusiasta das plantas brasileiras, dizia que

> com estas especiarias gratíssimas, tanto no aspecto como na forma, apresenta aos atuais e futuros habitantes de todo o enorme planeta novas fontes de boa saúde corporal e lisonjeira disposição dos sentidos, para a defesa da vida, e ainda caso tal se possa dizer, para prorrogar a fatal e irrevogável duração da existência[11].

Sua formação médica permitiu que testasse e comprovasse o efeito terapêutico de várias plantas utilizadas pelos indígenas, indo além da mera descrição do que via. O trabalho de Piso pode ser considerado como o primeiro relato a dar conta efetivamente da história natural do Brasil, alicerçado nas indicações fundamentais dos índios e de sua medicina, a exemplo da busca, preparo e aplicação dos poderosos antídotos contra os venenos[12]. Como diria Keith Thomas, foi inequívoca a importância das novas drogas originárias da América e do Oriente, sobretudo a partir de inícios do século XVII, tornando os médicos quase que indiferentes às ervas medicinais locais[13].

No Brasil, nos dois primeiros séculos de colonização, predominaram as boticas conventuais, principalmente as dos colégios jesuíticos, não havendo ainda licenciados leigos capazes de exercer a atividade profissional em número razoável. Os boticários, em sua maioria, vinham de Portugal, formados e com suas boticas, suprindo-as por contatos estabelecidos com antigos colegas, mestres de ofício e comerciantes. Segundo as pesquisas de Vera Beltrão, a maioria desses boticários leigos nos séculos XVI e XVII eram cristãos-novos, fugidos do tribunal do Santo Ofício, e atuavam também em outras atividades, atendimento clínico, realizações de curativos, sangrias, etc, denotando a ambiguidade da profissão nos primeiros séculos[14]. Os remédios encontrados nas boticas eram de origem vegetal, animal e mineral, e apenas no final do século XVIII os químicos oriundos da Europa tiveram lugar nas lojas.

## Drogas do Brasil em terras portuguesas: século XVIII

A história da farmacopeia e das drogas no mundo luso-brasileiro encontrou, no século XVIII, um momento especial, em meio ao movimento da Ilustração, que caracterizou o período. Fruto de uma série de processos que marcou a Europa nos tempos modernos, tendo como marco político a Revolução Francesa, o também chamado iluminismo propiciou uma nova dinâmica de relacionamento do homem com a natureza, com a sociedade e com a política, inspirada pelo poder e pelo exercício contínuo da razão. Celebrado pelos escritos clássicos de Mostesquieu, Voltaire, Rousseau, entre outros, esse "movimento de ideias", assim caracterizado pelo filósofo alemão E. Cassirer, cujo centro foi a França setecentista, voltava-se contra o predomínio das tradições religiosas, dos dogmas e da fé como inspiradores do espírito humano, ao mesmo tempo em que promovia uma profunda modificação dos valores até então vigentes[15]. A razão era uma "energia", cujos exercício e ação eram da maior importância, resultando em obras como a *Enciclopédia ou dicionário racionado das ciências, das artes e dos ofícios, por uma sociedade de homens de letras*, de autoria dos famosos Diderot e D´Alembert, publicada entre 1751 e 1780.

Mas voltemos-nos para o contexto ibérico, em que transita a proposta deste artigo. Em seu clássico A *época pombalina*, Francisco Falcon elabora consistente análise acerca da Ilustração em Portugal. Apesar do vanguardismo que marcou a Península em inícios dos tempos modernos, levando Portugal ao pioneirismo expansionista e à centralização monárquica, no plano das ideias e nas formas de pensamento pouquíssimas alterações tiveram lugar. As sociedades ibéricas eram "um mundo no qual quase tudo aquilo que marcou a transformação social e mental da Europa transpirenaica simplesmente não ocorreu ou, então, foi bloqueado, suprimido, ao ensaiar os primeiros passos"[16]. A força das tradições, a perspectiva teológica predominante nos meios acadêmicos, a influência da Igreja e suas instituições moldaram as manifestações artísticas e intelectuais, e expressaram fielmente a rejeição ao racionalismo moderno. O "Reino Cadaveroso", de que falou Antônio Sérgio, foi marcado pelo "provincianismo cultural e político, pelo império da escolástica e pelo terrorismo inquisitorial"[17].

No âmbito da ciência, particularmente na área da medicina, o século das Luzes em Portugal contrapôs-se a núcleos já consagrados de ensino, como a escola de

Montpellier, na França, para onde afluíram vários estudantes portugueses, espanhóis e de outras nacionalidades, muitos de origem judaica, que fugiam da Inquisição. Montpellier consagrou-se como tal por sua tolerância religiosa, a diversidade de livros e obras raras existentes e os afamados professores[18]. Os chamados "estrangeirados", grupo de ferrenhos críticos do atraso de Portugal, como Alexandre Gusmão, D. Luís da Cunha, Ribeiro Sanches, Luis Antônio Verney e outros, nos seus mais variados aspectos, também abordaram o grau de defasagem e tradicionalismo da medicina portuguesa[19]. A botânica, os fenômenos químicos, os estudos anatômicos ainda não tinham vigor. Enquanto na França publicava-se em 1750 o primeiro livro da *Encyclopédie*, e ainda o botânico sueco Lineu organizava seu sistema classificatório das plantas, em 1735, no reino luso preponderava uma medicina escolástica, supersticiosa, de tradição aristotélico-galênica. Exemplo disso foi a resistência à introdução de medicamentos químicos, que ganhou cores mais vivas com o suposto caráter herético da química, em função de ser originária de regiões influenciadas pela Reforma, ainda aos seus laços com a alquimia, identificada à feitiçaria[20].

Esse imenso abismo em relação à Europa centro-ocidental, no entanto, começou a ser lentamente superado, ganhando corpo significativo a partir da segunda metade do século XVIII, sob a tutela do então secretário de Estado de Guerra e dos Negócios Estrangeiros, Sebastião José de Carvalho e Melo, futuro marquês de Pombal, nomeado em 1750 pelo monarca D. José I. A influência da política pombalina foi decisiva, implicando mudanças de caráter econômico, administrativo, burocrático e legal, que procuraram ao mesmo tempo reforçar o poder do Estado "absolutista" e modernizar as estruturas tradicionais portuguesas[21].

Em 1772, a Universidade de Coimbra iniciava um processo de remodelamento de seu ensino a partir de teorias científicas já há muito conhecidas no resto da Europa. E também a arte de preparar remédios foi normatizada em meio às reformas pombalinas que atingiram essa instituição, encarregada de elaborar a primeira farmacopeia oficial do reino, promulgada por alvará de D. Maria I em 1794. A farmacopeia era um guia prático de composição de fórmulas medicinais, com as qualidades, especificações e quantidades dos medicamentos que iam orientar boticários e outros preparadores de remédios. Foi obrigatório seu uso por todos os estabelecimentos de botica, servindo de instrução, exame e inspeção dos boticários, e por todos os médicos e cirurgiões, que não podiam receitar qualquer composição que lá não estivesse arrolada. De autoria de Francisco Tavares, médico da rainha e nomeado físico-mor em 1799, a *Farmacopeia geral para o reino e domínios de Portugal* compunha-se de dois volumes: o primeiro, denominado *Elementos de farmácia*, e o segundo, *Medicamentos simples, preparados e compostos*, onde estão a jalapa, a erva santa, a ipecacuanha, o cacau, dentre outras ervas e raízes oriundas do Brasil[22]. A análise pormenorizada desta documentação vai permitir vislumbrar que tipo de fórmula e quais de seus componentes eram considerados legítimos para constar na normatização do uso de medicamentos.

Proibia-se então, a partir daí, a utilização dos formulários e compêndios que proliferavam desde o início dos Setecentos, fossem nacionais ou estrangeiros. A publicação em língua portuguesa das farmacopeias foi importante instrumento de difusão dos fármacos oriundos das colônias do império português. Embora só em 1794 se tenha publicado a primeira farmacopeia oficial do reino, desde o início dos Setecentos esse importante instrumento de trabalho passou a circular em Portugal. De autoria do boticário agostiniano do mosteiro de Santa Cruz de Coimbra, D. Caetano de Santo Antônio, foi publicada em 1704 uma primeira, a *Farmacopeia lusitana*, seguindo-se daí outras reedições em 1711, 1725 e 1754, nas quais estão presentes numerosas referências a plantas oriundas do Brasil. Outro boticário, Manuel Rodrigues Coelho, na sua *Farmacopeia tubalense químico-galênica*, editada em 1751, difundiu enormemente espécimes do Brasil e seus efeitos curativos, como a raiz de cipó, salsaparrilha, jaborandi, raiz de mil homens etc. O importante droguista francês e físico-mor de D. João V, João Vigier, de quem falaremos adiante, publicou alguns trabalhos, nos quais a flora e a fauna brasílicas aparecem como ingredientes curativos significativos em várias composições: citemos a *Farmacopeia ulissiponense, galênica e química*, de 1716; o *Tratado das virtudes e descrições de diversas plantas e partes de animais do Brasil e das mais partes da América ou Índia Ocidental, de algumas do Oriente descobertas no último século, tiradas de Guilherme Piso, Monardes, Clusio, Acosta e de outros*; e ainda a *História das plantas da Europa e das mais usadas que vêm da Ásia, da África e da América*, de 1718. Das farmacopeias em uso na Europa, escritas por médicos portugueses, citemos Jacob de Castro Sarmento, que em Londres publicou em 1749, em latim, a *Pharmacopoeia contracta*, onde fazia referência ao vinho de ipecacuanha[23]. A importância desses compêndios, e de outros que não citamos para a difusão e circulação das plantas medicinais americanas no reino e no ultramar foi enorme, abrindo horizontes cada vez mais amplos para as benesses curativas do mundo colonial.

Em finais dos Setecentos, com o avanço do saber médico e botânico, e com a publicação da primeira farmacopeia oficial, se intensificaram os experimentos científicos, havendo estímulo e fomento ao envio de espécies da flora nacional para Portugal, a pedido do próprio Pombal[24]. A exploração colonial adquiria uma nova dimensão, enriquecendo Portugal com a vastidão vegetal que o Brasil poderia oferecer ao desenvolvimento da farmacologia e que tinha de ser desvendada. Fundada em 1780, nos moldes das demais academias europeias existentes desde o século anterior, a Academia de Ciências de Lisboa produziu um folheto com instruções de envio de produtos e notícias gerais para a formação de um museu nacional, a ser enviado para os investigadores do reino e para as colônias. Detalhava o melhor meio de colher, embalar e enviar os espécimes para Lisboa com o intuito de os expor no Gabinete de História Natural[25]. Os naturalistas dos Setecentos, para além das tradicionais descrições dos primeiros colonizadores e viajantes, também contaram com o auxílio dos saberes dos indígenas na elaboração das listagens e caixas a serem enviadas para Lisboa.

O envio de plantas para Portugal começou a se fazer de modo relativamente sistemático desde nos anos 60, quando chegou de Pádua, Itália, Domenico Vandelli, contratado por Pombal para integrar a reforma educacional pós-expulsão dos jesuítas; começaram a ganhar fôlego, assim, os estudos de botânica. O Jardim Botânico português da Ajuda, fundado em 1768, e depois o da Universidade de Coimbra, de 1773, ganharam diversas espécies do Brasil, conforme vislumbrou a política pombalina de estimular o estudo de plantas que pudessem ser comercializadas, recebendo os governadores das capitanias instruções nesse sentido. É em tal contexto que Sebastião José apoia a fundação da Academia das Ciências e da História Natural do Rio de Janeiro, em 1772. Discutindo dissertações, recebendo novidades do exterior, buscava-se constante atualização. Um de seus fundadores, José Henriques Ferreira, foi pródigo em anunciar a riqueza do Brasil que podia ser útil à medicina e ao comércio. Congraçou-se com Ribeiro Sanches, mantendo correspondência e lamentando o atraso português no desenvolvimento da história natural, criticando o fato de que muitos produtos nacionais não tinham ainda sido aproveitados comercialmente.

A partir da segunda metade do século XVIII, portanto, Portugal começou a implementar estratégia semelhante aos outros impérios ultramarinos da França e Inglaterra, constituindo pouco a pouco uma efetiva exploração da natureza colonial e uma rede de troca de informações de textos científicos a partir de viajantes, funcionários da administração e letrados[26]. Nesse contexto entendemos as missões científicas, como a de Alexandre Pires Ferreira, que, chegando ao Brasil em 1783 para explorar o norte, enviou a Portugal vários exemplares de plantas e animais. Seus escritos e desenhos foram fruto de arguta observação sobre o clima da Amazônia, sobre a geografia, os animais e os espécimes vegetais. Comentou também obras de autores nacionais e estrangeiros sobre os temas da medicina e história natural, evidenciando um arsenal de conhecimento adquirido pela leitura de bibliografia estrangeira, que contribuiu sobremaneira para engrandecer sua contribuição científica[27].

Outro núcleo documental interessante, em que também podemos vislumbrar a circulação dos saberes farmacológicos coloniais, são os diversos tratados médicos sobre como preservar a saúde, sobre várias doenças que vitimaram a população e sobre as respectivas práticas curativas para estes males. Em muitos deles é flagrante um aspecto que marcou de modo geral a medicina em Portugal e o uso de fármacos na maior parte do século XVIII, como enfatizamos: o tradicionalismo de teorias científicas já ultrapassadas, a presença de crenças mágico-religiosas, o imbricamento do conhecimento médico ao mundo sobrenatural[28].

As obras do afamado médico português Curvo Semedo, escritas na primeira metade do XVIII, divulgaram amplamente a farmacopeia brasileira, como o *Memorial de vários simples que da Índia Oriental, da América e de outras partes vêm ao nosso reino*[29]. Citemos ainda a *Poliantéia medicinal*, de 1695, as *Observações médicas e doutrinais de cem casos gravíssimos*, de 1707, e ainda a *Atalaia da vida contra as hostilidades da morte*, de 1720, que influenciaram trabalhos vários de colegas de ofício e letrados, tendo grande circulação no império. Fazendo largo uso de tradições populares, de orações, de superstições e magia, junto ao conhecimento médico que possuia de formação, divulgou receitas e procedimentos curativos que o tornaram bastante conhecido, como o uso de "palmilha de meia bem suada e fedorenta" para as dores de garganta[30]. Os remédios curvianos estiveram presentes nas boticas coloniais e ainda nas celebérrimas farmácias jesuíticas, indicados nas coleções de receitas[31].

Semedo contribuiu bastante para a divulgação dos medicamentos químicos, num contexto de resistência em Portugal ao uso de técnicas químicas na prática farmacêutica, os boticários preferindo adquirir remédios já processados de laboratórios ingleses e franceses, uma vez que as boticas não tinham instalações nem equipamentos adequados para tanto[32]. Esse médico também foi grande exemplo de autor dos chamados remédios secretos, muito difundidos desde o início do século, cujas fórmulas não eram divulgadas. A publicidade para venda destes medicamentos foi grande nos jornais, como na *Gazeta de Lisboa*, em que, junto ao remédio, eram explicitadas as doenças que curavam, a dose para o uso e a dieta que devia acompanhar a administração, constituindo-se uma fórmula para auto-medicação, de longa duração pela sua composição química. Diferenciavam-se das fórmulas dos boticários, que eram pessoais, receitadas por um cirurgião, em regra degradáveis pelo uso de substâncias vegetais[33].

Os trabalhos de Curvo Semedo tiveram grande influência, como por exemplo na obra do cirurgião Luis Gomes Ferreira. Português de origem, desembarcou na Bahia em 1707, mas logo rumou para a região das Minas Gerais, onde atuou por vinte anos. Em 1733, retornou ao reino, e dois anos depois publicou o famoso *Erário mineral dividido em doze tratados*, que, segundo alguns autores, pode ser considerado um dos melhores documentos sobre a patologia e a terapêutica no Brasil colonial pela riqueza das observações a respeito das doenças reinantes na capitania de Minas Gerais, e pelas inovações terapêuticas que introduziu[34]. Vale lembrar que, neste momento de finais do século XVII e na primeira metade do XVIII, foi razoável a produção literária sobre a saúde da população colonial, particularmente no nordeste açucareiro e nas Minas, no ápice da produção de ouro[35].

Gomes Ferreira é excelente exemplo da diversidade cultural que marcou a medicina luso-brasileira, mesclada de algum espírito científico, influências europeias populares, de crenças mágico-religiosas e influências dos grupos étnicos e sociais que aqui se estabeleceram. O cirurgião, em suas fórmulas, usou à farta a impressionante terapia à base de cadáveres, excrementos, secreções humanas e animais e elementos liberados pelos corpos em decomposição – terapêutica que ganhou espaço importante na literatura médica europeia entre os séculos XVI e XVIII[36]. Uma mão de defunto quente, por exemplo, era ótimo remédio para remover manchas de pele e sinais. Para a calvície, o tratamento ideal era o óleo de cadáveres de homens mortos de forma violenta. Para o diagnóstico das doenças, subordinado evidentemente a uma medicina clínica, de observações de sintomas, as influências de poderes sobrenaturais, traduzidos por feitiços, malefícios, teve em Gomes Ferreira também um exemplo do que se via de modo geral em Portugal nesta matéria. A tênue fronteira entre magia e ciência, entre os fenômenos físicos, químicos e espirituais introduziu uma terapêutica voltada também para curas por contato de amuletos protetores de variadas espécies: trazer junto a si âmbar preso ao pescoço para contornar a insônia; presas de animais para evitar dores de dente; cascavel de cobras debaixo do braço para prevenir gota coral etc[37].

Do mesmo modo como faziam os indígenas, Ferreira incluiu a fauna colonial em seu receituário, abarcando partes inteiras de animais, gorduras, ossos, excrementos: unhas de tamanduá, carne torrada de sapo preto, dentes de onça, banha de jacaré. A conjuntura em que o cirurgião chegou às Minas, com poucos profissionais, doenças desconhecidas, nenhuma botica, fê-lo adaptar-se à realidade local na formulação de seus medicamentos, utilizando-se do que lá dispunha. O *Erário mineral* foi um panorama das patologias que assolaram aquela sociedade, no contexto da exploração do ouro e da grande presença dos escravos – alvo constante da ação de Gomes Ferreira, pelas más condições de trabalho, alimentação, habitação e higiene precária –, expostos ao contágio de moléstias várias. Ferreira conseguiu detectar doenças específicas de certas etnias e outras gerais, como o maculo, ou "mal do bicho", inflamação do reto, ou o mal de Luanda, ou escorbuto, de grande incidência nos africanos recém-chegados[38].

O enfrentamento de variadas mazelas nessas condições adversas levou ao grande aproveitamento da flora e da fauna locais. As virtudes dos medicamentos vegetais encontrados na região aparecendo nas suas receitas, conhecimento adquirido graças ao contato frequente que mantinha com os colonos e índios, a exemplo da erva-do-bicho, eficaz para o tratamento do maculo. Ipecacuanha, a raiz de mil homens, a erva orelha de onça, jalapa, erva de santa maria, a raiz do jaborandi, a raiz de butua e tantas outras estavam presentes no guia prático de Ferreira, que se configurou quase como um manual de medicina doméstica. Amálgama de tradições eruditas e populares, europeias e locais, cristãs e pagãs, circulou no reino e na colônia, não só entre médicos, mas entre fazendeiros e também curandeiros.

Mas como ressaltamos anteriormente, este quadro vai se modificando em finais do século. Os regimentos de preços de remédios para os boticários são bons exemplos de como alguns produtos "extravagantes" vão sumindo. Enquanto em 1758 encontramos produtos como esterco de lagarto, fel de boi, pedra bezoar, sapos, unhas de animais, víboras vivas, sangue de bode e porco, dente de cavalo-marinho, bofes de raposa, crânio humano, dentre outros exotismos, no de 1809 predominarão fundamentalmente elementos do reino vegetal, representando um decréscimo do uso de substâncias relacionadas às práticas populares mágico-religiosas[39].

A análise da circulação de plantas medicinais oriundas do Brasil enriquece-se sobremaneira a partir da investigação do processo de comercialização efetiva desses produtos. O abastecimento de drogas e de medicamentos nas regiões mais vastas do império português centralizava-se em Lisboa. Através do boticário da Casa Real, o Estado fornecia suprimentos aos armazéns e às armadas da costa, Índia e Brasil; mas a partir de 1721, uma vez criado o ofício de boticário do Conselho Ultramarino, coube a ele esta atribuição. Mas esta atividade foi exercida também, a pleno vapor, não só pelos boticários particulares, mas também por indivíduos especializados nesse comércio, os droguistas, além dos comerciantes que lidavam com outros negócios[40]. O circuito comercial que se estabeleceu entre os particulares foi fortíssimo, com droguistas e boticários de Lisboa remetendo produtos aos seus congêneres nos quatro cantos do império.

No século XVIII, o circuito comercial dos medicamentos se ampliou bastante com a ação dos droguistas de Lisboa. Muitos destes fornecedores eram boticários que haviam abandonado a profissão por conta de melhores lucros auferidos com o comércio e a consequente ascensão social que a nova atividade promovia[41]. Mencionemos alguns exemplos de comerciantes droguistas que se notabilizaram em função do grande circuito que estabeleceram entre Portugal e o Brasil.

O francês João Vigier iniciou em 1677 a trajetória de sucesso da família em Portugal, importando e revendendo, dentre várias drogas, medicamentos químicos – fato notável ante o atraso português nessa matéria, não dispondo o reino de tecnologia de preparo desses fármacos. Vigier publicou ainda, em 1711, a *Farmacopeia ulissiponense*, estimulando ainda mais o consumo dessas mercadorias e facultando aos boticários lusitanos, em sua língua natal, conhecimentos relativos a essa manipulação. O filho Luis Vigier prosseguiu os negócios mas, falecendo precocemente, deixou que o tio, Bartolomeu Vigier, herdasse os grandes contratos que havia estabelecido, e a enorme fortuna de 40 mil cruzados. Contemporânea dos Vigier, a família Verney também se notabilizou pelas mãos talentosas de Dionísio e depois de seu filho Henrique, irmão do célebre ilustrado Luis A. Verney, que acumulou notável fortuna[42].

Dos droguistas italianos que atuaram em Lisboa, as famílias Vallebella e Raggio foram as mais importantes. Jácome Vallebella iniciou carreira como boticário em 1709, e alguns anos mais tarde, em 1735, recebeu carta de boticário da corte, quando já estava nos negócios de venda de medicamentos. O sucesso contínuo fê-lo trazer de Gênova o sobrinho Jerónimo, também boticário, profissão aprendida com o tio, e depois constituir, em 1755, uma sociedade com Bartolomeu e Vicente Raggio, seus sobrinhos, filhos de sua irmã. A sociedade Vallebella/Raggio, com seus negócios em Itália, Holanda e França, amealhou largo patrimônio, tendo riquíssima botica, avaliada em 1.766.400 réis em 1769, enquanto a do Hospital de Todos os Santos em Lisboa, o maior do reino, era estimada em 1.266.360 réis em 1753[43]. Constituíram-se como grandes fornecedores de boticários e outros comerciantes em Portugal, nas ilhas, no Rio de Janeiro, Bahia e Angola, facilitando as compras por meio de um vasto mecanismo de crédito, prática comum entre eles.

No inventário *post mortem* de Jerónimo Vallebella encontramos referências a negócios com vários boticários no Rio de Janeiro entre 1769 e 1773, nominalmente citados neste documento, sendo que dois deles, João Batista Feio e José Rodrigues Carvalho, provavelmente atuavam como revendedores, tal o volume das dívidas que tinham com o italiano droguista.

Outro importante italiano foi Lourenço Scaniglia, contemporâneo do patriarca dos Vallebellla, também boticário, que ganhou carta em 1727. Seu maior cliente foi a botica do colégio de Santo Antão, em Lisboa, dos jesuítas, que teve crédito quase ilimitado devido ao volume de negócios que fizeram.

As atividades dos droguistas voltavam-se não apenas para o fornecimento de mercadorias para os boticários, mas também para sua venda em lojas próprias. Negociavam medicamentos químicos, importados de outros lugares da Europa onde tinham negócios e, como bem observou Ribeiro Sanches,

> costumam os droguistas não só venderem estes símplices, mas também muitos compostos, como são xaropes, electuários, sendo as triagas os principais: vendem também quase todos os remédios químicos, como sais, tinturas, espíritos, extratos, e as várias preparações do mercúrio; tiram esses remédios dos laboratórios de Itália, de Hamburgo, Holanda e Inglaterra[44].

Muitos deles foram familiares do Santo Ofício, portanto beneficiários de isenção de impostos e vários outros privilégios que o cargo lhes conferia[45]. As relações com os boticários eram cordiais, embora Vigier, em seu testamento, deixasse entrever certa tensão, comentando que "não entregasse o inventário de sua loja a boticários, porque estes não conhecem as tintas nem quase as drogas, nem sabem comprá-las em grosso, quem sabe isso são os droguistas", aludindo ao fato de que não conheciam bem as drogas químicas[46].

Ao contrário de Portugal, existiam poucos droguistas residentes no Brasil, predominando no comércio de medicamentos aqueles mercadores que se dedicavam à venda de vários gêneros, como Manuel da Silva Guimarães e João Rodrigues Pereira, que atuaram no Rio de Janeiro nas últimas décadas dos Setecentos. Eles, como outros, mantinham largos contatos com colegas de ofício em Portugal, tanto comerciantes em geral como especializados no comércio de medicamentos[47].

É importante ressaltar que a praça carioca no século XVIII desempenhou papel importantíssimo no sistema mercantil imperial, tendo o Rio de Janeiro papel estratégico nesse circuito depois da descoberta do ouro nas Minas. A capital fluminense vai se transformando num pólo econômico significativo por promover o abastecimento de diversos produtos para as regiões auríferas, núcleo de encontro de rotas de comércio interno e porto de redistribuição de gêneros vindos do reino e de outras regiões do império. João Fragoso, em interessante artigo, chama atenção para os circuitos econômicos do império português nesse período, com ênfase no Rio de Janeiro, considerado principal praça mercantil do Atlântico Sul. Inspirados na análise desse autor, acreditamos que muitos desses droguistas e comerciantes de grosso trato que trabalhavam com plantas medicinais e remédios compostos integravam uma comunidade mercantil que negociava diretamente nos vários pontos do império português, e ainda compunham uma rede de negociantes, oriundos ou não de uma mesma família, que se articulavam por seus negócios no Brasil e em outros pontos do império[48]. As várias listagens de remédios, simples e compostos, desse circuito mercantil, permitem traçar um panorama do que era efetivamente comercializado, bem como sua origem.

Convém por fim mencionar outro circuito comercial importante, a exportação das drogas de origem americana realizadas pelas Companhias de Comércio. Salsaparrilha, ipecacuanha, a pita, canafístula, o óleo de copaíba, o urucu, a baunilha, as chamadas "drogas do sertão", oriundas da Amazônia – abarrotaram as frotas que chegavam a Lisboa[49].

Laura de Mello e Souza considerou os africanos, junto aos indígenas e mestiços, os grandes curandeiros do Brasil colonial, hábeis manipuladores das misturas de ervas e plantas associadas a ritos e cultos inerentes às suas origens, aliados ainda "ao acervo europeu da cultura popular"[50]. Contrariamente a Keith Thomas, que afirma que na Inglaterra, a partir de finais do século XVII, as crenças populares e a opinião científica separaram-se, Laura de Mello e Souza vê uma indistinção nesse sentido para o mundo luso-brasileiro, já que ainda no século XIX estavam presentes variadas crenças médicas mágicas. Pois a "variedade cultural compunha um amplo sistema cognitivo em que práticas mágicas, práticas curativas e a percepção do corpo continuavam intrinsecamente ligadas"[51].

## Notas

1 Henrique Carneiro, *Amores e sonhos da flora:* afrodisíacos e alucinógenos na botânica e na farmácia, São Paulo, Xamã, 2002, p. 24.

2 Luis de Pina, *As ciências na história do império colonial português (séculos XV a XIX)*, Porto, Imprensa Portuguesa, 1945, p. 51.

3 Luiz Felipe Barreto, *Descobrimentos e Renascimento:* novas formas de ser e de pensar nos séculos XV e XVI, Lisboa, Imprensa Nacional / Casa da Moeda, 1983.

4 Fábio Pestana Ramos, *No tempo das especiarias:* o império da pimenta e do açúcar, Rio de Janeiro, Contexto, 2004.

5 "O alvorecer do século XVI encontra nessas substâncias o símbolo fetichístico de uma ambição crescente que envolverá todo o mundo num único e voraz sistema comercial", Carneiro, *Filtros, mezinhas e triacas:* as drogas no mundo moderno, São Paulo, Xamã, 1994, p. 52.

6 Francisco Moreno de Carvalho, "Garcia (Avraham) da Orta. Médico e naturalista do século XVI", http://www.vidaslusofonas.pt/garcia_da_orta.htm.

7 Serafim Leite, *História da Companhia de Jesus no Brasil,* Rio de Janeiro, Civilização Brasileira, 1938, 10 v.

8 Leite, *Serviços de saúde da Companhia de Jesus no Brasil (1544-1760)*, Lisboa, Typografia do Porto, 1956, p. 7.

9 Fernão Cardim, *Tratados da terra e gente do Brasil,* Lisboa, Comissão Nacional para as Comemorações dos Descobrimentos Portugueses, 1997.

10 Lourival Ribeiro, *Medicina no Brasil colonial,* Rio de Janeiro, Editorial Sul Americana, 1971, p. 91-92.

11 Guilherme de Piso, *História natural do Brasil ilustrada,* São Paulo, Companhia Editora Nacional, 1948.

12 Vera B. Marques, *Natureza em boiões:* medicina e boticários no Brasil setecentista, Campinas, Ed. Unicamp/ Centro de Memória, 2007, p. 57 e 66.

13 Keith Thomas, *O homem e o mundo natural,* São Paulo, Companhia das Letras, 1983, p. 101.

14 Marques, *op. cit.*, p. 174.

15 Ernst Cassirer, *A filosofia do Iluminismo*, Campinas, Ed. Unicamp, 1992.

16 Francisco J. Calazans Falcon, A *época pombalina:* política econômica e monarquia ilustrada, São Paulo, Ática, 1982, p. 149.

17 *Idem*, p. 202.

18 Bella Herson, *Cristãos-novos e seus descendentes na medicina brasileira (1500-1850)*, São Paulo, Edusp, 1996, p. 227.

19 Falcon, *op. cit.*, p. 319-323.

20 José Pedro Felripa de Souza Dias, *Inovação técnica e sociedade na farmácia da Lisboa setecentista*, Lisboa, Tese de doutorado, Universidade de Lisboa, 1991, p. 407.

21 Sobre a prática ilustrada de Pombal, Falcon, *op. cit.*, p. 369-482.

22 Dias, "De Pombal ao Estado Novo: a farmacopéia portuguesa e a História (1772-1935)", *Medicamento, História e Sociedade*, nº 6, 1995, p. 1-8.

23 Marques, *op. cit.*, p. 71-76.

24 Maria Odila Leite da Silva Dias, "Aspectos da Ilustração no Brasil", *Revista do IHGB*, Rio de Janeiro, s/d, p. 113.

25 Marques, *op. cit.*, p. 113.

26 Lorelai B. Kury, "Homens de ciência no Brasil: impérios coloniais e circulação de informações (1780-1810)", *História, ciências, saúde*, Manguinhos, v. 11: 109-29, 2004, p. 111-112.

27 *Idem*, p. 122.

28 Márcia Moisés Ribeiro, A *ciência nos trópicos:* a arte médica no Brasil do século XVIII, São Paulo, Hucitec, p. 138.

29 João Curvo Semedo, *Memorial de vários simples que da Índia Oriental, da América e de outras partes vêm ao nosso reino*, Lisboa Ocidental, Oficina de Antônio Pedroso Galvan, 1727.

30 Semedo, *Observações médicas e doutrinais de cem casos gravíssimos*, p. 198, apud Maria Cristina Cortez Wissenbach, "Gomes Ferreira e os símplices da terra: experiências sociais dos cirurgiões no Brasil colônia", Júnia Furtado (org.), *Erário mineral Luís Gomes Ferreira*, Belo Horizonte / Rio de Janeiro, Fundação João Pinheiro/ Fundação Oswaldo Cruz, 2002, p. 129.

31 Leite, *Artes e ofícios dos jesuítas no Brasil (1549-1760)*, Lisboa/Rio de Janeiro, Edições Brotéria/ Livros de Portugal, 1953.

32 Souza Dias, *op. cit.*, p. 408.

33 Sobre remédios secretos curvianos, *Idem*, p. 346-348.

34 Lycurgo dos Santos Filho, "Medicina colonial", Sérgio Buarque de Holanda (org.), *História geral da civilização brasileira*, Rio de Janeiro, Bertrand Brasil, 1993, tomo I, v. 2, p. 157.

35 Ribeiro, *op. cit.*, p. 11.

36 Carneiro, *Afrodisíacos e alucinógenos nos herbários modernos:* a história moral da botânica e da farmácia (XVI ao XVIII), São Paulo, Tese de doutorado em História Social, USP, 1997, p. 272.

37 Wissenbach, *op. cit.*, p. 131.

38 *Idem*, p. 137.

39 *Regimento dos preços para os boticários feitos por mandado del Rey Nosso Senhor pelo doutor Antônio da Costa Falcan*, Lisboa, 1758; *Regimento dos preços dos medicamentos símplices preparados e compostos, assim como se descrevem na farmacopéia geral do reino, feitas e mandada publicar por ordem de S.Alteza Real o P. R. para o governo dos boticários nos estados do Brasil*, Rio de Janeiro, Imprensa Régia, 1809.

40 Souza Dias, *op. cit.*, p. 188.

41 *Idem*, p. 377.

42 *Idem*, p. 381.

43 *Idem*, p. 395.

44 *Idem*, p. 402.

45 Daniela Calainho, *Agentes da fé:* familiares da Inquisição portuguesa no Brasil colonial, São Paulo, Edusc, 2005.

46 Souza Dias, "João Vigier e a introdução da química farmacêutica em Portugal", *Farmácia portuguesa*, nº 43, 1987, p. 228.

47 Marques, *op. cit.*, p. 190.

48 João Fragoso, "A noção de economia colonial tardia no Rio de Janeiro e as conexões econômicas do império português: 1790/1820", Fragoso, Maria Fernanda Bicalho & Maria de Fátima Gouvêa (orgs.), *O Antigo Regime nos trópicos:* a dinâmica imperial portuguesa (séculos XVI-XVIII), Rio de Janeiro, Civilização Brasileira, 2001, p. 319-338.

49 Joaquim Veríssimo Serrão, *História de Portugal*, Lisboa, Estampa, 1982, v. 6, p. 226-227.

50 Laura de Mello e Souza, *O diabo e a terra de Santa Cruz*, São Paulo, Companhia das Letras, 1993, p. 166.

51 Laura de Mello e Souza, "Curas magicas y sexualidad en el siglo XVIII luso-brasileño", *Colóquio entre dos mundos:* fronteras culturales en la Europa mediterránea, América y Asia (siglos XVI-XX), Sevilha, 9-11 out. 1995.

# As academias brasílicas e a transmissão da cultura letrada: os Esquecidos e os Renascidos (1724-1759)[1]

Íris Kantor

O capítulo aborda as dificuldades de institucionalização das atividades acadêmicas durante o período colonial, enfocando, particularmente, o caso da Academia Brasílica dos Esquecidos e da Academia Brasílica dos Renascidos. Detecta a existência de dilemas comuns enfrentados pelos eruditos pertencentes aos seus quadros. Em ambas, o discurso localista/nativista articula-se, perfeitamente, com o desejo cosmopolita de pertencer ao mundo culto das Luzes europeias. Porém, tudo indica que as contingências geo-políticas e as opções das elites locais terminaram por abortar as iniciativas de autonomização da produção intelectual e científica luso-americana.

Em 1724, o vice-rei Vasco Fernandes César de Meneses fundou em seu palácio a *Academia Brasílica dos Esquecidos*, destinada ao estudo da história brasílica e à promoção de certames literários. Se a iniciativa devia constituir um pólo de agregação permanente ou, pelo contrário, estava predestinada à vida efêmera das academias organizadas durante os festejos públicos ou atos oficiais, a documentação manuscrita não oferece muitas evidências. Contudo, sabe-se que após um ano de atividades ela foi oficialmente desativada[2].

Em 13 de julho de 1724, a *Gazeta de Lisboa* celebrava a iniciativa do vice-rei:

> (...) pelo grande cuidado do Vice-rei: o qual em beneficio dos naturais do mesmo País, tinha erigido uma Academia naquela Cidade, nomeando para ela pessoas de capacidade, e letras: as quais fizeram a sua primeira assembléia no domingo primeiro depois da Páscoa[3].

Em 24 de maio de 1725, quando a Academia dos Esquecidos já estava praticamente inativa, a *Gazeta de Lisboa* ainda notificava: "que a nova Academia da História, que tinha instituído o ano passado, na Cidade de Salvador o vice-rei Vasco Fernandes César de Meneses florescia muito, e dava esperanças de produzir um notável fruto"[4]. O *Mercure Historique de France* também chegou a divulgar a existência da primeira academia erudita na Bahia: "(...) c'est sans doute la première Academie que les brésiliens auront eu; peut-être plus attentifs au gain et à la decouverté des mines qu'à la culture et des arts"[5]. A alusão aos progressos intelectuais dos colonos brasileiros era pertinente, mas a academia não chegaria a se perpetuar...

Passados 35 anos, nas festas de inauguração de outra academia (a dos Renascidos), antigos membros da primeira academia fizeram questão de frisar sua frustração intelectual. O discurso do padre Antônio de Oliveira atribuía o fim do empreendimento à falta de apoio político: "(...) talvez por que não teve aquele nobre congresso o feliz acordo de buscar o vosso amparo, de baixo do qual poderia sem dúvida competir na duração com perpetuidade dos séculos"[6]. Na mesma ocasião, o tenente José Miralles também se ressentia da interrupção involuntária da agremiação dos Esquecidos:

> estabeleceu em seu palácio uma academia para a Historia do Brasil, de que se colhia não pequeno fruto pelas raras habilidades em que é fecunda esta capitania, circunstância porque parece devia ser permanente semelhante ato, e literário congresso[7].

Nos estatutos manuscritos da nova Academia dos Renascidos, instituída na mesma cidade em 1759, encontramos uma breve referência ao destino das dissertações históricas e poesias produzidas pelos membros da Academia dos Esquecidos. Ao que consta, as cópias originais teriam sido perdidas no incêndio ocorrido com a nau de guerra Santa Rosa em 1725. Os acadêmicos Renascidos reportavam-se à experiência pregressa, projetando a expectativa de que a Academia Brasílica dos Renascidos tivesse melhor fortuna que a dos Esquecidos.

## A Bahia de Todos os Santos na balança do império

Pivô de um nascente comércio entre os quatro continentes no início do século XVIII, a cidade de São Salvador da Bahia de Todos os Santos não era apenas uma escala indispensável para abastecimento e calafetagem dos navios. Mas se destacava como um industrioso estaleiro e praça comercial, por onde corriam as informações sobre a situação política, econômica e militar no Atlântico e no Índico[8]. Salvador, juntamente com Acapulco, através de sua ligação com Manila, articulava a América colonial num complexo econômico-geográfico maior que o euro-atlântico[9]. Pela cidade de Salvador passavam os correios marítimos que conectavam as diversas partes do império português. Inácio Barbosa Machado (1683-1766), membro das duas academias soteropolitanas mencionadas – e também sócio da Academia Real de História Portuguesa –, não hesitava em afirmar que a cidade de São Salvador era a segunda cidade do império português (depois de Lisboa), metrópole de toda a *nossa América* e sumidouro das armadas do mundo[10].

A cidade era um centro econômico com projeção significativa na economia do Atlântico Sul, embora, na percepção dos acadêmicos, sua preponderância poderia vir a ser ameaçada pela economia aurífera em Minas Gerais. Em 1723, a câmara de Salvador queixava-se da falência dos engenhos e da perda das safras, atribuindo a situação ao alto preço e à escassez de escravos, inflacionados pela demanda mineira. Contudo, a crise da economia açucareira era anterior e tinha conexões com as flutuações do mercado internacional e a concorrência do açúcar antilhano. Mesmo no auge da exploração aurífera a renda proveniente do açúcar fora sempre maior que a do ouro ou a de qualquer outro produto[11]. Entre os acadêmicos baianos aguçara-se o senso competitivo, de tal forma que os eruditos insistiam ser a comunicação dos conhecimentos mais importante do que as vantagens da exploração mineral: "(...) e se a ciência não diminui quando se comunica – gastando-se, e diminuindo-se o Ouro com a comunicação – notória fica a vantagem de um, a outro tesouro"[12]. Pela primeira vez a elite baiana reivindicava o seu lugar ao sol, buscava afirmar sua preeminência face às novas elites emergentes nas regiões auríferas.

Na perspectiva de Vasco Fernandes César de Meneses, o vice-rei, o empreendimento acadêmico era benvindo, porque não só aumentava seu prestígio na corte lisboeta, como também aprofundava seus laços com as elites baianas. Sua experiência na administração do Estado da Índia, entre 1712 e 1717, tinha sido celebrada pela publicação de um panegírico escrito pelo célebre conselheiro ultramarino Antonio Rodrigues da Costa (1656-1732) em 1715[13]. Em 1729, o vice-rei recebeu o título de conde de Sabugosa por seus merecimentos e serviços prestados no governo do Estado do Brasil[14].

Entre as motivações que justificavam a institucionalização da Academia, constava a necessidade de dar visibilidade às elites coloniais, de modo que o rei pudesse premiar os seus melhores vassalos. Esse também foi um dos argumentos proclamados pela Academia Real de História Portuguesa, instituída pelo rei D. João V, em 1720. Embora as academias criadas em Salvador – tanto a dos Esquecidos, como a dos Renascidos – ainda guardem inspiração das academias seiscentistas, ao atribuírem títulos nomeadamente jocosos aos seus membros, elas constituíram espaços de sociabilidade intelectual com um programa marcadamente político.

Os Esquecidos escolheram por divisa o *Sol*, acompanhado do lema: O Sol oriental no Ocidente (*Sol oriens in Occidu*). A intenção de dar cidadania à matéria historiográfica americana fazia com que invocassem a tópica da *Translatio imperii, a* sucessão no tempo e no espaço do poder imperial do Oriente em direção ao Ocidente. A transladação do sol oriental para a América era saudada, em verso e prosa, pela presença física do vice-rei Vasco Fernandes César de Meneses em Salvador[15]. Motivo que serviu de inspiração para disputas poéticas entre as cidades de Goa e Bahia. O exercício literário sugeria, no plano simbólico, o movimento de recentramento do império português no Atlântico Sul:

> Sendo pois tão iguais suas vitórias
> seus desempenhos são os que discretos
> fazem que avultem mais as nossas glórias:
>
> Pois quanto de oblações vai a projetos.
> Deve Goa, o que estampa nas memórias,
> a Bahia, o que imprime nos afetos[16].

Em defesa da iniciativa de criar uma academia na colônia, o frei beneditino Ruperto de Jesus e Sousa (1696-1746) enfatizava que a "conservação" das monarquias dependia não apenas da potência das armas, mas da eficácia das letras: "(...) e que meio mais proporcionado para estabelecer firmemente o império, que o exercício das Letras? (...) as Letras são a muralha mais segura, e uma Academia é o propugnáculo mais forte de qualquer República"[17].

Durante as sessões da Academia dos Esquecidos eram discutidos problemas de repercussão na República das Letras europeia. Os acadêmicos baianos recordaram a veemente polêmica entre Diego Leon Pinelo (canista da Universidade de São Marcos em Lima, Peru) Justus Lipsius (1547-1606) que, em meados do século XVII, aludiu ao barbarismo intelectual dos povos americanos em um de seus tratados[18]. Justus Lipsius teria reconhecido que os habitantes da América eram filhos de Noé, embora tivessem perdido sua cultura no processo de migração. O teólogo flamengo questionava ainda a existência de uma tradição intelectual entre os povos mesoamericanos. Entretanto, não deixou de manifestar uma visão otimista da América, considerando as possibilidades de ela vir a ser uma nova Roma, um novo centro da cristandade moderna. Era sua a construção da imagem de um sol nascente no Ocidente, representação da sucessão dos impérios ou da *Translatio imperii*[19].

O acadêmico frei Ruperto de Jesus e Sousa aproveitou a controvérsia sobre a ausência de tradição intelectual no Novo Mundo para reafirmar a necessidade de multiplicação das academias:

> (...) entre os moradores da nossa América, reputados por mais bárbaros de todas as nações do mundo, houvera alguns, quais (*sic*) eram os Mexicanos, que dos mesmos Templos, em que idolatravam, faziam escolas, em que aprendiam, mostrando que é tão próprio do homem o adorar, como o saber[20].

A sociabilidade intelectual propiciava maior visibilidade às elites coloniais no âmbito da corte lisboeta, constituindo a publicação de panegíricos e memórias uma estratégia de propaganda que podia ser potencializada pelas atividades acadêmicas. Descrever as ações relevantes, ser nominalmente incluído como bom servidor da coroa numa relação histórica ou numa gazeta impressa era, também, uma estratégia para obter recompensas e mercês (regalias) junto ao rei. No horizonte dos acadêmicos brasílicos, a expectativa de ser agraciado com uma mercê constituía fator de mobilização da elite local. De tal maneira que a produção de narrativas históricas, épicos e panegíricos transformou-se em moeda de barganha no jogo político entre os colonos e os poderes metropolitanos[21].

Fazendo referências às dificuldades locais, Gonçalo Soares da Franca enfatizava os desafios que deveriam ser enfrentados pelos acadêmicos brasílicos:

> (...) sei e sabemos todos que os Ilustres Acadêmicos da Real Academia Portuguesa principiando as suas conferencias há mais de dois anos, até aqui só tem sabido à luz, com dúvidas, perguntas, e aparatos para a sua história; pois se tão grandes homens, sem notícias escritas, não podem compor, como sendo eu tão pequeno sem memórias poderei escrever?[22]

Se o mecenato régio da Academia Real de História Portuguesa tinha garantido certo grau de independência a seus membros, na Academia Brasílica dos Esquecidos a iniciativa do vice-rei não chegou a ter o mesmo significado, embora tenha estimulado ao menos a formação de uma geração de letrados com pendor erudito. A vida acadêmica era partilhada por religiosos (seculares e regulares), senhores de engenho e fazendas de gado, magistrados públicos e militares. Segundo as pesquisas de Carlos Eduardo de Moraes, a Academia Brasílica dos Esquecidos teria chegado a congregar cerca de 155 participantes[23]. Fábio Pedrosa identificou em seu estudo o número de 117 participantes, mas considera que, desse universo, somente 36 membros representariam o núcleo efetivo dos acadêmicos; os demais indivíduos tinham uma participação eventual[24]. Convém destacar também que a tarefa de escrever dissertações históricas coube apenas a quatro dos sete membros fundadores. Contudo, quando comparadas às congêneres no reino, a Academia dos Esquecidos possuía um perfil socialmente diferenciado, conforme apontou Antonio Candido de Mello e Souza. Uma forma, talvez, de compensar a falta de uma universidade, como notou José Aderaldo Castello[25].

Entre os 36 participantes efetivos, 23 eram naturais do Brasil, e, neste universo, 20 eram baianos; os demais eram portugueses. Somente nove dos 36 membros tinham cursado a Universidade de Coimbra; a maioria tinha recebido sua instrução primária nos colégios dos Jesuítas. Nesse mesmo universo, 16 acadêmicos eram eclesiásticos, sete seculares e nove regulares (em sua maioria jesuítas). Destaque-se nesse quadro o fato de que a maioria dos participantes era natural do Brasil e não tinha chegado a cursar a Universidade de Coimbra.

Desde a interrupção das sessões dos Esquecidos, em fevereiro de 1725, até a criação da Academia Brasílica dos Renascidos em junho de 1759, outras academias temporárias (e sem estatutos) foram organizadas na América portuguesa, entre elas: a Academia dos Felizes (RJ – 1736-1740), a Militar (RJ – 1740) e a dos Seletos (RJ - 1752). Nenhuma delas, entretanto, com um programa de escrita da história definido. Foi a chegada do conselheiro José Mascarenhas Pacheco Pereira Coelho de Mello (1720-c. 1789), em agosto de 1758, que motivou a refundação da agremiação para compor os quadros de uma nova academia permanente na cidade baiana. Após 35 anos, estabelecia-se uma linha de continuidade entre as duas academias, filiação que viria a ser celebrada pelos Renascidos na sessão de inauguração, em 6 de junho de 1759 – não por acaso, dia em que se comemorava o aniversário de nascimento de D. José I[26].

## A Academia Brasílica dos Renascidos e a expulsão dos jesuítas

As circunstâncias de criação da Academia dos Renascidos eram bastante diferentes. A expulsão dos jesuítas era iminente. Naquele mesmo ano, Pombal decretara o confisco dos bens dos jesuítas em todo o império português. Por outro lado, a redefinição da soberania lusa no continente explica as vicissitudes enfrentadas pela nova academia, cujas atividades foram suspensas pelo primeiro ministro de D. José I, antes que ela pudesse completar seis meses de existência.

A criação da Academia, com estatutos próprios, com um projeto editorial ousado de escrever uma história universal da América portuguesa (em português e latim), parecia ser uma ameaça ao controle estratégico das informações de natureza geopolítica, num contexto de demarcação de fronteiras com a Espanha, e de guerra entre a França e a Inglaterra (Guerra dos Sete Anos).

O enviado especial de Pombal, o conselheiro José Mascarenhas, era um homem da Ilustração europeia, tinha assento nas principais academias do reino (Ocultos, Academia Real de História Portuguesa, Pontifícia Litúrgica de Coimbra), assim como nas academias espanholas, como a Real Academia de História de Madri e a Academia de Geografia de Valladolid. Suas relações com importantes personalidades da Ilustração espanhola explicam a presença de sócios castelhanos na Academia Brasílica dos Renascidos.

Aos eruditos espanhóis, José Mascarenhas havia requisitado que dissertassem sobre a situação dos indígenas na América espanhola, solicitando aos colegas a comparação entre as qualidades intelectuais dos índios do Brasil com os das Índias de Castela. O tema não era gratuito; pelo contrário, fazia parte da agenda política indigenista pombalina que procurava implementar a adoção de um novo modelo de gestão da mão-de-obra indígena e de aculturação civil dessas populações, por intermédio do Diretório dos Índios.

Enfim, José Mascarenhas parecia ter plena consciência das dificuldades que teria de enfrentar para cumprir as instruções secretas recebidas das mãos de Pombal. Talvez, por uma crença otimista na Razão das Luzes ele tenha apostado todas as suas fichas na criação de uma academia que, além de congregar as elites letradas baianas, pudesse, também, servir de instrumento para a atuação junto aos aldeamentos indígenas. Caberia aos acadêmicos brasílicos atuar como mediadores, obtendo informações estratégicas sobre a situação das populações indígenas, ou, ao menos, como ele mesmo observou no inquérito que preparou, para o recenseamento das aldeias:

> (...) é justo que a mandarem-se pessoas de tão escolhida capacidade, fiquemos com específica notícia do estado em que se acham aqueles sertões para se poder informar a Sua Majestade, e ao menos será útil para a História da América[27].

Além da publicação de um vasto conjunto de obras sobre a história civil, eclesiástica, natural e geográfica da América portuguesa, os acadêmicos pretendiam organizar uma biblioteca brasílica em português:

> (...) incluindo todos os autores naturais do Brasil e todos os que escreverem na nossa América ainda que não fossem naturais da mesma e os que ex professo se escreverem da América em qualquer parte do mundo ou as suas obras se acham impressas ou manuscritas[28].

Se os jesuítas haviam sido banidos do império, não o seriam do ponto de vista da historiografia americanista que se estava gestando naquele universo de homens letrados. Com efeito, os eruditos brasílicos não acataram o silenciamento da memória jesuítica imposto pelas diretrizes da campanha pombalina. Propunham, pelo contrário, a elaboração de memórias e notícias cronológicas da Companhia de Jesus, assim como das demais ordens religiosas atuantes na América.

Os acadêmicos chamavam a atenção para a importância de se escrever a "história universal de toda a nossa América portuguesa", não apenas com o fito de perpetuar a memória do que obraram os vassalos mais beneméritos – por vezes sepultada pelo "ócio dos eruditos" –, como também para que por intermédio do "mútuo comércio" dos sócios americanos se aumentasse a instrução e fossem habilitados para os primeiros empregos homens que "sem exercício semelhante seriam totalmente inúteis à Pátria, e talvez que infelizmente contados entre o número daqueles a quem os romanos chamaram de proletários"[29].

A criação da Academia dos Renascidos, na conjuntura de expulsão da Companhia de Jesus, era uma promessa de formação intelectual alternativa aos seminários jesuíticos. À academia poderia ser encaminhado o precioso espólio de livros, obras manuscritas e diplomas legais depositados nos acervos dos colégios. Dadas as circunstâncias geopolíticas que envolveram a resistência dos padres as comissões de demarcação das fronteiras, pode-se aquilatar a importância das informações etnográficas e territoriais, que corriam o risco de serem dispersas ou alienadas em mãos inimigas[30]. Qual teria sido afinal o destino das livrarias jesuíticas depois de 1760?[31]

Diante da iminente dispersão das livrarias dos jesuítas, os membros da Academia dos Renascidos planejaram transferir e incorporar tais acervos para constituir sua própria biblioteca. Ali, seriam reunidas também as cópias manuscritas e livros enviados pelos seus sócios, "sendo seu uso quotidiano livre a todos os colegas; aos(?)

quais porém, se não poderá emprestar livro algum sem assento a que preceda o despacho do mesmo diretor"[32].

Segundo as estimativas do chanceler do tribunal da Relação da Bahia, Tomas Roby de Barros Barreto, em 1759 as livrarias baianas atingiam o valor aproximado de 12.619$000, o que na época permitia a compra de dez cabeças de gado, por exemplo[33]. O sequestro e o inventário das livrarias jesuíticas da Bahia foram realizados pelo grande negociante de tabaco e acadêmico Joaquim Inácio da Cruz, responsável pela remessa de um caixote de livros para Pernambuco e dois ao Rio de Janeiro[34]. No Colégio do Recife, a renda gerada pela venda do acervo alcançou a cifra mínima de 461$000. Segundo as pesquisas de Jorge Couto, a livraria contava com cerca de 400 livros, estando o preço médio de cada exemplar em torno de 11$500. Entre os compradores identificados na venda de Recife, encontramos os acadêmicos renascidos Antonio José Vitoriano Borges da Fonseca (1718-1786) e Jerônimo Mendes Paz[35].

O avaliador da livraria, Tomas Roby de Barros Barreto do Rego, dissidente da academia, teria impedido a venda dos livros às demais ordens religiosas. O magistrado pretendia preservar o acervo para a formação de uma biblioteca pública na cidade, o que só viria a acontecer em 1811, por intermédio de coleções doadas pelo filho do secretário da academia, Pedro Gomes Ferrão Castelo Branco[36]. Segundo os estatutos dos Renascidos, havia a intenção de constituir uma biblioteca própria; todavia, na falta de um local adequado, os manuscritos e livros seriam guardados na casa do diretor, com acesso liberado a todos os sócios.

As bibliotecas dos demais conventos também eram locais não apenas de preservação da cultura letrada, mas também de conservação dos registros notariais do processo de ocupação e povoamento do território colonial. As ordens religiosas mantinham seus cartórios razoavelmente organizados com a documentação relativa às concessões de seus privilégios, cartas e decretos régios, atas de juntas capitulares, pastorais, dietários, contratos, livros de contabilidade, registros de testamentos e doações de legados pios, catálogos de clérigos, livros de óbitos[37]. Ao lado dos arquivos das câmaras, vedorias, tribunais da Relação e secretarias de Governo, os cartórios conventuais eram importantes depositários da documentação histórica luso-americana, indispensável para levar adiante o projeto de uma história universal da América portuguesa, como sonhavam os acadêmicos renascidos[38].

Aqui, parece evidente a orientação política do empreendimento acadêmico; não há dúvida de que se trata de uma experiência inédita no âmbito da colonização europeia do Novo Mundo, ao se criarem condições para a formação de um projeto intelectual, coletivo e concebido localmente, em que se procurava afirmar um ponto de vista americano da história da colonização portuguesa.

A academia, na visão dos seus fundadores, tornara-se um espaço para a formação de novos quadros dirigentes. Uma instituição de mediação entre as autoridades metropolitanas e as elites locais. Um espaço de negociação dos interesses e conflitos. Uma instituição que se assemelha às demais juntas governativas criadas durante o consulado pombalino, tais como a junta do comércio, da justiça, da Mesa de Inspeção.

Pelo menos essa parecia ser a proposta original do conselheiro José Mascarenhas, que pretendeu se aliar aos interesses das elites locais. Sabemos, todavia, que a iniciativa não chegou a receber o aval das autoridades máximas da capitania: nem do vice-rei conde dos Arcos (D. Marcos Noronha de Brito), nem tampouco do arcebispo primaz. E, de fato, seis meses após a sessão de inauguração, José Mascarenhas era preso e remetido para a fortaleza de Anhatomirim, em Santa Catarina, onde permaneceria por 14 anos, acompanhado de sua livraria particular, seis escravos e um criado francês.

## Academia dos Renascidos: uma experiência fracassada?

Mascarenhas terminou por ser acusado de dupla traição. Contra ele, constavam as relações mantidas com um jesuíta espanhol que havia publicado uma defesa da guerra guaranítica utilizando documentação basicamente portuguesa. Havia também o contato suspeito com o capitão-tenente da armada real francesa ancorada no porto da Bahia. O conselheiro havia convidado o militar francês para ser sócio da academia, justificando o convite com o fato de que este era sócio da Academia de Brest. O vice-rei o acusou de colaboracionismo com os franceses, lembrando que, na conjuntura da Guerra dos Sete Anos, Portugal tinha permanecido aliado da Inglaterra contra a França e a Espanha. D. Marcus Noronha de Brito também o acusou por ter providenciado recursos para o abastecimento da esquadra real francesa, pedindo dinheiro ao comerciante Joaquim Inácio da Cruz. Noronha sustentava ainda que o conselheiro teria chegado a pedir o dinheiro emprestado ao provedor da própria Fazenda Real.

De modo que o projeto acadêmico se tornava demasiadamente ameaçador naquela conjuntura. Aqui, enfim, nos deparamos com as contradições entre o cosmopolitismo ilustrado e os desígnios da razão de Estado. A existência de uma academia sediada na América colocava em risco a soberania interna, risco decorrente da permeabilidade das fronteiras, vazadas pela circulação de informações e pessoas.

Entretanto, convém entender o fracasso acadêmico também a partir de um outro ângulo. Se é plausível que a academia ameaçava o monopólio de circulação das informações sobre o território e seus habitantes, devemos também compreender por que os segmentos sociais envolvidos não levaram adiante o projeto de formação local das elites dirigentes, como pretenderam, de início, os acadêmicos renascidos.

Como explicar que membros das elites luso-americanas tenham ocupado os mais importantes cargos da administração central, justamente no período pombalino e mariano, sem dar curso à criação de centros universitários ou tipografias na América portuguesa? Diante desse quadro, cabe compreender o processo de inserção das elites luso-americanas nas carreiras administrativas do império. Formados e socializados na metrópole, os luso-americanos tinham em seu horizonte uma pátria imperial. A criação de um centro político e intelectual no espaço americano implicava ampliar o acesso dos segmentos mestiços aos quadros administrativos locais. A transferência da corte portuguesa para o Brasil, em 1808, por certo, criou novas condições para transmissão da cultura letrada, materializadas na fundação das faculdades de medicina e direito, de jardins botânicos, bibliotecas públicas etc... No entanto, o novo quadro institucional ainda não seria capaz de superar os dilemas propostos pelos eruditos brasílicos. Talvez esses – mais que a geração dos românticos - fossem menos permeáveis às ideologias do século das Luzes.

## Notas

1 Uma versão modificada desse artigo será publicada na revista da Biblioteca Municipal Mário de Andrade (no prelo).

2 Antonio Candido de Mello e Souza, *Formação da literatura brasileira:* momentos decisivos, São Paulo, Livraria Martins Editora, 1964, passim; José Aderaldo Castello, *A literatura brasileira:* origens e unidade, São Paulo, Edusp, 1999, v. I, p. 105-157.

3 *Gazeta de Lisboa* 13 jul. 1724. Cf. Manuel Lopes de Almeida (org.), *Notícias históricas de Portugal e Brasil (1715-1750)*, Coimbra, Universidade de Coimbra, 1961, v. 1, p. 102.

4 *Idem*, p. 111.

5 J. F. Xavier Sigaud, *Du climat et des maladies du Brasil*, Paris, 1884, p. 481; cf. Fábio Mendonça Pedrosa, *Sol Oriens in Occiduo:* contribuições para o estudo da Academia Brasílica dos Esquecidos, Rio de Janeiro, Dissertação de Mestrado, UERJ, 2001, p. xi.

6 Biblioteca Nacional de Lisboa (BNL), ms., cód. 630, fl. 95.

7 José Mirales, "História Militar do Brazil desde 1549 até 1762 (1777)", *Anais da Biblioteca Nacional*, Rio de Janeiro, v. 22, 1900, p. 170.

8 Segundo a estimativa de Avanete Pereira de Souza, nesse período a população crescia em ritmo acelerado para os padrões da época, passando de 21.601 habitantes em 1706 para mais de 40 mil em 1759. Esse índice de crescimento ultrapassava mesmo o das maiores cidades dos Estados Unidos, como Nova York, Filadélfia, Baltimore e Nova Orleans, que só chegaram a alcançar mais de 25 mil habitantes entre 1790 e 1820. Veja-

se: José Roberto do Amaral Lapa, *A Bahia e a Carreira das Índias*, São Paulo, Cia. Editora Nacional, 1968, p. 15; Pierre Verger, *Fluxo e refluxo do tráfico de escravos entre o Golfo do Benin e a Bahia de Todos os Santos*, Salvador, Corrupio, 2002 (1ª ed. 1968); A. J. R. Russel-Wood, "A projeção da Bahia no império ultramarino português", *Anais do IV Congresso de História da Bahia*, Salvador, IHGB, 2002, p. 81-122; Avanete Pereira Sousa, *Poder local e cotidiano:* a câmara de Salvador no século XVIII, Salvador, Dissertação de Mestrado em História, UFBA, 1996.

9 Eddy Stols, "A Companhia de Ostente e os portos brasileiros", *Estudos históricos*, Marília, n. 5, 1966, p. 83-95; Marieta Alves, "O comércio marítimo e alguns armadores do século XVIII na Bahia", *Revista de História*, São Paulo, n. 63, 1965, p. 131-133.

10 Inácio Barbosa Machado, *Exercícios de Marte, Guerras Brasílicas ...*, transcrito por Carlos Eduardo Mendes de Moraes, BNL, ms., cód. 376.

11 Stuart B. Schwartz, *Segredos internos:* engenhos e escravos na sociedade colonial, São Paulo, Companhia das Letras, 1988, p. 167-169.

12 José Aderaldo Castello, *O movimento academicista no Brasil 1641-1820/22*, São Paulo, Conselho Estadual de Cultura, 1969, v. 1, tomo 2, Oração do padre Francisco Pinheiro Barreto, p. 11.

13 Antonio Rodrigues da Costa, *Relação dos sucessos e gloriosas acçõens militares obradas no Estado da Índia ordenadas, e dirigidas pelo Capitão, e Vice-rei General do mesmo estado Vasco Fernandes Cesar de Meneses em o ano passado de 1713*, Lisboa, Antonio Pedroso Galvão, 1715.

14 *Gazeta de Lisboa*, 25 ago. 1729, *Idem*, p. 145.

15 O lema escolhido pelos eruditos setecentistas retoma obras de fins dos quinhentos sobre a sucessão dos impérios (ideia inspirada na filosofia de Políbio), recuperada por Justus Lipsius (*De Constantia*) e Guarini (*O Pastor Fido*, 1590). O tema da *Translatio imperii* também está presente na obra do padre Antônio Vieira (*História do futuro*); Arnaldo Momigliano, "Daniel y la teoria griega de la sucesión de los impérios", *La historiografia griega*, Barcelona, Editorial Crítica, 1984; Antonello Gerbi, *Il mito del Peru*, Milano, Franco Angeli, 1988; Sérgio Buarque de Holanda, *Capítulos de literatura colonial*, São Paulo, Brasiliense, 1991, p. 79.

16 *Idem*, p. 328.

17 Cf. José Aderaldo Castello, *op.cit.*, v. I, tomo 5, v. 1, tomo 3, p. 289-304. Assunto da 14ª conferência: "O Estado do Brasil contendendo com o da Índia sobre qual deve mais ao governo do Excelentíssimo senhor vice-rei Vasco Fernandes Cesar de Menezes".

18 Diego de Leon Pinelo criticou a obra de Justus Lipsius em sua obra *Hypomnema apologeticum pro Regali Academia Limensi in Lipsianam periodum*, 1648. A tese do barbarismo intelectual teria sido supostamente defendida pelo teólogo flamengo na sua obra sobre a Universidade de Louvain (*Louvanium*, 1605). Diego Leon Pinelo era irmão do jurista Leon Pinelo (1590-1660), responsável pela organização da legislação das Índias,

autor do manuscrito *El paraiso en el nuevo* e da obra *Epitome de la biblioteca oriental i occidental* (1629).

19 Veja-se Jan Papy, "Hodie omnibus orior quasi tu! Lipsius'Prophecy on the New world and the Development of an American Identity at the University of Lima", texto inédito, Leuven, 1997; Gerbi, *op. cit.*, p. 195-249.

20 "Discurso ... recitado na Academia Brasílica pelo doutor frei Ruperto de Jesus e Sousa", José Aderaldo Castello, *op. cit.*, v. 1, tomo 3, p. 299.

21 António Manuel Hespanha, "La economia de la gracia", *La gracia del derecho:* economia de la cultura en la edad moderna, Madri, Centro de Estudios Constitucionales, 1993, p. 151-201; Diogo Ramada Curto, *O discurso político em Portugal (1600-1650)*, Lisboa, Universidade Aberta, 1988, p. 133-173; do mesmo autor, veja-se o capítulo "As práticas da escrita", Francisco Bethencourt & Kirti Chaudhuri (orgs.), *História da expansão portuguesa*, Lisboa, Círculo de Leitores, 1998, v. 3, p. 421-462; Fernanda Olival, *As ordens militares e o Estado moderno:* honra, mercê e venalidade em Portugal (1641-1789), Lisboa, Estar, 2001, *passim*.

22 Cf. Castello, *op. cit.*, v. 1, tomo 5, p. 227.

23 Carlos Eduardo Mendes de Moraes, *A Academia Brasílica dos Esquecidos e as práticas de escrita do Brasil colonial*, São Paulo, Tese de Doutorado em Literatura Brasileira, USP, 1999, 2 v.

24 Fábio Mendonça Pedrosa, *op. cit.*, p. 5, 44, que identificou os nomes dos acadêmicos (indistinção entre numerários e supranumerários).

25 Castello, *A literatura brasileira*: origens e unidade, São Paulo, Edusp, 1999, v. 1, p. 97.

26 Entre os membros que tinham pertencido aos Esquecidos estavam: o chantre da catedral João Borges de Barros (1706-?), frei Antônio de Santa Maria Jaboatão (1695-1779), o coronel José Miralles (1682-1777), o magistrado Inácio Barbosa Machado, padre Antônio de Oliveira (?-1760), padre Antônio Gonçalves Pereira, o sertanista Pedro Leolino Mariz, o capitão-mor João Teixeira de Mendonça, o jesuíta Francisco Xavier de Araújo Lassos. Moraes, *op. cit.*, p. 331.

27 Arquivo Histórico Ultramarino (AHU), ACL-CU-005, cx. 137, d. 10620. "Parecer do conselheiro José Mascarenhas Pacheco Pereira Coelho de Mello sobre o modo de estabelecimento das aldeias de índios que sua magestade manda erigir em vilas". Bahia, 27/9/1758.

28 Íris Kantor, *Esquecidos e Renascidos:* a historiografia acadêmica luso-americana, São Paulo/ Salvador, Hucitec/ Centro de Estudos Baianos da UFBA, 2004, p. 89-165.

29 BNL, POB, cód. 630. Estatutos da Academia Brasílica dos Renascidos. As passagens citadas no restante do texto referem-se à mesma fonte.

30 Segundo José Honório Rodrigues, uma carta régia de 1761 determinou que os papéis dos jesuítas fossem confiados aos bispos das dioceses. José Honório Rodrigues, *A pesquisa histórica no Brasil*, Rio de Janeiro, Departamento de Imprensa Nacional, 1952, p. 59.

31 A indagação foi formulada por Serafim Leite. Fato é que não se pôde evitar a dispersão dos acervos luso-brasileiros. O bispo do Pará, por exemplo, parece ter remetido aos beneditinos portugueses, em Lisboa, 10 caixões. Livrarias dos colégios do Rio Janeiro: contavam 5.434 livros em 1775; Colégio do Maranhão em c. 1760: 5.000 volumes; Colégio de Santo Alexandre em 1760: 2.000 livros. Colégios menores contavam com uma média de 1.000 volumes. Serafim Leite, "Uma biblioteca portuguesa no Brasil dos tempos coloniais: Casa da Vigia, Pará", *Revista Brasilia*, Coimbra, v. 1, p. 257-267, 1942; Serafim Leite, *História da Companhia de Jesus no Brasil*, Lisboa/ Rio de Janeiro, Portugália/ Civilização Brasileira, 1945, v. 4, p. 290.

32 BNL, ms., cód. 630, item 23 dos Estatutos.

33 *Anais da Biblioteca Nacional* (Inventário de documentos relativos ao Brasil existentes no Arquivo da Marinha e Ultramar org. Eduardo Castro e Almeida), Rio de Janeiro, Biblioteca Nacional, 1913, v. 4, p. 389.

34 Jorge de Souza Araújo, *Perfil do leitor colonial*, Ilhéus, Editora da UESC, 1999, p. 69.

35 José Jorge da Costa Couto, *O colégio dos jesuítas do Recife e o destino do seu patrimônio (1759-1777)*, Lisboa, Dissertação de Mestrado, Universidade de Lisboa, 1990, p. 190.

36 Segundo Pedro Calmon, a maior parte do acervo da futura Biblioteca Pública da Bahia foi doada pelo filho do secretário da Academia dos Renascidos, Pedro Gomes Ferrão Castelo Branco. Pedro Calmon, *Introdução e notas ao catálogo genealógico das principais famílias de frei Jaboatão*, Salvador, Empresa Gráfica da Bahia, 1985, v. 2, p. 573-574.

37 Paulo de Assunção, *Negócios jesuíticos:* a administração dos bens divinos, São Paulo, EDUSP, p. 173.

38 Heloisa Belloto tem estudado as especificidades da documentação luso-americana no contexto da administração ultramarina. Heloisa Liberalli Belloto, "Diplomática luso-brasileira do século XVIII", *Páginas A & B*, Lisboa, n. 3, Colibri, 1999, p. 19-30.

# A sociedade dos pedreiros livres de Minas Gerais nas malhas do Santo Ofício em Lisboa

Virgínia Maria Trindade Valadares

## Introdução

O artigo que ora apresento é fruto de investigação financiada pelo FIP-Pucminas e pela Fapemig, e tem como objetivo demonstrar a presença da Sociedade dos Pedreiros Livres em Minas Gerais, já nos finais do século XVIII.

Tal intento adveio de um documento consultado na Torre do Tombo (Lisboa), intitulado "Processo do capitão de milícias, José Joaquim Vieira do Couto, na Inquisição de Lisboa".

O processo número 16809 descreve o depoimento do tejucano José Joaquim Vieira do Couto ao Santo Ofício, acusado de fazer parte e defender a doutrina dos pedreiros livres.

De acordo com as fontes pesquisadas, pressuponho que os Pedreiros Livres formaram redes secretas no século XVIII na capitania mineira, que se comunicavam através de sinais, muito em função da perseguição da Igreja. Essa rede formada em Lisboa se estendia à capitania mineira e era composta por pessoas ricas e influentes, como grandes comerciantes e profissionais liberais. Como já dito, tal influência chegou até Minas Gerais pelos caminhos dos mares portugueses, através dos estudantes da Universidade de Coimbra. Apesar de não ser adepta à corrente que defende a Universidade de Coimbra como formadora de revolucionários – menos ainda, de iluministas –, creio que esse centro universitário, entretanto, foi lócus de formação de maçons, que trouxeram a doutrina até Minas Gerais. O que não significa que maçonaria seja sinônimo de vanguarda ou iluminação. Não significa que seja revolucionária, mas sim conspiradora.

Segundo Tenório D'Albuquerque, a maçonaria e o iluminismo jamais constituíram uma mesma coisa, ao contrário, foram grandes e fundamentais os desacordos, além de ser inverídico que as duas instituições se fundiram[1].

## Dados biográficos

José Joaquim Vieira Couto, que não passou pelos bancos da Universidade de Coimbra, viajou pela primeira vez a Portugal no final de Setecentos, onde foi preso pelo Santo Ofício de Lisboa, com a acusação de ser membro da Sociedade dos Pedreiros Livres. Ele nasceu no Arraial do Tejuco, filho legítimo de Manoel Vieira Couto, natural da Povoa de Lhanozo, arcebispado de Braga, e de Antonia Thereza do Prado, natural da freguesia de Nossa Senhora da Conceição da Vila do Príncipe, em cuja igreja foi batizado. Teve como padrinho o sargento-mor José Gomes Ferreira e, como madrinha, Nossa Senhora, e a celebração deu-se no bispado de Mariana na América meridional. Foi crismado na mesma freguesia da sua naturalidade, pelo bispo dominicano D. Domingos de Pontever, sendo seu padrinho Luiz José de Figueiredo[2].

Pelo lado paterno, era neto de Thomé Antônio e de Ângela Vieira, moradores da freguesia de Morrinhos, arcebispado de Braga de Guimarães, e pelo materno, neto de Francisco Lopes e de Luzia Leme, moradores do Rio do Peixe, na freguesia da Vila do Príncipe[3].

Era irmão do doutor José Vieira Couto, cientista respeitado e de muito prestígio, tanto na corte, como nas Minas, que se formara em filosofia na Universidade de Coimbra. A documentação demonstra-nos, no entanto, que apesar de o doutor José Vieira Couto ter sido também denunciado ao Santo Ofício por praticar várias heresias, entre elas a de fazer parte da Sociedade dos Pedreiros Livres, e apesar de o Santo Ofício ter feito as diligências costumeiras e ouvido as testemunhas indicadas pelo denunciante, nenhum castigo lhe foi aplicado. Mas sim ao seu irmão José Joaquim Vieira Couto, que fora encarregado pela Secretaria de Negócios da Fazenda de "averiguações mineralógicas e metalúrgicas para auxiliar o seu irmão nas pesquisas do subsolo dos sertões mineiros"[4].

José Joaquim exercia também a função de capitão de milícias, como demonstra a carta patente dada pelo governador e capitão general da capitania de Minas Gerais, Bernardo José de Lorena:

> faço saber aos que esta minha Carta patente virem que atendo a ser necessário crear-se huma nova companhia da ordenança no

> Destrito do Rio Manso do Termo da Villa do Príncipe, tendo também consideração a que na pessoa de Jozé Joaquim Vieira Couto concorrerem os requisitos necessários para o exercer o posto de capitão da referida companhia...Não venserá soldo algum, mas gozará de todas as honras, graças, privilégios, liberdades, izenções e fraqueza que em razão delle lhe pertencerem. Os soldados da mencionada companhia em tudo lhe obedecerão cumprirão suas ordens de palavra e por escrito.

De acordo com o tejucano José Joaquim Vieira Couto, depois que chegou ao "uzo da rezão, e annos da descrição, ferquentava as igrejas nellas ouvia missa, e pregaçoens, e se confessava, e comungava, e fazia as mais obras de christão, em desempenho do bom emsino, edu[ca]ção, que nesta parte lhe derão seus pais". Sabe dizer o Padre Nosso, a Ave Maria, o Credo, mandamentos da lei de Deus, e as da Santa Madre Igreja. Ainda no dizer de Vieira Couto, estudou em Mariana e no Tejuco, sabia ler, escrever, e contar, bem como aprendeu ciências, artes, gramática latina, filosofia e matemática. E ainda

> girara por toda a capitania de Minas Gerais, por ordem de Sua Alteza, e que atravessara desta cappitania para o Rio de Janeiro, e neste embarcara para o Reino fazendo só viage huma arribada na Bahia ahonde se demorara oito dias, e depois de chegar a Lisboa se tem conservado sempre nesta, communicando na mesma, e terras da sua viage da America, com as pessoas que se lhe oferecião; porem nunca em materias de religião, contrarias à catholica romana que professa[5].

Confessa ainda ter lido sem autorização do Santo Ofício alguns livros proibidos, como as obras de Voltaire, Mirabeau e do abade Raynal, entre outras. A obra do abade Raynal foi-lhe útil pelas belas descrições que fazia sobre a América. Porém, em nenhum momento se contaminou pela doutrina anticatólica desses autores.

Vieira Couto declara também que nem seus pais ou seus ascendentes foram presos ou penitenciados pelo Santo Oficio, nem ele declarante o tinha sido.

Em janeiro de 1799, no Tejuco, o doutor Vieira Couto queixava-se da perseguição do intendente João Inácio, atingindo não apenas a ele, mas a sua família, pois ele

> passou a expulsar sem causa dos serviços da extração diamantina a um meu irmão, e a perseguir o outro (...) de noite foi a dita minha casa cercada de pedestres, e assim estive até de manhã. Meu irmão foi preciso sair às escondidas e refugiar-se antes de ela ser cercada, por avisos que tive, que o procuravam para o prenderem e fazerem-no assinar termo de despejo[6].

Em 18 de agosto de 1800, José Joaquim Vieira Couto tornou-se procurador do povo da comarca do Serro do Frio, objetivando elevar à vila o Arraial do Tejuco com sua respectiva câmara, com o nome de Carlottina. Argumentava José Joaquim que os moradores do Tejuco sofriam prejuízo em função das inúmeras despesas que eram obrigados a assumir em função do

> Foro que na distancia de dez léguas enfadonhas ao Tejuco, vinte, trinta e mais a outras povoações, pela aspereza dos caminhos, que atravessão a mata geral, faz muitas vezes que os emolumentos dos officiaes de justiça, excedão o capital, que posto em letigio sumário de hua ou duas moedas avanção a sincoenta moedas e a mais, além do incomodo de deicharem os povos, a viúva, o tutor e o órfão as suas famílias para acodirem de perto aos inivitáveis vexames, que a chicana tem introduzido no Foro[7].

Em 20 de outubro de 1801, pede a Bernardo José de Lorena, governador da capitania de Minas Gerais, o cargo de escrivão dos diamantes, argumentando para tal o fato de ter trabalhado durante quinze anos no serviço real no corpo de extração dos diamantes, exercendo várias funções como de terceiro caixa, de arrecadador do ouro e de diamantes. Consoante ao cargo de escrivão, José Joaquim também reivindicava a concessão da lavra de Morrinhos, dizendo que a mesma estava abandonada porque não produzia diamantes, apenas pouco ouro.

A aspiração de José Joaquim Vieira Couto em Minas Gerais não se limitava aos bens e funções já adquiridas; ele também almejou e pediu ao governador da capitania de Minas Gerais, Bernardo José de Lorena, promoção ao posto de coronel agregado ao segundo regimento de cavalaria miliciana da comarca do Serro do Frio, recebendo soldos e montadas próprias do cargo. Para tanto, descreve os bons serviços prestados à coroa, dizendo ter

> varado espessas matas apenas habitadas de tribos errantes, e inhospitas, outras vezes resistindo igualmente ao rígido e penozo trabalho de hum laboratório Chímico comprindo exactamente as ordens que lhe foram dadas pelo seu bom e azaz louvável general, para examinar e resolver as povoaçõens raras que se incontrão nos dolatados e incultos sertoens do Abaité. Aqui foi que o sulicante melhor desenvolveu sua atividade patrioctica, marchando a pé com viveres as costas para sustento, por caminhos inacessíveis[8].

Ao solicitar o cargo de coronel, Vieira Couto não apenas relatou seus grandes serviços na mineralogia, como de alguma forma denunciou José de Sá Bittencourt, que também se formou na Universidade de Coimbra em filosofia. Relatava que o mesmo havia recebido o cargo de coronel da capitania da Bahia, prestando diminutos serviços à coroa, já que analisava o salitre de Montes Claros, descoberto há muito tempo por outros, apenas acarretando para a metrópole mais despesas.

Em fins do ano de 1799, como vimos, José Joaquim Vieira Couto foi pela primeira vez a Lisboa, como procurador do povo da comarca do Serro do Frio. Levava uma representação ao príncipe regente, relatando os maus tratos que o povo vinha sofrendo devido à prepotência do intendente e fiscal dos diamantes João Ignácio do Amaral e João da Cunha Souto, além de rogar para que o arraial do Tejuco fosse elevado à categoria de vila.

## Vieira Couto em Lisboa e sua apresentação ao Santo Ofício

Instalado em Lisboa havia pouco mais de três anos, José Joaquim declarou que a primeira casa em que se hospedou foi a do negociante João Manoel Correa Pereira, no terceiro quarteirão da rua dos Ourives da Prata da parte esquerda, onde se conservou por um ano e meio. Depois se mudou para uma casa na mesma rua da Prata, local em que viveu até o momento da sua prisão. Enquanto morava nesta casa recebeu alguns hóspedes e amigos, entre eles o tenente-coronel de Minas Gerais José Joaquim Vieira Cardoso, o padre Antônio Gomes de Carvalho e Hipólito José da Costa, todos supostamente maçons.

A 1° de abril de 1800, apresentou-se ao Santo Ofício, talvez para evitar que a Inquisição fizesse uma investigação mais profunda e descobrisse que a verdadeira razão da sua presença em Lisboa era sua iniciação na maçonaria. Para tanto, confessou ao tribunal que, sendo despertado pelos remorsos que agitavam sua consciência, procurou o Santo Ofício com toda a humildade, submissão e respeito, para confessar

> Que havendo costume de se reprezentarem nos sertoens d'America algumas acçoens da Paixão de Jesus Christo ao vivo soccedera execcutar-se huma destas em sexta-feira da Paixão, no Arraial do Tejuco, termo da villa do Principe, em que fizera reprezentação de Magdalena certa mulher bastantemente gentil, e adornada de vestidos pouco decentes, e constantemente conhecida por defeitos de particular dezonestidade, e o Christo certo homem, cujo nome se não lembra; e tratando-se depois sobre o referido povo entre pessoas de pouca idade, comessarão a satirizar ditta reprezentação, e elle declarante o fez dizendo = com que ternura, e afeição amoroza não olharia o Christo para a Magdalena, outros dizião que dezijavão ser Christos daquela Magdalena, e diversas outras libertinages[9].

A segunda confissão espontânea feita por Vieira Couto diz respeito ao fato de ele, após ter bebido bastante aguardente nos sertões do Abaeté, ter dito que não acreditava em indulgências e em milagres, diante da imagem de um Cristo, com uma escultura informe e pouco devota. Afirma, no entanto, ante o tribunal do Santo Ofício, acreditar em Deus, no Céu e na Santa Madre Igreja.

A terceira confissão sobre heresia de José Joaquim diz respeito a um missionário de boa vida e costumes, porém ignorante, que procurava aterrorizar os ouvintes com a imagem de um Cristo que movia os braços e a cabeça com certos arames. Vieira Couto, criticando a representação, disse que a mencionada imagem mais parecia um boneco de presépio.

Finalmente, a última acusação feita por Vieira Couto a ele próprio revela que um padre, a fim de persuadir o povo, divulgava que o Espírito Santo lhe comunicava as coisas ocultas, passando assim a espalhar os defeitos particulares de algumas pessoas. A esse fato o declarante respondeu muitas vezes que só um espírito infernal podia ser autor de semelhantes revelações, por serem ofensivas à reputação e à caridade ao próximo – a quem ele, pároco, andava indagando para se servir daquelas notícias.

Essas culpas declaradas perturbavam a sua consciência, e como temia que algumas pessoas, por ignorância, interpretassem em sentido menos ortodoxo suas expressões, declarava-as à Mesa do Santo Ofício. Pedia perdão, garantindo no futuro ser mais acautelado e reflexivo quando falasse em assuntos referentes a Deus, pois sempre se conservara na verdadeira crença da Santa Religião que no batismo professou, e nela desejava viver e morrer.

Ao terminar seu depoimento, foi admoestado e liberado, devendo comparecer novamente ao Santo Ofício quando notificado. Entretanto, três anos depois, em 26 de março de 1803, foi preso por mandado do intendente-geral da polícia Pina Manique, que farejando maçons em toda parte, recomendava:

> Aquele que V. M. vir de sapatinho bicudo e mui brunido, atilhos nos calções, com gravata por cima da barba, colarinho até meia orelha, cabelo rente no toitiço e tufado sob a moleirinha, com suíças até aos cantos da boca, agarre-me logo dele, tranque-mo na cadeia carregado de ferros: é iluminado ou pedreiro livre[10].

Depois de preso, foi interrogado e mantido na cadeia da cidade de Lisboa, e depois, transferido a 6 de julho de 1803 para os cárceres da Inquisição, com acusação de fazer parte da corporação dos Pedreiros Livres e de ter em sua companhia uma mulher casada.

Segundo José Joaquim Vieira Couto, no dia 26 de março, foi surpreendido pela presença da polícia em sua casa pelas nove horas da manhã. No momento em que estava pronto para sair à rua, entraram

> varios oficiaes de justiça em minha caza diserão, que tinhão ordem da Intendencia para darem huma busca em minha caza, e dizendo eu se para isso tinhão ordem por escrito, diserão-me que sim, e que o contheudo della hera relativo a procurarem huma molher cazada, que por queixas da may da dita serteficava, que eu a tinha em meu poder, ao que sem ver a dita ordem, que elles dizião ter, franquiei a entrada da caza, e não axando a dita molher, por que poucos minutos antes a tinha feito sahir, por hum avizo que antecipadamente me foi comonicado[11].

## Depoimento de Vieira Couto sobre sua iniciação na maçonaria

Vieira Couto, como vimos, foi preso após oficiais do Santo Ofício terem revirado sua casa, encontrando alguns papéis com sua letra e objetos como baetas pretas, três martelos e aventais de pelica.

Ante as evidências, José Joaquim Vieira Couto confessa que Mauricio Ponsa, de nação piemontesa, foi seu padrinho na iniciação da maçonaria, e depõe ao pio tribunal do Santo Ofício como se deu esta iniciação, na cidade de Lisboa.

De acordo com Bayard, a iniciação é um sonho acordado, ou seja, um rito de passagem, "uma constante psicológica que permite ao homem de carne desembocar em outro plano"[12]. A maçonaria impõe a seus membros algumas provas, simbólicas e físicas, objetivando demonstrar os valores exigidos para quem deseja se tornar maçom. Essas provas vão mudando de acordo com o grau atingido pelas pessoas dentro da ordem, de um a 33.

Ainda segundo o autor, para fazer parte da maçonaria, o candidato precisa fazer o pedido por escrito, ser apresentado por um maçom e ser maior de 21 anos. Caso o candidato seja "lobinho" (filho de maçom), a idade mínima pode ser reduzida para dezoito anos. Após aceita a candidatura, ele, com os olhos vendados, será entrevistado por três questionadores. Estará em uma assembléia junto a outros maçons, que votarão secretamente sobre sua inclusão, não se podendo decorrer da decisão. Por exemplo, Joaquim Silvério dos Reis fez seu pedido por escrito para se tornar Pedreiro Livre e teve sua candidatura rejeitada pela franco-maçonaria, não cabendo ao fato apelação. O candidato precisa ser livre e de boas maneiras, ter moral ilibada, nunca ter sido condenado e não possuir qualquer enfermidade grave de nascença ou adquirida. As provas rituais às quais são submetidos os candidatos são apenas viagens simbólicas, demandas vindas da Idade Média e ritos de purificação.

A descrição de Bayard da cerimônia maçônica confere, até de forma atemporal, com a descrição feita por José Joaquim Vieira Couto do cerimonial da sua iniciação. Deixemo-lo, pois, falar da cerimônia da sua iniciação na Sociedade dos Pedreiros Livres[13]:

> Fui huma tarde conduzido ao sitio da Luz huma legua distante cidade, e sendo introduzido em huma caza, que ao depois so[u]be era da habitação de varios oficiaes dos reaes emigrados que aqui se achavão a serviço do Estado em huma das suas salas estive com bastante susto detido por mais de duas horas solitario; ate que sendo

> ja noite, innopinadamente fui asaltado por hum homem com huma espada nua na mão, que pondo-ma aos peitos com impeto me forçou a que me despojase de todos os metaes que trazia commigo, [a saber dinheiro, e trastes] e sendo obrigado a escrever em hum papel, o meu nome, religião, patria, e pais, e nisto se passarião couza de dez ou quinze minutos ate, que regresase aquelle mesmo homem que me detriminou ultimamente [que] tirase a cazaca, sapatos, e despise |[14] hum braso, ficando o hombro e peito nu; alanso[u]-me huma ma corda ao pescoso, e vendando-me os olhos, me conduzio dando varias voltas, e sircolos, que pensei ter viajado huma grande extenção de habitaçoens, em habitaçoens, e entregando-me às maons de outro homem, me abandonou retirando-se.

Continuando a descrever sua iniciação, afirma:

> Fui neste local desvendado por aquele primeiro homem armado, que me tinha aparesido a primeira vez, e com bastante espanto e susto notei huma caza toda coberta de negro, e alcatifada da mesma forma, no fundo desta caza estava hum altar ricamente adresado de sedas de brocados roxos, guarnisidos de largas franjas de ouro, e finas toalhas, e sobre o dito altar estava hum Senhor crucificado, huma caveira, duas luzes, e ao lado pistolas, punhaes dentro de huma basia ensanguentados, e dois copos de licor de diversas cores: E hum tamborete; sendo, depois levado a Assembléia dise que livremente estava prompto para de boa vontade prestar o juramento o qual se seguio logo nas maons do Prezidente de joelhos, ainda vendado cujo juramento era espresado palavra, por palavra pelo prisidente, em idioma francez, tendo ao seu lado o interprete, acabado elle fui conduzido ao meio do salão, e proguntando-me o Prezidente, se queria ver a luz: Fui desvendado, e me achei entre huma moltidão de povo, todos com espadas, e punhaes nus apontados para mim[15].

De acordo com o cerimonial acima descrito, cada etapa tem sua representação. As espadas tanto serviriam de socorro ao iniciante se este fosse fiel às leis e ao juramento prestado, como ao contrário se virariam contra ele; o avental branco que recebera durante a cerimônia significava a pureza de costumes, que todo maçom deveria ter; as luvas do homem representavam que o bom maçom jamais deveria manchar suas mãos no sangue, nem na iniquidade; a luva feminina tinha o sentido da pureza e amor com que o maçom devia estimar a sua esposa, não lhe dando desgostos, nem tentando o divórcio se não em última necessidade, sendo o único motivo para tanto a ofensa da honra e da decência.

O momento da cerimônia em que foi assaltado por um homem armado dizendo que sua hora havia chegado, para se confessar, tinha o sentido da vigilância, isto é, que todo o maçom deve praticar as virtudes, evitar o ócio, e não cometer qualquer tipo de crime. Quanto ao ato de se mandar despojar dos metais que estavam em seu poder, significava que o maçom não devia ser ambicioso, nem usar indevidamente a riqueza. O descalçar os sapatos e o despir a casaca – ficando nus o braço, o ombro e o peito – representavam que o maçom não devia ser vão, nem amar o fausto e as galas, devendo ter coração bom e franco, purificando-se todas as vezes que cometesse um delito. Pois que o homem não decepciona a sociedade pela sua fraqueza, mas pela sua obstinação e seus erros. No referente à ordem para escrever o nome, a religião, a pátria e o país, verifica-se o sentido de que todos os homens devem se amar mutuamente, independente de terem por nascimento este ou aquele clima, religião ou governo, e que o justo fim de todos devia ser se socorrerem, e se tolerarem. No que diz respeito à venda colocada sobre os olhos, essa demonstrava o estado de ignorância no homem, o quanto era prejudicial a si próprio e aos outros. Quando, no entanto, os olhos são desvendados, provava-se que o homem havia saído da ignorância e adotado virtudes e conhecimentos humanos. Enfim, tornar-se Pedreiro Livre significava a mudança da escuridão para a luz e a razão.

Era praxe dos maçons viajarem por toda a Europa e além dela, o que significava o cuidado que deviam ter no domínio das ciências e na prática das virtudes, as quais não se adquirem sem paciência. Ao fim e ao cabo, era com essas viagens que os Pedreiros Livres divulgavam a doutrina maçônica por todo o mundo civilizado.

José Joaquim Vieira Couto viajou pouco para fora do território mineiro. Saíra de Minas para passar oito dias na Bahia, onde, como se sabe, havia, nos finais do século XVIII, a prática da doutrina maçônica. De volta da Bahia, viajou para Lisboa em 1799, para ser iniciado na Sociedade dos Pedreiros Livres.

No seu depoimento ao Santo Ofício, Couto declarou que os francos-maçons reuniam-se em sua casa, na rua da Prata, para dali irem juntos às reuniões maçônicas. Afirma, no entanto, que em sua casa não havia reunião de funções, não por que ele se negasse, mas por que faltavam as comodidades e segurança necessárias. As reuniões eram realizadas principalmente no palácio do embaixador da Espanha. Citava Vieira Couto alguns dos Pedreiros Livres que ele conhecia em Lisboa, como

Gregório José de Seixas, morador do Rocio, médico de profissão; Ferrão Prior dos Anjos, ministro do bairro de Santa Catarina; Henrique Guilherme, arquiteto do Paço; José Maria Curado, cônego no Funchal; Hermano José Brancampe; José Sebastião de Saldanha; Francisco Raimundo Curado, irmão do cônego supracitado; marquês de Loulé; frei Joaquim de Campos e Hipólito José da Costa – preso junto com José Joaquim Vieira Couto[16]. Os membros da Academia de Ciências de Lisboa, inclusive o visconde de Barbacena, foram tidos como suspeitos, pelo intendente geral de polícia, Diogo de Pina Manique, de simpatizarem com a doutrina dos Pedreiros Livres. No entanto, como a academia era presidida por um membro da família real, duque de Lafões, as investigações sobre o intendente não avançaram e nenhum dos acadêmicos foi chamado para depor no Santo Ofício[17].

## Maçonaria na inconfidência mineira, na Universidade de Coimbra, na Inglaterra e na França

Nota-se claramente uma rede de maçons formada em Lisboa, sem classe social definida, mas todos bem sucedidos, compondo de nobres a intelectuais, padres e grandes comerciantes. Essa rede também foi formada no Brasil, inclusive em Minas Gerais, envolvendo membros que participaram da inconfidência mineira e outros que estudaram em Coimbra, sendo nítida a influência exercida por Domingos Vandelli sobre os estudantes coimbrãos – pois, além de professor da Universidade do Mondego, foi criador da doutrina nesta mesma universidade. À cata de exemplos, citarei alguns deles como Manuel Inácio da Silva Alvarenga (formado pela Universidade de Coimbra em cânones), que por ser mulato não pôde seguir a magistratura, segundo o documento, o impedimento devia-se ao fato de ele ter "algum defeito"[18]. Juntamente com Basílio da Gama, fundaram no Rio de Janeiro a Sociedade Literária, fechada posteriormente sob acusação de ser uma loja maçônica e professar o jacobinismo. Doutor José Vieira Couto (formado em filosofia em Coimbra), irmão de José Joaquim Vieira Couto; José Álvares Maciel (formado na Universidade de Coimbra em filosofia); Cláudio Manuel da Costa (formado em cânones também pela Universidade de Coimbra); o grande comerciante João Rodrigues de Macedo. E Domingos de Abreu Vieira; José Joaquim da Maia; Francisco Antônio de Oliveira Lopes; padre Rolim; padre Luís Vieira da Silva; Domingos Vidal de Barbosa; tenente coronel Francisco de Paula Freire de Andrade; Diogo Pereira de Vasconcelos, avô do historiador de mesmo nome; padre Toledo; Beltrão Vieira Couto; José Joaquim Vieira Couto e Antônio Vieira da Cruz, entre outros, contando-se, ainda, com uma rede composta de grandes comerciantes no Rio e em Minas.

Os comerciantes atacadistas que viviam de exportação e importação desejavam o fim do monopólio metropolitano mantido pelo "absolutismo". Em sua esteira estavam os comerciantes menores e uma série de outros representantes de classe, cujos interesses ideológicos coincidiam com os dos padres, profissionais liberais, advogados, técnicos, mineradores e fazendeiros. Como os comerciantes não podiam agir através de petições a D. Maria I, atuaram na clandestinidade, a melhor maneira de burlar a situação político-econômica.

Ainda durante a cerimônia de iniciação de José Joaquim, o orador explanou que o corpo maçônico era perseguido por vários motivos. Uns achavam que esses ajuntamentos eram contrários à religião; outros entendiam que se opunham aos sentimentos do governo soberano; ou seriam contrários aos republicanos; conteriam uma perniciosa política; eram supersticiosos, aprovavam ações desonestas; ou eram perniciosos, porque eram ocultos e concluía-se que tudo quanto se fazia oculto era mau e reprovável. Entretanto, os Pedreiros Livres argumentavam que os primeiros chefes e pastores das religiões se reuniam ocultamente. Também os soberanos e príncipes, os tribunos, cônsules e seus presidentes, os magistrados políticos, e os católicos romanos, entre outros – o que não significava que, por isso, praticassem o mal, mas que as circunstâncias os obrigavam a viverem no silêncio e no ocultismo, porque a substância da maçonaria era praticar a mútua caridade de uns para com os outros.

Continuando a cerimônia, seu presidente discursou e falou sobre a Inglaterra, a França e a Prússia, elogiando-os como exemplos, em função de seus monarcas e príncipes serem maçons e protetores públicos da maçonaria, o que resultaria no patriotismo das nações e no amor paternal e fraterno do povo para com os seus soberanos.

O presidente, ao elogiar a Inglaterra e a França, remete-nos à história moderna da maçonaria, que deve ser fixada no século XVIII. A partir de 1717, de acordo com Lepage[19], quatro lojas de Londres resolveram se reunir de forma organizada, formando assim a Grande Loja, fazendo com que a maçonaria tradicional declinasse. Em 1721, de acordo com José Lopes Bragança[20], o pastor presbiteriano londrino James Anderson foi encarregado pela Grande Loja de reunir as regras e preceitos adotados na ordem e elaborar uma constituição maçônica, que depois de pronta ficou "sob malhete" por um prazo de cerca de dois anos. Em 1723, o trabalho de Anderson foi revisto por uma comissão oficial da ordem e, sendo aprovado, tornou-se conhecido como a Constituição de Anderson, documento básico universal de toda a maçonaria.

Seguindo o raciocínio de Márcio Jardim[21], a maçonaria inglesa, nesse momento, apoiou a casa de Orange contra os Stuarts, representando a defesa do constitucionalismo, do anglicanismo e da independência contra as ameaças dos "absolutismos" francês e espanhol. A luta da maçonaria inglesa apresenta-se como liberal e nacionalista, tornando seus adversários símbolos da reação e do catolicismo. Dessa forma a maçonaria uniu-se definitivamente ao trono inglês, anglicano e constitucional. Foi fundado o que Manoel Rodrigues Ferreira e Tito Livio Ferreira[22] chamaram "maçonaria azul".

Em 1725, a maçonaria inglesa influenciou e criou em Paris uma loja inglesa. Em 1735, as lojas de Paris, segundo Lapage[23], solicitaram da Grande Loja da Inglaterra autorização para fundar uma grande loja provincial, pedido negado. Esta loja, no entanto, foi fundada em Paris no ano de 1743, com o nome de Grande Loja Inglesa da França. A maçonaria inglesa criou suas grandes lojas em França, Espanha e Portugal, de acordo com seus interesses políticos e comerciais. A maçonaria, porém, precisava atuar na sombra, já que em 27 de abril de 1738 o papa Clemente XII havia proibido os católicos de participarem das lojas maçônicas, e em Portugal, D. João V, na mesma época, ameaçou punir gravemente quem fosse iniciado na maçonaria. A partir deste momento a maçonaria adotou, adaptando rituais antigos, uma metodologia de segredo, mistério e seleção rigorosa dos associados como forma de defesa, como demonstrado na iniciação de José Joaquim Viera Couto.

Portanto, a maçonaria na França foi criada pela Inglaterra. Porém aquela iniciara sua reação antes mesmo da Revolução Francesa de 1789. Nas centenas de lojas maçônicas francesas existiam várias tendências políticas, sugerindo a república como regime ideal para substituir o Antigo Regime. Nota-se que, enquanto na Inglaterra passou-se de um tipo de monarquia para outro, em França o desejo era substituir o regime monárquico pelo republicano. Nasce aí, com tendência nitidamente republicana, o Grande Oriente Francês, e a chamada "maçonaria vermelha".

A maçonaria azul inglesa era considerada conservadora e a maçonaria vermelha francesa era tida como revolucionária, liberal e republicana.

No Brasil, houve influências das maçonarias vermelha e azul. Creio que a predominância foi da maçonaria inglesa, em função de sua influência em Portugal e na Universidade de Coimbra. Tal influência refletiu-se na independência do Brasil, em que a elite preferia, inicialmente, que se mantivesse o país como Reino Unido. Depois, ante as relações arestosas que se estabeleceram entre as elites brasileiras e lusitanas, ocorre uma independência dual, mantendo-se a monarquia constitucional, a exemplo da inglesa, tendo por monarca um Bragança, português.

## Considerações finais

Retomando a iniciação de Vieira Couto, vimos que o mesmo iniciou-se na franco-maçonaria, portanto numa loja estrangeira, e que desejava ser transferido para uma loja lusitana. Para tanto, o seu introdutor Mauricio Ponsa solicitou com todo o empenho a sua passagem para uma loja nacional, a princípio encontrando muitas dificuldades, pelo fato de inicialmente o seu afilhado ter preferido iniciar-se numa loja estrangeira. Passados, porém, alguns dias, Mauricio Ponsa avisou a Vieira Couto que fora aceita a sua filiação à grande loja lusitana "Amor da Razão" – o que, no dizer de Couto, "tinha sido feliz". Neste ínterim, no entanto, Mauricio Ponsa morreu atacado de febre e Vieira Couto viu seu intento frustrado, pois antes de resolver definitivamente sua filiação, foi preso pelo tribunal do Santo Oficio.

José Joaquim Viera Couto foi inquirido dezesseis vezes pelo "respeitável" tribunal do Santo Oficio, e em todas elas dava, às perguntas dos inquisidores, respostas evasivas do tipo "não me recordo, não me lembro".

Antes, porém, de o tribunal do Santo Ofício dar a sentença final a Vieira Couto, este teve a oportunidade de se defender, através de seus próprios argumentos e de seu advogado, doutor Ignacio Francisco Silveira da Motta.

Em sua defesa, Couto afirmou que, pelos serviços prestados à Real Fazenda numa pátria distante e de povo grande, fiel e religioso, ele devia merecer mais compaixão, piedade e atenção do tribunal, regido por leis sábias, justas, formado por pessoas dotadas de talentos, prudência, virtude e piedade. Além disso, acrescentou que

> com a mais umilde rezigançāo prostrado com toda a umildade e obediencia espera sofrer todo e qualquer castigo que lhe seja imposto, visto que bem o tem meresido, por algumas faltas em que dezacordadamente, tem tido a fraqueza de cometer, que de tudo espera com o sientifico conselho, que lhe for dado por este santo e respeitavel tribunal, segamente abraçar na serteza de que nele axar o verdadeiro remedio, com hum arependimento inteiramente arrancado do fundo do seu coração. Estes são com senseridade os mais puros e ardentes votos de hum infelis que se acha reduzido a hums poucos de mezes a huma estreita prizão, extrangeiro nestes climas, sem patria, parentes, e sem abrigo.

No entanto, apesar da apelação de Vieira Couto – que usa uma espécie de estratégia do próprio limite frente à opressão – e de seu advogado, Ignacio Francisco Silveira da Motta, o tribunal do Santo Oficio através de seu conselho, afirma que, em função das respostas evasivas e mentirosas do réu no referente à religião, aos nomes dos maçons, à biblioteca maçônica e ao seu grau de pertencimento à Grande Loja do Oriente Lusitano, pareceu ao inquisidor extraordinário Joaquim José Guião que o réu fizesse abjuração de leve suspeito na fé, fosse absolvido da excomunhão maior em que incorreu, tivesse penas espirituais as mais graves, e instrução ordinária em alguma casa religiosa. Ao inquisidor Francisco Freire de Mello pareceu, que, postas as referidas penas da competência da mesa, na parte religiosa deste crime, ele o faria na questão política, dando as correspondentes penas:

> Que o réu fosse mantido na prisão secular de foi avocado, e a todos que pagasse as custas, e fossem com este assento os autos levados à presença de Sua Alteza Real pelo Conselho Geral do Santo Oficio; não só por lhe ser afeito, mas também para que considerando no mesmo Conselho o rápido progresso de tão perigosa, ilegal, e clandestina sociedade; o extraordinário numero, e qualidade de seus membros: Lições políticas da maçonaria portuguesa, com a das mais nações da Europa, e o avultado fundo de quase quarenta mil cruzados por mês, que podem produzir as condenações e contribuições mensais de trinta e três mil sócios, a quatrocentos e oitenta cada um: Era por estes motivos a mesma sociedade a mais perigosa e temível ao sacerdócio e ao império[24].

Portanto, José Joaquim Viera Couto, por decisão do tribunal, continuou na prisão para segurança do Estado, da religião e da monarquia.

De acordo com Joaquim Felício dos Santos, quando Junot, em 1807, invadiu e conquistou Portugal, abriram-se os cárceres da Inquisição, e Hipólito José da Costa e Joaquim José Vieira Couto foram libertados. Costa foi trabalhar na redação do Correio Brasiliense e Viera Couto ficou em Portugal, para arquitetar a melhor forma de libertar o Brasil do jugo português[25].

No entanto, Francisco Morais afirma que, após ter sua liberdade concedida por Junot, Couto desejou voltar ao Brasil, no que foi impedido pelos governadores do reino, sendo transportado para a ilha Terceira, nos Açores, onde faleceu em 27 de maio de 1811[26].

Concluindo, afirmaria que, provavelmente nos finais do século XVIII já existia instalada em Vila Rica e em Diamantina a Sociedade dos Pedreiros Livres. O que não significa que sua doutrina e seus ideais tenham dirigido a inconfidência mineira, mas que influenciaram sobremaneira o movimento de independência política do Brasil.

## Notas

1 A. Tenório D'Albuquerque, *Maçonaria e a grandeza do Brasil:* verdades que os livros ocultam e a destruição de mentiras que eles divulgam, Rio de Janeiro, Aurora, s. d.

2 Arquivos Nacionais da Torre do Tombo, Lisboa (ANTT), Inquisição de Lisboa, processo 16809.

3 Arquivo Arquidiocesano de Diamantina, caixa 297, código batizados, Arraial do Tejuco, 1740/1754.

4 ANTT, *cit.*

5 *Idem.*

6 Arquivo Histórico Ultramarino, Lisboa (AHU), Minas Gerais, caixa 147, documento 3.

7 Arquivo Público Mineiro (APM), Inventário dos manuscritos avulsos relativos a Minas Gerais. AHU, documento 11197- 18/08/A800, caixa 153, documento 49, rolo 138, gaveta F - 4.

8 APM, documento 11881, 11/08/A802, caixa 164, rolo 149, gaveta F - 4.

9 ANTT, *cit.*

10 *Apud* Márcio Jardim, *A inconfidência mineira:* uma síntese factual, Rio de janeiro, Biblioteca do Exército, 1989, p. 316.

11 ANTT, *cit.*

12 Jean Pierre Bayard, *A espiritualidade da maçonaria:* da ordem iniciática tradicional às obediências, São Paulo, Madra, 2004, p. 30.

13 Esta citação está maior que o aceite pelos padrões oficiais, em função da riqueza das informações contidas no documento.

14 ANTT, *cit.*

15 *Idem.*

16 *Idem.*

17 Jardim, *op. cit.*, p. 315.

18 Virgínia Maria Trindade Valadares, *Elites mineiras setecentistas:* conjugação de dois mundos, Lisboa/ Portimão, Colibri/ Instituto de Cultura Ibero- Atlântica, 2004.

19 Marius Lapage, *História e doutrina da franco-maçonaria:* a ordem e a obediência, São Paulo, Pensamento, 1967, p. 48.

20 José Lopes Bragança, *A maçonaria e o cristianismo*, Belo Horizonte, Imprensa Oficial, 1987.

21 Jardim, *op. cit.*

22 Manuel Rodrigues Ferreira & Tito Livio Ferreira, *A maçonaria na independência do Brasil*, São Paulo, Biblios, 1972.

23 Lapage, *op. cit.*, p. 48.

24 ANTT, *cit.*

25 Joaquim Felício dos Santos, *Memórias do districto Diamantino da Comarca do Serro Frio*, Rio de Janeiro, Castilho, 1924.

26 Francisco Morais, *Revista Brasília*, v. IV, Coimbra, Faculdade de Letras da Universidade de Coimbra, Instituto de Estudos brasileiros, 1949, suplemento.

# PARTE VI

# Reformas de poder

# Reforma religiosa, conflito, mudança política e cisão: o governo da diocese de Olinda por D. frei Luís de Santa Teresa (1738-1754)

José Pedro Paiva

## Introdução

A partir dos anos vinte de Setecentos, em boa parte devido à influência de frei Gaspar da Encarnação junto de D. João V, foram nomeados para várias dioceses de Portugal e do império, desde o Oriente até ao Brasil, muitos bispos recrutados entre os adeptos da corrente de renovação da vida religiosa e espiritual conhecida por jacobeia. Bastantes dos designados para esses importantes lugares da cúspide da Igreja provieram, nesta fase, de institutos religiosos nos quais a renovação desencadeada por aquele movimento foi intensa, como os eremitas de Santo Agostinho, os franciscanos do Varatojo, os cônegos regrantes de Santa Cruz, os cistercienses e os beneditinos. Alguns tinham estreitas relações com o mentor desta nova política de nomeação episcopal, o já referido frei Gaspar da Encarnação. Em conformidade com os critérios que então se foram tornando dominantes, passou a ser preferencial a opção por membros do clero regular, teólogos, bons letrados, homens de grande piedade e virtude. Com a consequente retração da eleição de prelados oriundos da nobreza, de forma a propiciar governos episcopais mais longos e que permitissem um acompanhamento mais intenso, duradouro e consciente por parte do pastor às suas ovelhas[1].

Animados por profundo e interior desejo de reforma, muitos destes antístites empenharam-se em transformar a situação nas dioceses que aceitaram dirigir. As mudanças que protagonizaram estiveram na origem de conflitos, não só com outras instâncias e agentes do campo religioso (dentre os quais se destaca o mantido entre D. frei Inácio de Santa Teresa, arcebispo de Goa, e a Inquisição)[2], como também com representantes da coroa portuguesa, particularmente nos espaços do império onde, através de uma pluriarticulada e diversificada rede de dependências, (eclesiásticas, judiciais, militares, políticas), a monarquia portuguesa ia preservando a sua autoridade[3].

Em julho de 1750, a morte de D. João V e a subida ao trono de D. José I provocaram transformações que alteraram a configuração do centro político. Uma delas materializou-se no afastamento de frei Gaspar de Encarnação, que, cerca de quatro anos depois, acabaria por falecer, deixando os prelados jacobeus privados do suporte que os escudava. Em consequência, algumas reformas em curso que haviam sido motivo de conflitos, acabaram por provocar dissídios que, em situações extremas, desencadearam a ruptura entre o rei e alguns prelados.

Esta investigação, partindo da experiência concreta da atuação de D. frei Luís de Santa Teresa, que dirigiu o bispado de Olinda entre 1738 e 1754, procura descrevê-la, interpretá-la e, por essa via, ponderar a validade destes pressupostos. Com este exercício intenta-se contribuir para reforçar o conhecimento disponível sobre a ação dos bispos portugueses de matriz jacobeia, perceber o seu papel enquanto agentes da monarquia no espaço imperial e verificar em que medida conflitos emergentes a uma escala local podiam ter impactos no âmago do centro político.

## "Para segurar a salvação eterna": como um corregedor da coroa chega a carmelita descalço e bispo

No dia 11 de abril de 1693 foi batizado na freguesia da Sé, em Lisboa, Luís Salgado[4]. O menino era o filho primogênito de D. António Salgado e de D. Ângela Pastor de Castilho.

Seu pai seguira carreira militar. Foi sargento-mor de Cascais, governador de Cabo Verde com patente de sargento-mor da praça, depois exerceu idêntico cargo em Chaves, chegando a general da província de Trás-os-Montes[5]. Distinguiu-se na guerra e, pelos serviços prestados ao rei, foi recompensado por D. João V, de acordo com o que era usual no quadro de economia das mercês em que assentava o poder da monarquia[6]. Quando em 23 de outubro de 1715 o rei *Magnânimo* concedeu a Luís Salgado um padrão de 48 mil réis de tença cada ano, já o seu progenitor aparecia designado na carta régia como "fidalgo da minha casa e do meu Conselho", deixando-se ainda bem vincado que essa mercê era dada ao filho como beneficiário dos serviços prestados pelo pai[7]. Três anos depois, Luís Salgado foi favorecido com outro padrão no valor de 40 mil réis, sinal de que continuava a usufruir do reconhecimento decorrente dos préstimos do pai[8].

A mãe de Luís Salgado era uma "senhora de grandes virtudes", que morreu no convento de Santa Ana, em Coimbra, como recolhida, "com grande opinião de santidade"[9]. A entrada de dois dos seus filhos para a vida religiosa pode ser testemunho da sua piedade e vida devota[10].

Os padrinhos de Luís Salgado revelam a integração dos seus pais em redes de patrocinato com vínculos à mais alta fidalguia do reino, bem como influências na corte régia e no centro político. O padrinho foi D. Lourenço de Mendonça e Moura, 3° conde de Vale de Reis, conselheiro de Estado durante o governo de D. Pedro II e início de D. João V[11]. A madrinha, D. Maria Leonor de Moscoso, era irmã de D. Gaspar de Moscoso e Silva, mais tarde frei Gaspar da Encarnação, e, por conseguinte, ambos filhos do 5° conde de Santa Cruz e irmãos do 3° marquês de Gouveia, que foi conselheiro de Estado e mordomo-mor de D. João V[12].

De acordo com uma memória anônima e de cunho evidentemente apologético da vida de Luís Salgado, provavelmente redigida por um carmelita descalço, pouco tempo após a sua morte, fica-se a saber que o menino Luís teve uma educação inicialmente tutelada pela mãe e por mestre privado. Nessa época, durante a infância, logo revelou, ao aprender as primeiras letras uma "grande viveza de discurso e felicisima memoria", o que cartas, pastorais e outros textos conhecidos de sua autoria, redigidos no estado adulto, confirmam. "Prendas da natureza", assim o relata o panegirista, que levaram o pai a mandá-lo estudar em Coimbra[13]. Ia-se preparando, deste modo, uma carreira de letrado, que tinha como perspectiva um estratégico percurso de ascensão social baseada no serviço à monarquia, muito comum entre famílias com o estatuto que tinha a de seu pai, que também subira na escala das distinções sociais, mas por via da carreira das armas. Assim, por outubro de 1710, quando Luís contava pouco mais de 17 anos, matriculou-se no Colégio das Artes, em Coimbra, completando entre os padres jesuítas que o governavam, com exigente rigor e fornecendo sólida preparação em humanidades, a formação prévia à entrada na universidade[14]. No início do ano acadêmico seguinte ali fez a sua primeira matrícula em Instituta[15], para no ano subsequente ingressar no curso de Cânones, opção que alterou, em outubro de 1715, quando optou por Leis. Foi nesta área que veio a obter os graus de licenciado, em 24 de julho de 1717, e de doutor, a 31 do mesmo mês e ano[16]. No dizer do seu encomiástico memorialista, os autos em que obteve os graus tiveram tanto brilho, que os lentes da academia afirmavam não terem aluno de "igoal engenho e literatura" há muitos anos[17]. Independentemente do nível de distinção que possa ter alcançado, é imperioso notar como a sua passagem pelas faculdades de Cânones e Leis deve ter contribuído para um bom conhecimento de ambos os direitos, que muito útil lhe viria a ser mais tarde, e que é bem atestada na sua atuação posterior como bispo em alguns dos pleitos que teve que manter.

Merece ainda ser sublinhado que grande parte do ciclo da sua frequência dos Gerais de Coimbra decorreu enquanto a universidade teve como reitor D. Gaspar de Moscoso e Silva, irmão da madrinha do jovem estudante, que por certo o acompanhou e protegeu. Além disso, foi testemunha, no ano de 1715, da súbita e radical mudança de vida que o reitor decidiu empreender, quando, inspirado pelo movimento da jacobeia – que desde o início do século fervilhava em muitos claustros da cidade do Mondego –, ingressou na humilde ordem dos franciscanos do Varatojo, causando estrondoso espanto, tanto na academia, como na corte régia em Lisboa[18].

Entretanto, em 14 de outubro de 1717, quiçá como resultado do prestígio que alcançara enquanto estudante ou bem arrimado nas valias que tinha entre o corpo universitário, foi opositor na Universidade de Coimbra da cadeira dos três livros de Código[19], ao mesmo passo em que se habilitou a servir entre o corpo de magistrados da coroa[20].

Não há outras notícias destes anos iniciais da sua vida ativa após a conclusão dos estudos. Sabe-se apenas que, em 25 de setembro de 1722, D. João V o nomeou corregedor da comarca de Coimbra, abrindo-lhe portas a uma auspiciosa carreira no plano da magistratura da coroa. E justificou-o pelas virtudes e letras que Luís Salgado ostentava, ou seja, pelos seus méritos, mas também por ser filho do "sargento mor de batalha D. Antonio Salgado"[21]. Os serviços do pai e os apoios que tinha no mundo áulico continuavam a fazer brotar recompensas da arca das mercês régia.

Desempenhava o cargo de juiz corregedor na importante comarca de Coimbra quando, à semelhança do que sucedera com D. Gaspar de Moscoso e Silva, a sua vida mudou irreversivelmente de rumo, tendo decidido por uma via que lhe tranquilizasse o espírito e iluminasse o caminho por onde "podesse segorar melhor a sua salvação eterna"[22]. Foi a Lisboa, ao paço da Ribeira, expôs a D. João V as suas razões e pediu-lhe que o libertasse do ônus de servir como corregedor, a fim de ingressar nos carmelitas descalços. Obtida a autorização, despediu-se do paço e do mundo e entrou para os Carmelitas, pela mão de frei António da Assunção, sendo mestre de noviços o padre frei Teotónio da Conceição, no convento de Nossa Senhora dos Remédios de Lisboa, o mesmo onde, anos antes, endossara o hábito seu irmão, frei João da Cruz. Estava-se por finais de 1723, inícios de 1724, e teria Luís Salgado perto de 30 anos. Foi uma decisão ponderada e consciente.

Entrou disposto a praticar toda a doutrina dos mais distintos inspiradores do movimento carmelitano, como eram São João da Cruz e Santa Teresa de Ávila. Conta o seu panegirista que, durante o noviciado, era muito humilde. Considerava ser afortunado, pois reconhecendo-se grande pecador, dizia viver num convento rodeado de anjos, que eram os outros noviços. Acolhia com gosto as maiores mortificações que os superiores lhe ordenavam. A esse título, é exemplar o episódio da sua participação na sempre esplendorosa procissão do Corpo de Deus, celebrada em Lisboa, na qual, integrando-a como membro da sua comunidade religiosa, o teria tentado

> o demonio com hum afecto de vergonha parecendo-lhe que os seculares estranharião muito ve-lo com os pes descalços andando pelas mesmas ruas por onde o tinhão visto rodar em excelentes carruagens, e para rebater este desordenado afecto levantou no restante da procição o habito (quanto o permitia a modestia) para que todos lhe vissem os pes descalços e talvez enlameados[23].

Atitude em que perseverou após ter tomado o hábito, em data que se desconhece, tratando-se sempre com a pobreza que a severa regra da ordem impunha: nunca pediu hábito novo, não usava meias nem colete, nem na altura dos maiores frios: as alparcatas que calçava eram as deixadas por outros religiosos. Na cela só tinha livros, apostilas e disciplinas. Todas as jornadas que fazia eram a pé, obtendo o sustento através das esmolas que pedia pelas portas. "Dormia mui pouco e jejuava muito", para imitar a São João da Cruz. "Regularmente comia peixe sem azeite nem vinagre nem outro condimento algum; outras vezes, pelo contrario, deixava de comer o peixe e comia so o pão molhado no vinagre e no azeite."[24] A imagem que se descobre da memória que lhe redigiram é a de que estava sempre disponível a se humilhar, para mostrar com o suplício do corpo a força da fé que lhe inspirava o espírito e o fortalecia.

Por essa altura, recebeu a prima tonsura e todas ordens menores, em Lisboa, das mãos de Valério da Costa, vigário da Patriarcal, a 10 de março de 1724. No dia seguinte tomou ordens de Epístola; no dia 19 de março, de Evangelho; e, finalmente, a 25 do mesmo mês, as de presbítero[25].

Não é possível assegurar o que se passou no seu íntimo e o conduziu a tão radical mudança de projeto de vida. Tanto mais que sobre essa época do seu percurso biográfico não deixou qualquer texto saído da sua pena que constitua testemunho pessoal da experiência religiosa que o assolou. Não seria estranho que tal se devesse a influências da devoção da mãe, por essa altura já recolhida, que lhe marcara a infância; ou pelo modelo do irmão mais novo, frei João da Cruz, que havia anos era carmelita descalço e acabou por ser o pregador escolhido para proferir o sermão no ato da sua profissão de fé, o que denuncia a proximidade dos dois[26]; ou até que resultasse de reflexão provocada pelo ambiente jacobeu que tinha enorme difusão e exemplares cultores de havia largos anos em Coimbra[27]. Mas teve quase seguramente um papel inspirador e impulsionador a experiência pessoal de frei Gaspar da

Encarnação, de quem Luís Salgado se transformou, pela vida que decidiu seguir, num quase *alter ego*. Tanto mais que essa mudança se deu exatamente em 1723, ano em que Gaspar de Encarnação regressou a Coimbra para, por ordem de D. João V, proceder à reforma do mosteiro de Santa Cruz. Aí, decerto, o antigo reitor e então religioso franciscano, há de ter encontrado o ex-aluno e, ao tempo, corregedor. É provável que tenha nascido desse reencontro o detonador que transformou Luís Salgado em frei Luís de Santa Teresa.

Com probabilidade, no final do ano de 1725, após ter feito o noviciado, profissão de fé de carmelita e ter recebido o grau de presbítero, abandonou Lisboa e dirigiu-se de novo para Coimbra, onde passou a residir no colégio de São José da sua ordem. Estudou e aplicou-se no conhecimento da doutrina de São Tomás de Aquino, alcançando o estatuto de mestre em teologia concedido pela sua congregação e, passado um ano, largou a condição de aluno e tornou-se professor. Exercitou ali este magistério durante os quatro anos seguintes. O autor da *Memória* que tem auxiliado a reconstrução deste percurso salienta que, nestas funções, frei Luís de Santa Teresa foi muito cuidadoso, não só na docência da "ciência sagrada", mas também no exemplo de vida, impondo aos alunos que praticassem as virtudes e mortificações que nele viam. Chega a sustentar que quando ele se reunia com os discípulos se não podia falar de outro tema senão Deus, acrescentando que graças ao seu labor o colégio de Coimbra "parecia hum noviciado reformado"[28].

Após esta experiência em Coimbra, por volta de 1729, desejoso de intensificar o seu projeto de renovação interior e assim "segurar a sua salvação", largou as aulas e se dirigiu para o convento do Bussaco, com o intuito de ali se dedicar à vida eremítica que caracterizava os religiosos que se acolhiam naquele "deserto", como vulgarmente lhe chamavam[29]. Esse convento era governado desde 1723 pelo seu irmão frei João da Cruz[30]. Considerando o seu prelado que as agruras do Bussaco eram uma demasia para Luís de Santa Teresa, cuja saúde ia definhando, levou-o consigo para o convento de Braga, casa para a qual foi eleito prior em 7 de maio de 1730[31].

Na cidade de Braga e nos seus arredores, onde viveu alguns anos, distinguiu-se como missionário, exorcista e confessor. Sobre uma das suas diletas dirigidas espirituais redigiu uma "Vida" que atesta a enorme influência que teve como diretor espiritual e orientador da sua devoção e espiritualidade[32]. Usava ainda o púlpito com grande eloquência e capacidade doutrinal. O bispo de Lacedemonia, D. José Dantas, teria chegado a confessar ao cardeal patriarca D. Tomás de Almeida que frei Luís de Santa Teresa aliava o espírito de São Paulo com a doutrina de São Jerónimo, São Ambrósio, S. Agostinho e São João Crisóstomo[33].

Regressou novamente a Coimbra animado pela ideia de aí fundar um convento de carmelitas descalças, para o que pedia esmolas de porta em porta, fazendo os mais servis trabalhos[34]. A construção do convento, para a qual a ação de frei Luís de

Santa Teresa teria tido contributo, iniciou-se em abril de 1740, e foi concluída em 1744, numa altura em que ele já era bispo[35].

De acordo com a *Memória* da sua vida, teria sido num deslocamento a Lisboa com o fito de solicitar ao rei autorização para a edificação desta empresa que ele teria sido escolhido para bispo de Olinda. O relato, como era comum neste gênero de crônicas, sugere a ideia de que o eleito, considerando-se indigno de aceitar tão relevante cargo, teria inicialmente recusado. Mas D. João V teria pedido ao cardeal João da Mota e Silva – figura que, conjuntamente com frei Gaspar da Encarnação tinha enorme influência na escolha dos bispos nessa fase – que o persuadisse a "render aquela fortaleza"[36]. O cardeal e o irmão, o secretário de estado Pedro da Mota e Silva, teriam insistido com ele por espaço de três horas sem sucesso. Até que lhe propuseram que ele ponderasse bem o que responderia a Deus quando lhe fosse inquirido porque não quisera disponibilizar os seus talentos ao serviço da Igreja. Diz o seu panegirista que "esta palavra foi huma seta que lhe ferio o coração" e o levou a aceitar[37]. É possível acolher a veracidade deste episódio. Mas quem conhece o processo das nomeações episcopais sabe que a sua ascensão à mitra, quer tenha ou não sido desejada e insinuada por si, não teria sido possível sem o amparo e a influência de frei Gaspar da Encarnação. Este há-de ter visto nele um modelo do religioso jacobeu, que na altura considerava ser o tipo ideal para governar dioceses ultramarinas. E esta não foi sequer a primeira escolha que se enquadrava neste padrão, pois essa era política que vinha a ser praticada desde o início da década de 20[38].

Fosse como fosse, o que é indubitável é que, a 21 de julho de 1738, quando contava 45 anos de idade, uma carta régia nomeava-o bispo de Olinda[39]. Fez o juramento e profissão de fé em Lisboa, aos 28 de julho de 1738[40]. Um termo desse voto, conjuntamente com várias certidões e depoimentos de testemunhas, integraram o processo preparado na nunciatura de Lisboa e que depois devia ser apresentado em Roma, para que, como era habitual, o Sumo Pontífice confirmasse a proposta régia. Foi o que sucedeu, pelo que, em consistório de 3 de setembro de 1738, D. frei Luís de Santa Teresa foi preconizado bispo de Pernambuco, com direito a uma côngrua no valor de dois mil cruzados, que deviam ser anualmente pagos pela coroa, em função do direito de padroado que a monarquia portuguesa tinha sobre os territórios do império[41].

Recebidas as bulas da praxe, foi sagrado bispo por D. Tomás de Almeida, na patriarcal, em Lisboa, a 14 de dezembro de 1738[42]. D. João V, a rainha e os infantes assistiram à cerimônia e, terminada esta, o novo bispo foi beijar a mão do rei.

Logo se iniciaram os preparativos para a viagem que o havia de levar à diocese. A frota onde embarcou com a sua família largou da capital a 25 de fevereiro de 1739[43].

Não foi tranquila a travessia do Atlântico. Tempestades várias puseram em risco a expedição, mas tudo o bispo teria "sofrido com paciencia", revelando nesses simples gestos como estava pronto para servir a Deus[44].

A chegada a Olinda ocorreu cerca de 4 meses após o início da viagem, em 24 de junho de 1739[45]. Nada se sabe acerca do ritual de entrada solene que os prelados sempre faziam, nem da tomada de posse da mitra, mas o autor da sua *Vida* assegura que ele foi muito bem acolhido[46].

Enfim, no segundo semestre de 1739 iniciava D. frei Luís de Santa Teresa o seu múnus episcopal em terras do Brasil. Diocese onde, nos vastos sertões que a formavam, "são tantos os perigos de ladrões, rezistencias, cobras venenozas, tigres e onças como só sabe quem vive nestas partes"[47]. Assim a descrevia o cônego da sé de Olinda, Veríssimo Rodrigues Rangel, em data posterior a 1751. E se as condições naturais eram ásperas e podiam causar desalento, tanto mais que o território da diocese era gigantesco[48], "os moradores desta região não se sujeitam, como os da Europa, à obediência e à disciplina", pelo que "não se pode ser muito rigoroso com eles", como já constatara o primeiro bispo de Olinda, D. Estêvão Brioso de Figueiredo, por 1680[49]. Não se auspiciava fácil a tarefa que aguardava aquele que de corregedor do rei se transformara em modesto carmelita descalço e, agora, em sétimo bispo de Pernambuco.

## "Os bispos das conquistas são da Igreja militante": o governo episcopal de D. frei Luís de Santa Teresa

Antes da partida de Lisboa, já o antístite tinha algumas informações sobre as dificuldades que o esperavam. Conhecimento que provavelmente resultava de notícias difundidas a partir do Conselho Ultramarino, e que depois era transmitido aos bispos eleitos pelo monarca ou seus colaboradores mais próximos. Também da memória que gradualmente se ia construindo a partir dos dados difundidos por anteriores prelados da diocese, de relatos de religiosos que chegavam ou escreviam daquelas partes, incluindo os carmelitas descalços, os quais tinham um convento na diocese e mantinham comunicação com a casa de Lisboa[50].

Isso quer dizer que D. frei Luís de Santa Teresa não abalou do reino totalmente desprevenido. Mais, teve o cuidado de se preparar o melhor que pôde para as dificuldades que previa encontrar. Para o efeito, escreveu para o Conselho Ultramarino, em data anterior a 24 de janeiro de 1739, solicitando ao rei meios materiais para as despesas da viagem, sua e da família, bem como uma verba para a aquisição de paramentos, livros religiosos e litúrgicos – enfim, tudo o que era necessário para compor a dignidade de um bispo ultramarino e sua respectiva comitiva. Nessa ocasião, os membros do Conselho Ultramarino consideraram que o monarca devia lhe dar uma ajuda de custo no valor de 4 mil cruzados[51].

Considerando ainda que ia para terra de "vastos sertões e freguesias afastadas por muitas leguas" requereu meios que lhe permitissem enviar missionários por toda a diocese, medida que denuncia a importância que conferia à milícia clerical como instrumento essencial da sua ação, bem como uma grande preocupação com a doutrinação religiosa da população, incluindo os índios[52].

Não descurou requerimentos para que pudesse efetivar o exercício da justiça eclesiástica. Dada a inexistência de um aljube episcopal em Olinda, pediu autorização para encarcerar os presos da justiça eclesiástica na cadeia pública, como já faziam os seus antecessores, e ainda para que o seu meirinho pudesse usar vara branca enquanto andasse a seu serviço[53].

Por fim, não se esqueceu de pedir um novo sino para a catedral, pois o que havia ali estava quebrado. Pedido certificador de que possuía algumas informações antes de ter partido[54].

A chegada a Olinda, os primeiros contatos pessoais com a terra e as suas gentes, permitiram-lhe obter uma noção mais correta da sua missão. Cerca de cinco meses após o desembarque, escreveu a D. João V dando conta do desconsolado estado em que achou a diocese, mas revelando um grande empenho em reformá-la e confiança no apoio que esperava do rei, perto de quem sabia poder contar com a influência de frei Gaspar da Encarnação[55]. De Olinda, a 13 de dezembro, a missiva pintava a negras cores a situação. A sé, no que respeita ao "formal e material", está num estado "deplorável", pois não há "quem faça as funções nem se saberem as cerimonias". Só ali residia um tesoureiro-mor com 80 anos de idade, trêmulo e cego, o único que rezava no coro, pois todas as outras dignidades andavam ausentes "por onde lhes parece". O arcediago e o chantre tinham ido para Salvador da Bahia, acompanhando o bispo anterior D. José Fialho. O mestre-escola está fugido por ser um criminoso, os outros "tomão os seus estatutos e desamparão a Se". Contou ainda que os dois residentes na Bahia lhe tinham escrito solicitando licença para se demorarem, ao que ele teria respondido, revelando o rigor com que queria enfrentar os abusos cometidos pelo clero, que os bispos não podiam dar licença aos cônegos para que estes não cumprissem a residência a que estavam vinculados, por mais de quatro meses, intimando-os a que fossem residir ou se demitissem. Mas eles nunca responderam. Lamentava ainda a inexistência de um mestre de cerimônias na sé. Concluia ser essa a causa de ninguém saber o que fazer, mesmo os capelães, que ignoravam o cantochão, pelo que "para pôr fim a esta indecencia" pedia ao rei uma côngrua para que se pudesse contratar um mestre de cerimônias. Já quanto à falta de residência da maioria do cabido, diz que ele próprio procederá contra os ausentes, de modo a que a sé fique bem servida.

Depois disto, lastima a pobreza material da igreja catedral. O sino grande estava quebrado, o melhor ornamento que tinha era de lhama de prata, não havia capa de asperges e o frontal do altar havia ardido num incêndio. No coro rareavam livros de canto e os que se usavam estavam velhos, "com folhas soltas e erradas".

Refere-se também a alguns costumes dos habitantes locais que, no seu modo de ver, eram lascivos e contribuíam para que se fizessem desacatos à religião, como era o "costume das mascaras". Mas, como para realizar esses folguedos, as populações pediam licença às justiças do monarca, D. frei Luís de Santa Teresa afirma se sentir impotente para impedir os seculares de realizarem tão pecaminosos festejos sem ir contra as ordens das justiças do rei, pelo que lhe pede que, por decreto, proíba as tais mascaradas. Pedido e preocupação que denunciam o rigor que queria impôr à observância dos costumes e religião dos habitantes do Pernambuco.

Termina constatando que as rendas da coroa na capitania de Pernambuco estavam a diminuir, pelo que os pagamentos aos ministros eclesiásticos não se efetuavam a tempo, o que causava muitos problemas, pois tornava difícil arranjar clérigos que quisessem servir, bem como exigir aos que estavam na ativa uma conduta exemplar. Esta luta do bispo deve ter dado os seus frutos, pois, em 1746, o governador da capitania de Pernambuco, D. Marcos de Noronha, escrevia a D. João V garantindo que os problemas passados tinham sido resolvidos e nada se devia da côngrua do bispo, estando também já pagas as da maior parte dos vigários e das fábricas das igrejas[56].

Se o prelado tinha expectativa de apoio régio, a qual se veio a confirmar em muitos aspectos, como adiante se verá, eventualmente não contava com algumas resistências que lhe foram colocadas no Conselho Ultramarino, instância pela qual passava grande parte da comunicação que entabulava com o soberano. Era por via do conselho que as suas notícias alcançavam D. João V e que este comunicava as suas decisões. Em dezembro de 1740, cerca de um ano após a redação da carta de D. frei Luís de Santa Teresa que se acabou de resumir, o que também demonstra a morosidade dos mecanismos de comunicação entre a colônia e Lisboa, os conselheiros e o procurador da Fazenda, que era habitualmente consultado em todas as decisões que envolviam despesas, deram um parecer muito cético face às propostas do bispo. Diziam eles, entre outras considerações

> que nas sés da America nao he possyvel haja todo aquelle asseyo de pratas, ornamentos, ministros e perfeição no coro com que o reverendo bispo de Pernambuco deseja a sua[57].

Quanto à falta de beneficiados, alvitram que isso devia ser tratado pela Mesa da Consciência e Ordens, a quem competia prover os benefícios vacantes[58]. Já quanto ao que respeitava às "máscaras", o que diziam era bem o espelho de que a política de disciplinamento pensada pelo bispo não tinha aceitação universal. Aquela, diziam, era reforma pela qual o bispo não devia começar, pois acharia situações muito piores

> e que estas que respeitavão a alegria publica e contentamento dos povos não se devião tirar de repente, principalmente em terras tão distantes em que não pode haver toda aquela coação que he necessaria[59].

Com tom crítico, denunciando haver setores que viam com maus olhos as medidas que alguns bispos com simpatias jacobeias e ligações a frei Gaspar da Encarnação propugnavam, referem ainda que, uma vez que o bispo era tão zeloso, se lhe devia dizer que deveria sê-lo mais no seu "pastoral oficio", pois corriam murmúrios de que ele consentira que, no auditório, o vigário-geral cobrasse as causas como se fosse auditor da nunciatura, o que muito agravava os vassalos da coroa. Pediam por isso que o procurador da coroa investigasse esses rumores.

Do que é possível conhecer do seu governo episcopal, ressalta a ideia de que todo o seu múnus foi marcado por um desejo de reforma e renovação inspirado pelos ideais da jacobeia[60]. Eram vetores dessa corrente o propósito de fazer observar escrupulosamente os preceitos religiosos, tanto no nível do clero como entre os seculares, adequar os costumes das populações à ética cristã, aprofundar uma piedade mais espiritual e interior que ritualista. Para isso devia contribuir a prática cotidiana da oração mental, o regular exame individual da consciência, o empenho na correcção fraterna dos que pecavam, a frequência dos sacramentos (com particular destaque para a confissão), a mortificação dos vícios e das paixões desordenadas, os jejuns, o desprezo do mundo, a pobreza no vestir. Em todo este projeto era dado especial relevo à formação e conduta do clero, tanto regular como secular, que era tido como o suporte desta ofensiva de morigeração da vida religiosa e moral do reino[61].

Os ecos que se colhem na *Memória* da vida de D. frei Luís de Santa Teresa e que alguns dispersos documentos confirmam, revelam que estes ideais nortearam o seu governo. O memorialista conta que logo que o bispo chegou a Olinda acomodou na casa episcopal a sua limitada família. Esta, assegura, mais parecia uma "comunidade religiosa", pois todos faziam oração mental a horas ajustadas para o efeito, repartindo o resto do tempo entre o estudo e a lição espiritual. Todos procuravam dar o exemplo ao resto do clero da diocese, guardando o máximo recolhimento, nunca saindo à rua sem causa ponderosa que o justificasse e sem para isso levarem companhia. As refeições eram sempre tomadas coletivamente no tinelo, enquanto se liam livros espirituais, e depois de comer havia, "como nos nossos conventos", uma hora de honesta recreação[62].

Partindo do bom exemplo pessoal e dos seus familiares, logo teria começado a tentar aplicar a mesma reforma entre a população:

> Assentada esta boa economia da sua casa, entrou a de estabelecer a da sua Igreja e a vigiar como bom pastor sobre o seu rebanho disperso por mais de coatrocentas legoas pelo interior do sertão e quinhentas pela parte marinha[63].

Para o efeito, convocou quem o ajudasse nas visitas, nos púlpitos e na confissão, empenhando-se pessoalmente nessas missões, para as quais, nomeadamente a pregação e a confissão, tinha abundante traquejo, adquirido enquanto missionário na região de Braga. Entre os seus mais próximos havia quem lhe sugerisse que não se cansasse tanto a pregar, argumentando que os bispos não se podiam consumir nessas pesadas tarefas. Mas a esses ele responderia, revelando bem qual era a sua postura, que os prelados do reino eram da

> Igreja triunfante e por isso lhes he permitido o descanso, porem nos bispos das conquistas de Portugal somos prelados da Igreja militante e por isso nos não devemos poupar ao trabalho[64].

Nesse plano seguia o exemplo do antecessor D. frei José Fialho, também ele filho da jacobeia e que, considerando que a principal missão de um bispo era pregar o evangelho ao povo, recorrentemente usava o púlpito para converter e doutrinar os fiéis que o escutavam, tarefa que sempre exercitava durante as visitas pastorais[65].

Desconhece-se a regularidade com que visitou o território, já que não se conservaram os livros que habitualmente produziram nessa tarefa e o prelado não dá disso conta, como por vezes sucedia, nos relatórios de *visita ad limina* que enviou para a Santa Sé[66]. Mas não haja dúvidas de que as empreendeu várias vezes e, presumivelmente, com regularidade, repreendendo e castigando aqueles que prevaricavam. Entre outros dados indiretos, refira-se que numa lista de presos que estavam na cadeia pública por ordem do prelado, e que o juiz de fora António Teixeira da Mata mandou soltar no ano de 1750, faz-se referência a indivíduos que viviam em concubinato, feiticeiros, ladrões de objetos de uma igreja, que tinham sido remetidos aos cárceres na sequência de visitas[67]. Em 1747, o bispo, em carta dirigida ao rei, nota ter já pedido aos visitadores que andavam pelo sertão que lhe trouxessem informações quantitativas sobre o número dos moradores das terras onde iam[68].

Através das visitas inspecionaria o estado das igrejas paroquiais, tomaria o pulso ao comportamento das populações não descurando a atuação do clero. Este era por norma mal instruído, absentista, vivendo como os seculares, pelo que já os antecessores do bispo tinham travado algumas batalhas para corrigir a situação. D. José Fialho, por exemplo, chegara até a suspender muitos sacerdotes que se tinham ordenado com irregularidades no período da sé vacante que o antecedeu[69]. A vigilância sobre o clero teria sido uma das suas grandes preocupações, pois considerava que sem isso não era viável melhorar o comportamento dos fiéis. Quanto aos seculares, os novos candidatos a ordens eram submetidos a exame escrito e o prelado era muito zeloso nos provimentos de beneficiados e vigários que fazia, preocupando-se sempre em escolher os mais aptos, como conseguiu demonstrar a partir dos livros das colações já na fase final do seu governo[70]. Mas as suas preocupações estendiam-se ao clero regular. Numa carta que escreveu a D. João V em abril de 1743, informava que havia muitos frades franciscanos que iam para o interior do sertão 200 e 300 léguas. Pelo que os vigários e curas não conseguiam verificar se eles tinham as necessárias licenças para confessar, pregar e pedir esmolas, sublinhando que tinha notícia de que muitos atuavam escandalosamente, pelo que ele já pedira aos guardiães dos seus conventos que fossem mais vigilantes. Para além do cuidado que essa carta revela em relação à atuação do clero, bem como à vigilância do prelado para que ninguém pregasse e confessasse na diocese sem ser por si examinado e autorizado, não se pode deixar de notar que ele dizia assim obrar para, como escreveu, "obviar os grandes escandalos que padecem minhas ovelhas"[71].

A extensão das paróquias era outro grande obstáculo à atuação do prelado. Por volta de 1730, haveria em todo o bispado 45 paróquias, mas algumas eram tão extensas que, no dizer de um dos seus antecessores, D. Matias de Figueiredo e Melo (1687-1694), tinham dimensão para ser um "bom bispado"[72]. Pelo ano de 1747, D. frei Luís de Santa Teresa escreveu ao rei, respondendo-lhe a uma inquirição sobre a situação da diocese nesse domínio. Reconhece a existência de paróquias enormes, com mais de 100 léguas, mas que tinham poucos fogos e habitantes pobríssimos, pelo que se se dividissem, considerava, não teriam rendas necessárias, pelo que não se achariam párocos que as quisessem vir a servir, motivo pelo qual não aconselhou a criação de novas. Considerou ainda que o maior problema que a exagerada extensão de algumas paróquias provocava era o da existência de alguns habitantes que viviam sem receber os sacramentos, sobretudo a confissão e a extrema unção. Mas acrescenta que ele estava atento, e que isso "se vai resolvendo", com sacerdotes aditos a capelas que existem, e outras que se vão edificando, os quais auxiliavam os párocos a dar os sacramentos aos moradores que viviam em lugares mais afastados da matriz paroquial[73].

D. frei Luís de Santa Teresa tinha sido bem recebido na diocese, tanto pelos vários poderes locais, como pela população. Mas a sua atuação ia gerando ligeiros sinais de descontentamentos. Em 1742, cerca de dois anos após ter arribado a Olinda, num elogio fúnebre ao seu antecessor D. José Fialho, o qual foi dedicado ao antístete carmelita descalço, o seu autor, provavelmente bom conhecedor da terra, advertiu-o para as frequentes ingratidões que lá se cometeriam.

> Como não pasmaria [o bispo D. José Fialho, que tinha morrido] de ver na sua morte obsequiosos os que em vida julgava oppostos e oppostos os que venerava affectuosos. Então acabaria de conhecer o que he o vulgar de Pernambuco. Vossa Excellencia [agora dirigia-se ao bispo D. Frei Luis de Santa Teresa] aprenda agora em cabeça alheya. Advirta na differença de prelado vivo a prelado morto e com a sua altissima compreensão saiba repartir os seus obsequios por não encontrar no fim ingratidoens por satisfação às suas finezas. Veja Vossa Excellencia que fora da gente principal de seu bispado tudo o mais não he gente[74].

Parecia esse aviso, como se verá adiante, uma história do futuro, isso é, uma profecia. De fato, ao escrever a *Memória* da sua vida, o anônimo que a compôs, o qual, ao contrário do autor do elogio fúnebre, já conhecia todo o passado do seu biografado e, por conseguinte, não o prognosticava, esclareceu que, inicialmente, o bispo foi inicialmente bem acolhido em Olinda. Mas acrescentou, comparando a desdita do prelado à do Filho de Deus, ter sido também esse o modo como receberam Cristo em dia de Ramos,

> porque passado pouco tempo se lhe mudarão e converterão as estimaçoens em desprezos, as honras em vituperios e as aclamaçoens em injurias e afrontas, não de todo o povo senão de quem o governava[75].

## O bispo "não tem por ley senão a sua vontade": uma catadupa de conflitos

Como seria de esperar para quem tivesse conhecimento da história e da sensibilidade da terra, e não ditasse a sua atuação pela utopia de transformar Pernambuco num lugar santo, como sucedia com D. frei Luís de Santa Teresa, a governação do prelado cedo começou a fazer germinar controvérsias entre a elite colonial – inclusive entre o clero –, e a provocar alvoroços e enfrentamentos causadores de dificuldades à atuação do antístite[76].

Os primeiros ecos de desentendimentos datam do ano de 1743. Os seus protagonistas foram o 25° governador da capitania, Henrique Luís Freire de Andrade, e D. frei Luís de Santa Teresa[77]. O pomo da discórdia que fez estalar o conflito entre ambos terá sido o pagamento das côngruas aos vigários. O bispo conseguira o favor de D. João V e obtivera uma provisão régia, datada de fevereiro de 1739, pela qual se impunha que as côngruas fossem satisfeitas aos quartéis, prontamente e sem embaraço, nem diminuição. Além disso, consentia ao prelado autorização para mandar ao tesoureiro, almoxarife ou outro qualquer delegado da coroa que tivesse o rendimento dos dízimos da diocese, que se pagassem as côngruas aos vigários, permitindo-lhe ainda impor penas de excomunhão a quem não acatasse as suas ordens[78]. O governador, todavia, considerava que o prelado interferia abusivamente sobre a gestão da receita dos dízimos, mandando que os funcionários da coroa fizessem pagamentos e não autorizando que aqueles fundos fossem utilizados para quaisquer outros fins antes de se pagarem os eclesiásticos. Acusava-o de ignorar "a qualidade dos dizimos do Brasil e que com elles se não pode intrometer nem em mais que pedir a sua congrua"[79].

O parecer do Conselho Ultramarino sobre o assunto foi que o rei devia escrever ao bispo através da secretaria de estado, estranhando o procedimento que estava a ter, e declarando-lhe que a jurisdição que lhe concedera não era para ele executar pagamentos, mas para ordenar aos oficiais do monarca que os fizessem[80].

Esses quiproquós deram azo a que ambos tomassem medidas tendentes a dificultar a vida um ao outro. O governador queixava-se do prelado para Lisboa e tentava dificultar as suas visitas pastorais. Nos dias em que elas se deviam realizar, lançava bandos para que os súditos comparecessem no campo militar, a fim de realizarem exercícios que se faziam por sua ordem, impedindo-os desse modo de ir à visita, o que obrigou o prelado a suspender visitas que fazia pessoalmente. E chegara ao ponto de se intrometer na jurisdição eclesiástica, mandando soltar da cadeia pública indivíduos cuja prisão fora decretada pelo prelado[81].

O bispo, mais uma vez revelando as suas preocupações com a evangelização dos indígenas, e consciente do apoio de que desfrutava no centro cortesão, informava o rei de que o governador andava constantemente a bulir com os índios, a mudá-los de aldeia para aldeia, fazendo-os integrar as milícias, o que era muito prejudicial à sua adequação a uma vida cristã[82]. Noutros momentos, provavelmente na sequência das notícias que lhe chegavam pelo procurador que mantinha em Lisboa referentes às queixas que contra ele o governador ali proferia, defendia-se, dizendo que todas eram sem fundamento e baseadas em testemunhos de pessoas simuladas e afeitas ao governador[83].

A situação assumira proporções difíceis de sustentar. No Conselho Ultramarino, onde, como já se viu noutras ocasiões, o bispo não granjeava grande estima, os conselheiros assinam uma consulta, em 7 de outubro de 1745, na qual consideravam que o antístite "com pouco motivo" começara a ter desconfianças do governador. E porque de semelhantes desuniões costumavam habitualmente suceder muitos inconvenientes ao serviço de Deus e do rei, sugeriram que este escrevesse pessoalmente aos dois, em iguais termos, declarando-lhes como tinha "muito desprazer" em relação à separação em que andavam, recomendando ao prelado que, mal recebesse a carta se recolhesse ao seu palácio, que o governador ali o fosse visitar e daí em diante se tratassem ambos com "harmonia" e "respeito". Mais, deveria impôr-lhe que "se escusem de admitir pessoas mal intencionadas que com pretexto de fidelidade costumam introduzir estas discordias", revelando como possuíam consciência do perigo potencial que continham estas desinteligências entre os poderes locais, por norma geradoras de lutas de bandos e facções[84].

Não há notícia de que D. João V tenha seguido esse parecer. O que se sabe é que, em 25 de janeiro de 1746, o governador deixou de exercer o cargo que ocupava e foi mandado regressar a Lisboa[85]. Desta vez a medida que o monarca tomou não podia deixar de ser interpretada como um evidente sinal de apoio ao prelado. O antístite assim a terá entendido, e quem em Pernambuco o combatia percebeu que ele estava bem protegido e tinha na corte quem lhe cobrisse a atuação.

Esse dissídio com o governador Henrique Luís Pereira Freire não foi um caso isolado. A política episcopal foi abrindo resistências e confrontos em múltiplas frentes.

Pelos finais de 1743 foi a vez de o procurador da província franciscana de São António do Brasil se queixar da perseguição que o prelado movia aos frades. O bispo, que como já se referiu desencadeara campanha para tentar impedir a circulação descontrolada dos missionários franciscanos pela diocese, ordenara aos vigários e curas, através de carta pastoral, que não deixassem os franciscanos esmolar nas suas paróquias, sem terem licença passada por si ou pelo escrivão da câmara eclesiástica. Na sequência, o padre cura José Barbosa, numa terra do sertão, ameaçou de excomunhão os seus fregueses se eles dessem esmolas aos franciscanos, e chegou a confiscar os bens de um que ali esmolava. Este, sentindo-se afrontado, recorreu ao bispo. O antístite não o atendeu, declarando-lhe que o cura agira como devia. Essa atuação indignou os franciscanos, pelo que protestaram contra o que consideravam o costume novo de o bispo os querer colocar sob sua jurisdição, defendendo que eles, para subsistirem, estavam obrigados a pedir esmola de porta em porta, como mandava a sua regra. Alegavam ainda não ter o prelado jurisdição para os impedir, pois só poderia exigir licenças suas para que eles pedissem nos adros das igrejas, mas que noutros locais só o rei tinha jurisdição. Pediam, por isso, ao monarca, que ele escrevesse ao bispo e lhe ordenasse pôr termo às ordens que sobre essa matéria dera aos párocos. No Conselho Ultramarino, onde se emitiu consulta sobre esta denúncia, foi dito que o antístite fazia bem em perseguir os religiosos apóstatas que cirandavam pela diocese. Mas impedir franciscanos de mendigarem de porta em porta era ação "injusta e indigna de hum bispo, mas tambem muito escandalosa" pelo que o rei "pela via que toca", devia-lhe mandar "estranhar e levantar" esse procedimento[86].

Uma carta do bispo para D. João V, de abril de 1746, comprova que as pendências se mantinham com essa congregação e que a D. frei Luís de Santa Teresa desagradava o excesso de riqueza que os franciscanos ostentavam. Narrava ele que ouvira os prelados de todas as ordens e que todos consideraram acertada a medida de se instalar um recolhimento de carmelitas na localidade de Rio Grande, para aí ensinarem gramática aos filhos dos moradores. Todos, menos os franciscanos da Paraíba, os quais alegaram que, com o novo instituto perderiam as esmolas que os seus frades obtinham naquelas partes. Mas o antístite não achou ser esta razão suficiente, pois dizia que os conventos dos franciscanos eram os maiores de Pernambuco, exibindo torres e tetos dourados[87].

Em 6 de agosto de 1744, Félix Ribeiro da Cruz escreveu para o Conselho Ultramarino lançando gravíssimas acusações de venalidade, compadrio, abuso de poder, proteção de quem atentava contra ordens da coroa, tudo supostamente perpetrado pelo prelado, e pedindo ao rei para pôr mão no governo eclesiástico da diocese, pois o bispo, dizia, é em tudo escandaloso. Eram várias as queixas que expunha. Acusa-o de ter sequestrado os bens do vigário-geral, o padre Francisco Antunes Moreira, o qual partira para Lisboa a reclamar por justiça. Tudo porque este era quem inicialmente "roubava" para o bispo, pelo que, quando tal começou a constar publicamente, o antístite, visando encobrir o seu mau procedimento, sequestrou-lhe os bens. Acusa o prelado de preterir bons clérigos e letrados da terra para prover de novo o lugar de vigário-geral num "frade que tem de portas adentro contra todas as leis". Conta que este tinha sido degradado pela justiça do rei para Angola e depois fugiu para o Brasil. O prelado o teria recrutado na Baía, deu-lhe ordens sacras em pouco tempo e fê-lo seu vigário-geral. E esse ainda roubaria mais que o antecessor, negando justiça às partes e não consentindo que os advogados façam requerimentos, pois se os faziam condenavam-nos. Queixa na qual o seu autor evidencia o mal estar que regularmente causava o fato de os bispos que vinham do reino preferirem para os lugares mais importantes do cabido e da administração e justiça eclesiástica reinóis e não naturais das dioceses ultramarinas. Acusa também D. frei Luís de Santa Teresa de proteger o vigário de Manga, António Mendes Santiago, que teria sido o instigador de um motim contra uma lei do rei, na sequência do qual se queimaram vários engenhos e se perpetraram homicídios. Este vigário "saiu bem culpado" numa devassa que o rei mandou fazer sobre o tal levantamento, mas o bispo "por meia arrouba de ouro", soltou-o com o pretexto de que ele estaria doente. Por fim, acusa o prelado de não residir habitualmente na sé, mas antes num "sítio" que comprara por sete mil cruzados, e de agora se preparar para adquirir um outro de valor superior a 20 mil cruzados, insinuando que o bispo estava a enriquecer ilegitimamente[88].

Por essa altura, o prelado já tinha perfeita consciência de que a sua atuação criara muitas inimizades e que lhe escasseavam os meios necessários para a empresa que se propusera. Quando estavam ainda vivas as disputas que mantinha com o governador, relacionadas com a questão do pagamento das côngruas, queixou-se para Lisboa dos almoxarifes e de outros funcionários da Fazenda Real, como seria o caso, com toda a probabilidade, de Félix Ribeiro da Cruz. Dizia ele, comparando a sua desdita à do padre António Vieira, ocorrida quase um século antes, que os seus inimigos constantemente remetiam para o Conselho Ultramarino:

> papeladas contra hum bispo relligioso e missionario obrigando-me hum mar de calunias que experimento ao deixar a minha residencia e andar peregrinando por este delatado bispado. Horrivel cousa he nas horas de hoje falar verdade, zelar a honra de Deus e serviço de Vossa Magestade, diga o mesmo o padre Antonio Vieira preso no Maranhão e remetido para esse Reyno[89].

E mais adiante queixa-se de que o trabalho dos ministros da Igreja "neste Brasil he tão duro, intoleravel pella grande distancia das freguesias e a falta de clerigos que ajudem aos parochos". Termina os seus lamentos asseverando que se a fazenda da coroa estivesse sem dinheiro e fosse tempo de guerras, ele seria o primeiro a vender o seu anel em praça para "forrar os tambores" do rei. Mas o que não podia aceitar era ver que, não sendo esse o caso, os almoxarifes se sustentavam com 300 mil réis por mês, faziam casas opulentas, saiam dos cargos sem dar contas e não pagavam as côngruas e fábricas das igrejas. E aproveitou a frota para remeter documentos comprovativos de haver párocos que já não as recebiam havia mais de 20 anos[90].

Mas os atritos não cessavam. Em abril de 1746 os irmãos da Misericórdia de Goiana, confraria que tal como as suas congêneres gozava de proteção da coroa, queixaram-se ao rei do vigário da terra, pelo fato de este pretender usar abusivamente a igreja da instituição e os ter excomungado, atos para os quais teria contado com o apoio do vigário-geral e do bispo. E acrescentavam que à época em que escreviam já não dispunham do apoio do governador, para que os defendesse dos abusos da justiça eclesiástica[91]. Dessa vez, o rei procurou proteger a Misericórdia de interferências abusivas, e teria escrito ao bispo uma carta ordenando-lhe que transmitisse ao pároco de Goiana: "que se não intrometa em exercitar actos parochiaes na igreja da misericordia"[92].

Em 1747 estavam ao rubro discórdias com o juiz de fora, doutor José Monteiro. O próprio bispo, através do seu procurador na capital, acusou-o de não respeitar a jurisdição eclesiástica e de perseguir os seus oficiais, o que se presume seria uma forma de retaliar e tentar criar entraves à zelosa atuação do bispo, que não deixava de perseguir os seculares que tinham comportamentos indecorosos. Queixava-se de que, regra geral, havia grande dificuldade em encontrar no Pernambuco gente capaz de servir a justiça eclesiástica e que os poucos que tinham competência o não queriam fazer. Tudo porque os juízes seculares, "presumindo ter jurisdição sobre eles", perseguiam-nos e puniam-nos, em função de queixas de pessoas contra quem os oficiais eclesiásticos faziam diligências. Assim procedera o dito juiz de fora, o qual prendera "cavilosamente" o meirinho-geral Luís Renovato de Andrade, o que era ilegítimo, dado que os meirinhos eclesiásticos tinham privilégio de foro e só os prelados os podiam punir. Por conseguinte, pedia ao rei que resolvesse o problema e tomasse medidas, concluindo que nas terras distantes do império os juízes seculares costumavam "muitas vezes se demasiar", o que fazia com que muitos habitantes fossem remissos em cumprir as ordens do seu prelado[93]. Tal como o governador, pouco depois, esse juiz de fora foi substituído.

No mesmo ano de 1747, também o carcereiro da justiça secular tinha pendências com o prelado. O procurador do bispo acusava-o de soltar os presos da justiça eclesiástica sem licença e de os oprimir, fazendo-lhes "crueis sevicias" para lhes retirar dinheiro. E o pior, escrevia, é que costumava, juntamente com alguns dos guardas, "desonestar-se" com os presos, perpetrando graves ofensas a Deus e causando enormes distúrbios à administração da justiça episcopal. E nada o prelado conseguia remediar, porque o carcereiro não lhe obedecia, fazendo "mofa" das suas ordens. Por tudo isso, e por que o bispo não tinha meios para construir aljube próprio, solicitava ao rei, para esse efeito, a concessão de umas casas existentes em

Olinda, que em tempos serviram de cadeia e que tinham deixado de o ser porque os ministros seculares se haviam transferido para o Recife[94].

Tudo isso se passava numa época em que D. frei Luís de Santa Teresa, apesar de pontuais desabafos e de alguma impaciência, que por vezes o fazia desanimar ante tamanha oposição, ainda sentia na corte o apoio que lhe dava forças para prosseguir a sua campanha. Tanto assim que, pouco antes de agosto de 1747, escreveu para Lisboa protestando contra o fato de o Conselho Ultramarino ter por hábito decidir questões que tocavam ao eclesiástico do seu bispado sem o ouvir. Do que se seguiam muitos inconvenientes, pelo que pedia ao rei não consentir que aquele órgão decidisse assuntos respeitantes ao eclesiástico sem antes se ouvir o parecer do bispo[95].

Essas discórdias foram criando bandos que se digladiavam na pequena sociedade pernambucana, principalmente sediada em Olinda e Recife. E as visitas pastorais efetuadas pelo prelado muito contribuiriam para acicatar aqueles que nelas eram condenados, como com perspicácia diagnosticou, depois de 1751, o então cônego da sé Veríssimo Rodrigues Rangel, o qual era, é certo, um parcial do bispo:

> Digno he de admiração que havendo em muytos prelados das Americas virtudes grandes e acções muy louvaveis, nada disto se escreva para Portugal e não apareção por lá mais que libellos deffamatorios e calumnias inauditas, qualquer pessoa que se reprehenda ou castigue por mais notoria que seja a culpa e mais branda que seja a reprehenção e suave o castigo, lá ficou com hum odio reconcentrado esperando a primeira quebra entre o prelado e ministros para se arrodellar com a protecção destes e conspirar contra o seo prelado com falssissimas attestações e juramentos, e como por cá não podem desfazer a verdade conhecida lá vão vumitar em Portugal todo o veneno de sua maledicencia[96].

Seria esse, provavelmente, o caso do mestre-escola Bernardo Gomes Correia, também conhecido por "Grosseirão", e que o bispo considerava ser "doudo"[97]. Esse apresentou como muito "chegado" do ex-governador Luís Henrique Freire de Andrade. Isso fora, na sua opinião, causa das perseguições que D. frei Luís lhe movera, chegando ao "excesso" de, em uma o ter mandado prender, levado para os calabouços descalço e arrastado pelo chão, causando com tão ignominiosa ação enorme escândalo. Impedia-o ainda de se deslocar a Olinda para exercer o seu benefício, sob pena de 50 mil réis e cadeia. Em meados de 1750 achou o mestre-escola ter oportunidade de se vingar. Denunciou os conluios que, segundo ele, o bispo perpetrava com os cônegos seus parciais, os quais, teriam chegado a lhe dar uma sova. Entre todos menciona José Camelo Pessoa, senhor do engenho do Monteiro, a quem o bispo colocara como cura da sé, contra as ordens do rei, o qual raramente cumpria com a residência e impunha "esportulas exorbitantes" aos paroquianos. E também as insolências que autorizava ao deão António Pereira de Castro e ao arcediago Manuel da Costa Rego. Este era homem tão violento que quando esteve por governador do bispado, exorbitando os seus poderes, praticou enormes insolências contra um cura, mandando cortar as orelhas e a cauda de um cavalo do tal cura, pendurando-as à porta da catedral e mandando alvejar com tiros o clérigo. E tendo o autor destas denúncias protestado com tamanha barbaridade, ordenou-lhe se calasse ou lhe cortaria a língua. Acusava ainda o bispo de ser responsável pelo fato de o culto na sé nem sempre ter a dignidade requerida, contando que num dia de Nossa Senhora da Conceição, porque o prelado levara para o seu paço da Bela Vista a maior parte das alfaias litúrgicas da catedral, incluindo toda a paramentaria branca, ele foi obrigado a celebrar a eucaristia revestido com paramentos vermelhos. E ao terminar este rol, num exercício retórico que visava exacerbar a imagem negativa do prelado aos olhos do rei, mas que correspondia ao que sentiam muitos daqueles a quem o antístete não permitia veleidades, concluiu que D. frei Luís de Santa Teresa se mostrava "despotico e absoluto" em todas as suas ordens, "não tendo por ley senao a sua vontade"[98]. Traços irreconciliáveis com aquilo que, por outras vias, se conhece do caráter e da ação do carmelita descalço.

O que é certo é que o prelado preservava o apoio do monarca e de quem, junto dele, tinha maior influência nos assuntos religiosos, como eram os casos de frei Gaspar da Encarnação e do cardeal Mota e Silva, e pôde prosseguir com sua atuação. O pior estava para vir.

## "Emquanto este bispo estiver naquelle bispado não haverá paz nem sossego em Pernambuco": a cisão

No ano de 1749 chegou a Olinda um novo juiz de fora e dos resíduos e capelas. Chamava-se António Teixeira da Mata e era natural do Rio de Janeiro. D. frei Luís de Santa Teresa recebeu-o com "aquelles cortejos com que costuma tratar aos ministros de Sua Magestade" e, nessa altura, em cartas pessoais, o juiz confessou-se "obrigadissimo as atenções com que Sua Excelencia o recebera"[99]. Meses mais tarde, quando Pernambuco já estava em ebulição e se cindira em facções por causa das controvérsias entre o prelado e o juiz de fora, o ouvidor-geral, que não morria de amores pelo doutor António Teixeira da Mata, teria dito a um criado deste, ao lhe entregar uma carta:

> Va e diga a esse juiz de fora que eu nas juntas obro e voto como entendo em minha conciencia, que nada dependo do bispo, que nunca me alimpey nos guardannapos de sua meza, nem comi nos seus pratos, como elle, que agora lhe da com elles nos narizes[100].

Foram as polêmicas que o bispo e o juiz de fora mantiveram durante alguns anos a causa da desgraça final de D. frei Luís de Santa Teresa. Urge, por conseguinte, reconstitui-las nos seus aspectos principais[101].

O cerne das disputas que desencadearam o confronto foram a defesa por parte dos dois intervenientes das respectivas jurisdições. Faleceu o padre Isidoro Rodrigues e deixou a "sua alma por herdeira". Como a morte sucedeu em mês durante o qual competia à justiça eclesiástica tomar conta das disposições testamentárias, Manuel Pires de Carvalho, que desempenhava as funções de vigário-geral, mandou fazer o inventário dos seus bens. Todavia, quando se preparava para atuar, verificou que o testamento desaparecera e os bens do defunto tinham sido arrematados, tudo por ordem do juiz dos resíduos e capelas, António Teixeira da Mata. Ao tomar conhecimento do fato, o vigário-geral quis proceder contra o testamenteiro, mas foi impedido pelo bispo. Este, já muito experiente, considerou ser mais ajustado fazer um "papel de direito" para se provar que os inventários dos bens dos clérigos e ainda para mais nos meses de alternativa da Igreja competiam ao juízo eclesiástico. Assim se fez, e quando o vigário foi apresentar o tal arrazoado ao juiz dos resíduos do secular, este disse-lhe que "nunca avia de ceder das suas regalias" e que jamais deixaria usurpar a sua jurisdição e da coroa. O prelado, ciente de que a razão e o direito lhe assistiam, para evitar discórdias, teria proposto que se pedisse um parecer à Mesa da Consciência, para que de lá se determinasse como proceder, mas o doutor Teixeira da Mata, que também julgava ter a razão do seu lado, respondeu pessoalmente ao prelado:

> Não se canse Vossa Excelencia que eu hei-de continuar em fazer os inventairos dos clerigos e não hei-de perder esta regalia; e ainda que a Mesa resolva pello Ecclesiastico, não hey-de cumprir tal rezolução porque aquelles senhores andão de cor[102].

Estavam abertas as hostilidades. Tanto mais que esse não foi o único caso do gênero em que o juiz de fora decidiu interferir. Pouco tempo depois fez o mesmo em relação aos testamentos dos padres Pedro Dias e Alexandre Ferreira. Neste último caso o que se passou foi que, tendo o defunto falecido três anos antes, o seu testamenteiro ainda não tinha cumprido a obrigação de instituir uma capela de missas estipulada no testamento. Para viabilizá-la era necessário, previamente, cobrar uma série de dívidas de que o testador era credor. Entre os devedores, contava-se um padre Filipe Rodrigues Campelo "amigo particular do juiz de fora". Fosse por isso ou não, o magistrado secular citou o tal testamenteiro diante do seu juízo e lhe ordenou a entrega dos bens deixados pelo falecido. Este tomou um procurador e se defendeu, até que, para evitar a prisão com que o juiz de fora o ameaçou, colocou o dinheiro em depósito no auditório eclesiástico e fugiu para a Paraíba. Nessa altura, o bispo estava fora de Olinda e o vigário-geral escreveu-lhe relatando os acontecimentos e propondo que, esgotados os meios pacíficos e negociações até então adotados para resolver os problemas, urgia tomar medidas mais eficazes[103].

A decisão do bispo foi drástica e ele estava disso consciente, bem como dos efeitos que a medida provocaria, pois escreveu ao seu vigário-geral uma missiva na qual se pode ler:

> Sabe Deos que se me não obrigara o estimulo não consentira que se excomungase ministro algum de Sua Magestade, com os quaes sempre dezejei ter a melhor armonia. Bem sey que a esta censura se ham-de seguir os mayores escandalos e gravissimas molestias, pelo que nesta barbara terra se desprezam as excomunhoes e se multiplicão os peccados em semelhantes occurrencias[104].

Em consequência, nos finais de novembro de 1749, o vigário-geral elaborou uma carta precatória pela qual ordenava que o doutor Teixeira da Mata remetesse ao juízo eclesiástico todos os papéis que havia feito relativamente à capela mandada instituir pelo padre Alexandre Ferreira, não usurpando com o procedimento que estava a tomar a jurisdição eclesiástica, tudo sob ameaça de excomunhão, e lhe impondo um prazo de três quartos de hora para o cumprir. O notário apostólico encarregado dessa diligência dirigiu-se à casa do juiz, mas este não o recebeu. Esperou, e quando ele saiu "para dar o seu passeio", em companhia do mestre de campo João Lobo de Lacerda, aproveitou a ocasião e entregou-lhe o documento. O juiz leu-o e, ato contínuo, teria respondido: "Vá, diga ao vigario geral que he hum asno". Meteu a precatória no bolso e prosseguiu. Em face dessas ocorrências o vigário-geral declarou-o excomungado e mandou afixar esta decisão à porta das igrejas do Corpo Santo e do Livramento. Durante a noite seguinte, alguém afeito ao juiz de fora colocou um papel por cima da declaratória de excomunhão que estava na igreja do Livramento, no qual se mandava o vigário-geral "beber huma potagem que aqui se não deve escrever", como achou por bem reportar o narrador que se tem seguido. Esse, o referido cônego da sé, Veríssimo Rangel, já conhecedor do desfecho da história enquanto redigia estas linhas, não deixou de escrever nesse ponto: "Aqui começão as grandes historias de Pernambuco a que pudemos chamar tragedias, certamente nunca vistas"[105].

O caso da excomunhão imposta por um bispo a um juiz da coroa não era virgem, nem menos invulgar naquelas partes, e os antístites, apesar de deverem ser muito contidos na aplicação dessa censura, não estariam obrigados a pedir permissão ao rei para fulminar esse gênero de sanções aos seus magistrados. Isso mesmo recordará D. frei Luís de Santa Teresa, dando vários exemplos de excomunhões perpetradas pelo seu antecessor – que excomungara um ouvidor da Paraíba que lhe perturbara a jurisdição – pelo arcebispo da Bahia, que fizera o mesmo a um ouvidor de Sergipe[106]. Todavia, a pertinácia de ambos os contendores e a agudização de tensões contra o prelado, as quais tinham o lastro de pendências ocorridas num longo passado e que contribuíam para que ele tivesse vários opositores na terra, acabariam por tornar este confronto bem mais dramático.

O juiz congregava à sua volta muitos apoios entre o senado da câmara, justiças da coroa, oficiais da milícia, membros de corporações de clérigos regulares (sobretudo jesuítas), sacerdotes e muitos colonos a quem a atuação do prelado desagradava, por motivos variados e distintos.

Logo em 27 de novembro de 1749, poucos dias após a excomunhão, o senado da câmara escreveu ao bispo, suplicando-lhe que moderasse os procedimentos contra o doutor António Teixeira da Mata e suspendesse o interdito com que o fulminara, enquanto um tribunal superior não decidisse a quem competia averiguar do caso do testamento do padre Alexandre Ferreira[107]. O prelado, no entanto, revelando perceber de que lado estavam os "camaristas", como por vezes os apelidava, e qual a estratégia do juiz, manteve-se inflexível e, no dia seguinte, também por carta, declarou que só aceitaria moderar o seu procedimento se o juiz mudasse de atitude e lhe pedisse perdão:

> A vista disto, ainda que eu queira abraçar o prudente arbitrio desse Senado, como o doutor juiz de fora o não abraça, continuando na sua violencia, suspender a jurisdição eccleziastica os seus procedimentos seria mais que prudencia, puzilanimidade, seria sugeiçam e tambem

> peccado, e a mim que na sagração jurei defende-la, será perjuro. Mas pode comigo tanto o amor da paz e a reverente suplica desse Senado que se acabar com o doutor juiz de fora que suspenda os seos procedimentos, mandarey ao meu vigario geral suspender aquelles a que este arbitrio pode dar remedio, porque enquanto a censura que esta ja fulminada não tera outro mais que a nullidade, se se mostrar ou a absolvição se pedir. Deus ponha a tudo remedio...[108].

Paralelamente, tentando isolar o prelado e fazê-lo cometer algum deslize ou desistir, o juiz de fora encetou uma campanha sistemática de perseguição à gente sua, iniciando pesquisas e espiando os procedimentos dos oficiais da casa do bispo, do auditório eclesiástico, do vigário-geral e do vigário do Recife, tentando apanhá-los em falso. Certo dia, indo o meirinho ao Recife tratar de assuntos, e estando numa praça a conversar

> o investirão os beleguins do juiz de fora, atracarão-no de todas as partes, desabotoarão-no, descomposerão-no, mas como lhe não acharão faca nem ainda hum canivete ou navalhão, não o levaram prezo[109].

Idêntica fortuna não tiveram o barbeiro e um mestre de obras do prelado – que desde menino havia sido criado por, que acabaram presos por ordem do doutor Teixeira da Mata, apesar de terem tirado de cartas de seguro ante o ouvidor[110]. Procedimentos que repetirá, alguns meses mais tarde, desta vez contra o cozinheiro e o oficial que fazia as compras para o paço episcopal[111].

Ao ser informado dos desacatos contra os seus oficiais, o prelado tudo ouviu "com muita quietação de animo, porque os trabalhos que ha onze annos tem padecido neste bispado lhe tem feito adquirir hum grande habito de paciencia"[112], confirmando a catadupa de conflitos que pelo menos desde 1743, se sucediam em torno da sua atuação. A reação materializou-se na redação de duas missivas, datadas de 2 de dezembro de 1749. Uma, destinou-a ao governador de Pernambuco, Luís José Correia de Sá, pedindo-lhe tomasse providências sobre os agravos que lhe fazia o doutor Mata. Outra, remeteu-a ao juiz de fora, propondo-lhe, em tom paternal, uma reconciliação[113].

A resposta de António Teixeira da Mata, redigida no Recife no dia seguinte, foi negativa, apesar de escrita num tom dissimulado e cortês, com que ambos sempre se trataram por escrito:

> Eu, como Antonio Teyxeira da Matta, sou subdito de Vossa Excelencia Reverendissima e lhe hirey varrer a sua cavallarice para significar a todos que a minha humilde obediencia he tal que se satisfaz com o honrozo exercicio do menor servente do Palacio de Vossa Excelencia Reverendissima. Porem, como ministro de Sua Magestade ey-de conservar a sua jurisdição athe ao ultimo ponto, ainda que por alguma calumnia me rezulte do sobredito grande ruyna. Porque mayor honra terei de padecer por não ser perjuro e infiel ao meo soberano, que me honrou empregando-me no seo serviço, do que ter grandes augmentos faltando ao meo dever e a fidelidade para com o dito senhor a quem sirvo[114].

O bispo ficou desapontado com o distanciamento e irresolução do governador – que sempre se comportará assim durante esta longa contenda – e com a contumácia do juiz de fora. E mais desconsolado ficou quando o vigário-geral lhe comunicou que, entretanto, estavam suspensos todos os procedimentos no auditório eclesiástico, porque os oficiais, temendo ser presos ou descompostos, recusavam-se a ir ao Recife fazer qualquer diligência[115].

Vendo que o magistrado não obedecia à excomunhão e que grande parte dos fiéis não o evitavam como estavam obrigados, incluindo alguns religiosos que o recebiam no seu convento para assistir à eucaristia, a 8 de dezembro, o prelado difundiu uma longuíssima pastoral. Ali, por vezes com fina ironia, quando se tratava de tentar diminuir o saber jurídico do juiz de fora, historiava os fatos, defendia intransigentemente o seu direito e posições, e exortava os fiéis a que lhe obedecessem e não seguissem as errôneas opiniões do doutor Mata e seus parciais. Justificava os seus argumentos com doutrina do direito canônico e civil, frases bíblicas e jurisprudência de casos passados, revelando o grande domínio que tinha sobre essas matérias[116].

No dia seguinte, o juiz de fora, pretendendo embargar a atuação do vigário-geral contra si, desencadeou um processo de agravo junto do juízo da coroa em Pernambuco. A 7 de fevereiro de 1750, esse tribunal pronunciou-se pela primeira vez sobre a controvérsia, considerando que o vigário-geral procedera "com notoria força e manifesta violencia com usurpação de jurisdição real", dando razão ao requerente juiz de fora no primeiro agravo que lhe foi interposto. Por isso, através de uma carta rogatória, pediam ao vigário-geral que levantasse as censuras que impusera ao recorrente. Entre os desembargadores, estava o ouvidor-geral, o qual teria votado vencido, e um procurador da coroa, Caetano da Silva Pereira. Este era um dos mais próximos colaboradores do doutor Teixeira da Mata e o presumível responsável pelo voto dos outros juízes[117].

A essa decisão respondeu o vigário-geral a 9 de março. Fê-lo através de longo arrazoado jurídico, solidamente fundamentado com muitas "autoridades" do direito canônico e civil, e no qual é evidente a participação do bispo, tal como ocorrerá em peças subsequentes desta liça[118].

Entretanto, as represálias entre as duas partes continuavam. Em finais de fevereiro, inícios de março de 1750, o juiz de fora,

> comovido dos clamores dos miseraveis vassalos de Sua Magestade prezos nas cadeas da cidade de Olinda e villa do Recife e retidos nellas meses e annos, muytos sem culpa formada e todos sem serem presos na forma que determina a Ordenação do Reyno...

intimou o vigário-geral através de carta precatória para, num prazo de 24 horas, enviar-lhe todos os autos e culpas que tinha no seu auditório relativos a presos seculares que estavam na cadeia pública[119]. O vigário-geral não o fez, como seria de esperar, e o juiz de fora ordenou que todos fossem libertados. É o próprio que assim o reporta para os inquisidores de Lisboa, em carta de 3 de março de 1750, na qual também dizia que o bispo retinha presos abusivamente nos cárceres, justificando-se que estariam ali às ordens do Tribunal da Fé. Com esse gesto pretendia, obviamente, ganhar o apoio da poderosa Inquisição e assim poder juntar mais trunfos à sua campanha contra o prelado. Mas o cônego Veríssimo conta o caso de outra forma, e o toma como um dos fatos mais graves até então ocorrido, dizendo que, ainda não transcorridas as 24 horas impostas, o juiz de fora foi à prisão de Olinda com a sua patrulha, e soltou todos os presos da justiça eclesiástica que lá se encontravam. E prossegue, indignado e exacerbando a gravidade do sucedido:

> Feita esta Africa em Olinda, partio immediatamente para a villa do Recife, aonde por ser a cadeya mais segura estavam os prezos de mais importancia, alguns pelo crime de casar duas vezes e hum negro

> feiticeiro que não tinha menos crime que de haver querido matar a Sua Excelencia Reverendissima com maleficios, por dinheiro que lhe deo outro prezo que tinha os maiores crimes do mundo, com quem contendeo o antecessor de Sua Excelancia Reverendissima e havia muitos annos que se andava no seu alcance[120].

Essas afrontas tiveram como resposta nova excomunhão do vigário-geral, baseada nas disposições da Bula da Ceia, contra quem perturbava a jurisdição eclesiástica.

Em 11 de maio de 1750, o juízo da coroa de Pernambuco, respondendo a um segundo agravo interposto por António Teixeira da Mata, em nova carta rogatória, pediu ao vigário-geral e ao bispo que suspendessem a excomunhão que tinham decretado, e declararam nula e sem efeito a já referida pastoral de D. frei Luís de Santa Teresa[121]. Mais uma vez, na resposta que compôs a 6 de junho, o vigário-geral recusou-se a obedecer[122].

Enquanto as partes se confrontavam nos tribunais, prosseguiam as perseguições do juiz de fora contra os mais próximos colaboradores do bispo, por vezes com ações violentas e perpetradas velada e covardemente. Foi o que se passou na quaresma, na igreja matriz do Corpo Santo, quando de noite se apagaram todas as luzes e uma chusma de homens não identificados começou a arremessar pedras, partindo um relicário que o sacerdote trazia ao pescoço, ferindo o sacristão e rachando a cabeça ao padre coadjutor. Depois fugiram a coberto do escuro da noite[123].

Para além dessas violências, voltaram a perseguir o meirinho Luís Renovato de Andrade, escrivães do eclesiástico, bem como as mulheres de um Recolhimento do Paraíso, as quais o bispo protegia e que, em tempos, a pedido do pai e por conselho do bispo, haviam recebido uma menina para a educarem. Mas a mãe da criança, que vivia amancebada com um José Correia, que era um dos partidários do juiz de fora, tudo fez para a reaver. Certa ocasião o juiz de fora foi com a sua patrulha ao recolhimento, mas temendo expulsar todas as mulheres, com receio da reação popular, forçou-as todas a irem para uma casa interior do recolhimento, fechando-lhes todas as portas e janelas "que foy o mesmo que entaipa-las (...) e feita esta Africa, se retirou com a sua comitiva"[124].

Quem prendeu o meirinho foi um sujeito dos que o juiz de fora libertara e que estivera preso na cadeia pública por ordem do bispo. Este, ao regressar à terra, dava "vivas ao seu padrinho" e dizia com afronta "morra o vigario geral e morra o bispo". Depois de relatar esses episódios, o cónego Veríssimo remata assim:

> Boa occazião tiverão todos com a boa vinda deste ministro e assim se vão derpicando [sic] huns dos termos que fizerão nas visitas, outros das reprehenções e admoestações do prelado e cada qual cuida em acabar com o official que o citou ou com o meirinho que o prendeo[125].

Expressão eloquente de que o bispo jacobeu tentara aplicar a justiça e disciplinar o comportamento dos moradores da diocese, criando com isso um longo rol de inimizades.

Mais ou menos em simultâneo com essas ações, por seu turno, o prelado acusava o juiz de falsificar papéis e de impedir que se trasladassem os autos de decisões do juízo da coroa de Pernambuco para serem vistos em Lisboa, no Desembargo do Paço, para o qual intentava recorrer[126].

Como era de se esperar, as notícias de todos esses distúrbios e inquietações entre o bispo de Olinda e o juiz de fora não podiam ter ficado silenciadas naquela conquista, pelo que chegaram ao Conselho Ultramarino e ao rei, causando perplexidade e obrigando à tomada de medidas por parte do centro político. Sucede que, em 31 de julho de 1750, faleceu o rei D. João V. Outros assuntos mais importantes agitavam a corte, onde se faziam e desfaziam alianças tendentes a ganhar posições no novo ciclo político[127].

No entanto, logo em 20 de agosto desse ano de 1750, numa carta régia dirigida ao desembargador da Bahia, doutor Manuel da Fonseca Brandão, D. José I ordenava que ele, mal recebesse a missiva, partisse para o Recife, a fim de tomar conhecimento

> da grande perturbação que tem resultado dos procedimentos do bispo de Pernambuco contra o juiz de fora e da omissão com que se tem havido o ouvidor daquela Comarca em deferir ao recurso que se entrepos por parte da jurisdição real, de que derão conta o governador e bispo de Pernambuco, juiz de fora e officiais da Camara da cidade de Olinda e villa de Recife em cartas de que com esta se remetem copias[128].

Missiva comprovativa de que todos se haviam queixado para Lisboa uns dos outros. Mas a carta pedia ainda ao desembargador um relatório com o seu parecer, e prescrevia que, mal chegasse ao Recife e antes de iniciar a devassa, ordenasse ao juiz de fora e ao ouvidor-geral que abandonassem o Recife e fossem residir para a Paraíba.

Nessa mesma altura, agosto de 1750, mas do outro lado do Atlântico, o juiz de fora, que acumulava o cargo de provedor da fazenda régia, escrevia para o rei a dar conta de que já pagara as côngruas aos párocos e cônegos da sé e aproveitava para denunciar a falta de residência de muitos cônegos, o que fariam, no seu entender, com consentimento do bispo, que, dizia, só "observa" se os cônegos e elementos do seu auditório recebiam a côngrua, mas não zelava se cumpriam as obrigações. Os ataques ao prelado não cessavam[129].

Da outra parte, D. frei Luís de Santa Teresa, em outubro de 1750, escrevia para o vice-rei comunicando ter perdido a paciência com as insolências, ofensas e usurpações do juiz de fora, e que enviava a Lisboa o meio cônego Caetano da Silva, para expor ao rei as demasias do doutor Mata. Entre os papéis que o acompanhavam, iam cópias de uma decisão do juiz com a qual ele pretendera anular a pastoral do bispo, um edital em que ameaçava os párocos com pena de prisão e multa de 80 mil réis se abrissem testamentos sem sua autorização e certidões de que soltara das cadeias seculares os presos do juízo eclesiástico e das sevícias que praticara com o meirinho do bispo[130].

Em 21 de janeiro de 1751, chegou finalmente ao Recife, vindo da Bahia, o desembargador Manuel da Fonseca Brandão[131]. Afastou o juiz de fora e o ouvidor, desembargou vários processos judiciais pendentes na ouvidoria, efetuou a devassa e, durante esses meses, teria sido influenciado pelos membros mais destacados do bando do juiz de fora[132]. Finalmente, em 22 de agosto de 1751, deu conta para Lisboa do resultado das suas diligências. Reportou que teve oportunidade de conversar com o bispo, tendo colhido a impressão de que ele nutria ódio contra o juiz de fora e demonstrava ter instinto vingativo, rancor que se estenderia também a muitas pessoas gradas do Recife. E apesar de achar que a "praxe de julgar" daria razão ao bispo em juízo, considerava que o seu gênio era perigoso para a terra, pois era uma fonte inesgotável de perturbações, e o povo de Pernambuco era muito dado a sublevações e motins. Expostos esses pontos, concluia:

> emquanto este bispo estiver naquelle bispado não havera paz nem sossego em Pernambuco e que seria muito conveniente suplicar Vossa Magestade ao Papa a remoção do prezente bispo[133].

Quando este parecer foi recebido no Conselho Ultramarino, os conselheiros, habituados a histórias de discórdias semelhantes e não revelando dar exagerada importância ao sucedido, recomendaram ao rei, em consulta de 15 de novembro de 1751, que ele escrevesse ao bispo, ordenando-lhe que os eclesiásticos não cometessem excessos e que o antístite, como "bom pastor", procurasse a boa união de todas as suas ovelhas. Aconselhavam ainda o monarca a ordenar que na próxima frota para Pernambuco fossem providos novo juiz de fora e ouvidor, com bacharéis de capacidade para "evitarem os disturbios que ali se recea continuem"[134].

Entretanto, enquanto a comunicação entre Lisboa e Pernambuco se desenrolava, perpetuavam-se na capitania brasileira os recontros. Note-se que a circulação das notícias entre a capital e a colônia era pautada pelos ciclos das frotas, o que impedia uma atuação mais célere do centro para resolver os problemas, e dava margem aos agentes do império para alguma autonomia, criando desencontros entre ordens da coroa e a real situação vivida quando elas eram recebidas.

No dia 3 de agosto de de 1751, os vereadores da câmara escrevem ao rei. O gesto aparentava ter sintonia com a atuação do desembargador Brandão e visava agravar a imagem do prelado em Lisboa. Dão conta de que o ambiente se tinha aquietado, dados os bons serviços do desembargador, mas receavam retrocessos, pois o bispo era muito "odioso" e de há anos que tinha problemas com os governadores e outros ministros da coroa. Informam que chegara ao Recife no dia 16 de julho a notícia de que na Relação da Bahia se tinha decidido a favor do eclesiástico o recurso que o juiz de fora havia entreposto para aquele tribunal. Nessa altura, circulara o boato de que o bispo subornara a Relação da Bahia com uma peita de 8 mil cruzados. Ao saberem da decisão favorável, os clérigos e partidários do prelado, entre os quais alguns militares, teriam feito luminárias durante três noites. D. frei Luís mostrou-se agradecido, de tal forma que consentiu, em banquetes onde estava presente, insultos dos seus apaniguados a um antigo ministro do rei e aos religiosos que o apoiavam. Os maiores excessos nos "aplausos" da decisão ocorreram na Paraíba, onde estavam o juiz de fora e o ouvidor. A notícia alcançou aquela terra a 20 de julho, expedida pelo bispo para o seu familiar e vigário da Paraíba, António Soares Barbosa. Fizeram-se luminárias e se ordenou uma procissão com um carro cheio de velas, com muitos eclesiásticos armados com catanas nuas, espadas e pistolas. O cortejo percorreu as ruas "com alaridos de vivas e aplausos" e, em alguns momentos, liam os clérigos "em vozes altas" um pregão que dizia: "Viva o Excelentissimo senhor bispo D. Frey Luis de Santa Teresa e morra o judeu do juiz de fora, nariz de tocano", impropérios que chegaram a proferir em frente à porta da casa onde estava a residir o doutor Mata. "Demonstrações" semelhantes teriam sucedido em Iguaraçu e Boa Vista. Temeram os vereadores que o povo se pudesse amotinar por causa de tantas luminárias e repiques de sinos para festejar o afastamento do Recife do juiz de fora, mas felizmente nada se passou. Terminam suplicando o apoio do rei, pois nada refreava o "odio" do bispo para "destruir o povo", o qual, apesar de desrespeitar a justiça secular, se gabaria de que nunca deixaria o lugar. E num último lamento lastimam que nada lhes poderia valer naquela aflitiva situação, a não ser o próprio "braço do rei"[135].

Um dos signatários dessa alarmante notícia, que, escreverá mais tarde segundo o bispo, estava repleta de falsidades, foi João de Oliveira Gouvim. Tratava-se de um dos mais sólidos apoiadores do partido do juiz de fora, que fora colocado à frente da câmara do Recife pelo desembargador, na altura em que o juiz fora afastado para a Paraíba, e que era um comerciante local que já desempenhara cargos importantes na vereação desde 1730 e até de tesoureiro da imposição da dízima da alfândega de Pernambuco. Função que o ligava à questão do pagamento das côngruas, caso que fora objeto de várias contendas com o bispo no passado[136].

Após se ter conhecido a decisão do desembargo da Bahia, António Teixeira da Mata parece ter cedido e procurou se compor com o bispo. Em termos humildes e lembrando-lhe a misericórdia que o bom pastor devia ter para com as ovelhas desviadas, pedia absolvição das censuras em que incorrera. O prelado, todavia, depois de vários despachos, exigiu que para lhe perdoar ele restituísse todos os presos da justiça eclesiástica que tinha solto ou que, em alternativa, pagasse quatro mil cruzados destinados à sua recaptura[137].

Em 23 de novembro de 1751, na sequência das notícias que continuavam a chegar a Lisboa, o rei escreveu ao bispo e ao governador do Pernambuco recriminando-os e estranhando que tenham permitido as assuadas a que se fez há pouco alusão.

As reprimendas e pedidos de contenção a ambas as partes feitas pelo centro político, o pedido de absolvição por parte do juiz de fora e as decisões do tribunal da Bahia, no entanto, não puseram termo às discórdias. Disso se encontra abundante noticiário na missiva que D. frei Luís de Santa Teresa enviou ao rei, em 13 de junho de 1752. Nessa, pressentindo haver no Conselho Ultramarino quem o quisesse prejudicar, começou por declarar que não lhe reconhecia competência para julgar matérias eclesiásticas e espirituais como eram queixas contra bispos, por ser um órgão secular. Depois, lembrou que em duas instâncias distintas, o Desembargo do Paço da Bahia e a Mesa da Consciência e Ordens, lhe tinha sido dada razão no caso da excomunhão que cominara ao juiz de fora. Arrolou em seguida documentos que pretendiam demonstrar o ruinoso comportamento tanto do desembargador Brandão, como dos vereadores da câmara do Recife e, evidentemente, do juiz de fora e seus mais diretos colaboradores, sobretudo José Correia e um Manuel Queirós (conhecido por Calabrote). Que todos conspiravam contra o bispo, falsificaram papéis judiciais, remeteram notícias falsas para Lisboa, subornaram testemunhas. Termina essa longa missiva informando que o doutor Teixeira da Mata fugira do extermínio para onde o rei o mandara na Paraíba e ia a Portugal queixar-se pelo fato de ele o não ter querido perdoar por duas vezes. Explica esse seu procedimento declarando que da primeira vez o juiz de fora lhe pedira a absolvição num texto cheio de calúnias e no qual o acusava de falsário. Da segunda vez, quando veio a notícia da Relação da Bahia, porque ele lhe arbitrara que pagasse quatro mil cruzados para se poderem voltar a prender vários presos e o doutor Mata o não quis cumprir, tendo, na sequência disso, engendrado uma série de falsidades. Esperava o prelado, assim o dizia, que o rei visse que devia haver cuidado em mandar para a América ministros que tenham antes dado prova de boas letras e temor a Deus[138].

O doutor Teixeira da Mata não se deu de fato por vencido. Já em Lisboa, por novembro de 1753, requereu ordem para que o tribunal da Bahia remetesse para o Desembargo do Paço da capital os autos originais da causa em que ele fora condenado no litígio que tivera com o bispo[139]. Paralelamente, arvorando a bandeira de que sempre pretendera defender a jurisdição da coroa, ia movendo as suas influências para se vingar do prelado. E acabou por conseguir.

No dia 2 de janeiro de 1754, da Boa Vista, D. frei Luís de Santa Teresa escreve amargurado para o rei. Principia por dizer que chegou a Pernambuco uma notícia que deixara "atónito" todo o Brasil: o rei tinha-lhe ordenado que se retirasse do bispado e regressasse a Lisboa, sem para isso ele ter sido sequer ouvido. Tanto mais, dizia, porque o fundamento da decisão estava suportado em falsos testemunhos levantados pelo desembargador Brandão e, sobretudo, pelo juiz de fora, a quem acusa de ter muitos padrinhos no Conselho Ultramarino. Defende-se, ainda, dizendo que todos sabiam em Portugal que no tempo de D. João V ele era muito bem visto e honrado. Que podia ter feito grande fortuna e não quis, largando todos esses regalos para ingressar nos carmelitas descalços e viver com austeridade e missionando. Pois se tudo assim era, perguntava, como seria possível converter-se um

> varão tão apostolico em tao abominavel monstro, que he preciso trata-lo com a maior ignominia que é tirar-lhe o governo do bispado sem ser ouvido[140].

E aproveita para se comparar a grandes padres que também foram perseguidos: "vejo que me leva Deus pelo caminho dos Ambrosios, dos Athanasios e Chrisostomos". Por fim, revela que não se deu por vencido e que iria se defender na corte:

> beijarei a mão a el Rey se Sua Magestade me admitir a esta honra, pedirei vista da devassa que el Rei me concederá, porque a defesa a ninguem se nega, mostrarei que he nula, e quanto aos factos que

> conthem hum milhão de mentiras, mostrarei a Sua Magestade a afronta que recebem todos os bispos na minha pessoa, a porta que se abre a tantos malevolos detractores como tem o Brasil que ja sabem o caminho, não so como hão-de desacreditar os prelados como de os derrubar de suas cadeiras (...) e feito isto cuidarei em morrer no meu canto com menos contradições e mais socego[141].

Embarcou de regresso a Lisboa a 18 de junho de 1754[142]. Mas nunca o receberam. No centro político muita coisa se alterara. D. João V, o cardeal da Mota e sobretudo frei Gaspar da Encarnação tinham morrido. Novos rumos em relação à defesa da autoridade da coroa e sua relação com a Igreja se perfilavam no horizonte[143]. E como bem percebeu o memorialista que narrou a vida de D. frei Luís da Santa Teresa, foi mais poderosa "a falsidade que a verdade": D. José I "mal informado" pelo secretário de estado acabou por nunca receber o antístite[144]. O memorialista não o nomeou, mas é natural que o secretário de estado fosse Sebastião José de Carvalho e Melo.

O prelado ainda redigiu um longo memorial que entregou ao confessor do rei, do qual se desconhece o paradeiro. Depois, recolheu-se em casa de uma sobrinha, na quinta da Granja, junto a Póvoa de Santo Adrião. Ali veio a falecer no dia 17 de novembro de 1757[145].

## Conclusão

Não se pretende a partir deste caso isolado forjar uma teoria que possa lançar luz em definitivo sobre a atuação dos prelados da jacobeia, a relação que mantiveram com os magistrados da coroa nos territórios onde exerceram o seu múnus, ou sobre o modo como no centro político se geriam conflitos semelhantes aos que aqui foram reportados e se ia governando o império. Todavia, o caso constitui um paradigma de algumas situações que merecem ser ressaltadas.

Desde logo, que as políticas seguidas pelos bispos ligados à jacobeia, que pretenderam a utopia de criar uma sociedade erradicada de pecado e santa, através do seu exemplo e de um rigoroso governo das dioceses, acabaram por gerar mais problemas e resistências que soluções.

Por outro lado, que o centro político também atuava por reação, como resposta às dissensões locais, pelo que não se pode perspectivar e compreender a análise do exercício político exclusivamente à luz da lógica da imposição das ordens do centro sobre as periferias.

Em terceiro lugar, demonstra que, apesar das muitas barreiras fáticas criadas pela distância, por dificuldades objetivas de comunicação e pela existência de mecanismos de decisão repletos de instâncias nem sempre bem administradas e coerentemente organizadas, o rei tinha capacidade efetiva de mando nos longínquos territórios que compunham o seu império.

Por último, o caso confirma como no império, variadas instâncias de poder nomeadas pelo rei (governadores, câmaras, juízes de fora, ouvidores, bispos) – e que o monarca controlava graças à sábia e prudente administração das mercês com que retribuía os seus serviços – vigiavam-se mutuamente, impedindo excessivas autonomias e concentração de poder nas mãos de um só, o que acabava por ser uma forma de o rei dominar melhor todo o sistema e evitar situações de hegemonia que podiam ameaçar a própria autoridade da coroa.

## Notas

1 Para uma visão mais aprofundada do sentido da política de nomeação episcopal durante o reinado de D. João V, ver José Pedro Paiva, *Os bispos de Portugal e do império 1495-1777*, Coimbra, Imprensa da Universidade de Coimbra, 2006, p. 487-526.

2 Sobre este caso ver Evergton Sales Souza, *Jansénisme et réforme de l'Église dans l'empire Portugais 1640 à 1790*, Paris, Centre Culturel Calouste Gulbenkian, 2004, p. 141-186. Autor retomou o mesmo assunto em "D. Ignácio de Santa Thereza, arcebispo de Goa: um prelado às voltas com a Inquisição portuguesa", Ronaldo Vainfas, Bruno Feitler & Lana Lage (orgs.), A *Inquisição em xeque:* temas: controvérsias: estudos de caso, Rio de Janeiro, EdUERJ, 2006, p. 61-74.

3 Para uma atualizada análise sobre a organização do império português, em especial no Brasil durante o século XVIII, baseada num amplo domínio bibliográfico e no aliciante estudo de casos paradigmáticos da ação de alguns agentes da coroa portuguesa, consulte-se Laura de Mello e Souza, *O sol e a sombra:* política e administração na América portuguesa do século XVIII, São Paulo, Companhia das Letras, 2006.

4 Dados colhidos em certidão do batismo existente em Archivio Segreto Vaticano (ASV) – Archivio Concistoriale, Processus Consistoriales, v. 124, fl. 620 v.

5 Ver Instituto Arquivos Nacionais/ Torre do Tombo, Lisboa (IAN/TT) - Carmelitas Descalças, Convento de S. João da Cruz de Carnide, livro 1, "Saudosa e sucinta memoria do Ex.mo e Rev.mo Senhor D. Frei Luis de Santa Thereza, religiozo carmelita descalço, bispo de Pernambuco do Conselho de Sua Magestade", fl. 369 v.

6 O melhor estudo atualmente existente sobre o funcionamento deste sistema é de Fernanda Olival, *As ordens militares e o Estado moderno:* honra, mercê e venalidade em Portugal (1641-1789), Lisboa, Estar, 2001.

7 Ver IAN/TT - Chancelaria de D. João V, Ofícios e Mercês, livro 38, fl. 310 v.

8 Ver IAN/TT - Chancelaria de D. João V, Ofícios e Mercês, livro 46, fl. 364.

9 Cf. IAN/TT - Carmelitas Descalços, Convento de S. João da Cruz de Carnide, livro 1, "Saudosa e sucinta memoria...", *op. cit.*, fl. 369 v.

10 O filho João Salgado de Castilho, mais tarde como carmelita descalço frei João da Cruz, chegou a ser bispo do Rio do Janeiro, tal como o seu irmão. Ver ASV - Archivio Concistoriale, Processus Consistoriales, v. 126, fl. 530-546. Uma filha, Josefa Salgado de Castilho, foi religiosa professa no convento de Celas, em Coimbra. Ver IAN/TT - Chancelaria de D. João V, Ofícios e Mercês, livro 38, fl. 310 v.

11 Ver Paiva, *op. cit.*, p. 476 e 500.

12 Para o parentesco de Leonor de Moscoso e Gaspar de Moscoso, ver: http://genealogia.netopia.pt/pessoas/pes_show.php?id=4225, consultado em 20 mar. 2006.

13 Cf. IAN/TT - Carmelitas Descalços, Convento de S. João da Cruz de Carnide, livro 1, "Saudosa e sucinta memoria...", *op. cit.*, fl. 369 v.

14 Ver Arquivo da Universidade de Coimbra (AUC) - Colegio das Artes, D. 4. S.1, fl. 4.

15 Ver AUC - Matrículas, v. 34, IV/I-D,1,3,42, 2º caderno, fl. 248.

16 Ver AUC - Autos e Graus, v. 56, IV/1D,1,1,56, 2º caderno fl. 113 e 115.

17 Cf. IAN/TT - Carmelitas Descalços, Convento de S. João da Cruz de Carnide, livro 1, "Saudosa e sucinta memoria...", *op. cit.*, fl. 370.

18 Uma síntese do seu percurso pode ser vista em Paiva, *op. cit.*, p. 508-509, com referências à bibliografia que permitem aprofundar o assunto.

19 Ver ASV - Archivio Concistoriale, Processus Consistoriales, v. 124, fl. 620 v.

20 Ver IAN/TT - Leitura de Bacharéis, Luis Salgado, ano 1717, maço 7, nº 21.

21 Cf. IAN/TT - Chancelaria de D. João V, Ofícios e Mercês, livro 61, fl. 185.

22 Cf. IAN/TT - Carmelitas Descalços, Convento de S. João da Cruz de Carnide, livro 1, "Saudosa e sucinta memoria...", *op. cit.*, fl. 370.

23 *Idem*.

24 *Idem*, fl. 370 v-371.

25 Ver certidão autêntica existente em ASV - Archivio Concistoriale, Processus Consistoriales, v. 124, fl. 622.

26 Ver IAN/TT - Carmelitas Descalços, Convento de S. João da Cruz de Carnide, livro 1, "Saudosa e sucinta memoria...", *op. cit.*, fl. 370 v.

27 Sobre a origem e difusão da corrente, continua a ser imprescindível a consulta a António Pereira da Silva, *A questão do sigilismo em Portugal no século XVIII*: história, religião e política nos reinados de D. João V e de D. José I, Braga, Tip. Editorial Franciscana, 1964.

28 Cf. IAN/TT - Carmelitas Descalços, Convento de S. João da Cruz de Carnide, livro 1, "Saudosa e sucinta memoria...", *op. cit.*, fl. 371.

29 *Idem*.

30 Ver ASV - Archivio Concistoriale, Processus Consistoriales, v. 126, fl. 543 v.

31 *Idem*, fl. 543.

32 Sobre o assunto, ver Maria Helena Cunha de Freitas Queirós, *D. Fr. Luís de Santa Teresa (O. C. D.), director espiritual e biógrafo:* a inacabada vida de Josefa Maria da Trindade (O. S. B.), Porto, Dissertação de Mestrado, Universidade do Porto, 2007.

33 Ver IAN/TT - Carmelitas Descalços, Convento de S. João da Cruz de Carnide, Livro 1, "Saudosa e sucinta memoria...", *op. cit.*, fl. 371 v.

34 *Idem*, fl. 372.

35 Sobre este assunto, ver Fortunato Almeida, *História da Igreja em Portugal*, Barcelos, Livraria Civilização Editora, 1968, v. II, p. 185-186 (1ª edição entre 1910-1928).

36 Cf. IAN/TT - Carmelitas Descalços, Convento de S. João da Cruz de Carnide, Livro 1, Saudosa e sucinta memoria...", *op. cit.*, fl. 372 v.

37 *Idem*, fl. 373.

38 Sobre o assunto ver Paiva, *op. cit.*, p. 507-516.

39 A carta original, firmada pelo punho de D. João V, encontra-se em ASV - Archivio Concistoriale, Processus Consistoriales, v. 124, fl. 626.

40 *Idem*, fl. 625.

41 Ver ASV - Archivio Concistoriale, Acta Camerarii, v. 31, fl. 187.

42 Ver Biblioteca Nacional (Lisboa) - Fundo Geral, Códice 49, *Catálogo dos bispos de Olinda*, fl. 155 v.

43 Ver Arquivo Histórico Ultramarino, Lisboa, (AHU) - Pernambuco, Avulsos, *Requerimento do bispo de Pernambuco, D. Frei Luís de Santa Teresa, ao rei D. João V, pedindo ajuda de custo destinada a custear as despesas da sua viagem para o Brasil*, Cx. 53, D. 4631.

44 Cf. IAN/TT - Carmelitas Descalços, Convento de S. João da Cruz de Carnide, Livro 1, "Saudosa e sucinta memoria...", *op. cit.*, fl. 373.

45 Ver Joze de Souza Azevedo Pizarro e Araújo, *Memorias Historicas do Rio de Janeiro e das provincias annexas à jurisdição do vice-rei do estado do Brasil*, Rio de Janeiro, Typographia de Silva Porto, 1822, v. VIII, parte 1, p. 128.

46 Ver IAN/TT - Carmelitas Descalços, Convento de S. João da Cruz de Carnide, Livro 1, "Saudosa e sucinta memoria...", *op. cit.*, fl. 373. Sobre o modelo do ritual das entradas episcopais no Brasil, que deve ter sido praticado na entrada de D. frei Luís de Santa Teresa, ver Paiva, "Etiqueta e cerimônias públicas na esfera da Igreja (séculos XVII-XVIII)", Istvan Jancsó & Íris Kantor (orgs.), *Festa:* cultura e sociabilidade na América portuguesa, São Paulo, Hucitec, 2001, v. 1, p. 75-94.

47 Cf. IAN/TT - Manuscritos do Brasil, Livro 34, *Discursos apologeticos e noticia fidelissima das vexações e desacatos cometidos pelo doutor António Teixeira da Mata contra a Igreja e jurisdição ecclesiastica de Pernambuco*, fl. 159 v.

48 Um mapa do imenso bispado de Olinda nessa época pode ser visto em Bruno Feitler, *Nas malhas da consciência:* Igreja e Inquisição no Brasil: Nordeste 1640-1750, São Paulo, Alameda/ Phoebus, 2007, p. 65.

49 O trecho é parte de um relatório de *visita ad limina* enviado pelo prelado para Roma. *Idem*, p. 37.

50 Na diocese de Pernambuco, para além de uma casa de carmelitas descalços, havia três de carmelitas; ver ASV - Congr. Concilio, Relationes Dioecesium, v. 596, Relatório da visita ad sacra limina de 1746, fl. 4 v.

51 Ver AHU - Pernambuco, Avulsos, *Requerimento do bispo de Pernambuco pedindo ajuda de custo para a viagem*, Cx. 53, D. 4631.

52 Cf. AHU - Pernambuco, Avulsos, *Consulta do Conselho Ultramarino relativa a requerimento do bispo de Pernambuco na qual pedia ajuda de custo para suportar despesas com missionários*, Cx. 53, D. 4629.

53 Ver AHU - Pernambuco, Avulsos, *Requerimento do bispo de Pernambuco a D. João V, pedindo licença para pôr na cadeia de Olinda os presos que ele determinasse [anterior a 21 de Fevereiro de 1739]*, Cx. 53, D. 4637 e AHU - Pernambuco, Avulsos, *Requerimento do bispo de Pernambuco a D. João V, pedindo autorização para o meirinho-geral do bispado usar vara branca [anterior a 21 de Fevereiro de 1739]*, Cx. 53, D. 4638.

54 AHU - Pernambuco, Avulsos, *Requerimento do bispo de Pernambuco a D. João V, pedindo um sino para a Sé [anterior a 1 de Março de 1739]*, Cx. 53, D. 4654. O parecer do Conselho Ultramarino foi de que se devia mandar o sino ao reino para ali ser refundido, concedendo-se para o efeito 267.800 réis.

55 É dessa carta que se colhem todas as referências dos próximos parágrafos; ver AHU - Pernambuco, Avulsos, *Carta do bispo de Pernambuco, D. Frei Luís de Santa Teresa, para D. João V, dando notícia do estado da diocese*, Cx. 55, D. 4773.

56 Ver AHU - Pernambuco, Avulsos, *Carta do governador de Pernambuco D. Marcos José de Noronha e Brito, ao rei D. João V*, 2 maio 1746, Cx. 63, D. 5384.

57 Ver AHU - Pernambuco, Avulsos, *Consulta do Conselho Ultramarino ao rei sobre as propostas do bispo de Pernambuco*, 12 dez. 1740, Cx. 55, D. 4773.

58 A consulta da documentação do espólio da Mesa da Consciência conservado no IAN/ TT a que procedi não revelou quaisquer dados relativos ao período em que D. frei Luís de Santa Teresa governou Olinda. Consultaram-se os seguintes livros: IAN/TT - Mesa da Consciência e Ordens, Livro 61, *Consultas várias 1735-1771* e Livro nº 38, *Registos de Consultas 1738-1754*.

59 Cf. AHU - Pernambuco, Avulsos, *Consulta do Conselho Ultramarino ao rei sobre as propostas do bispo de Pernambuco*, 12 dez. 1740, Cx. 55, D. 4773.

60 Uma análise detalhada da atuação do bispo requereria a consulta de documentação sobre a atividade do seu auditório, visitas pastorais, movimento de ordenações sacerdotais, pastorais, registros paroquiais etc. Essa documentação, originalmente conservada

nos arquivos da diocese e / ou das paróquias, infelizmente, perdeu-se na sua quase totalidade.

61 Sobre os ideais da jacobeia, ver Silva, *op. cit.*, p. 122-139; e Souza, *op. cit.*, p. 194-201.

62 Cf. IAN/TT - Carmelitas Descalços, Convento de S. João da Cruz de Carnide, Livro 1, "Saudosa e sucinta memoria...", *op. cit.*, fl. 373.

63 *Idem.*

64 *Idem.*

65 Feitler, *op. cit.*, p. 30-31.

66 Apenas se conhece um desses relatórios relativos ao período do seu governo, ver ASV - Congr. Concilio, Relationes Dioecesium, v. 596, Relatório da visita *ad sacra limina* de 1746.

67 Ver IAN/TT - Inquisição de Lisboa, maço 10, nº 105, fl. não numerado.

68 Ver AHU - Pernambuco, Avulsos, *Carta do bispo de Pernambuco a D. João V sobre a questão da criação de novas paróquias*, 30 jun. 1747, Cx. 66, D. 5573.

69 Ver Feitler, *op. cit.*, p. 52-53.

70 IAN/TT - Manuscritos do Brasil, livro 35, *Discursos apologeticos...*, *op. cit.*, tomo 2, capítulo 23 (neste segundo tomo, ao contrário do que sucede no primeiro, os fólios não estão numerados).

71 Cf. AHU - Pernambuco, Avulsos, *Carta do bispo de Pernambuco a D. João V sobre a actuação dos frades franciscanos*, 1 abr. 1743, Cx. 59, D. 5036.

72 O bispo di-lo num relatório de visita *ad limina* enviado a Roma. Cito a partir de Feitler, *op. cit.*, p. 45.

73 Cf. AHU - Pernambuco, Avulsos, *Carta do bispo de Pernambuco a D. João V sobre a questão da criação de novas paróquias*, 30 jun. 1747, Cx. 66, D. 5573.

74 Cf. P. M. Frei Manoel Angelo Almeida, *Sermam que nas exequias do Excellentissimo e Reuerendissimo Senhor D. Joseph Fialho, Bispo que foy de Pernambuco, arcebispo da Bahia e Bispo da Guarda, celebradas com toda a Magnificencia na Santa Igreja de Olinda pelo excelentissimo e reverendissimo senhor Dom Fr Luiz de Santa Teresa, bispo actual de Pernambuco (...)*, Lisboa, Officina de Miguel Rodrigues, 1742, fl. não numerado da dedicatória.

75 Cf. IAN/TT - Carmelitas Descalços, Convento de S. João da Cruz de Carnide, Livro 1, "Saudosa e sucinta memoria...", *op. cit.*, fl. 373.

76 Para uma ideia geral da vida naquela colônia, sobretudo numa época específica de confronto de facções, na qual o bispo do tempo também esteve envolvido, é um guia imprescindível Evaldo Cabral de Mello, *A fronda dos mazombos*: nobres contra mascates. Pernambuco 1666-1715, São Paulo, Companhia das Letras, 1995. Já para uma perspectiva das dificuldades que também bispos anteriores a D. Luís de Santa Teresa tiveram que enfrentar, veja-se Feitler, *op. cit.* p. 23-65.

77 Uma breve notícia das "desordens" entre os dois já constava em Araújo, *op. cit.*, v. VIII, p. 114.

78 Ver AHU - Pernambuco, Avulsos, *Consulta do Conselho Ultramarino*, 14 out. 1743, *relativa a uma carta do governador da capitania de Pernambuco*, Cx. 59, D. 5029.

79 Cf. AHU - Pernambuco, Avulsos, *Carta do governador da capitania de Pernambuco, Henrique Luís Pereira Freire de Andrade, na qual se queixava do bispo*, 5 mar. 1743, Cx. 59, D. 5029.

80 Ver AHU - Pernambuco, Avulsos, *Consulta do Conselho Ultramarino*, 14 out. 1743, *relativa a uma carta do governador da capitania de Pernambuco*, Cx. 59, D. 5029.

81 Ver IAN/TT - Carmelitas Descalços, Convento de S. João da Cruz de Carnide, Livro 1, "Saudosa e sucinta memoria...", *op. cit.*, fl. 373v.

82 Ver AHU - Pernambuco, Avulsos, *Cópia de uma provisão de D. João V, de 11 de Outubro de 1745, dirigida ao governador da capitania de Pernambuco sobre as mudanças dos índios de uma para outra aldeia*, Cx. 62, D. 5290.

83 Ver AHU - Pernambuco, Avulsos, *Requerimento do procurador do bispo de Pernambuco, D. Frei Luís de Santa Teresa, dirigido ao rei D. João V*, 22 fev. 1745, Cx. 61, D. 5242.

84 Ver AHU - Pernambuco, Avulsos, *Parecer do Conselho Ultramarino sobre divergências e acusações entre o bispo e o governador da capitania de Pernambuco*, 7 out. 1745, Cx. 61, D. 5242.

85 Ver Araújo, *op. cit.*, v. VIII, p. 114.

86 Cf. AHU - Pernambuco, Avulsos, *Requerimento do procurador-geral da Província Franciscana de Santo António do Brasil dirigido a D. João V e parecer do Conselho Ultramarino*, [anterior a 16 dez. 1743], Cx. 59, D. 5093.

87 Ver AHU - Pernambuco, Avulsos, *Carta do bispo de Pernambuco, D. Frei Luís de Santa Teresa, para D. João V, sobre requerimento dos oficiais da Câmara do Rio Grande*, 26 abr. 1746, Cx. 63, D. 5374.

88 Cf. AHU - Pernambuco, Avulsos, *Carta de Félix Ribeiro da Cruz para D. João V, contendo denúncias e acusações contra o bispo de Pernambuco*, 6 ago. 1744, Cx. 60, D. 5143.

89 Cf. AHU - Pernambuco, Avulsos, *Carta do bispo de Pernambuco para D. João V*, 24 set. 1744, Cx. 63, D. 5384.

90 *Idem*.

91 Ver AHU - Pernambuco, Avulsos, *Carta da Misericórdia de Goiana para D. João V sobre os conflitos com o vigário António Gonçalves Lima*, 25 abr. 1746, Cx. 63, D. 5372.

92 Cf. AHU - Pernambuco, Avulsos, Cx. 63, D. 5374.

93 Cf. AHU - Pernambuco, Avulsos, *Requerimento do procurador do bispo de Pernambuco para D. João V queixando-se da actuação do juiz de fora*, [anterior a 3 ago. 1747], Cx. 66, D. 5605.

94 Cf. AHU - Pernambuco, Avulsos, *Requerimento do procurador do bispo de Pernambuco para D. João V queixando-se do carcereiro*, [anterior a 3 ago. 1747], Cx. 66, D. 5607.

95 Cf. AHU - Pernambuco, Avulsos, *Consulta do Conselho Ultramarino sobre queixas apresentadas pelo bispo de Pernambuco,* [anterior a 3 ago. 1747], Cx. 66, D. 5606.

96 Cf. IAN/TT - Manuscritos do Brasil, livro 34, *Discursos apologeticos..., op. cit.*, fl. 213.

97 Cf. AHU - Pernambuco, Avulsos, *Carta do bispo de Pernambuco sobre as calúnias que contra ele fizera o juiz de fora,* 13 jun. 1752, Cx. 73, D. 6118.

98 Cf. AHU - Pernambuco, Avulsos, *Carta do mestre-escola da Sé de Olinda para o rei, queixando-se do bispo do Pernambuco,* 28 ago. 1750, Cx. 71, D. 5972. Alguns dados da reconstituição efetuada nesse parágrafo foram colhidos em IAN/TT - Manuscritos do Brasil, livro 35, *Discursos apologeticos..., op. cit.*, tomo 2, capítulo 27.

99 *Idem*, livro 34, *Discursos apologeticos..., op. cit.*, fl. 1-1v.

100 *Idem*, fl 29.

101 Não é possível neste estudo reconstituir com toda a riqueza de detalhes que a história contempla os episódios relativos a essa polêmica. Existe abundante documentação sobre o caso, que será citada no decurso do relato a que procederemos, o qual visa apenas fornecer os dados mais relevantes para o entender. Esse caso não é inédito. Anteriormente foi brevemente assinalado por Almeida, op. cit., v. II, p. 713. Mello, *op. cit.*, José António Gonsalves de Mello, *João Fernandes Vieira:* mestre-de-campo do terço de infantaria de Pernambuco, Lisboa, Comissão Nacional para as Comemorações dos Descobrimentos Portugueses/ Centro de Estudos de História do Atlântico, 2000. Mais recentemente, foi detalhadamente trabalhado e estudado por Maria Filomena Coelho, *A justiça d'além-mar:* lógicas jurídicas feudais em Pernambuco (séc. XVIII), Lisboa, [s.e.], 2004 (Memória de pós-doutorado apresentada à Faculdade de Direito da Universidade Nova de Lisboa). Trata-se de um precioso estudo, ainda que concebido a partir de um prisma de abordagem substancialmente diverso da análise que se empreende no presente artigo, e propondo um quadro explicativo também distinto do que aqui se seguirá. Muito agradeço a sua autora a generosidade de me ter disponibilizado a versão original, antes de sua publicação em livro, a qual se espera para breve.

102 Cf. IAN/TT - Manuscritos do Brasil, livro 34, *Discursos apologeticos..., op. cit.*, fl. 1 v-2.

103 *Idem*, fl. 2-4.

104 *Idem*, fl. 4.

105 *Idem*, fl. 4 v.

106 *Idem*, fl. 34 v.

107 A missiva está integralmente transcrita numa pastoral do bispo. Idem, fl. 40 v-41.

108 *Idem*, fl. 41 v.

109 *Idem*, fl. 47 v.

110 *Idem*, fl. 46 v-47 v.

111 *Idem*, livro 35, *Discursos apologeticos..., op. cit.*, tomo 2, capítulo 13.

112 *Idem*, livro 34, *Discursos apologeticos..., op. cit.*, fl. 47 v.

113 *Idem*, fl. 48.

114 *Idem*, fl. 48 v.

115 *Idem*,, fl. 49-49 v.

116 *Idem*, fl. 33-42.

117 *Idem*, fl. 27-27 v.

118 *Idem*, fl. 62 v-65 v. Sobre os aspectos mais estritamente jurídicos desta longa contenda debruçou-se com detalhe o estudo já citado de Coelho, *op. cit.*

119 Cf. IAN/TT - Inquisição de Lisboa, maço 10, nº 105.

120 Cf. IAN/TT - Manuscritos do Brasil, livro 34, *Discursos apologeticos...*, *op. cit.*, fl. 70 v.

121 *Idem*, fl. 145 v.

122 *Idem*, fl. 153-153 v.

123 *Idem*, livro 35, *Discursos apologeticos...*,*op. cit.*, tomo 2, capítulo 2.

124 *Idem*, livro 34, *Discursos apologeticos...*, *op. cit.*, fl. 153 v-157 v e 189 v-194 v.

125 *Idem*, fl. 160.

126 *Idem*, fl. 201-203.

127 Sobre as movimentações e alterações políticas nesta conjuntura, que ditaram o afastamento de frei Gaspar da Encarnação, o qual assumira imenso poder nos anos finais da governação, sobretudo depois da morte do cardeal Mota e Silva, em outubro de 1747, ver Nuno Gonçalo Monteiro, *D. José:* na sombra de Pombal, Lisboa, Círculo de Leitores, 2006, p. 51-56.

128 Cf. AHU - Pernambuco, Avulsos, *Carta régia para o desembargador da Baía, Manuel da Fonseca Brandão*, 20 ago. 1750, Cx. 72, D. 6072.

129 Ver AHU - Pernambuco, Avulsos, *Carta do provedor da Fazenda de Olinda para o rei*, 26 ago. 1750, Cx. 71, D. 5967.

130 Ver IAN/TT - Manuscritos do Brasil, livro 34, *Discursos apologeticos...*, *op. cit.*, fl. 213 e livro 35, tomo 2, capítulo 13.

131 Existe certidão comprovativa em AHU - Pernambuco, Avulsos, Cx. 72, D. 6072.

132 Ver IAN/TT - Manuscritos do Brasil, livro 35, *Discursos apologeticos...*, *op. cit.*, tomo 2, capítulo 9.

133 Cf. AHU - Pernambuco, Avulsos, *Carta do desembargador da Baía, Manuel da Fonseca Brandão*, 22 ago. 1751, Cx. 72, D. 6072.

134 Cf. AHU - Pernambuco, Avulsos, *Consulta do Conselho Ultramarino*, 15 nov. 1751, Cx. 72, D. 6072.

135 Cf. AHU - Pernambuco, Avulsos, *Carta do Senado da Câmara do Recife para o rei*, 3 ago. 1751, Cx. 72, D. 6072.

136 Ver IAN/TT - Manuscritos do Brasil, livro 35, *Discursos apologeticos...*, *op. cit.*, tomo 2, capítulo 9. Sobre os cargos ocupados por este Gouvim ver Vera Lúcia Costa Acioli, *Jurisdição e conflitos:* aspectos da administração colonial, Pernambuco: séc. XVII, Recife, Ed. UFPE, 1997, p. 214-215, cito a partir de Coelho, *op. cit.*

137 As várias peripécias relativas a essa fase são referidas em IAN/TT - Manuscritos do Brasil, livro 35, *Discursos apologeticos...*, *op. cit.*, tomo 2, capítulo 21 e 22.

138 Ver AHU - Pernambuco, Avulsos, *Carta do bispo de Pernambuco para o rei*, 13 jun. 1752, Cx. 73, D. 6118.

139 Ver AHU - Pernambuco, Avulsos, *Consulta sobre requerimento do Dr. António Teixeira da Mata*, anterior a 16 nov. 1753, Cx. 73, D. 6118.

140 Cf. AHU - Pernambuco, Avulsos, *Carta do bispo de Pernambuco para o rei*, 2 jan. 1754, Cx. 75, D. 6299.

141 *Idem*.

142 Ver Araújo, *op. cit.*, v. VIII, p. 128.

143 Sobre o assunto ver Paiva, *op. cit.*, p. 534-559.

144 Cf IAN/TT - Carmelitas Descalços, Convento de S. João da Cruz de Carnide, livro 1, "Saudosa e sucinta memoria ...", *op. cit.*, fl. 373.

145 *Idem*, fl. 369 v.

# Poder e domínio: a concessão de sesmarias em fins do Setecentos

Márcia Maria Menendes Motta[1]

## Dos conflitos e das intenções da carta

Ao longo de décadas, por caminhos muitas vezes tortuosos, o Conselho Ultramarino foi informado das disputas pelo acesso à terra e dos conflitos de interpretações sobre a história da ocupação em vários cantões das capitanias da América portuguesa. Alguns lavradores alegavam ao conselho que sua terra havia sido concedida pelo sistema de sesmarias e haviam sido cumpridas todas as exigências legais: medição, demarcação e cultivo. Outros também informavam ter recebido sesmarias, mas não entravam em detalhes sobre o cumprimento daquelas exigências. Outros ainda insistiam que as terras teriam sido apossadas, mas as queriam regularizadas, pois cumpriram a mais importante das exigências legais: o cultivo.

A sobreposição de terras, as confusões de limites, os problemas sucessórios ocasionados pela insegurança da propriedade incomodavam os conselheiros, mas possivelmente era difícil encontrar uma solução que atendesse a interesses tão divergentes. Como decidir quem tinha direito à terra se as disputas estavam do outro lado do Atlântico?

As tentativas de solucionar as querelas têm o seu ápice quando da promulgação do alvará de 3 de maio de 1795. Apesar de suspenso no ano seguinte, o alvará constituía-se em uma proposta detalhada de regularização da concessão, buscando – de uma forma ou de outra – reordenar o território colonial. Sua interrupção, porém, desvela os embaraços e inconvenientes que provocariam sua execução imediata[2].

É digno de registro, em primeiro lugar, que as exigências expressas naquele alvará revelaram a necessidade de instituir um procedimento capaz de regularizar a concessão de cartas de sesmarias. Em outras palavras, a coroa tinha ciência da gravidade da situação e da imperiosa necessidade de dirimir o conflito entre seus vassalos, ciosos pela segurança de sua propriedade. Em segundo lugar, as cartas passaram a ser confirmadas pelo Conselho Ultramarino, registradas em livros, tal como era estabelecido por aquela legislação.

É razoável supor que muitos sesmeiros se sentiram constrangidos em cumprir a determinação régia, já que no ano seguinte à promulgação do alvará, no mesmo ano que o revogou, chegaram ao Conselho Ultramarino inúmeras solicitações de tombos de terras, cujo objetivo era medir e demarcar as áreas ocupadas para a consagração de "um título legítimo". Nesse sentido, a despeito da potencial autonomia das câmaras municipais, do poder dos fazendeiros no trato de suas gentes, o fato inconteste é que se reconhecia o papel da coroa na definição última de quem era o legal ocupante de um lugar. Se na prática o sistema de posse corroia o sistema e se transformava no mecanismo de expansão colonial, do ponto de vista legal havia um documento, a carta de sesmaria, que assegurava, ao menos na lei, o pleno domínio das terras. Assim sendo, se é verdade que o "poder real partilhava o espaço político com poderes de maior ou menor hierarquia, como nos informa Hespanha"[3], a coroa era a expressão última do *poder*, pois a ela cabia a chancela, ratificando um domínio.

No entanto, instituía-se um documento de propriedade – as cartas registradas nos livros de sesmarias – sem comprovação alguma em relação à medição, demarcação e ao cultivo, apenas um parecer anexado ao requerimento, em que juiz ou tabelião atestava a hipotética medição e a demarcação das terras realizada. O encaminhamento burocrático havia pressuposto que o sesmeiro tivesse de fato cumprido as determinações dos alvarás e provisões régias. De todo o modo, os potentados rurais operavam com o alvará de 1795 ao mesmo tempo em que buscavam consolidar seu poder. Submetiam-se às disposições da coroa, mas as traduziam segundo seus próprios interesses. Entende-se assim por que as cartas de confirmação podiam anunciar distintas razões para o registro das sesmarias. Vejamos.

Muitos sesmeiros decidiram validar sua sesmaria em razão da necessidade de transmitir o patrimônio. Assim, por exemplo, Theodora Maria Alves de Olivas e seus filhos solicitaram em 13 de setembro de 1797 a confirmação de duas léguas de comprido e uma de largo na testada da fazenda das Carolinas, capitania do Maranhão. Segundo o requerimento, Theodora queria assegurar as ditas terras como "coisa própria para eles e seus herdeiros ascendentes e descendentes sem pensão, nem tributo algum"[4].

Encontramos o pedido do mesmo teor feito pelos irmãos Antonio Gomes de Carvalho, Ignácio Antonio Mendes e João Rodrigues de Souza, que em 1º de dezembro de 1790 pediram a legitimação de uma sesmaria na freguesia de Guarapiranga, termo da cidade de Mariana, Minas Gerais. Antonio Gomes "(...) por si e como testamenteiro e herdeiro de sua falecida mãe Cipriana Monteiro de Souza e bem assim os mais herdeiros seus irmãos (...)"[5], afirmavam possuir um sítio na paragem chamada Cachoponé, no rio Chapoto. Desejavam, portanto, assegurar, através do documento régio, em "conformidade das Reais Ordens", o registro que pudesse consagrar a transmissão do patrimônio oriundo do falecimento de sua mãe.

Outro caso interessante é o do capitão Jerônimo Pinto Neto, que em 30 de setembro de 1791 pede a confirmação de sua sesmaria, em Campos, capitania do Rio de Janeiro

> (...) por cabeça de sua mulher Dona Antonia Joaquina da Cruz, Francisca Maria Bellas e Jose Maria Bellas que eles por si e seus pais estão de posse há mais de 60 anos de 294 braças de terras de testada na paragem chamada Beco dos Ciganos (...) e por que pertencendo o dito seu pai que se lhe passasse carta de sesmaria das referidas terras[6].

Herdeiros de sesmarias concedidas em outros tempos também buscaram confirmar o seu patrimônio. É o caso, por exemplo, de Ignácia Francisca, filha única de Bento Álvares Calheiros. Seu pai havia adquirido uma sesmaria com uma légua de testada e três de sertões, em 1757, nos sertões da serra Brás Sardinha, nas cabeceiras dos rios Possiununga e Orindi. Em 13 de março de 1800 a lavradora Francisca requereu uma nova carta "na conformidade das Reais Ordens"[7]. Ignácia submetia-se assim às determinações do alvará que obrigara a medição e demarcação das terras concedidas em tempos pretéritos.

Em outros tantos exemplos, destacam-se também sesmeiros que buscavam legitimar o domínio de uma sesmaria adquirida anteriormente por compra. Caetano Nunes Pereira, por exemplo, requereu em 1798 a confirmação de uma sesmaria na fazenda Roça Grande, em Minas gerais, pois "(...) se acha[va] desfrutando de uma fazenda com Engenho que foi de defunto o Tenente Coronel Francisco de Barros e junto a elas duas capoeiras que comprou de Manoel Carlos"[8]. Também foi essa a preocupação de Francisco de Abreu Guimarães[9] e do padre Victorino da Paixão. Este último pediu, em 16 de março de 1793, o reconhecimento de uma sesmaria na paragem Álvaro Coelho, em vila de São João d' el Rei, Minas Gerais, cujas terras "(...) se achava arranchando em suas terras de cultura (...) e a "arrematou o suplicante em Praça"[10].

Havia, no entanto, os que alegavam em suas petições que as terras eram ainda devolutas. Nesses casos, o solicitante procurava precisar melhor o local almejado, já que supostamente ele não havia sido ocupado. Assim sendo, Antonio Pinto Castelo

Branco pediu em 16 de maio de 1793 umas terras. Para tanto, alegou que "(...) ele possui alguns escravos os quais ocupa na agricultura e por não ter terras próprias cultiva nas de fora (...)". Segundo o solicitante, havia "(...) notícia que na ribeira do Itaipuassu, correndo rio acima da parte direita entre o campo de Pedro Martins e o de Faustino Cantanlida pela parte de Oeste com o mesmo Campo, umas terras devolutas nas Matas de Piquei (...)"[11].

O mesmo se deu com Joaquim José de Souza Meireles, que em 9 de maio de 1797 requereu uma légua em quadra no local do rio Preto, vila de Magé, Rio de Janeiro. Joaquim informava que sabia da existência de terras devolutas naquele local e que ele já as estava cultivando "(...) em beneficio próprio e de Sua Majestade"[12].

Nestes exemplos, o elemento decisivo para o pedido era a existência potencial de áreas ainda não ocupadas e os esforços de lavradores em adquirir por sesmaria terras pretensamente sem donos.

Outros sesmeiros encaminhavam um pedido para referendar a expansão de sua propriedade. É o caso, por exemplo, de Antonio José da Costa Barbosa, que solicitou uma sesmaria no fundo da fazenda do Governo, Rio de Janeiro, em 13 de maio de 1799. Barbosa afirma que

> (...) é senhor e possuidor da fazenda denominada do Governo no caminho de Minas Gerais, em distância de mais de 20 léguas onde tinha um engenho de fabrico de açúcar (...) e tinha notícia que no fundo dos sertões da mesma fazenda do governo (...) havia sobejos de terras[13].

Nesse, e em outros casos, uma sesmaria anteriormente adquirida abria a possibilidade de expansão da área, com a alegação de "sobras" e "sobejos" de terras limítrofes. A imprecisão dos limites é aqui flagrante e não havia qualquer disposição da coroa em relação a esses "restos" de terra. O sesmeiro então tinha muitas chances de conseguir o seu intento, pois, reconhecido como tal, consagrava sua carta como argumento de autoridade para legitimar sua expansão, às vezes em terras de outrem.

Havia muitos pedidos reveladores de um esforço de ascensão social propiciada pela concessão. Nesses casos, o sesmeiro não intentava obter apenas um título legítimo, mas também se inserir na categoria social de sesmeiro, em contraponto ao universo dos lavradores, sem títulos de propriedade. Assim, por exemplo, João Pinto Coelho de Souza solicitou, em 26 de junho de 1798, terras devolutas na freguesia de Inhomerim, Rio de Janeiro. Segundo João, ele era morador na fazenda do governo e não possuía terras próprias em que

> (...) arranchasse com sua família e trabalhar com 18 escravos que possui[a] e se acha[va] agregado na dita fazenda e por que tinha notícias que nos fundos da sesmaria que tirava o falecido Antonio Cordeiro da Silva, nos sertões do Rio Piabanha para a parte oriental da dita Freguesia de Inhomerim se achavam terras devolutas na quadra da dita sesmarias, queria se lhe conceder por sesmaria uma légua de terras de testada com outras de sertão para os fundos para nelas se estabelecer cultivando e criando toda a qualidade de criação (...)[14].

João Pinto é atendido em seu pedido, ganhando ½ légua em quadra, em 23 de agosto de 1799. Uma situação parecida é a de José Pereira Gurgel, morador de Maricá, Rio de Janeiro. Segundo José, ele tinha dez filhos e dezoito escravos,

> (...) com os quais estava trabalhando em terras alheias de que pagava excessivos forros por não ter próprias e por que tinha notícias que na freguesia de Ihomerim distrito da serra acima da parte oriental da Vila de Magé se achavam terras devolutas onde acaba a sesmaria concedida a Francisco José Vieira (...)[15].

Foi ouvida a câmara de Magé, que autorizou a concessão de ½ légua em quadra, confirmada pelo Conselho Ultramarino em 8 de junho de 1799.

O mesmo fez André de Castro Gomes, que, em 20 de dezembro de 1796, pediu uma sesmaria em Cabo Frio, na freguesia de Santo Antonio de Sá, Rio de Janeiro, alegando que era "(...) casado há bastantes anos e ter não menos de 7 filhos sendo pequena a data de terra que comprara para os encargos de tão grande família e possuir 18 escravos com quem podia fazer conveniência em terras de maior largueza"[16]. Castro Gomes teve mais sorte, pois recebeu uma concessão de uma légua em quadra, em 8 de junho de 1799.

Nesses casos, o pedido de sesmarias poderia referendar a ascensão desejada, inserindo o lavrador nos quadros da categoria social de sesmeiro. Muitos haviam iniciado seus cultivos em terras de outrem, outros iniciaram suas atividades agrícolas a partir de ocupação de terras devolutas, pretensamente sem donos. Ao requerer sesmarias, eles podiam se diferenciar de seus pares, arrendatários e lavradores submetidos ou não aos grandes fazendeiros da região.

Em outras ocasiões, ainda mais raras, um grupo de lavradores – provavelmente parentes – demandava uma sesmaria coletivamente. Foi o caso de João Pedro Braga e mais 17 pessoas que, em 4 de novembro de 1799, requereram sobejos de terras no Rio de Janeiro,

> (...) Rio Caçaraubu, para parte da fazenda do colégio e Papucaia, freguesia de Nossa Senhora do Rio Bonito, termo da vila de Santo Antonio de Sá (...) eles se acham estabelecidos nas sesmarias das Sardinhas por compra, herança, aonde vivem bastantemente apertados pela pouca quantidade de terras que possuíam com grande família[17].

A sesmaria relativa "aos sobejos que se acharem" é confirmada em 20 de outubro de 1801. No ano seguinte, João Pedro recebeu a chancela da coroa, em 22 de janeiro[18], assegurando legalmente os tais "sobejos de terras". A imprecisão dos limites, porém, se tornaria um problema para João e parentes. Oito anos depois da chancela da coroa, em 8 de fevereiro de 1810, João Pedro foi acusado de ter adentrado na fazenda do capitão Henrique José de Araújo, "(...) que era do suplicante e de seus antecessores há mais de cem anos, na Vila de Santo Antonio de Sá, lugar chamado Colégio"[19]. Naquele momento, pouco importava se João Pedro havia conseguido legalizar a sua ocupação, recebendo, inclusive a chancela real.

De qualquer forma, a despeito das segundas intenções da carta, de seu vocabulário e dos seus procedimentos mais formais, muitos desses embates eram originários do fato incontestável de que as concessões eram "em demasia" ou em terras potencialmente já ocupadas. Nesse sentido, a despeito das tentativas de limitar a expansão e controlá-la via procedimentos régios, havia casos em que o documento de sesmaria servia para assegurar a incorporação de enormes limites territoriais nas mãos de um potentado, em retribuição aos serviços prestados à coroa. Se os pedidos não feriam o que estava escrito em lei, na prática eles ocultavam o assenhoreamento de enormes extensões de terras para uma mesma família. No entanto, mesmo nesses casos, a posição da coroa não foi única. Interesses comuns entre sesmeiros e a coroa poderiam denotar o "fechar os olhos" para flagrantes usurpações de terra. Interesses divergentes, porém, poderiam significar discutir o direito à terra de um potentado. É o que veremos a seguir, a partir de dois casos emblemáticos: Ignácio Correia Pamplona e Garcia Paes Leme.

## Ignácio Correia Pamplona: submissão e domínio

Conhecido como um dos delatores da inconfidência mineira, Ignácio Correia Pamplona foi senhor e possuidor de extensos territórios. Um dos inconfidentes, Cláudio Manoel da Costa, era juiz das demarcações de sesmarias do termo da Vila Rica, mas foi o delator que conseguiu assegurar uma enorme área de terras. Quando anos mais tarde procurou legalizar suas possessões em resposta ao alvará de 1795, ele reiterou o fato de que elas eram oriundas da conquista outrora realizada.

Além disso, em respeito às normas régias em relação à extensão máxima permitida, Ignácio não ousou pedir mais do que estava escrito em lei, três léguas de terras "em atenção às distas despesas", e recebeu a confirmação em cinco de junho de 1800[20]. Sem ferir as normas, Ignácio Pamplona, no entanto, operava com os dispositivos legais para, ao mesmo tempo, manter seu poder sobre aquelas áreas e se submeter aos ditames da coroa.

Assim, através de suas filhas, ele também requereu "três léguas" na mesma região. Theodora Correia Pamplona pediu três léguas de terras "para a conquista e povoação do sertão devoluto que fica para dentro do segundo braço do rio de São Francisco, termo da Vila de São José"[21].

Sua outra filha legítima, Rosa Correia Pamplona, demandou também, na mesma região, três léguas de terras "para a conquista e povoação do sertão devoluto que fica para dentro do segundo braço do rio de São Francisco, termo da Vila de São José"[22].

Outra filha de Ignácio, Simplicia Correia Pamplona, requereu mais três léguas de terra "para a conquista e povoação do sertão devoluto que fica para dentro do segundo braço do rio de São Francisco, serra de Marcella e quilombo do Ambrosio"[23].

E ainda, outra filha, Ignácia Correia Pamplona, solicitou na mesma área três léguas de terra "para a conquista e povoação do sertão devoluto que fica para dentro do segundo braço do rio de São Francisco, serra de Marcella e quilombo do Ambrosio"[24]. Todas as sesmarias das filhas de Ignácio foram confirmadas no mesmo mês e ano, e era claro que havia interesse para assegurar aquela ocupação, a despeito da enorme extensão territorial incorporada pela família.

Bernardina Correia Pamplona, também filha de Ignácio, foi a única que não pediu as três léguas, e sim ½ légua de terra em quadra no sítio chamado Osaes dos corvos, "da parte de cá do Rio de São Francisco"[25]; ela também recebeu a chancela real. Havia ainda outro pedido, de João José Correia Pamplona, provavelmente parente de Ignácio, que demandou "½ légua de terra em quadra na vila de São Jose, Comarca do Rio das Mortes"[26].

Mas não era assim tão fácil operar com os dispositivos régios. Como afirmei, tanto Ignácio como suas filhas receberam a chancela de suas sesmarias, mas o estranhamento em relação à forma como as terras eram requeridas provocou uma mudança nos planos de Ignácio. Ele teve sua sesmaria chancelada em 16 de dezembro de 1801[27]. Rosa teve sua terra confirmada, tal como pedira, em 30 de janeiro de 1802[28]. Theodora não teve a mesma sorte, pois o documento vindo a seguir ao de Rosa fez ver que se tratava de uma mesma área. A chancelaria informa então que "esta sesmaria é contudo o mesmo que a requerida logo acima desta, sem mais diferença que os nomes dos sesmeiros, e assim deve aqui incorporar todas até onde diz Jerônimo Jose Correia e Moura"[29].

Simplicia passou pelo mesmo problema, pois há a alegação de que "esta carta é de o mesmo que a requerida acima desta. Só difere nos nomes dos sesmeiros (...) com estas diferenças se deve aqui incorporar, usando do incorporamento que ela se refere"[30].

A despeito das dúvidas provocadas quando da apresentação dos documentos para a chancelaria, não nos parece, porém, que isso tenha impedido a incorporação das terras pela família de Ignácio, pois o Conselho Ultramarino tinha referendado a ocupação daquelas áreas, sem qualquer adendo diferente das outras concessões. A chancelaria apenas acatava uma decisão que cabia ao conselho e como não se havia exigido nenhuma demarcação precisa dos territórios almejados, a doação régia garantira a incorporação de várias léguas para os Pamplonas.

Como representante de ambos os interesses, o seu e o da coroa, Ignácio Correia Pamplona, já como coronel de milícias do regimento do Sertão do Piauí, ainda requereu em 1801 "a propriedade do oficio de escrivão dos Órfãos ao seu filho, o padre Ignácio na cidade de Mariana com sobrevivências para as suas filhas e o Hábito da Ordem de Cristo com tensa para si e para seu filho"[31]. Ainda nesse mesmo ano, ao se afirmar como "regente e guarda mor das terras e minerais, Ignácio requeria a João VI o hábito de Nosso Senhor de Jesus Cristo para "seu filho e também a propriedade de oficio de escrivão de órfãos para as suas filhas"[32].

Um ano depois, Ignácio Correia Pamplona mais uma vez se apresentava como um fiel súdito do rei ao pedir uma autorização para usar pistolas e facas e outras armas quando andasse pelos sertões da capitania de Minas Gerais, despovoados e "abundantes de negros roubadores, índios traidores"[33]. Aparentemente o pedido parece descabido, já que eram mais que conhecidas as expedições de Ignácio Correia Pamplona e sua fama de desbravador do sertão. Em novembro de 1805, o então coronel Ignácio Correia Pamplona pedia mercê por seus distintos serviços. Em dezenas de páginas encaminhadas ao Conselho Ultramarino, Pamplona relatava suas expedições, seus esforços para a destruição dos quilombos e seu percurso como conquistador[34]. Ele expressava assim o emblema do súdito do rei, na expectativa de ver reconhecida sua trajetória de submissão, consolidando seu domínio sobre enormes extensões de terras mineiras.

## Garcia Paes Leme: domínio e conflito

Diverso foi o percurso de um dos herdeiros de Garcia Rodrigues Paes. Este último fora responsável pela abertura do Caminho Novo para Minas, pelos fundos da serra dos Órgãos. Ao descer pela trilha indígena na serra da Mantiqueira, descobriu, por volta de 1683, um remanso no rio Paraíba. Ali abriu a fazenda da Paraíba, instalando alguns de seus agregados. Acreditara, então, ter descoberto pedras preciosas e ouro e, em vista disso, requereu à coroa uma ordem real para a abertura do caminho. Após inúmeros esforços, em que não faltaram reveses, Garcia foi agraciado como donatário de uma vila a ser erigida no "rio das águas claras", no sertão da Paraíba, recebendo a concessão de uma grande gleba de terras oficialmente devolutas, no caminho para Minas. Assim, Garcia Rodrigues, em 14 de agosto de 1711, foi

> avantajado com uma data com a natureza de sesmarias como se houvesse de dar repartidas a quatro pessoas, nas formas das Reais Ordens, e que não seriam contíguas à Vila senão na parte em que não pudessem haver contendas e que se concederia mais a cada um de seus doze filhos uma data[35].

No entanto, a concessão outrora feita não teria consagrado o poder inconteste de Garcia Rodrigues. Em documento não datado, sob a guarda do Instituto Histórico e Geográfico Brasileiro, há uma extensa explanação de motivos para limitar a extensão daquelas terras:

> Dizem as pessoas [que] têm sesmarias no Caminho que vai do Rio de Janeiro para as Minas do ouro, que na picada que abriu Garcia Rodrigues, no mesmo caminho, têm os governadores daquela Capitania concedido a muitas pessoas, datas de terras, tanto do princípio da Serra dos Órgãos até o Rio da Paraíba, como do mesmo Rio para cima até as primeiras minas do Rio das Mortes e da facilidade com que se tem feito as ditas muitas datas de Terra, principalmente do princípio da dita Serra até o dito Rio da Paraíba tem sucedido darem-se muitas Sesmarias de Légua de Terra em quadra, que realmente não

> cabem na extensão do dito caminho por serem mais as Sesmarias que as léguas que há de uma e outra parte (...)[36].

E continua:

> pois como todos estavam sem demarcação certa, nenhum podia assinalar o que pertencia à sua data e assim foram todos fabricando (...) abrindo novos caminhos e alargando a dita primeira picada feita pelo dito Garcia Rodrigues Pais na dita boa fé de que para todos haveria terras com cujo pretexto e esperança têm feito grandes e consideráveis despesas assim nas casas e ranchos que não têm feito como na abertura de matos em que têm dispendido considerável fazenda e isso só em utilidade própria, mas também dos passageiros, e principalmente das conduções dos Reais quintos e dos ministros de justiça política e militar (...)[37].

Nos documentos, os moradores informavam sobre a antiguidade da ocupação de alguns sesmeiros e alegavam que havia os que cultivavam aquelas terras havia mais de vinte anos, sem "contradição alguma, sendo o que bastava para adquirirem o perfeito domínio". Faziam menção ainda de que não parecia justo que depois de terem feito consideráveis despesas para cultivar as terras e beneficiar os caminhos, outros se assenhoreassem daquelas terras, e alertavam:

> Porém, como toda a utilidade pública e da fazenda Real convém e é melhor que haja muitos Sesmeiros, pois desta sorte crescem as lavouras e se aumentam os dízimos, convém e pode a respeito desta utilidade dar-se meio para o sossego dos vassalos, cômodo de todos e para cessarem pleitos que das ditas demarcações que se intentam fazer e vem a ser o dito meio parecendo a V. Majestade (...)[38].

Em 9 de dezembro de 1796, Garcia Paes Leme – herdeiro de Garcia Rodrigues – dirigiu ao conde de Resende, então presidente do Conselho Ultramarino, um pedido de mercê em remuneração aos seus serviços. O conselho deu vista ao requerimento e solicitou que o pedido fosse apreciado pelo fiscal das mercês. Os papéis foram então remetidos ao desembargador Francisco Feliciano Velho Costa Mesquita Castelo Branco. Seu parecer foi de que o suplicante não apresentou "folhas corridas, requeridas pelo Regimento, enquanto os Serviços não vinham processados nem legalizados nas Conformidades das Ordens de Vossa Majestade"[39].

Em despacho de fevereiro do ano seguinte, foi informada ao suplicante a necessidade de atender às exigências para o recebimento da mercê. Os documentos foram então apresentados via Conselho Ultramarino, mostrando que Garcia Rodrigues Paes Leme era fidalgo da casa de Vossa Majestade, natural de Rio de Janeiro e servira no posto de capitão de cavalos da legião dos voluntários reais, na capitania de São Paulo.

Ademais, o suplicante alegava ter sido convocado pelo vice-rei marquês de Lavradio, por ocasião da guerra no sul, em 1795, para que ele "levantasse as suas custas" uma companhia na região, e que em fevereiro do ano seguinte obtivera ordem para marchar com sua companhia de quarenta recrutas para o continente do Rio Grande[40].

Garcia Paes Leme também justificava seu pleito informando que cumprira ordens de Francisco da Cunha Menezes – que fora governador da capitania de São Paulo –, e que "em todo o tempo do seu governo, o suplicante executara com toda a prontidão as suas ordens (...)"[41]. Garcia Leme pedia então que lhe fosse concedido por sesmaria o terreno onde estava já estabelecido, e que mandasse o

> Ministro da Relação do Rio de Janeiro e o Piloto de Corda que, à custa do suplicante, achando certo que ali não há mais estabelecimento que o do suplicante e que todo o mais terreno é ermo e inculto, lhe demarque e dê posse de três léguas em quadra[42].

Ao que parece, o conselho havia se posicionado a favor do solicitante, pois no documento do Ministério do Reino há a indicação de que se reconhecia que eram dignos de remuneração os serviços prestados por Garcia Paes Leme. Além disso, a recompensa solicitada resultaria em "Benefício Público da Cultura daquelas terras que o suplicante diz se acham devolutas, ermas e incultas"[43].

O conselho informava ainda que o suplicante deveria agregar essa sesmaria a uma área que ele já possuía por partilha de patrimônio, ocorrida por falecimento de seu avô, pai e tio. Em 6 de abril de 1797, a decisão é favorável a Garcia Rodrigues de Paes Leme. Em 25 de agosto do mesmo ano, a carta de sesmaria é confirmada, e se repetem as informações sobre os serviços outrora prestados por Garcia, merecedor da mercê. Em 26 de novembro de 1799, porém, o vice-rei conde de Resende informa ao Conselho Ultramarino que Garcia Rodrigues Paes Leme não tinha direito à sesmaria por ele obtida junto à fazenda de Santa Cruz. Ainda segundo a consulta, nosso personagem deveria devolver a carta que lhe fora concedida[44]!

Em maio daquele ano, o chanceler da Relação do Rio de Janeiro, Luis Beltrão da Gouveia Almeida, havia encaminhado um ofício para o secretário do Estado da marinha e ultramar, D. Rodrigo, onde expressava sua apreensão acerca das dificuldades em administrar a Fazenda Real, relatando o aumento do preço das terras, das vendas marcadas por irregularidades e corrupção, e encaminhando dados sobre a fazenda Santa Cruz[45].

Naquele ano, além dos inúmeros pedidos de sesmarias, as denúncias de conflitos chegaram ao conselho num curto espaço de tempo. Já em março o capitão Bernardo José Dantes solicitava que o provedor da Fazenda Real do Rio de Janeiro ou "qualquer ministro da Relação da mesma cidade procedesse ao levantamento dos marcos de seu engenho Joary, na freguesa de Campos de Goitacases"[46].

Em setembro do mesmo ano, no distrito de Campos dos Goitacases, o capitão Manoel Antonio Ribeiro de Castro queixava-se da ausência de foro próprio, e relatava as "dificuldades em torno da espoliação das terras de sua mulher"[47].

Ainda no mês de setembro, o tenente do primeiro regimento de milícias do Rio de Janeiro, Antonio Nunes Aguiar, encaminhava um requerimento ao príncipe regente

> solicitando providências quanto à demarcação de sua sesmaria no distrito de Macaé, que tinha sido invadida por seu vizinho, Manoel José da Costa Muniz Gil e seus escravos que, nela destruíram casas e plantações; tendo este sido preso, foi solto, em razão da sua amizade com o desembargador da Relação, tendo voltado ao mesmo delito". O tenente informava ainda que seu desafeto havia usurpado parte de suas terras[48].

Em novembro foi a vez de Domingos de Freitas Rangel, morador da cidade do Rio de Janeiro. Ele requeria que fosse passada provisão para que o ouvidor da comarca medisse e demarcasse as suas terras, na freguesia de São João de Itaboraí[49].

Ainda em dezembro daquele ano um ofício da câmara da vila dos Campos dos Goitacases era dirigido a D. Rodrigo de Souza Coutinho, comunicando as queixas dos moradores dos subúrbios e distritos daquela vila, contra os abusos cometidos pelos administradores das terras do visconde de Asseca[50].

Tais denúncias ou pedidos alertavam ao conselho os resultados mais nefastos da concessão de sesmarias. A sobreposição de terras, as disputas nas fronteiras, a discussão sobre a legalidade da ocupação passavam a estar "na ordem do dia".

Compreende-se assim por que em fins daquele ano o pedido de sesmaria feito por Garcia Rodrigues Paes Leme foi colocado em suspeição. Num documento oriundo do fundo do Registro de Consulta Mista, há a informação de que caberia ao vice-rei comparar o documento apresentado por Garcia Paes Lemes

> Como parece e o conselho expressa ao Vice-Rei convenientes Ordens que me consultasse não só para fazer repor na Secretaria daquele governo a Carta de Sesmarias que obteve o suplicante, mas ainda para examinar e comparar a cópia do requerimento que se processa no Conselho e mais papéis que se hão de remeter ao mesmo Vice-Rei, autorizando também para que proceda e obre da Consulta ao Conselho. O conselho deve ficar na inteligência que as sesmarias no Brasil só se devem dar-se na forma que tendo estabelecido e que semelhantes ordens só as mando expedir pela competente repartição, exceto quando por ordem especial for servido[51].

O conselho respondia a uma consulta do vice-rei e capitão geral de terra e mar do Estado do Brasil, - José Luiz de Castro, 2º conde de Resende –, em que se afirmava que "Isto não só para que este conselho possa estar ciente da sua Real Resolução sobre este objeto, mas para que fique prevenido, afim de não atender semelhantes requerimentos"[52]. Segundo o documento, Garcia Rodrigues Paes Leme havia solicitado três léguas de terras em remuneração de serviços. Em aviso de 9 de dezembro de 1796, expedido pela Secretaria de Negócio da Marinha e Domínios Ultramarinos, de que

> sob a cópia da soberana presença de V. A. R. contemplada em outro anterior aviso de 12 de abril de 1796 e finalmente baixou resoluta com a portaria número 3, que expediu ao Conselho o secretário de Estado que foi da repartição do Reino Jose de Seabra da Silva[53].

Ainda segundo o documento, a consulta que o conselho redigiu ao trono afirmava que era comum darem-se terras vagas a "indivíduos que não tem qualidade alguma de serviços", não sendo o caso do pleiteante Garcia Rodrigues. Assim sendo, na certeza de que a mercê pedida não prejudicava quaisquer terceiros dos seus direitos, muito menos o da Real Fazenda, "que nenhum lucro podia esta receber de umas terras incultas e abandonadas naqueles sertões, viram ser úteis ao suplicante, conveniente ao Público e interessante à Real Fazenda"[54] a mencionada concessão.

Entretanto, a questão que se colocava, a partir do requerimento enviado pelo vice-rei, era o fato de que não se podia assegurar que as terras recebidas por Garcia Paes Leme eram as mesmas das que já "estavam na possessão de outros terceiros tais quais são a Fazenda Real e qualquer outro que estão desfrutando com titulo ou sem ele (...)". Por essa razão, o conselho emitia o parecer, segundo o qual o vice- rei deveria remeter à secretaria

> a Carta de Sesmaria que obteve o sobredito Garcia Paes. E que o mesmo Vice- Rei remeta sua cópia do Requerimento que se processou neste conselho promovam e motivam aquela Mercê acompanhando-a outra igual cópia da Portaria quem manda lavrar a dita carta, para que combinando um e outros papéis se possa ver no conhecimento se são as mesma terras , de que ele Vice Rei tratou no dito seu Oficio, Autorizando a V.A.R para que ele sendo as mesmas no todo ou em parte faça logo caçar e averbar todos os registros que ali se houverem feito da dita Carta[55].

O caso emblemático de Garcia Paes Leme anuncia e denuncia as possíveis intervenções da coroa em questão de terras. Em fins do século XVIII, como resultado de um intenso processo de ocupação de terras, a concessão se tornaria marcadamente territorial, antes de política.

## Para concluir

Em suas disputas por ser reconhecido como o legal ocupante daquelas terras, Garcia Paes Leme ajudava a trazer à luz a face mais interessante da concessão de sesmarias em fins do século XVIII. Elas poderiam ser dadas aos "indivíduos que não tem qualidade alguma de serviços", revelando, portanto, o reconhecimento de uma dinâmica de ocupação marcadamente intensa e a propagação dessa concessão. Nesse sentido, a flagrante e óbvia diferença entre os cultivadores – alguns senhores e possuidores de três léguas, e, outros, donos de algumas braças – não inibia o fato incontestável de que os sesmeiros ou potenciais sesmeiros desejavam um título legítimo, um porto seguro, num mar de conflitos e disputas pelo acesso à terra. Os pequenos lavradores percebiam haver cumprido as determinações elementares para a concessão de sesmarias. Eles eram cultivadores de pequenas parcelas de terras e podiam assim fazer jus ao título desejado. Os que tinham assenhoreado enorme extensão de terras também se sentiam em crédito com a coroa. Não somente eles haviam cultivado ao menos parte daquelas terras, como se submeteram ao poder, ansiosos por receber a mercê que confirmaria seu direito a terra.

É fato que muitas das solicitações de sesmarias encobriam uma estratégia de sesmeiros para estender sua ocupação para além de hipotéticos limites originais, mas havia também os que a pediam pelos que elas eram, ou seja, restos de terra, pedaços ainda livres, fronteiriços a outras concessões e fazendas.

Em fins do século XVIII, o império adquiria uma territorialidade marcante e tal processo implicava o reconhecimento das inúmeras gradações de cultivadores, de perspectivas distintas na ação de ocupar. A partir da chancela real, é possível que muitos passassem a almejar outras mercês, sentindo-se concretamente privilegiados em relação a uma maioria que apenas se amparava no autorreconhecimento de ser um legítimo ocupante, mas que não podia usufruir de um título de domínio em eventuais querelas com seus confrontantes. Havia ainda os que, a despeito da ausência de um documento suficientemente legítimo para referendar sua ocupação, passaram a ver como não menos legítimo o emprego da violência na consagração de sua posse em detrimento de outrem. Em suma, o que desejo afirmar é que intitular-se senhor de uma terra, chancelada pela coroa como mercê, era uma distinção que mantinha não apenas sua eficácia simbólica. Mas – enquanto distinção – produzia a diferença concreta entre aquele que tinha o título e aquele que não o tinha. Por essa razão, a confirmação de uma sesmaria e, portanto, a consagração de um título de propriedade não era o resultado previsível de uma ocupação pretérita. Os sesmeiros assumiam o risco de apresentar-se com súditos submissos à coroa, na esperança de legitimar sua ocupação. Alguns, como Ignácio Correa Pamplona, conseguiram seu intento. Ao apresentar-se como submisso, ele legalizou o ilegal, adquirindo títulos de propriedade de enormes extensões de terra, sem ter que cumprir as exigências expressas na lei de sesmarias. Outros, como Garcia Leme, se depararam com um emaranhado de querelas e disputas e com uma critica contundente ao seu direito àquelas terras. Ao submeter-se, ao revelar sua trajetória de súdito, Garcia trouxe à luz outros sesmeiros, lavradores sem títulos, insatisfeitos e indispostos a reconhecer a antiguidade da ocupação dos Garcias Leme.

## Notas

1 O presente trabalho é o resultado parcial da pesquisa intitulada "A Gestação do conflito (sesmarias e direito à terra no Brasil e em Portugal 1795/1882)", bolsa de Produtividade de Pesquisa do CNPq 2003/2007.

2 Exploro as críticas à proposta do alvará de 1795 em Márcia Maria Menendes Motta, "Francisco Mauricio de Souza Coutinho: sesmarias e os limites do poder", Ronaldo Vainfas, Georgina Silva dos Santos & Guilherme Pereira das Neves (orgs.), *Retratos do império:* trajetórias individuais no mundo português nos séculos XVI a XIX, Niterói, EdUFF, 2006, p. 259-277.

3 António Manoel Hespanha, "A constituição de um império português: revisão de alguns enviesamentos correntes", João Fragoso, Maria Fernanda Bicalho & Maria de Fátima Gouvêa (orgs.), *O Antigo Regime nos trópicos:* a dinâmica imperial portuguesa (séculos XVI-XVIII), Rio de janeiro, Civilização Brasileira, 2001, p. 166.

4 Arquivo Histórico Ultramarino (doravante AHU), Carta de Confirmação de Sesmarias. Theodora Maria Alves de Olivas, códice 165, folhas 26-26 v.

5 AHU, Carta de Confirmação de Sesmarias, Antonio Gomes de Carvalho, códice 165, folhas 185-187.

6 AHU, Carta de Confirmação de Sesmarias, Capitão Jerônimo Pinto Neto, códice 164, folhas 174-175.

7 AHU, Carta de Confirmação de Sesmaria, Ignácia Francisca, códice 252 v-253 v.

8 AHU, Carta de Confirmação de Sesmarias, Caetano Nunes Pereira, códice 165, folhas 65 v. 66.

9 AHU, Carta de Confirmação de Sesmarias, Francisco de Abreu Guimarães, códice 165, folhas 31 v-32 v.

10 AHU, Carta de Confirmação de Sesmarias, Padre Victorino da Paixão, códice 165, folhas 150 v-151 v.

11 AHU, Carta de Confirmação de Sesmarias, Antonio Pinto Castelo Branco, códice 165, folhas 28-29.

12 AHU, Carta de Confirmação de Sesmarias, Joaquim Jose de Souza Meireles, códice 165, folhas 80 v-81 v.

13 AHU, Carta de Confirmação de Sesmarias, Antonio Jose da Costa Barbosa, códice 165, folhas 87-88.

14 AHU, Carta de Confirmação de Sesmarias, João Pinto Coelho de Souza, códice 165, folhas 146 v-147.

15 AHU, Carta de Confirmação de Sesmarias, José Pereira Gurgel, códice 165, folhas 166-167.

16 AHU, Carta de Confirmação de Sesmarias, André de Castro Gomes, códice 165, folhas 165-166.

17 AHU, Carta de Confirmação de Sesmarias, José Pedro Braga e outros, códice 166, folhas 61 v-62 v.

18 Arquivos Nacionais da Torre do Tombo (doravante ANTT), Chancelaria de D. Maria, João Pedro Braga e outros, livro 66, p. 94-95.

19 Arquivo Nacional, Tribunal de Justiça do Rio de Janeiro, Juízo da Corregedoria do Cível da Corte, código 5237, cx 448 G C, código de fundo 77, seção de guarda CDE, autor Capitão Henrique José de Araújo, sua mulher Maria Bibiana de Araújo e sogra Maria Feliciana Cordovil. Réu João Pedro Braga. 08/02/1810 – 03/08/1816. Local cidade do Rio de Janeiro / Sítio Vila Santo Antonio de Sá.

20 ANTT, Chancelaria de D. Maria, Ignácio Correio Pamplona, livro 65, p. 268 v.

21 AHU, Carta de Confirmação de Sesmarias, Theodora Correia Pamplona, códice 166, folhas 56 v-57 v.

22 AHU, Carta de Confirmação de Sesmarias, Rosa Correia Pamplona, códice 166, folhas 58 v-59 v.

23 AHU, Carta de Confirmação de Sesmarias, Simplicia Correia Pamplona, códice 166, folhas 66 v-67 v.

24 AHU, Carta de Confirmação de Sesmarias, Ignácia Correia Pamplona, códice 166, folhas 72-73.

25 AHU, Carta de Confirmação de Sesmarias, Bernardina Correia Pamplona, códice 166, folhas 68-69.

26 AHU, Carta de Confirmação de Sesmarias, João Jose Correia Pamplona, códice 166, folhas 73-74 v.

27 ANTT, Chancelaria D Maria, livro 65, p. 668 v.

28 ANTT, Chancelaria D. Maria, livro 65, p. 267-268.

29 ANTT, Chancelaria D. Maria, livro 65, p. 268.

30 ANTT, Chancelaria D. Maria, livro 65, p. 269.

31 AHU, Projeto Resgate, Minas Gerais, Ignácio Correia Pamplona, caixa 160, doc. 3, CD 047.145, 0405.

32 AHU, Projeto Resgate, Minas Gerais, Ignácio Correia Pamplona, caixa 160, doc. 4, CD 047, 145, 0409.

33 AHU, Projeto Resgate, Minas Gerais, Ignácio Correia Pamplona, caixa 164, doc. 37, CD 048, 149, 0342.

34 AHU, Projeto Resgate, Minas Gerais, Ignácio Correia Pamplona, caixa 177, doc. 47, CD 052, 163, 009.

35 Câmara Municipal de Paraíba do Sul, Ata da Sessão de 26 de janeiro de 1836.

36 Instituto Histórico e Geográfico Brasileiro, Requerimento dos proprietários de terras no caminho do Rio de Janeiro para as minas, na picada que abriu Garcia Rodrigues

Pais, para que, na medição que ora se faz a pedido dos mais antigos, seja considerado que, tendo sido concedidas e confirmadas sesmarias que não cabem no dito caminho, seja estas reduzidas em suas testadas, completando-se a mesma legua de terra "para as ilhargas do sertão". Cópia do Arquivo do Museu Imperial, documento anterior a 1838 [Lata 772, pasta 66. Coleção Enéas Martins Filho].

37 *Idem.*

38 *Idem.*

39 ANTT, Ministério do Reino, Consulta do Conselho Ultramarino, maço 322.

40 *Idem.*

41 *Idem.*

42 *Idem.*

43 *Idem.*

44 AHU, Rio de Janeiro, cx. 179, doc. 47. Consulta do Conselho Ultramarino ao príncipe regente D. João sobre o requerimento de Garcia Rodrigues Pais Leme.

45 AHU, Rio de Janeiro, cx. 177, doc. 5. Ofício do chanceler da Relação do Rio de Janeiro, Luís Beltrão de Gouveia de Almeida.

46 AHU, Rio de Janeiro, Requerimento do capitão Bernardo José Dantas, cx. 173, doc. 37, cx. 180, doc. 36.

47 AHU, Rio de Janeiro, 1799. Ofício do capitão Manoel Antônio Ribeiro Castro, cx. 176, doc. 32.

48 AHU, Rio de Janeiro, 1799. Requerimento de Antonio Nunes de Aguiar, cx. 176, doc. 34.

49 AHU, Rio de Janeiro, 1799. Requerimento de Domingos de Freitas Rangel, cx. 180, doc. 7.

50 AHU, Rio de Janeiro, 1799. Ofício da câmara da Vila de São Salvador dos Campos dos Goitacazes.

51 AHU, Consultas Mistas, códice 27.

52 *Idem.*

53 *Idem.*

54 *Idem.*

55 *Idem.*

# Miguel Antônio de Melo, agente do império ou das Luzes? Dilemas da geração de 1790

Guilherme Pereira das Neves[1]

Sintença da Justiça é palavra de rei! [Ti Amaro de Mirateca, trancador do Arioche]
(...)
A Justiça, no Pico, é a pá dum remo! [João da Cezilha, seu oficial da baleia]
Vitorino Nemésio. *Mau Tempo no Canal* [1944][2]

Miguel Antônio de Melo Abreu Soares de Brito Barbosa Palha Vasconcelos Guedes, primeiro conde de Murça em 1826, nasceu em 1766, morreu em 1836 e há quase trinta anos que me assombra. Como já expliquei em outra ocasião, ele é o autor de uma "Informação da Bahia de Todos os Santos", de 1797, interessantíssima, que se conserva anônima na coleção Linhares da Biblioteca Nacional do Rio de Janeiro[3]. Desde alguns anos após o meu ingresso na UFF, utilizo esse documento nas aulas de introdução ao estudo da história, com o intuito de mostrar aos alunos dos primeiros períodos como é possível lidar com uma fonte[4]. Na última encarnação desse curso, a qualidade dos trabalhos finais me estimulou, enfim, a atender aos apelos da personagem e a tentar esclarecer a sua trajetória, aproveitando a ocasião de duas viagens de pesquisas a Portugal, propiciadas pelo projeto Pronex, que organiza este evento[5].

O resultado ainda não foi – como em geral não é, nesses casos – completamente bem sucedido. Permanecem muitas zonas de sombra na vida de Miguel Antônio de Melo e pouco explorei, por enquanto, várias de suas múltiplas atividades. Apesar disso, o material recolhido não deixa de viabilizar uma ideia de sua carreira e, como farei mais adiante, a exploração de alguns de seus aspectos.

## A trajetória

Ele descendia dos Melos, da calçada do Combro, da vila de Murça, ou Murça de Panóias, na província de Trás-os-Montes. Nuno Gonçalo Monteiro situa a família como de primeira nobreza, pertencente a um conjunto que, por meio da concessão de títulos, viu-se elevado à categoria dos *grandes* entre 1789 e 1830[6]. D. Miguel teve alvará de moço fidalgo em 1781, juntamente com um irmão mais novo, e, em 1805, quando o pai morre, atua como seu inventariante[7]. Data de 1795 a primeira referência relevante a seu respeito: a nomeação para o governo de Angola, quando tinha cerca de 30 anos. Após fazer escala em Salvador e no Rio de Janeiro, lá chegou no final de julho de 1797[8]. Ainda que, em 1800, tenha sido emitida para si uma carta patente de governador de Pernambuco, nunca assumiu o cargo. Em agosto de 1802, passou o lugar em Angola para seu tio materno, irmão caçula daquele Antônio Soares de Noronha, governador de Minas que tanto trabalho deu a Laura de Mello e Souza, e voltou a Lisboa[9]. Desaparece então novamente até 1806, quando se torna governador dos Açores, onde enfrenta a crise de 1807 / 1808, conservando, ao que parece, após deixar o posto, em 1810, sua residência na Terceira, sem retornar imediatamente ao continente[10]. Do *Almanaque de Lisboa* de 1807, ele consta como correspondente do número da Academia Real das Ciências. Em 1816, recebe carta de conselheiro da fazenda e, no ano seguinte, nasce o primeiro dos oito filhos que viria a ter do casamento, em 1815, com Maria José de Albuquerque – nascida em 1798, sobrinha sua pelo lado da irmã. Após o movimento liberal de 1820, a reação absolutista de 1823 e o primeiro exílio do infante D. Miguel, volta a ressurgir, em 1825, com a posição de presidente do Real Erário e secretário de estado do último gabinete, dito *absolutista*, de D. João VI[11]. Com o intuito de "dar-lhe um público Testemunho da estimação em que tenho sua Pessoa e Serviços", D. João VI, pouco antes de morrer, o fez 1º conde de Murça. Em 1827, D. Miguel publicou, em Paris, numa obra intitulada *Projecto para a reforma da lei fundamental da monarquia portuguesa, ajustado ao genio, carater, foros, usos e costumes da nação respectiva, com as unicas alterações e accrescentamentos que a diversidade dos tempos e das circunstancias persuadem necessarias, maiormente depois das grandes convulsões políticas, que a referida nação tem padecido entre os annos de 1820 e 1827, tudo para eficaz remedio dos males preteritos e vigoroso impedimento da renovação de iguais ou similhantes no futuro*[12].

## O reformista

Em trabalho anterior, levado pelo tom crítico de sua "Informação da Bahia" – bastante semelhante ao de um Luís dos Santos Vilhena, por exemplo –, ressaltei os aspectos reformistas de Miguel Antônio de Melo[13]. Para tanto, recorri, naquela ocasião, a um pequeno conjunto de documentos do período em que governou Angola e que se encontram no Arquivo Histórico Ultramarino[14]. Neles, ao se queixar não só do intendente da polícia de Lisboa, o célebre Pina Manique, como também do governador de Pernambuco e do conde de Resende, a respeito de algumas medidas tomadas em relação a degredados, D. Miguel revela, primeiro, uma (ao que tudo indica) inédita insatisfação com a prática usual de transformar Angola em um depósito de maus elementos; em seguida, mostra uma perspectiva legalista quanto à atuação das autoridades, profundamente marcada pelas concepções do direito natural, com o intuito de evitar os *gravames* que pesavam sobre os povos por conta de uma administração ineficiente e arbitrária, atitude presente em outras figuras da época[15]; e ainda demonstra a frustração em que se encontrava diante da falta de meios para atuar como achava apropriado[16].

Tais características parecem situar Miguel Antônio de Melo como peça integrante de um certo impulso reformista que caracterizou os primeiros anos da regência ainda não oficial de D. João, culminando com a posse e a atuação de Rodrigo de Souza Coutinho, futuro conde de Linhares, como secretário de estado da marinha e ultramar, a partir de setembro de 1796. Ao mesmo tempo, insere-o no interior daquele conjunto de letrados, designados por Kenneth Maxwell como "geração de 1790", que em geral orbitaram justamente à volta de D. Rodrigo, participando da construção do império através de um enorme esforço para reconhecê-lo e mapeá-lo. Esforço cujos limites Ângela Domingues apontou com tanta propriedade em um artigo de alguns anos atrás, e que Ronald Raminelli explorou em outros aspectos mais recentemente[17].

Em Angola, por exemplo, desdobrou esforços para reativar, com o apoio técnico de José Álvares Maciel, lá degredado pela sentença da inconfidência mineira, a fábrica de ferro em Nova Oeiras, implantada pelo pai de D. Rodrigo, assim como remeteu para este, em 1799, uma memória acerca "de descobertas mineralógicas" que fizera na região, as quais conclui dizendo que as notícias que continham talvez não fossem novas para o secretário, mas que serviam para que ele próprio diminuísse "o descontentamento com que fico quando acerto de pegar na pena para informar a V. Ex^a^. da pobreza e do estado de infância em que se acha este Reino"[18]. Anos depois, em 1818, já de volta a Lisboa de seu governo nos Açores, ao ser consultado sobre a situação da região, continuou a evidenciar sua adesão a alguns dos ideais ilustrados. Segundo D. Miguel, nas ilhas do arquipélago,

> a ignorância é grande e lamentável assim entre o Clero como entre a Nobreza (...) não é menor a do Povo, entre o qual poucas pessoas há que saibam ler e escrever, nem ainda com imperfeição. (...) na cidade de Angra nunca teve Discípulos o Professor de Filosofia em todo o tempo do meu Governo (...). (...) [além disso,] aqueles assim dentre os Nobres como dentre os plebeus que para o Estado

> Clerical Secular ou Regular se destinam, apenas se contentam em aprenderem imperfeitamente a Gramática da Língua Latina; e nos Conventos não há estudo algum de Ciências Eclesiásticas que possam merecer a denominação de regulares e menos [ainda] de sólidos[19].

Mesmo no curioso livro publicado em Paris no ano de 1827, uma espécie de testamento político e que merece um estudo à parte, as Luzes não estão de todo ausentes, após todas as vicissitudes dos anos imediatamente anteriores. Ao final, por exemplo, no título 21º e último, denominado "Providências diversas", D. Miguel manifesta-se pela abolição da tortura, da pena de morte cruelmente executada e da extensão da pena de infâmia aos descendentes; manifesta-se ainda pela elaboração de novos códigos (civil, criminal e comercial); pelo direito de ninguém poder "ser preso sem culpa formada", exceto em flagrante; pela proteção às descobertas úteis; pela inviolabilidade das casas dos cidadãos; e pela importância das boas estradas para o comércio[20].

## O casuísta

Recentemente, o acesso a alguns documentos, por generosidade de colegas e alunos, viabilizou precisar um pouco a ida de D. Miguel para Angola, assim como sua passagem pelo Rio de Janeiro e, ao mesmo tempo, adquirir uma perspectiva mais rica sobre a personagem. Conservado no Arquivo Nacional, um "Resumo dos Apontamentos de D. Miguel de Melo, nomeado Governador para o Reino de Angola, sobre algumas Providências a bem do Real Serviço no mesmo Reino" traz a data de 20 de dezembro de 1796 e ainda o situa em Lisboa[21]. Como, em 30 de março seguinte, já assinava a mencionada carta que dirigiu a Rodrigo de Souza Coutinho, observando que era a segunda vez que o fazia e se desculpando pelo conhecimento insuficiente da terra que adquirira em poucos dias, é possível supor que sua partida para assumir o cargo na África deva ter ocorrido no início de 1797. Ao Rio de Janeiro, chegou em 22 de abril, do que se deduz que deixou a Bahia talvez em meados desse mês, embora se queixe de que, por falta de embarcação, não conseguira enviar até então para o reino a segunda carta que dirigira ao secretário de estado.

Na sede do vice-reinado, deve ter permanecido cerca de dois meses, mas foi o suficiente para observar a cidade e se envolver em atrito com D. José Luís de Castro, o conde de Resende (1744-1819). Mais tarde, de Angola, não deixou de elogiar a boa cochonilha que encontrara no Rio de Janeiro, ainda que não tenha sido possível localizar, por enquanto, para a cidade, documento semelhante ao que redigiu sobre a Bahia[22]. Em compensação, algumas cartas conservadas no Instituto Histórico e Geográfico Brasileiro – provavelmente por intermédio de Felisberto Caldeira Brant Pontes (1772-1842), futuro marquês de Barbacena e então um dos ajudantes de ordens de Miguel Antônio de Melo – permitem ter uma ideia não só das preocupações desse governador de Angola, como ainda do comportamento de uma figura controvertida como o conde de Resende[23].

Ao fundear no Rio de Janeiro, D. Miguel participou ao vice-rei a sua presença a bordo e pediu "hora para desembarcar e, por cortesia, licença para tomar uma casa em terra". A resposta foi de que podia fazê-lo quando lhe parecesse e que, no dia seguinte, o mandaria saudar. Na manhã de 23 de abril, o filho do conde foi então a bordo para avisá-lo de que o pai o aguardava no palácio à hora das ave-marias.

> Notei caladamente a incompetência do recado e da hora ilegal para a salva e continências e, por evitar questões e querer indagar que ordens eram passadas à tropa para me receber, acomodei-me. Sabendo depois que nenhumas eram dadas para se postarem os regimentos (na forma do costume sempre praticado pelos antecessores do atual vice-rei e por todos os capitães generais, como experimentara na Bahia), mandei novamente pedir ao vice-rei quisesse Sua Excelência antecipar a hora para as cinco da tarde, ao que com aspereza me tornou que coisas a seu ofício pertencentes lhe não permitiam mudar a hora dada.

Depois que o comandante da divisão de navios, que o acompanhava, ter mandado saudá-lo com dezessete tiros e cinco "vivas", no horário determinado, fingindo não se ter importado com a falta de delicadeza, desembarcou no cais fronteiro ao palácio, "no qual nenhuma pessoa achei que me recebesse com formalidade". Mesmo assim, seguiu até a residência do vice-rei, onde foi recebido, "com afetação de desencontro nas portas", pelo ajudante de ordens Gaspar José de Matos e os oficiais da guarnição. Encaminhado à sala do dossel, lá foi informado que o conde de Resende "não estava em casa, mas que pouco tardaria."

> Estranhei grandemente a forma do recebimento e, com palavras graves, mas corteses, ao mesmo ajudante observei quanto o vice-rei

> faltava ao que me devia como capitão general e que, nestes termos, visto não se achar em casa, me retiraria, como fiz (...).

Recolheu-se, então, na casa em terra, da qual, "sem intervenção de S. Exª., eu mandara prevenir-me."

> Poucos instantes depois, veio a ela o vice-rei com bastante sobressalto, querendo dar a satisfação do que obrara e desacertando no modo, pois sendo fingimento não estar em casa, mo afirmou como verdade. Respondi a tudo que V. Exª. do meu gênio e estudo pode conjecturar e, querendo o vice-rei coonestar com a guarda que mandou postar, à porta da casa em que estou alojado, a falta das outras cortesias, lhe fiz entender me não esquecera o agradecimento devido aos oficiais e a gratificação dos soldados, a qual dizem o vice-rei lhes mandara tomar para ser empregado em atavios alheios do uniforme com que Sua Majestade manda fardar suas tropas.

A visita foi breve, acompanhando D. Miguel o vice-rei retirar-se até o "alto da escada que desce à rua", onde, diante de seus ajudantes de ordens, coube ao seu capitão da guarda fechar a porta da carruagem.

> No seguinte dia, às onze horas da manhã, voltei a palácio e nele encontrei o vice-rei na casa contígua à do dossel, sem espada, nem bastão, nem chapéu, e poderei com verdade dizer também a V. Exª. que sem farda, pois vestia uma casaca curta escarlate com bandas verdes, guarnecida de galões de ouro de diversos modos sobrepostos, o que tanto mais estranho me pareceu quanto nem tal é a farda de capitão general, nem o uniforme de nenhum dos corpos de que o vice-rei é aqui coronel.

Após descrever a sua saída e discutir os procedimentos adotados para saudá-lo, desta vez corretamente, exceto em algumas minúcias segundo o Regimento

Provisional da Marinha, D. Miguel ainda observa, nessa carta a Rodrigo de Souza Coutinho de 3 de maio de 1797, que os

> procedimentos ulteriores têm correspondido aos primeiros, e V. Exª. pode conhecer, pois me conhece, que unicamente pelo que respeita ao cargo que ocupo destas coisas trato e serem de público escândalo nesta terra, aonde os moradores outra coisa viram obrar aos predecessores do atual vice-rei, que sendo todos de muita autoridade, saber e conselho, diversamente praticaram com os capitães generais que em seus dias aqui vieram, não advertindo o conde vice-rei em tão autorizados exemplos, em costumes tão longamente usados sem interrupção e que têm por fundamento a interpretação prática do penúltimo período do §119 do Regimento dado a 20 de fevereiro de 1708 para o exército em campanha e aquartelado nas praças (...) e finalmente quanto convém manter estes povos no acatamento e subordinação com que respeitam e obedecem a seus superiores.

Os desencontros, porém, não tinham terminado. Alguns dias depois, em 13 de maio, era aniversário do príncipe regente. De acordo com D. Miguel, o conde de Resende quis então emendar os passados descuidos. Isso ele fez "mandando na véspera dos anos do Príncipe N. S. pedir ao chefe de divisão Francisco de Paula Leite quisesse participar-me o conteúdo em um papel escrito por seu secretário, porém sem data, nem assinatura". Em anexo, uma carta do chefe de divisão e a resposta do governador deixam ver o estado de ânimo a que se tinha chegado, fazendo reparar esta última "a incompetência com que o senhor vice-rei procede em tudo, fazendo até introduzir a V. Sª. em negócio para o qual não era necessária mediação, ainda menos uma tão respeitável." Ao bilhete em si, respondeu D. Miguel verbalmente

> que minha tenção já era testemunhar pelo modo mais solene o apreço que fazia de tão fausto dia, para o que determinava mandar pedir hora ao vice-rei para com ele me ir congratular, como representando aqui a Real Pessoa de Sua Majestade e que aos oficiais que vão para Angola ordenara que em concurso com os da guarnição desta capitania fossem a palácio para o mesmo fim.

Além da falta de data e assinatura, notava no bilhete mais uma incompetência, a de "alegar-se uma prática constante sem se citarem exemplos, e querer o vice-rei receber-me com formalidade e despedir-me por uma serventia escusa". No escrito referido, um primeiro parágrafo antipático informava a intenção de atender à solicitação de D. Miguel e do governador de São Paulo (que também se encontrava na cidade), noticiando-lhes "qual seja a prática jamais interrompida de todos os senhores generais que por causalidade se têm achado nesta capital nos felizes dias em que fazem anos Sua Majestade e Altezas"; ao que emendava:

> Primeiramente para fazerem faustíssima e pública a demonstração do seu gosto e do seu respeito, entram [os governadores generais] pela sala do governo e se encaminham à casa do dossel, aonde o vice-rei os recebe e os conduz à imediata. Nesta última, é a demora que se quer ter, conforme a conversação que ocorre seja de amizade ou unicamente para encher algum espaço de tempo. Imediatamente, o vice-rei passa à casa do dossel a receber o cumprimento, e os senhores generais se retiram por outra serventia, para se não encontrarem com o tumulto da gente que entra. O vice-rei costuma merecer dispensa de S. Exas. de os acompanhar, primeiramente pela ação em que se acha do cumprimento; e em segundo lugar por se considerar a sua saída já fora de todo o cerimonial.

D. Miguel não considera a informação "despida de malícia", mas não desiste de seu propósito de homenagear o príncipe,

> ainda que folga[sse] saber se o vice-rei me determinava receber com espada, bastão, chapéu e competente farda, ou sem estes ornatos, como no dia 25 de abril me constava recebera o cortejo público que lhe foram fazer os oficiais de guerra, magistrados e pessoas nobres desta cidade por ocasião dos anos da Princesa Nossa Senhora, pois recebendo-me assim não poderia dissimular algum desprazer.

Como o conde de Resende não tomou conhecimento dessas indagações, mandou uma carta, assinada pelo sargento-mor e ajudante de ordens Felisberto

Caldeira Brant Pontes, em 12 de maio, com a indagação sobre "a hora em que, com a formalidade devida, o senhor general pode ir a palácio e com a mesma ser pelo senhor vice-rei recebido para o sobredito fim." A resposta veio sob a forma de uma curta missiva, com data já do dia 13, escrita pelo coronel e ajudante de ordens do vice-rei Gaspar José de Matos Ferreira e Lucena. Em que dizia ter repetido ao conde de Resende o que D. Miguel lhe queria participar, e que a "hora que Sua Excelência tem destinado para os cumprimentos do dia de hoje é às dez e meia." Observa então D. Miguel, em seu relato para D. Rodrigo de 14 de maio:

> Com a resposta do vice-rei dada por seu ajudante, posto que diminuta quanto à minha pergunta, e como pondo-me por ela em paralelo com seus súditos, me resolvi a ir a palácio sem demora, e a ele cheguei às dez horas e quarenta minutos, encontrando o vice-rei esperando-me à porta da casa do dossel, na qual reverenciei com profundo acatamento a Real Efígie de Sua Majestade, passando depois com o mesmo vice-rei à casa imediata, juntamente com o governador de São Paulo e com os bispos de Angola e São Tomé, aonde em familiar conversação nos demoramos quase meia hora e quando quis me retirar, encaminhando-me às portas por onde entrara, o vice-rei me veio acompanhando (posto que grandes instâncias fiz pelo contrário) até a sala dos ajudantes de ordens, na qual ficou.

Do que conclui que "não se deva negar que ele [o conde] se houve com urbanidade e cortesia, reparando com estas demonstrações as faltas dos primeiros dias." Folga, por conseguinte,

> poder testemunhar o modo cortês com que o vice-rei se houve, pois já que disse o em que suas ações mereceram reparo, assim também devo altamente declarar por quais merece louvor, sem que me embargue um tal testemunho qualquer paixão ou afeto, porque de todos meu ânimo isento escrevi a V. Ex[a]. o primeiramente sucedido e agora, com igual imparcialidade, refiro estes ultimos sucessos.

## O devoto

Apesar da persistência de traços ilustrados ao longo de toda a sua vida, em nada incompatíveis com o apego às formalidades do Antigo Regime, vistas acima, um reconhecimento mais amplo da documentação relativa a D. Miguel, ainda que por enquanto muito centrado em sua fase angolana, acaba por atrair a atenção sobre outros aspectos. No documento anteriormente mencionado sobre a situação dos Açores em 1818, ao trecho citado, segue-se a sugestão de "oportunas Providências" ao rei,

> como por exemplo a ereção do Seminário Episcopal para a Educação e Instrução do Clero Secular; Reforma da Disciplina Regular e de Estudos entre os Regulares; ereção de casas de Educação para as pessoas de ambos os sexos e principalmente para os órfãos, dentre os quais as pessoas do sexo feminino, por falta das ditas casas, apenas chegam à puberdade, se entregam à mais escandalosa depravação de costumes, e as do sexo masculino a todos os mais vícios de que ele é capaz (...)[24].

Em Angola, uma série de outras fontes confirma essa mesma preocupação quase obsessiva com a religião. Sirvam de evidência dois exemplos.

Primeiro, a sua carta de 3 de fevereiro de 1800, que se ocupa preponderantemente dos problemas da Igreja em Angola e em que as críticas dirigidas aos regulares mostram sua postura regalista; embora, a certa altura, de forma surpreendente para um agente da coroa, observe que "pretendermos reduzir ao grêmio da santa madre Igreja todos os negros de Angola e, ao mesmo tempo, entreter e conservar o comércio da escravatura são dois fins que entre si repugnam". Entre as sugestões que apresenta, temendo que, caso a rainha não acudisse logo, "mui cedo se acabará de todo a religião católica neste reino", encontra-se outra vez a ereção de um seminário[25].

Em segundo lugar, por mais incrível que possa parecer, pode-se apontar um longo e minucioso "Plano para a Organização, Disciplina e Governo das Tropas do Reino de Angola", com 134 títulos, que remete para Lisboa na mesma data. Do título 51, consta que:

> Nos Alojamentos de Tropas e Corpos de Guarda se rezará devotamente e com pausa todas as noites o Terço do Rosário de Nossa Senhora em voz alta, porém sem canto, e aos Sábados se concluirá este Religioso Ato com a Ladainha Lauretana recitada de joelhos, procedendo-se à mais reza em pé e todos mui compostos e sisudos. O dito Ato nunca será interrompido, exceto para sair a Tropa a adorar e fazer as continências devidas ao Santíssimo Sacramento da Eucaristia quando aconteça ir levado Procissionalmente e passar junto aos Corpos de Guardas[26].

Tais regulamentações estendem-se pelos títulos seguintes, estabelecendo, entre outros detalhes, a obrigação de o capelão examinar com regularidade a tropa no catecismo, ato ao qual devia sempre assistir um oficial superior, "para castigar todo o que a ele não estiver composto ou que mostrar descuido em aprender e saber as importantíssimas verdades que a Santa Madre Igreja Manda que seus Filhos todos aprendam e saibam"[27].

## O governador

Apesar dessa atitude religiosa ao extremo, senão beata, foi com o seu bispo, D. Luís de Brito Homem – ao que parece, aquele que estava em sua companhia na homenagem ao dia de anos do príncipe no Rio de Janeiro –, que Miguel Antônio de Melo teve de se haver em uma curiosa queda-de-braço[28]. Pelo que pude perceber, a pendenga teve início nos princípios de maio de 1798, quando, por solicitação do governador, o bispo mandou vir a Luanda, dos sertões em que servia, o padre Caetano dos Reis Portugal. D. Miguel agia com base em informações que tinha recebido de Benguela e considerava o padre mau eclesiástico e súdito revoltoso, capaz de alevantar os povos, uma vez que se queixara das extorções praticadas pelos regentes do presídio de Caconda, nomeados pelos antecessores de D. Miguel, o barão de Moçâmedes e seu irmão, chegando a escrever que "Deus permita já livrar-nos da Casa de Moçâmedes, senão parece-me que acaba isto"[29].

No final de agosto de 1799, o governador volta a se dirigir ao bispo, para que ordenasse aos dois vigários da cidade que informassem a cada semana os nascimentos, casamentos e óbitos de suas respectivas paróquias, de acordo com as instruções que prescrevia, para atender a determinações de Lisboa. Os padres remetem a D. Miguel os dados solicitados, mas o governador escreve novamente ao bispo para se queixar da qualidade das informações, que considera confusas. O prelado responde em tom azedo, exigindo que lhe fossem enviadas as instruções originais, que D. Miguel recebera da corte, dando a entender que ele próprio passaria a cuidar do assunto.

Ao mesmo tempo, o bispo decide agir. Com data de 8 e 15 de setembro de 1799, D. Luís envia, então, a D. Rodrigo duas diatribes contra o governador. Segundo ele, o seu ofício e a sua consciência o obrigavam

> a dar conta a V. Exª dos excessos e violências com que o Governador e Capitão-General deste Reino (...) tem violado e oprimido não só a Imunidade Eclesiástica, mas até mesmo o Direito Natural (...), levando a sua Jurisdição muito além dos justos e impreteríveis Limites que Sua Majestade lhe prescreveu (...).

Mais adiante, chegava a afirmar que tais violências ofereciam "um perfeito retrato do Despotismo", fruto da "ira (quase sempre implacável) de um Governador persuadido de que tudo pode". Na outra invectiva, depois de fazer uma comparação das instruções remetidas por D. Miguel com as ordens régias, afirmava:

> Parece incrível, Ex.mo Sr., (mas é verdade), que um Governador posto por Sua Majestade à testa de um Reino inteiro para lhe fazer guardar e respeitar as suas Reais Ordens (...) se atrevesse a saltar com tamanha afoiteza por cima de todas as barreiras da sua Jurisdição, que (...) nas Suas Reais Mãos jurou não exceder no ato da Sua Homenagem, para tropeçar e cair no desacordo de fazer nessas mesmas Reais Ordens as emendas, mudanças, ampliações e restrições que se vêem na confrontação que acabo de fazer (...).

Aqui o prelado equivocava-se quanto às intenções da coroa. Um documento de 31 de outubro de 1799, que consiste nas considerações, ouvido o príncipe regente, de Rodrigo de Souza Coutinho, aos ofícios de nº 48 a 81 de Miguel Antônio de Melo como governador de Angola, aborda justamente essa questão, ao tratar do primeiro deles. Vale a longa citação pelo que revela dos princípios administrativos, que se estava procurando pôr em prática.

> Pelo que respeita ao Ofício nº 48, em que V. Sª., acusando a recepção das tabelas estatísticas que lhe foram dirigidas por esta secretaria d'estado, expõe a dificuldade de as aplicar sem grandes alterações a essa capitania, por terem sido formalizadas sobre o que se podia esperar e [?] em aplicável ao Brasil, cujo país, habitantes e produções são inteiramente [diferentes?] das de Angola; Ordena Sua Alteza Real que V. Sª. debaixo dos mesmos princípios e não perdendo de vista nenhuma das noções que as referidas tabelas contêm, seja sobre a diversidade e classes das pessoas, seu numeramento, nascidos, mortos, casamentos e individuação de empregos, seja sobre produções, consumo e exportação de produtos de gêneros em bruto, de gêneros manufaturados e de escravos, forme tabelas análogas, que anualmente se fiquem conhecendo e se remetam juntamente com a individuação das rendas e despesas da Real Coroa, devendo formar tudo um complexo anual de informações estatísticas, que ofereça às Reais Vistas o quadro do que existe na capitania e dê as necessárias luzes para o que ulteriormente se pode ordenar a benefício da mesma capitania; V. Sª. deve executar logo esta Real Ordem, *tendo sempre em vista que tabelas com as convenientes informações e notas são muito melhor meio de conseguir o fim proposto do que vagas e imensas memórias, cujo resultado é necessário tirar depois de muito assíduo e laborioso trabalho*, que deve já lá vir preparado[30].

Ainda não posso assegurar o desfecho do conflito, pois há documentação que não examinei, mas, no maço de um dos documentos utilizados até aqui, encontram-se quatro folhas soltas com anotações, feitas por algum pesquisador ou funcionário da instituição, provavelmente no final do século XIX ou início do XX[31]. Numa delas, registra quem me precedeu não só a busca infrutífera por alguma queixa de D. Miguel quanto ao bispo, como a existência de um ofício de 1800, que ainda não pude localizar, em que D. Rodrigo obrigava o prelado "a procurar harmonia com o Governador". Na realidade, todas as referências de D. Miguel ao bispo que encontrei são bastante elogiosas. Como no documento de 1802, dirigido ao seu sucessor, em que considera o prelado "mui pacífico e mui discreto, e talvez poucos haja entre os seus colegas que melhor do que ele conheça e saiba distinguir os limites que dividem o sacerdócio do império." Ao que acrescenta:

> Sempre vivemos na mais cordial e perfeita concórdia, tendo ele comigo toda a contemplação, a que eu correspondi com os obséquios e reverência devida à sua alta dignidade e às suas exemplaríssimas virtudes, procurando ambos de comum acordo triunfar dos esforços e tentativas que homens maus algumas vezes empregaram para nos pôr discordes[32].

Cinismo? Ou impossibilidade, para um homem religioso até a medula, como D. Miguel, de avaliar depreciativamente o prelado[33]?

Mais importante que dirimir essa dúvida consiste em compreender o que estava em jogo nessa contenda entre o bispo e o governador, o que parece envolver dois aspectos. De um lado, trata-se justamente daquela fronteira entre o sacerdócio e o império, mencionada por D. Miguel. As imunidades da Igreja asseguravam, julgava o prelado, não só sua preeminência, proveniente do sagrado, diante do governador, como ainda a legitimidade do controle, que pretendia exclusivo, sobre o clero. Para D. Miguel, no entanto, regalista de extração pombalina, mas muito sensível às questões religiosas, como visto, cabia-lhe, enquanto suprema autoridade civil em Angola, velar igualmente para que os eclesiásticos cumprissem suas funções e, sobretudo, contribuíssem para a grandeza da monarquia, não podendo tolerar o desrespeito aos agentes dela ou o fornecimento de dados inadequados para as necessidades do império.

De outro lado, separava o bispo do governador a atitude em relação à própria realidade. Ao vigiar o comportamento do padre Caetano nos sertões de Benguela ou reclamar da incompetência dos vigários de Luanda para escriturarem seus registros paroquiais, D. Miguel pretendia tornar a realidade mais conforme ao ideal que trazia. Para D. Luís, no entanto, as cobranças do governador não passavam de intromissão em uma competência que era exclusivamente sua como prelado, num mundo regido por uma ordem imemorial, cuja mudança não lhe passava pela cabeça. Por isso, em vez de discutir a autenticidade das acusações contra o padre ou de procurar compreender a utilidade a ser extraída das informações demográficas, o que lhe ocorria era supor as acusações fruto de intrigas e justificar a confusão dos párocos como o resultado da interferência indevida do governador, ao ousar traduzir as ordens régias para o ambiente local.

## O juízo

Em primeiro lugar, num plano muito geral e abstrato, apesar dessas diferenças entre D. Luís e D. Miguel, que incluíam a postura claramente regalista do governador, fazendo do clero e do culto instrumentos da monarquia, o que se revela é o lugar que a religião continuava a ocupar na ordenação do mundo a que ambos pertenciam. Tal constatação conduz às reflexões de Marcel Gauchet, para quem a democracia só se torna possível numa sociedade em que "o poder dos homens" tenha tomado "o lugar da ordem definida pelos deuses ou desejada por Deus"; ou seja, uma sociedade que tenha saído desse modo de estruturação "do mundo humano-social", em vigor durante a maior parte da história, "que assume a forma de uma ordem que mantém os homens juntos por força de uma ordem exterior, anterior e superior à vontade deles"[34]. Sob esse ângulo, talvez resida aí um argumento importante para explicar as relações tão difíceis do universo luso-brasileiro com a democracia e a modernidade, algo que a trajetória posterior de D. Miguel e, em especial, seu projeto de uma lei fundamental da monarquia portuguesa, no contexto conflituoso das disputas que se seguiram à morte de D. João VI, tem muito a oferecer, embora seja impossível fazê-lo aqui.

Em segundo lugar, não se trata de novidade, mas parece importante frisar que esse conflito do bispo com o governador sugere os muitos planos em que se manifestavam as oposições e os conflitos no interior do império e que podiam chegar até os motins e revoltas que Luciano Figueiredo estuda. Ao contrário do que muitas vezes se considera, entre a coroa, em Lisboa ou no Rio de Janeiro, e os súditos, em qualquer parte do mundo, não havia apenas a oposição entre colônia e metrópole, ou a negociação entre centro e periferia, mas uma enorme variedade de barreiras, de resistências, de choques, que orientavam, acentuavam, desviavam ou abafavam os interesses de uns e de outros, segundo o momento e o lugar[35]. Isso exige a reconstrução a mais minuciosa possível desse passado, a fim de que, como diz R. G. Collingwood, se possam "revelar os aspectos menos óbvios, escondidos do olho descuidado, numa situação presente", pois o "quê a história pode trazer para a vida moral e política é um olho aguçado para a situação em que temos de agir"[36].

Por esse viés, aproximo-me de uma terceira conclusão. Para alcançar essa complexidade, não adianta ao historiador o recurso a conceitos desencarnados, em geral tomados braudelianamente emprestados às ciências sociais, de acordo com um sonho de cientificidade que talvez esteja na hora de rever. A ciência simplifica para ser capaz de explicar. É necessário, ao inverso, aproximar-se da matéria histórica – ou seja, das fontes – e explorá-las amorosamente, construindo, pouco a pouco, a inteligibilidade de uma personagem, de um evento, de um processo, naquilo que tem de diferente de qualquer outro. De maneira indiscutível, completa, definitiva? Jamais. Nem o passado nem a vida podem assegurar essa certeza. De maneira muito mais modesta, trata-se apenas de um esforço de autoesclarecimento, em que o presente escarafuncha o passado que está vivo em si, a fim de exorcizar algum daqueles medos que o trazem sobressaltado. Ou, segundo Hans-Georg Gadamer, de tal modo que "o homem histórico que procura a sua autoconsciência" possa, assim, transformar "constantemente o seu ser"[37].

Espero então que, a essa altura, mais ninguém duvide da resposta que pretendo dar, enfim, à pergunta que coloquei no título deste artigo – à qual volto, para terminar. Muito mais que *agente das Luzes*, Miguel Antônio de Melo, como tantos outros, me parece um *agente do império*, para quem, aproveitando uma passagem de Franco Venturi que citei no colóquio organizado pela Companhia das Índias em 2005, as Luzes não passam de uma racionalização técnica, que as torna puramente instrumentais, impedindo-as de erodir e de dissolver as cadeias pelas quais elas se encontram manietadas[38]. Mergulhado no ambiente antes de tudo religioso, que indiquei, indício da persistência daquela ordem trascendente identificada por Gauchet, D. Miguel contava com as Luzes para aplainar certas arestas, que ameaçavam rasgar o tecido com que vestia sua existência, mas jamais para trocar a camisa que seus maiores tinham cortado. Não obstante, em época de Revolução Francesa e Independência das 13 Colônias, o império a que serviu – império português, certamente – não podia corresponder, apesar das aparências, ao antigo império das conquistas ultramarinas. Mas, sim, a despeito de sua natureza compósita, devia resultar de uma nova concepção, que levasse em conta, dentro de limites inevitáveis, os interesses dos povos, de uma maneira que não se distingue muito do que tendia a ocorrer nas nações modernas, que surgiam[39]. Contudo, diante da tragédia da monarquia francesa, para implementar tal império, havia que reforçar o *ad majorem gloriam* do rei, que a governação pombalina fizera substituir ao *ad majorem Dei gloriam* dos jesuítas, que Célia Tavares estuda.

Nesses dilemas, cindiu-se o império, mas não se desfez – nessa sua parte americana, pelo menos – a ordem *exterior, anterior e superior* à vontade dos homens, que assegurou, até hoje, a permanência da sociedade injusta com que convivemos. Afinal, aquilo "que ele pode ser é aquilo que ele foi"[40].

## Notas

1 Agradeço ao CNPq e a este projeto o apoio para a realização do presente trabalho. Aproveito igualmente para demonstrar minha gratidão aos alunos cujo estímulo tem sido fundamental para desenvolver minhas ideias, em especial, a um grupo de excelentes orientandos de graduação e de pós, com quem venho discutindo as questões envolvidas neste artigo há muitos anos. *Last but not least*, o meu muito obrigado pela transcrição de documentos a Cristiane Maria Marcelo, Tarcísio de Souza Gaspar, Aline Brito de Oliveira e Gilmar Alvim, cujos nomes uma falha da edição impediu que constassem, merecidamente, em um texto anterior.

2 Lisboa, Relógio D'Água, 2004, p. 249. Devo a Valentim Alexandre a recomendação para que lesse esse surpreendente e espantoso romance.

3 Divisão de Manuscritos, I - 31, 21, 34, nº 2.

4 Em ocasião anterior, o 3º Colóquio do Pólo de Pesquisas sobre Relações Luso-Brasileiras, "Entre Iluminados e Românticos", realizado no Real Gabinete Português de Leitura em 24 e 25 de abril de 2006, apresentei um primeiro trabalho sobre Miguel Antônio de Melo, cujo texto pode ser lido, até o seu aparecimento na revista *Convergência Lusíada*, em www.realgabinete.com.br/coloquio/3_coloquio_outubro/index.htm (acesso em 8 mar. 2007).

5 Agradeço, em particular, a Débora Souza da Rosa e Lana Meyer Andrade Martires, que encontraram na internet e reproduziram em seus trabalhos um retrato de Miguel Antônio de Melo (ver http://www.sgmf.pt/NR/rdonlyres/5687C9BA-2CAD-45D8-9ACE-75DA5FB7E047/2990/DMiguelAnt%C3%B3niodeMelodeAbreuSoaresdeBritoBarbosa1.pdf, com acesso em 9 mar. 2007, e a Guilherme P. Bresciani Cerqueira Linhares, cujo empenho me levou de volta ao Instituto Histórico e Geográfico Brasileiro (IHGB) para examinar um rascunho da dita "Informaçam", do qual consta com clareza a assinatura do autor e cuja cota (que, em seguida, resgatei em uma antiga anotação, provavelmente trazida por outro aluno em anos anteriores) é lata 358, pasta 28, com a data de 30 mar. 1797. O original do documento encontra-se em Lisboa, Arquivo Histórico Ultramarino, Conselho Ultramarino, Brasil – Bahia, caixa 205, documento nº 48 ou AHU_ACL_CU_005, Cx. 205, D. 14690.

6 Cf. *O Crepúsculo dos grandes:* a casa e o patrimônio da aristocracia em Portugal (1750-1832), Lisboa, Imprensa Nacional / Casa da Moeda, 1998, p. 75 sobretudo.

7 Mais um agradecimento: a Fernanda Olival, cuja comunicação neste colóquio e posteriores esclarecimentos, com rara competência e simpatia, contribuíram sobremaneira para esclarecer as categorias nobiliárquicas a que D. Miguel pertenceu.

8 Cf. "Carta do governador para D. Rodrigo de Souza Coutinho, comunicando-lhe a chegada e posse do governo, etc." 24 ago. 1797. *Arquivos de Angola*, Luanda, v. 2, nº 11, ago. 1936, p. 345-347.

9 Cf. "Comunicação de Dom Miguel Antônio de Melo de haver feito a entrega do governo de Angola a Dom Fernando Antônio de Noronha". 24 ago. 1802. *Arquivos de Angola*, Luanda, v. 2, nº 10, jul. 1936, p. 265-266. Nesse ofício, D. Miguel esclarece ter consigo, desde 9 out. 1801, instruções acerca de seu destino após a chegada de seu sucessor. No entanto, estavam em desacordo com aquelas, para que assumisse o governo de Pernambuco, que este trouxera. Além disso, embaraçava-o "ler no Almanaque de Lisboa do corrente ano nomeado Governador de Pernambuco o Tenente General Sebastião Xavier da Veiga Cabral, que sei é falecido". Diante disso, prefere retornar a Lisboa, em vez de seguir para o Recife. Essa decisão de D. Miguel coincide, aproximadamente, com a partida de Pernambuco do bispo Azeredo Coutinho, criatura de D. Rodrigo, e,

grosso modo, com o início do processo que, iniciado pela Paz de Amiens em 25 mar. 1802, conduzirá este último a pedir demissão, cerca de um ano depois, da presidência do Real Erário (31 ago. 1803). Trata-se, por conseguinte, de um episódio a investigar. Para o relacionamento familiar, além de Laura de Mello e Souza, "Os limites da dádiva: Dom Antônio de Noronha", *O sol e a sombra:* política e administração na América portuguesa do século XVIII, São Paulo, Companhia das Letras, 2006, p. 350-402, em especial, p. 384-387, 392 e 396 (nota 101). Para o pai de D. Miguel, João Domingos (ou Domingues) de Melo e Abreu, que se casou com Joaquina Mariana de Noronha, irmã de D. Antônio e de D. Fernando, cf. Arquivos Nacionais da Torre do Tombo, Lisboa (ANTT), Registro Geral das Mercês (RGM), D. José I, Livro [L.] 13, folha [f.] 189; D. Maria I, L. 10, f. 323; L. 18, f. 13; L. 20, f. 180; L. 21, f. 52 v; L. 22, f. 70 v; L. 23, f. 249 v; L. 27, f. 149 v e 150 v; L. 28, f. 19.

10 No Arquivo do Tribunal de Contas, Lisboa, cuja indicação agradeço a Alexandre Mendes Cunha, é possível constatar nos 13 volumes referentes a 1807 dos "Livros de registro das folhas de assentamento de ordenados, tenças, pensões e esmolas impostas em rendimentos vários, 1760-1833" (nº 4737-4749) que os pagamentos desse ano não foram realizados em sua integralidade, passando a integrar a dívida pública as quantias faltantes, que somente foram quitadas, muitas vezes, anos mais tarde. Isso dá uma ideia do abatimento e dos problemas enfrentados no reino após 1808, em decorrência das invasões, da transferência da corte, da crise econômica geral, da intromissão inglesa e da atuação da junta de governo.

11 Provavelmente por efeito do que registra, "segundo se diz", Innocencio Francisco da Silva, é recorrente a informação de que Miguel Antônio de Melo participou da comissão criada por decreto de 18 jun. 1823 para a elaboração de uma carta constitucional. Ver *Diccionario bibliographico portuguez*, Lisboa, Imprensa Nacional, 1862, v. 6, p. 223. Não obstante, nem Francisco Manuel Trigoso de Aragão Morato nas *Memórias começadas a escrever por ele mesmo em princípios de 1824 e terminadas em 15 de Julho de 1835* (1777 a 1826), revistas e coordenadas por Ernesto de Campos de Andrada, Coimbra, Imprensa da Universidade, 1933, nem as análises recentes que pude consultar incluem D. Miguel na composição de tal comissão. Cf. José Henrique Rodrigues Dias, *José Ferreira Borges:* política e economia, Lisboa, Imprensa Nacional/ Casa da Moeda, 1988, p. 209-232, em particular, nota 9, p. 213; António Manuel Hespanha, *Guiando a mão invisível:* direitos, Estado e lei no liberalismo monárquico português, Coimbra, Almedina, 2004, p. 125-152; e Antônio Pedro Mesquita, *O pensamento político português no século XIX:* uma síntese histórico-crítica, Lisboa, Imprensa Nacional / Casa da Moeda, 2006, p. 67-119.

12 Paris, na Imp. H. [Henri] Fournier, 1827, in 8º, 202 p. Segundo Vítor Ramos, *A edição de língua portuguesa em França (1800-1850):* repertório geral dos títulos publicados e ensaio crítico, Paris, Fundação Calouste Gulbenkian, 1972, p. 69. A obra pode ser encontrada na Biblioteca Nacional de Paris (hoje, Bibliothèque National de France) Tolbiac – Rez-

de-jardin – magasin, 8- OR- 300. Sem identificação do autor, também integra o acervo da Biblioteca Nacional de Lisboa, onde se encontra, porém, em estado precário (S. A. 5284//1P) – porém, de sua folha de rosto, consta a anotação manuscrita "Auctor / O Exmo. Sñr. Conde de Murça / D. Miguel Antonio de / Mello", confirmada por Innocencio, *Diccionario*..., *op. cit.* A publicação dessa obra em Paris terá significado que, como tantos outros, durante esses anos difíceis, Miguel Antônio de Melo viajou para a França a fim de distanciar-se da gestão miguelista? Caso signifique algo, vale notar que seu sexto filho nasce em outubro de 1826, mas o sétimo, apenas em junho de 1831, e o oitavo, em 1833. Ainda não é possível dizê-lo, embora mereçam um exame as pastas correspondentes aos portugueses e brasileiros vigiados pela polícia francesa entre 1809 e 1830 existentes nos Arquivos Nacionais, em Paris, e examinadas por Alberto Rangel, conforme Américo Jacobina Lacombe, "O visconde de Jequitinhonha", *Estudos históricos*, Rio de Janeiro, Academia Brasileira de Letras, 1993, p. 145-172, 162-163. Trata-se, provavelmente, de referência à sub-série F/7/6731-6737. Brésiliens et Portugais. Surveillance, passeports, correspondances diplomatiques (1809-1830) da Police Générale (1789-1978) dos Archives Nationales (Paris). Para as informações biográficas sobre D. Miguel, ver ANTT, RGM, entre outros, D. Maria I, L. 10, f. 322; L. 18, f. 13 e f. 310; L. 19, f. 219v; L. 22, f. 70v; L. 31, f. 13; e D. João VI, L. 8, f. 70v; L. 14, f. 90v e f. 117; L. 15, f. 89 e f. 112; L. 21, f. 105 e 129; L. 26, f. 19. ANTT, Chancelarias, D. Maria I, L. 50, f. 36; L. 61, f. 356; L. 73, f. 238; L. 74, f. 292; L. 76, f. 134v; e D. João VI, L. 26, f. 19; L. 33, f. 157v. Cf. também: Almanaque de Lisboa de 1807, *Revista do Instituto histórico e geográfico brasileiro* (*RIHGB*), Rio de Janeiro, Imprensa Nacional, 1971, apêndice ao v. 290. p. 232; J. C. Cardozo de Castelbranco e Torres, *Memorias contendo a biografia do vice-almirante Luiz da Motta Feo e Torres, a Historia dos governadores e capitães generais de Angola desde 1575 até 1825 e a descrição geografica e política dos reinos de Angola e Benguela*, Paris, Fantin, 1825, p. 296-297; Domingos de Araujo Affonso & Ruy Dique Travassos Valdez, *Livro de oiro da nobreza*, Braga, Tipografia da Pax, 1933, v. 2, p. 293-6; Judite Cavaleiro Paixão & Cristina Cardoso, *Do erário régio ao tribunal de contas:* os presidentes. Apr. de Alfredo José de Sousa, Lisboa, Tribunal de Contas, 1999; e http://www.sgmf.pt/Cultures/pt/SGMF/Internet/Historia/Indice/ (acesso em 8 mar. 2007). E ainda http://www. geneall.net/P/per_page.php?id=28516, em 19 nov. 2007.

13 Cf. nota 4, supra, e *A Bahia no século XVIII*, Notas e comentários de Braz do Amaral, Apresentação de Edison Carneiro, Bahia [Salvador], Itapuã, 1969, 3 v. Para Rodrigo de Souza Coutinho, além de uma excelente coletânea de seus principais textos (citada adiante), dispõe-se agora da magnífica biografia elaborada por Andrée Mansuy-Diniz Silva intitulada *Portrait d'un homme d'État:* D. Rodrigo de Souza Coutinho, Comte de Linhares, 1755-1812, Paris, Centre Culturel Calouste Gulbenkian, cujo 1° volume, "Les années de formation, 1755-1796", foi publicado em 2002, com o apoio da Comissão Nacional para as Comemorações dos Descobrimentos Portugueses (Lisbonne), e

cujo 2º, "L'homme d'État, 1796-1812", surgiu em Paris, Centre Culturel Calouste Gulbenkian, 2006.

14 AHU, Conselho Ultramarino, Angola, caixa 93, documentos 4, 5 e 10.

15 Cf. D. Rodrigo de Souza Coutinho, "Memória sobre o melhoramento dos domínios de Sua Majestade na América", Andrée Mansuy-Diniz Silva (org.), *Textos políticos, económicos e financeiros (1783-1811)*, Lisboa, Banco de Portugal, 1993, 2 v, v. 2, p. 47-66. A mesma preocupação transparece da "Informaçam sobre a Bahia". Veja-se ainda o ofício de 30 abr. 1798 de D. Miguel "expondo a injustiça com que fora tratado o Soba de Socoval da jurisdição de Quilengues, no Governo da Capitania de Benguela", *Arquivos de Angola*, Luanda, v. 1, nº 6, mar. 1936, doc. 9. No "Ofício do Governador (...)" de 10 fev. 1800, diz D. Miguel: "por quanto nenhuma coisa é tão prejudicial ao Real Serviço, nem mais danosa ao sossego Público como faltar Lei para todos aqueles casos que por ela podem estar previnidos e que só pela vontade expressa do Supremo Imperante se podem regular com acerto". *Arquivos de Angola*, Luanda, v. 2, nº 10, jul. 1936, p. 255. Quanto ao domínio de D. Miguel da linguagem do direito natural, ver "Ofício de 31 de agosto de 1810 do Capitão-General para o conde das Galveias sobre o exercício de atos ilegítimos associados à atividade de corso", transcrito na tese de Ricardo Manuel Madruga da Costa, *Os Açores em finais do regime de capitania-geral, 1800-1820*, Horta (ilha do Faial, Açores), Núcleo Cultural da Horta/ Câmara Municipal da Horta, 2005, 2 v., v. 1, p. 521, em que o governador cita Grócio e Pufendorf com naturalidade e pertinência. Agradeço ao autor e ao colega José Damião Rodrigues o acesso a esta obra. Para a questão das linguagens políticas presentes no universo político luso-brasileiro desse período, ver Guilherme Pereira das Neves, "Guardar mais silêncio do que falar: Azeredo Coutinho, Ribeiro dos Santos e a escravidão", José Luís Cardoso (org.), *A economia política e os dilemas do império luso-brasileiro (1790-1822)*, Lisboa, Comissão Nacional para as Comemorações dos Descobrimentos Portugueses, 2001, p. 13-62.

16 Quanto à sua frustração, que faz com que chegue a dizer que "Angola não é o Brasil", veja-se o ofício de D. Miguel de 8 mar. 1800, *Arquivos de Angola*, Luanda, v. 1, nº 4, nov. 1935, doc. 16. Da mesma forma, em carta a D. Rodrigo de 14 jun. 1799, em que expunha "a precária situação defensiva em que se encontra Angola contra os assaltos dos corsários estrangeiros", entre outras expressões semelhantes, D. Miguel indagava: "Aqui não há gente, não há Navios e não há Petrechos, nem Armamentos, nem Munições de guerra e nestas tristíssimas circunstâncias, que hei de fazer?" *Arquivos de Angola*, Luanda, v. 2, nº 10, jul. 1936, p. 353. Apesar disso, embora não tenha desconhecido conflitos e tensões, o governo de Miguel Antônio de Melo na colônia africana, entre 1797 e 1802, ao que tudo indica, foi o mais ativo e esclarecido após o longo governo do pai de D. Rodrigo, Francisco Inocêncio de Souza Coutinho, de 1764 a 1772. Veja-se: Gastão Sousa Dias, *Os portugueses em Angola*, Lisboa, Agência Geral do Ultramar, 1959; A. da Silva Rego, *O ultramar português no século XVIII (1700-1833)*, Lisboa, Agência Geral do Ultramar,

1970; Carlos Couto, *Os capitães-mores em Angola no século XVIII (subsídio para o estudo da sua actuação)*, Luanda, Instituto de Investigação Científica de Angola, 1972; Maria Goretti Leal Soares, "Governadores e magistrados letrados no governo de Angola durante o século XVIII", *Anais de história de além-mar*, Lisboa, CHAM, 2004, v. 5, p. 481-506; Catarina Madeira Santos, "Entre deux droits: les Lumières en Angola (1750-v.1800)", *Annales HSS*, Paris, 60(4):817-48, jul.-ago. 2005. A tese desta última, *Um governo 'polido' para Angola*: reconfigurar dispositivos de domínio (1750-c.1800), Tese de Doutorado, Lisboa/ Paris, Univ. Nova de Lisboa/ EHESS, 2005, não pude consultar. Cf. ainda Martins dos Santos, *Cultura, educação e ensino em Angola*, edição digital disponível em http://www.geocities.com/athens/troy/4285/ensino07.html, com acesso em 21 abr. 2006.

17 Alguns outros governadores nomeados na mesma época, como Antônio Manuel de Melo Castro e Mendonça, demonstram idêntica capacidade intelectual para analisar a realidade insatisfatória com que se defrontavam e idêntica preocupação de a transformar; veja-se a sua "Memória sobre os objetos mais interessantes da Capitania de São Paulo ...", publicada nos *Anais do Museu Paulista*, São Paulo, 18, 1964, p. 227-268. Cf. igualmente Ângela Domingues, "Para um melhor conhecimento dos domínios coloniais: a constituição de *redes de informação* no império português em finais de setecentos", *Ler História*, Lisboa, 39, 2000, p. 19-34; e Ronald Raminelli, "Ilustração e patronagem: estratégias de ascensão social no império português", *Anais de história de além-mar*, Lisboa, CHAM, 2005, v. 6, p. 297-325. Ver ainda Kenneth Maxwell, "A geração de 1790 e a ideia do império luso-brasileiro", *Chocolate, piratas e outros malandros:* ensaios tropicais, Rio de Janeiro, Paz & Terra, 1999, p. 157-207 e Maria Odila da Silva Dias, "Aspectos da Ilustração no Brasil", *RIHGB*, Rio de Janeiro, 278, jan.-mar. 1968, p. 105-170.

18 AHU, Conselho Ultramarino, Angola, caixa 93, documento 38. A "Memória", 19 set., foi também publicada nos *Arquivos de Angola*, Luanda, v. 1, nº 1, out. 1933, doc. 16. Cf. ainda Antônio Silva Rego, "A Academia portuguesa da História e o II centenário da fábrica de ferro em Nova Oeiras, Angola", *Coletânea de estudos em honra do Prof. Doutor Damião Peres*, Lisboa, Academia Portuguesa da História, 1974, p. 387-398, que inclui, como anexo, "Notícia da fábrica de ferro da Nova Oeiras do reino de Angola", 1797, José Álvares Maciel. Veja-se igualmente Câmara dos Deputados, *Autos de devassa da inconfidência mineira*, Brasília, Imprensa Oficial, 1977, v. 9, p. 244, 337, 351-355, 396-397, para algumas cartas de Miguel Antônio de Melo a esse respeito.

19 Informação sobre a ilha dos Açores de Miguel Antônio de Mello, Lisboa, 1818, IHGB, lata 347/ pasta 27.

20 *Projecto para a reforma da lei fundamental da monarquia portuguesa..., op. cit.*, p. 144-182.

21 O original do "Resumo..." pertence ao Arquivo Nacional, Rio de Janeiro, Coleção Negócios de Portugal, caixa 708, pacote 3, nº 2,58. Foi a gentileza da amiga Andrée Mansuy-Diniz Silva que tornou disponível uma cópia, pelo que muito agradeço.

22 Cf. o ofício de 30 jul. 1799 de Miguel Antônio de Melo, "Acerca das riquezas desta Colônia e da possibilidade ou impossibilidade de as aproveitar", *Arquivos de Angola*, Luanda, v. 1, nº 4, nov. 1935, doc. 15 (este volume não traz numeração de páginas).

23 Ver IHGB, lata 71, pasta 14 ou DL 71,14,01 a 03. Para Brant Pontes, cf. João Pandiá Calogeras, *O marquês de Barbacena*, São Paulo, Cia Ed. Nacional, 1936, especialmente p. 16. Agradeço a Cristiane Maria Marcelo a cópia que me cedeu desses documentos.

24 Informação ..., *op. cit.*, 1818, IHGB, lata 347, pasta 27.

25 "Angola no fim do século XVIII", *Boletim da sociedade de geografia de Lisboa*, Lisboa, Imprensa Nacional, 1886, 6ª Série, nº 5, p. 274-304, em especial, p. 274, 277, 280. Curioso que, em 3 de fev. 1800, D. Miguel ainda se refira à rainha como soberana, quando, a partir de 15 jul. 1799, a regência do reino fora oficialmente assumida por D. João. Será que a notícia ainda não chegara a Angola, após mais de seis meses? Ou, pronto anteriormente, o documento não foi revisto no momento do envio? Para o regalismo de D. Miguel, "Ofício em que o Governador (...) reprova a fundação de um convento de franciscanos em Benguela, propondo novas providências de caráter eclesiástico", 17 ago. 1801, *Arquivos de Angola*, Luanda, v. 2, nº 11, ago 1936, p. 623-637.

26 Agradeço a Luiz Mott os esclarecimentos, como sempre competentíssimos, sobre a *ladainha lauretana*. Veja-se também http://www.lepanto.com.br/DCLadainha.html, acesso em 20/11/2007, para uma visão geral dessa prática.

27 Cf. *Arquivos de Angola*, Luanda, v. 2, nº 10, jul. 1936, p. 189-234, em especial, p. 14, 206-207. Veja-se ainda a "Proposta do Governador sobre a forma de se distribuírem as importâncias destinadas pelo Erário à sustentação do Culto das diversas Imagens", 1 jun. 1801, *Arquivos de Angola*, Luanda, v. 2, nº 10, jul. 1936, p. 257-264; e, "Ofício do Governador (...) contrariando várias propostas do Governador da Capitania de Benguela", 24 dez. 1798, *Arquivos de Angola*, Luanda, v. 2, nº 11, ago. 1936, p. 581-592, D. Miguel revela um tom agostiniano, à p. 585, ao dizer: "(...) os naturais do País, assim Pretos, como Mulatos, seguem o exemplo dos Brancos, *pela natural propensão que todos os homens temos por efeito do pecado para sempre seguirmos o pior*". [Grifo meu] Seria interessante uma comparação dessas preocupações de D. Miguel com os movimentos ditos jansenistas em Portugal, agora estudados de maneira primorosa por Evergton Sales Souza, *Jansénisme et réforme de l'Église dans l'empire Portugais, 1640-1790*. Paris, Centre Culturel Calouste Gulbenkian, 2004.

28 A documentação a esse respeito encontra-se no AHU, Conselho Ultramarino, Angola, caixa 93, documentos 27, 31 e 71. Infelizmente, o novo livro de José Pedro Paiva, *Os bispos de Portugal e do império, 1495-1777*, Coimbra, Imprensa da Universidade, 2006, não chega a alcançar esse bispo de Angola.

29 Outro documento de D. Miguel sobre um sacerdote é a sua "Carta (...) para o Tribunal da Mesa da Consciência e Ordens, informando um requerimento de frei Bernardo Maria de Cannecatim e insistindo pela manutenção da disciplina eclesiástica", 21 out. 1801,

*Arquivos de Angola*, Luanda, v. 2, nº 11, ago. 1936, p. 641-650 (assim como as páginas seguintes, 651 e 652).

30 Rio de Janeiro, Arquivo Nacional, Coleção Negócios de Portugal, caixa 708, pacote 3, nº 2,17, igualmente tornado disponível pela generosidade de Andrée Mansuy-Diniz Silva. Curiosamente, a palavra "estatística" é grafada de maneira sistemática sem o "e" inicial, à francesa, "*statistica*". O grifo é meu.

31 Cf. AHU, Conselho Ultramarino, Angola, caixa 93, doc. 31. Ainda foi possível encontrar outro eco desse conflito entre o bispo e o governador em mais uma carta daquele a D. Rodrigo, de alguns meses depois, mas não será possível examiná-la aqui. A carta data de 23 out. 1799 e corresponde ao doc. 71 da mesma caixa.

32 "Angola no começo do século. 1802", *Boletim da sociedade de geografia de Lisboa*, Lisboa, Imprensa Nacional, 1885, 5ª Série, nº 9, p. 548-564, 550.

33 Uma hipótese a considerar é a da formação para eclesiástico de D. Miguel, o que explicaria não só sua erudição, capaz de invocar a opinião do chantre de Évora Manuel Severim de Faria, em suas *Notícias de Portugal*, impressas em 1655, em meio a um ofício (ver "Angola no fim do século XVIII", citado na nota 25, supra, p. 276), como o emprego frequente de uma ordem pouco usual das palavras na frase, derivada talvez do domínio do latim, em particular, a colocação do verbo no final do período. Embora ainda não disponha de informações a esse respeito, em "Angola no começo do século. 1802", *op. cit.*, p. 553, ele registra que "eu não segui a profissão das armas", mas sem esclarecer qual escolheu.

34 Cf. *Un monde désenchanté?*, Paris, Les Éditions de l'Atelier/ Éditions Ouvriéres, 2004, p. 183.

35 Cf., apesar da perspectiva divergente em muitos aspectos, A. J. R. Russell-Wood, "Centros e periferias no mundo luso-brasileiro, 1500-1808", *Revista brasileira de história*, São Paulo, v. 18, nº 36, 1998, p. 187-249.

36 Ver *An autobiography*, Oxford, Clarendon, 1989, p. 100: "The historian's business is to reveal the less obvious features hidden from a careless eye in the present situation. What history can bring to moral and political life is a trained eye for the situation in which one has to act".

37 "Os limites da razão histórica (1949)", *Hermenêutica em retrospectiva:* a virada hermenêutica, trad. de Marco Antônio Casanova, Petrópolis, Vozes, 2007, p. 139-144, 141. Ver também, do mesmo autor, *Acotaciones hermenêuticas*, trad. de Ana Agud e Rafael de Agapito, Madri, Trotta, 2002; *Elogio da teoria*, trad. de João T. Proença e Artur Morão, Lisboa, Edições 70, 2001; e *O problema da consciência histórica*, trad. de Paulo C. D. Estrada, Rio de Janeiro, Fundação Getúlio Vargas, 1998.

38 "Les lumières dans l'Europe du 18ᵉ siècle", *Europe des Lumières: recherches sur le 18ᵉ siècle*, Paris, Mouton, 1971, p. 3-34, 14: "Partout, dans l'Europe du 18ᵉ siècle, un des problèmes les plus difficiles est de comprendre au juste jusqu'à quel point cette rationalisation est

technique, c'est-à-dire toute instrumentale, à l'intérieur de structures mentales qui la dominent et l'encadrent – et jusqu'à quel point au contraire cette mentalité nouvelle est cápable d'éroder et de dissoudre les cadres eux-mêmes qui la maintiennent enchainée et l'entravent".

39 Cf. J. H. Elliott. "A Europe of composite monarchies", *Past & Present*, Oxford, v. 137, nov. 1992, p. 48-71.

40 Gadamer, "Os limites da razão ...", *op. cit.*, p. 143.

# Agradecimentos

Este livro resultou da realização do II colóquio internacional da *Companhia das Índias* - Núcleo de história ibérica e colonial na Época Moderna, sediado na UFF, entre 21 e 23 de março de 2007. O colóquio foi possível graças ao apoio da Faperj, em parceria com o CNPq, ao projeto *O quanto em Portugal é o mundo*: experiências individuais e redes de sociabilidade nas malhas do império português (c. 1500 - c. 1800), mediante concurso Pronex realizado em 2003. Em 2006, obtivemos o segundo Pronex, com o projeto *Raízes do privilégio: limpeza de sangue, hierarquias e mobilidade social no império português (séculos XVI - XIX)*, que viabilizou a publicação do livro. Também a Capes, por meio do programa de apoio a eventos no país, contribuiu para o evento e para a obra ora apresentada. Sheila de Castro Faria e Laura de Mello e Souza estiveram conosco no colóquio e participaram dos debates, bem como vários colegas e alunos da UFF e de outras universidades. Célia Tavares, Daniela Calainho e Georgina Santos ajudaram como coorganizadoras do colóquio. Mas lembramos que a realização do evento não seria possível sem a organização de Mário Branco, o talento de Alain Tramont, e a diligência de Andréa Bonfim, Bárbara Deslandes Primo, Glaydson Gonçalves Matta, Guilherme Linhares, Gustavo Kelly de Almeida, Ivan Martins, Jerônimo Duque Estrada de Barros, Joana Ribeiro dos Santos, Mariana Guglielmo, Mila de Paula e Thiago Krause.

# Os autores

**Andréa Doré** é professora adjunta do Departamento de História da Universidade Federal do Paraná e pesquisadora associada da *Companhia das Índias*. É autora do livro *Império Sitiado:* as fortalezas portuguesas na índia 1498-1622. São Paulo: Alameda, no prelo.

**Ângela Domingues** é investigadora do Instituto de Investigação Científica Tropical, Lisboa, pesquisadora associada da *Companhia das Índias* e autora de *Quando os Índios eram Vassalos:* colonização e relações de poder no norte do Brasil na segunda metade do século XVIII. Lisboa, CNCDP, 2000.

**Célia Cristina da Silva Tavares** é professora da Faculdade de Formação de Professores da Universidade do Estado do Rio de Janeiro, pesquisadora do *Núcleo de Estudos Inquisitoriais* e da *Companhia das Índias*. É autora do livro *Jesuítas e Inquisidores em Goa*. Lisboa, Roma Editora, 2004.

**Daniela Buono Calainho** é professora da Faculdade de Formação de Professores da Universidade do Estado do Rio de Janeiro, pesquisadora do CNPq, do *Núcleo de Estudos Inquisitoriais* e da *Companhia das Índias*. É autora do livro *Metrópole das Mandingas:* religiosidade negra e Inquisição portuguesa no Antigo Regime. Rio de Janeiro, Garamond, 2008.

**Fernanda Olival** é professora auxiliar com agregação em História Moderna na Universidade de Évora e autora do livro *As Ordens Militares e o Estado moderno:* honra, mercê e venalidade em Portugal (1641-1789). Lisboa, Estar, 2001.

**Georgina Silva dos Santos** é professora do Departamento de História da Universidade Federal Fluminense, Jovem Cientista Nosso Estado pela Faperj, pesquisadora do CNPq, da *Companhia das Índias*, e autora do livro *Ofício e Sangue:* a irmandade de São Jorge e a Inquisição na Lisboa Moderna. Lisboa, Colibri/ICIA, 2005.

**Guilherme Pereira das Neves** é professor associado do Departamento de História da Universidade Federal Fluminense, pesquisador do CNPq e líder do grupo de pesquisa *Companhia das Índias*. É autor do livro *E Receberá Mercê:* a Mesa de Consciência e Ordens e o clero secular no Brasil (1808-1820). Rio de Janeiro, Arquivo Nacional/Ministério da Justiça, 1997.

**Íris Kantor** é professora de História Ibérica na Universidade de São Paulo, pesquisadora da *Cátedra Jaime Cortesão / Projeto Dimensões do Império Português* e pesquisadora associada da *Companhia das Índias*. É autora do livro *Esquecidos e Renascidos:* historiografia acadêmica luso-americana (1724-1759). São Paulo, Hucitec, 2004.

**José Pedro Paiva** é professor associado de História Moderna na Universidade de Coimbra e autor do livro *Os Bispos de Portugal e do Império (1495-1777)*. Coimbra, Editora da Universidade de Coimbra, 2006.

**Luciano Figueiredo** é professor associado da Universidade Federal Fluminense, pesquisador do CNPq e da *Companhia das Índias*. É editor da *Revista de História da Biblioteca Nacional* e autor de *Barrocas Famílias:* vida familiar em Minas Gerais no século XVIII. São Paulo, Hucitec, 1997.

**Luiz Carlos Soares** é professor titular de História Moderna na Universidade Federal Fluminense, pesquisador do CNPq, Cientista Nosso Estado pela Faperj e pesquisador da *Companhia das Índias*. É autor do livro *A Albion Revisitada:* ciência, religião, ilustração e comercialização do lazer na Inglaterra do século XVIII. Rio de Janeiro, 7 Letras, 2007.

**Luiz Mott** é professor aposentado do Departamento de Antropologia da Universidade Federal da Bahia, pesquisador do CNPq e pesquisador associado da *Companhia das Índias*. É autor de *Rosa Egipcíaca:* uma santa africana no Brasil. Rio de Janeiro, Bertrand, 1993.

**Márcia Maria Menendes Motta** é professora associada do Departamento de História da Universidade Federal Fluminense, pesquisadora do CNPq e da

*Companhia das Índias*. É autora do livro *Direito à terra no Brasil:* a gestação do conflito (1795-1824). São Paulo, Alameda, 2009.

**Rodrigo Bentes Monteiro** é professor adjunto do Departamento de História da Universidade Federal Fluminense, pesquisador do CNPq e coordenador executivo da *Companhia das Índias* entre 2006 e 2009. É autor do livro *O Rei no Espelho:* a monarquia portuguesa e a colonização da América. São Paulo, Hucitec, 2002.

**Rogério de Oliveira Ribas** é professor associado do Departamento de História da Universidade Federal Fluminense, pesquisador da *Companhia das Índias* e autor da tese *Filhos de Mafoma:* mouriscos, cripto-islamismo e Inquisição no Portugal quinhentista (Universidade de Lisboa).

**Ronald Raminelli** é professor associado do Departamento de História da Universidade Federal Fluminense, pesquisador do CNPq, Cientista Nosso Estado pela Faperj, pesquisador associado da *Companhia das Índias* e autor do livro *Viagens Ultramarinas:* monarcas, vassalos e governo a distância. São Paulo, Alameda, 2008.

**Ronaldo Vainfas** é professor titular de História Moderna na Universidade Federal Fluminense, pesquisador do CNPq, coordenador do Pronex *Raízes do Privilégio* (Faperj/CNPq) e líder do grupo de pesquisa *Companhia das Índias*. É autor do livro *Traição:* um jesuíta a serviço do Brasil holandês processado pela Inquisição. São Paulo, Companhia das Letras, 2008.

**Stuart B. Schwartz** é professor titular de História do Brasil colonial na *Yale University*, e autor do livro *Segredos Internos:* engenhos e escravos na sociedade colonial. São Paulo, Companhia das Letras, 2005.

**Virgínia Maria Trindade Valadares** é professora adjunta do Departamento de História da Pontifícia Universidade Católica de Minas Gerais e autora do livro *Elites Mineiras Setecentistas:* conjugação de dois mundos. Lisboa, Colibri, 2004.

Este livro foi impresso na ProlGráfica no outono de 2009. No corpo do texto foi utilizada a fonte Electra lh, em corpo 10,5 e entrelinha 14.